1. Band

# Die AKTE Jan van Helsing

Eine Dokumentation über das Verbot zweier Bücher im „freiesten Land deutscher Geschichte“.

Ama Deus Verlag

Druck: Ebner-Ulm
**Ama Deus VERLAG**
Postfach 63
74576 Fichtenau

ISBN 3-9805733-9-7

# INHALTSVERZEICHNIS


Hinweis zum Buch .......... S. 9
Gutachten einer Anwaltskanzlei .......... S. 11
Einleitung .......... S. 19

KAPITEL 1 Zur Meinungsfreiheit .......... S. 35
KAPITEL 2 Die Anklageschrift .......... S. 43
KAPITEL 3 Verteidiger Nr. 1 zur Anklageschrift .......... S. 91
KAPITEL 4 Verteidiger Nr. 2 zur Anklageschrift .......... S. 95
Dokumente der Verteidigung .......... S. 108
KAPITEL 5 Der Beschluß des OLG Karlsruhe .......... S. 141
KAPITEL 6 Richter a.D. Wolfhard Thomas .......... S. 149
KAPITEL 7 Der Autor: Jan van Helsing .......... S. 159
KAPITEL 8 Die Meinung der Eltern von Jan .......... S. 225

ANHANG-A Volksverhetzung in der Schweiz:
„Antirassismus" als neue Weltreligion .......... S. 239
Der Fall „Kessler" .......... S. 245
Der Fall „Dr. Fischbacher" .......... S. 248
Der Fall „Universale Kirche" .......... S. 252
Der Fall „ZeitenSchrift" .......... S. 255
ANHANG-B Pater Odo von Württemberg:
Die Freimaurerei .......... S. 269
ANHANG-C Zitatensammlung der Verteidigung .......... S. 309
ANHANG-D Zeitungsartikel, Leserbriefe, Dokumente .......... S. 367

Quellenverzeichnis .......... S. 400

## Hinweis zum Buch:

Sie werden beim Durchblättern sicherlich schon die schwarzen Balken entdeckt haben. Freiwillige Zensur? Zum Teil ja, zum Teil nein.

Geschwärzt wurden beispielsweise die Namen einiger Personen, die mit dem eigentlichen Geschehen nichts zu tun haben (z.B. die Beamten des Staatsschutzes, die nur ihren Dienst versehen haben, Zeugen beider Seiten, u.a.)

Zusätzlich habe ich mich jedoch dazu entschlossen, auch die Namen der Anzeigeerstatter und einiger Artikelschreiber, die gegen mich gehetzt hatten, zu schwärzen beziehungsweise aus der Berichterstattung herauszunehmen, da es zum einen unter meinem Niveau liegt, mich wie diese auf die liederlichste Form der Berichterstattung zu begeben – nämlich auf die emotionale. (Ich möchte nicht, daß ein aufgebrachter Leser dieses Buches solchen ‚Journalisten' womöglich einen bösen Brief schreibt, da diese, im Gegensatz zu mir, teilweise ganz besonderen Wert darauf gelegt haben, meinen Familiennamen zu erwähnen, verbunden mit der Angabe meines Wohnorts - und das sicherlich nicht, damit die Caritas weiß, wo ich wohne). Andererseits möchte ich nicht allzuviel von der eigentlichen Thematik ablenken, nämlich vom Inhalt der verbotenen Bücher und der Frage, ob es nun eine Weltverschwörung gibt oder nicht, indem ich die Namen von ein paar manipulierten Schreiberlingen, die sich hinter einer ‚Redaktion' verbergen, aufführe, bloß weil sie einmal nicht karriereorientiert berichten mußten, sondern ihren inneren Schweinehund rauslassen konnten.

Beim Rest handelt es sich um eine tatsächliche Zensur und zwar von meinen Anwälten: Vor Drucklegung ging das Manuskript zu vier verschiedenen Anwaltskanzleien, um den Text dahingehend zu prüfen, ob sich nicht doch wieder die eine oder andere Textstelle eingeschlichen haben könnte, bei der sich ein bestimmter Teil der

Bevölkerung „verunglimpft" oder „verhetzt" fühlen könnte, was sicherlich nicht mein Anliegen ist. Und wie Sie feststellen können, haben sich doch etliche solcher Stellen gefunden, bei denen die Anwälte der Ansicht waren, daß sie der Zensur geopfert werden sollten.

Sicherlich wäre es eleganter gewesen, an manchen Stellen solche Wörter einfach zu entfernen und durch drei kleine unauffällige Punkte zu ersetzen, so daß es dem einen oder anderen Leser womöglich kaum auffallen würde, daß dort etwas entfernt worden ist. Auch würde es den Lesefluß weniger irritieren. Doch erscheint es mir als bedeutend wichtig, daß Sie wissen, daß meine Schreibe Wörter oder Ausdrücke enthält, die nach heutiger Rechtslage möglicherweise als ‚strafbar' zu bewerten sind.

Ich hoffe, daß dieses Vorgehen auf Ihr Verständnis trifft.

Jan Udo Holey alias Jan van Helsing

***„Politische Korrektheit ist die Diktatur von Tabus und Meinungen, deren Urheber oft nicht festgestellt werden können. Denn die ‚politisch korrekt' Denkenden glauben zu wissen, was moralisch ist, und erheben ihre Ansicht zum Dogma der Rechtgläubigen. Sie schließen andere Meinungen als unkorrekt aus, schränken damit die freie Diskussion ein und errichten Tabus, wo ihre Argumente schwach sind. Daß man diese Tabus verletzt hat, merkt man daran, daß nicht mit vernünftigen Argumenten geantwortet, sondern daß moralisch Verdächtige ins Abseits gestellt werden...***

***Die Welt braucht frei und selbständig denkende Menschen, die gegen den Strom von Vorurteilen schwimmen, und die mutig für ihre Überzeugung eintreten, auch wenn sie damit gegen weithin anerkannte ‚politisch korrekte' Gebote verstoßen."*** (Aus der Erklärung des Deutschen Autorenrates, zit.n. Sonderausgabe der UN zur Buchmesse 1997)

# Gutachten einer Anwaltskanzlei:


*Rechtsanwältin* [redacted]

zugelassen bei dem [redacted] Oberlandesgericht und dem Landgericht [redacted]

[redacted]

RA [redacted]

BANKVERBINDUNG:
[redacted]


Herrn
Jan Udo Holey
Postfach 63
74576 Fichtenau

| Unser Zeichen: | Ihr Zeichen: | Datum: |
|---|---|---|
| P 203/99 | --- | 15.04.1999 |

Sehr geehrter Herr Holey!

Gemäß Ihrem Paket vom 24.03.1999 und vom 10.04.1999 nehme ich im folgenden Stellung zu der Frage, ob Ihr Buch „Die Akte Jan van Helsing" strafbare Äußerungen enthält oder nicht. Ich weise Sie darauf hin, daß ich das Buch jetzt viermal durchgelesen, und nun, wie besprochen, zwei Gutachten für Sie erstellt habe.
Zum einen das nachfolgende, welches nur kurz die einzelnen Paragraphen erklärt und in grober Form auf Ihre Äußerungen und diverse Textstellen eingeht. Dieses kann, falls Sie dies wünschen, gegebenfalls auch veröffentlicht werden, da es Ihre Äußerungen nur kurz umreißt.

Das zweite beiliegende Gutachten (mit roten Textabschnitten) ist, wie Sie feststellen werden, wesentlich ausführlicher und behandelt detailliert die einzelnen Textstellen und Abschnitte und erklärt dabei, wie die aufgeführten Paragraphen jeweils ausgelegt werden können.
Dieses Gutachten ist NICHT zur Veröffentlichung bestimmt.

**1) <u>§ 86 StGB</u>**
Sie können eine strafbare Verbreitung von Propagandamitteln verfassungswidriger Organisationen gemäß § 86 StGB begehen.

Ein Propagandamittel liegt vor, wenn darin eine aktiv kämpferische, aggressive Tendenz verfolgt wird (Lackner, StGB, § 86 Rdnr. 1a). Der Inhalt des Propagandamittels muß sich überdies gegen die freiheitliche demokratische Grundordnung richten und ferner dazu bestimmt sein, Bestrebungen z.B. einer ehemaligen nationalsozialistischen Organisation fortzusetzen (BGHSt 23, 64 ff., 71 und 75). Die Rechtsprechung sieht beispielsweise solche Schriften als ein derartiges Propagandamittel an, die sich kritiklos zum Nationalsozialismus bekennen und die Staatsform der BRD ablehnen (BGH MDR 1966, 687 und BGHSt 28, 296 ff. und BGH NStZ 1982, 25).

In Ihrem Buch wird von einer Weltverschwörung, von Hintergrundmächten, von Freimaurern und Banken, die angeblich die Welt regieren oder dies anstreben würden, geschrieben. Diese Ausführungen sind auch in Werken des Dritten Reiches so ähnlich verbreitet worden. Sie sind aber insbesondere auch von „Ludendorffern", die schärfste Gegner Hitlers waren, und auch von Katholiken, wie dem von Ihnen zitierten Odo von Württemberg und anderen, die ebenfalls schärfste Gegner Hitlers waren, verbreitet worden und von „Linken", wie Gary Allen u.a.. Die Weltverschwörungsgedanken sind daher nicht typisch und eindeutig dem Nationalsozialismus zuzuordnen, sondern können mehreren Ideologien zugeordnet werden und sind daher mehrdeutig.
Daß Sie behaupten, daß es im Dritten Reich „UFOs" gegeben hätte, zeugt zwar von einer Geschichtsbetrachtung, die heute sehr ungewöhnlich ist und von der herrschenden Meinung abweicht. Man kann Ihnen auch eine Naivität und mangelnde Kritik am Dritten Reich vorwerfen. Dies stellt aber keine aggressive, kämpferische Tendenz dar, so daß ein nationalsozialistisches Propagandamittel damit nicht gegeben ist.

§ 86 StGB liegt damit nicht vor.

**2) <u>§ 90 StGB</u>**
Sie können eine strafbare Verunglimpfung des Staates und seiner Organe gemäß § 90a StGB begehen.

Voraussetzung hierfür ist, daß Sie entweder die BRD beschimpfen, d.h. nach Form oder Inhalt eine besonders verletzende Mißachtenskundgebung von sich geben, wobei das besonders Verletzende entweder äußerlich in der Roheit des Ausdrucks oder inhaltlich im Vorwurf eines schimpflichen Verhaltens liegen kann, oder daß die BRD böswillig verächtlich gemacht wird, d.h. der Angriffsgegenstand als der Bürger unwert oder unwürdig hingestellt wird, indem aus unrechter, feindseliger Gesinnung gehandelt wird (Lackner, StGB, § 90a StGB, § 90a Rdnr. 3a).
Die Rechtsprechung hat dies bejaht bei der Bezeichnung der BRD als „Coca-Cola-Bude" (BGHSt 3, 346 ff.), als „Unrechtsstaat" (BGHSt 7, 110 ff.), des Bundespräsidenten als „charakterlos" (BGHSt 16, 338 ff.) und der Bundestagswahlen als „Betrugsmanöver" (VGH Mannheim, NJW 1976, 2177 f.).
Die Rechtsprechung hat dies dagegen verneint bei der Bezeichnung der BRD als „Kriegssiegerprotektorat" (StA Hamburg, Vfg. vom 23.09.1992, Az. 141 Js 490/92), bei der Behauptung, das „Bonner System sei dabei, den Boden des freiheitlich-demokratischen Rechtsstaates zu verlassen und sei bestrebt, durch versuchten Verfassungsbruch den diktatorischen Polizeistaat zu errichten" (StA

München II, Vfg. vom 21.04 1993, Az. 112 Js 3008/93) und bei der Behauptung „BRD heißt das System, morgen wird es untergehn“ (StA Aschaffenburg, Vfg. vom 11.01.1995, Az. 112 Js 15970/94).

In verschiedenen Absätzen des Buches kritisieren Sie die Schweiz, die USA und andere Staaten. Da diese nicht Tatobjekt des § 90a StGB, also die BRD, sind, sind diese Äußerungen erlaubt.
In anderen Ausführungen über die „Zensur“ (S. 10 des mir vorliegenden Manuskripts) und „Diktatur“ (S. 10) wird abstrakt über diese Einrichtungen gesprochen und insofern Zitate von Politikern oder Staatsdenkern aufgeführt. Damit greifen Sie nicht den konkreten Staat und seine Organe an, sondern abstrakt und allgemein die Einrichtung der Zensur. Sie greifen damit überdies gesellschaftliche Strukturen an, aber keine staatlichen. Da einer der tragenden Grundsätze unserer freiheitlichen Demokratie im Gegensatz zur identitären Demokratie die strikte Trennung zwischen Staat und Gesellschaft ist, sind Angriffe gegen abstrakte gesellschaftliche Strukturen oder den gesellschaftlichen Begriff des „Landes“ nicht mit dem Staat BRD gleichzusetzen. Bei diesen Äußerungen liegen Ausführungen gegen das Tatobjekt des § 90a StGB, den Staat BRD, damit nicht vor.
In anderen Äußerungen sprechen Sie davon, daß Sie „hirngewaschen“ gewesen seien und geglaubt hätten, im freiesten Land der deutschen Geschichte gelebt zu haben, daß Volksvertreter Gesetze erlassen würden, die die Meinungsfreiheit beschränken. Sie fragen, wo die Meinungsfreiheit geblieben sei und daß sie „zunehmend unter Druck gerate“ und daß die Strafurteile an die „Hitlerdiktatur erinnerten“ und zählen verschiedene Bücherverbote und Maßnahmen gegen Verlage auf (S. 15, 20 ff., 24, 25, 27). Damit äußern Sie erhebliche Zweifel und stellen Fragen, Sie behaupten aber gerade eben noch nicht, daß es keine Meinungsfreiheit in der BRD gäbe. Sie behaupten damit nicht absolut etwas, sondern schränken es ein. Damit entsprechen Ihre Äußerungen dem Beispiel der – erlaubten – Äußerung vom versuchten Verfassungsbruch (StA München) und sind ebenfalls erlaubt. Es kommt hinzu, daß Sie zahlreiche Belege für die Bücherverbote beibringen können, so daß Ihre Äußerungen nicht völlig aus der Luft gegriffen sind, sondern bewiesen werden können. Derartige beweisbare Äußerungen und geäußerte Zweifel sind aber allenfalls eine grobe und rohe, aber keine *besonders* rohe und grobe Kritik, so daß ein Verunglimpfen insofern nicht vorliegt.
Fraglich ist noch, ob die zahlreichen Schwärzungen in Ihrem Buch eine solche besonders rohe und grobe Kritik darstellen, daß Sie damit behaupten wollen, es gäbe keine Meinungsfreiheit in der BRD. Nun herrscht aber gemäß Art. 5 II GG die Meinungsfreiheit nicht absolut, sondern es sind ihr Schranken gesetzt, z.B. durch die Strafgesetze. Die Schwärzungen sind notwendig, um den Strafgesetzen Genüge zu tun, sie sind daher vielleicht durchaus provozierend, aber erfassen ja nicht das gesamte Buch, sondern nur einzelne Wörter. Sie stellen damit eine Konkretisierung der Schranken der Meinungsfreiheit gemäß Art 5 II GG

dar und sind daher allenfalls eine grobe und rohe, aber keine *besonders* rohe und grobe Kritik.

§ 90a StGB ist damit nicht verletzt.

**3) <u>§ 130 I, II StGB</u>**
Sie könnten eine Volksverhetzung gemäß § 130 I, II StGB begehen.

Voraussetzung hierfür ist, daß Sie u.a. zum Haß gegen Teile der Bevölkerung aufstacheln, d.h. nachhaltig auf die Sinne und Gefühle anderer mit dem Ziel einwirken, Haß zu erzeugen oder zu steigern (Lackner, StGB, § 130 StGB, Rdnr. 3a).
Die Rechtsprechung hat dies z.B. bejaht bei der Behauptung, ein namentlich genannter bestimmter Bevölkerungsteil hätte das Finanzwesen in den USA in die Hand bekommen, um die ganze Welt zu „versklaven" und Kriege vom Zaune zu brechen (BGHSt 13, 32 und BGHSt 16, 49), bei der Behauptung, dieser namentlich genannte bestimmte Bevölkerungsteil handele „verwerflich", „verächtlich" und hielt sich nicht an Eide (BGHSt 17, 28).

Wie besprochen, haben Sie in Ihrem Buch aus den obigen Gründen alle Hinweise gestrichen, die sich gegen diesen namentlich genannten bestimmten Bevölkerungsteil richten. Da Sie auch alle sinnverwandten Wörter über ihr Land, ihre Religion, herausragende [redacted] Vertreter und den [redacted] gestrichen haben, ist kein Hinweis mehr in dem Buch enthalten, daß sich das Buch gegen diesen namentlich genannten bestimmten Bevölkerungsteil richtet. Es richtet sich vielmehr ausschließlich gegen die Hintergrundmächte, Weltverschwörer, Freimaurer, Rotarier und den „Council on Foreign Relations", - diese Gruppen sind aber kein Teil der deutschen Bevölkerung iSd § 130 StGB und damit nicht Tatobjekt dieser Vorschrift. Wie besprochen, streichen Sie ersatzlos die Worte:
[redacted] und alle [redacted].

Dann ist jeder Hinweis auf diesen namentlich genannten bestimmten Bevölkerungsteil getilgt. Die Wörter sind bewußt weit ausgewählt, weil es nicht auf wissenschaftliche Definitionen zu diesen Themen ankommt, sondern darauf, was der durchschnittliche Leser mit diesen Worten verbindet, – und das ist eben dieser namentlich genannte bestimmte Bevölkerungsteil, obwohl es falsch ist. Angesichts der etwa 50 verschiedenen Worte ist bei den Schwärzungen auch nicht mehr zu erkennen, was sich unter den schwarzen Balken verbirgt. Es ist vielmehr offen und mehrdeutig und nicht mehr zu erkennen, was gestrichen worden ist.

§ 130 StGB zulasten dieses namentlich genannten bestimmten in Deutschland lebenden Bevölkerungsteils liegt damit bei Beachtung meiner zahlreichen Streichungen nicht vor.

**4) <u>§ 166 StGB</u>**
Sie könnten eine Verunglimpfung eines Religionsbekenntnisses, z.B. gegen die Freimaurer, gemäß § 166 StGB begehen.

Aus der Rechtsprechung sind mir keine Äußerungen bekannt, die als derartige Verunglimpfung des freimaurerischen oder des christlichen Bekenntnisses oder der christlichen Kirche bezeichnet worden wären. Mir ist nur die Entscheidung bekannt, wonach die Bezeichnung des Christentums als „Henkerstheologie" nicht als Verunglimpfung und daher als erlaubt bezeichnet worden ist (StA Hamburg, Vfg. vom 22.09.1995, Az. 14 AR 85/95).
Die Angriffe in Ihrem Buch gegen die Freimaurer, sie würden die Welt regieren oder regieren wollen, sind nicht völlig aus der Luft gegriffen. Weil nach einer materiellen und geistigen Eroberung der Welt sehr viele Religionen streben, z.B. der Islam und jedenfalls früher auch das Christentum. Diese Behauptungen liegen damit unterhalb der Härte der obigen Äußerung von der Henkerstheologie, so daß diese Angriffe gegen die Freimaurer noch keine Verunglimpfung darstellen.

§ 166 StGB liegt damit nicht vor.

**5) <u>§ 185 StGB</u>**
Sie könnten eine Beleidigung gemäß § 185 StGB begehen.

Das Besondere an Ihrer Äußerung ist, daß Sie sich damit nicht gegen einen einzelnen Menschen, sondern gegen eine Personenmehrheit wenden. Eine solche Personenmehrheit ist nur dann beleidigungsfähig, wenn sie entweder so aus der Allgemeinheit hervortritt, daß der Kreis der betroffenen Personen deutlich umgrenzt ist, oder daß es sich um eine Personenmehrheit handelt, die vom Recht anerkannt ist, eine öffentliche Aufgabe erfüllt und einen eigenen Willen bilden kann.
Die Rechtsprechung hat dies z.B. bejaht bei den Gewerkschaften (BGH, NJW 1971, 1655), den Parteien (OLG Düsseldorf, MDR 1970, 692) und bei einer bestimmten Bank (OLG Köln, NJW 1979, 1723). Die Rechtsprechung hat dies dagegen verneint bei den Akademikern (BGHSt 11, 207, 209), den Katholiken (BGH aaO), den Frauen (LG Hamburg, NJW 1980, 56), den Deutschen (StA Nürnberg-Fürth, Vfg. vom 08.03.1995, Az. 402 Js 32830/95) und den Soldaten

der deutschen Wehrmacht (StA Tübingen, Vfg. vom 01.09.1995, Az. 15 Js 5925/95).

Sie greifen die Freimaurer, die Medien, die Rotarier und den Council on Foreign Relations an. Diese Gruppen sind so groß, daß sie nicht deutlich in der Öffentlichkeit abgegrenzt werden können, und so daß sie keinen gemeinsamen Willen bilden können. Sie sind wie die Christen oder Akademiker nicht beleidigungsfähig.

§ 185 StGB liegt damit nicht vor.

**6) <u>353 d StGB</u>**
Da das Strafverfahren gegen Sie beendet worden ist durch Einstellung, ist das Strafverfahren abgeschlossen und die Anklageschrift darf gemäß § 353 d StGB veröffentlicht werden.

**7) <u>§ 21 GjS</u>**
Sie könnten sich nach § 21 GjS strafbar machen, d.h. Werbung machen für ein indiziertes Werk oder ein solches, das wesentlich inhaltsgleich zu einem indizierten Werk ist.

Werben heißt dabei, ein wohlwollendes Interesse des Publikums am Gegenstand der Werbung zu wecken oder zu fördern (BGH NJW 1987, 451).

Wie besprochen, haben Sie die Titel Ihrer beiden indizierten Bücher „[redacted]“ ersatzlos gestrichen, damit man Ihnen nicht den Vorwurf der Werbung machen kann.
Die Angabe der ISBN-Nummer und des Verfassers wiederum stellt ebenfalls keine Werbung dar. Denn kein Leser kann aus der ISBN-Nummer den Titel der beiden anderen Bücher erfahren, weil zum einen die ISBN-Nummern aberkannt worden sind, und zum anderen, weil ein Leser erst über einen Buchhändler vielleicht den Titel der indizierten Bücher herausbekommen würde. Ein Buchhändler würde dann aber dem Leser den Verkauf der indizierten Bücher verweigern, - die es im übrigen nach Ihren Worten in der BRD auch gar nicht mehr zu kaufen gibt.
Die Zitierung von Teilen der ersten beiden Bücher in der Anklageschrift wiederum stellt keine wesentliche Inhaltsgleichheit mit den indizierten Büchern dar, weil die Zitate in der Anklageschrift nur kleine Teile von zwei mehrere hundert Seiten umfassenden Büchern beinhalten, die dazu noch aus dem Zusammenhang gerissen worden sind. Die Buchzitate sind viel zu wenig umfangreich, als daß von einer wesentlichen Inhaltsgleichheit gesprochen werden könnte.

§ 21 GjS liegt damit nicht vor.

**Ergebnis:**
Die Herstellung und Verbreitung Ihres Buches „Die Akte Jan van Helsing" ist bei Beachtung der zahlreichen Streichungen erlaubt.

**Anmerkung:**
Es mag für Sie als juristischen Laien unlogisch erscheinen, wieso z.B. in der Anklageschrift und in den Schriftsätzen der Verteidiger die Zitate aus Ihren Büchern nicht geschwärzt worden sind, wohingegen ich Ihnen nun geraten habe, in Ihrem Buch zahlreiche solcher Zitate zu schwärzen, und zwar auch in der Anklageschrift.
Dies beruht zum einen darauf, daß eine Anklageschrift und die Schriftstücke des Strafverfahrens eben keine der Öffentlichkeit zugänglichen Schriften darstellen und daher ja auch vor dem Ende eines Strafverfahrens nicht veröffentlicht werden dürfen. Dies beruht zum anderen darauf, daß ich meinen Mandanten lieber zu mehr Vorsicht rate und sie bitte, lieber drei Stellen zu viel zu schwärzen als eine zu wenig.

Mit freundlichem Gruß

[redacted]
Rechtsanwältin

Das Polizeipräsidium Mannheim, Dezernat Staatsschutz, schrieb an die Staatsanwaltschaft Mannheim am 22.5.1996 zur Beschlagnahme der Bücher von Jan van Helsing:

*„Vermerk:* [Auszug]

*...wurde vom Sachbearbeiter des LKA, Herrn K. der Vorschlag unterbreitet, eine Sammelstelle zur Aufbewahrung der beschlagnahmten Bücher einzurichten. Da mittlerweile ganze Lkw-Ladungen sichergestellt werden, reichen die Kapazitäten der einzelnen Dienststellen nicht mehr aus.*

*Die Staatsanwaltschaft Mannheim wird um Entscheidung und ggfls. Bestimmung einer Örtlichkeit gebeten.“*

# EINLEITUNG

***„Die Zensur ist die schändlichere von zwei Schwestern. Die ältere heißt Inquisition. Die Zensur ist das lebendige Eingeständnis der Herrschenden, daß sie nur verdummte Sklaven treten, aber keine freien Völker regieren können.“***

Johann Nepomuk Nestroy (1801-1862)

Liebe LeserInnen,

Sie werden sich sicherlich Ihre Gedanken über die Wahl des Rückseitentitels gemacht haben, speziell diejenigen unter Ihnen, die meine beiden hier behandelten, in Deutschland und der Schweiz verbotenen Werke noch nicht kennen. Was soll diese Aussage *„Man darf in Deutschland alles sagen, nur nicht alles“?*

*„In Deutschland darf man doch alles sagen“*, meint der gutgläubige Bürger, *„wir haben doch eine durch das Grundgesetz garantierte Meinungsfreiheit.“*

Sind wir Deutsche wirklich so naiv oder sind wir nur ignorant, dies kritiklos zu glauben? Nun, ich muß zugeben, daß ich mich vor ein paar Jahren selbst bei wahrscheinlich beiden Seiten einsortieren konnte, da auch ich diese Meinung vertreten hatte. Ich war sogar so hirngewaschen zu glauben, unser Land sei das freieste der Welt, wir Kinder bekämen die bestmögliche Erziehung und die Demokratie, wie sie uns heute präsentiert wird, sei die beste Regierungsform, die momentan auf der Erde praktiziert wird. Tja, wie schmerzlich war es doch, erkennen zu müssen, daß mein Weltbild, meine Ansicht von ‘Gut und Böse’, von ‘Wahrheit und Lüge’, ganz plötzlich ins Wanken gekommen war. Tatsächlich gibt es in Deutschland eine Liste mit mehreren hundert Büchern, die dem deutschen Bürger nicht erlaubt sind, sie zu kaufen oder sie zu verbreiten. Obwohl uns laut Grundgesetz das Recht zugesprochen wird, unsere Meinung frei zu äußern, in Wort, Schrift oder Bild.

Auf der einen Seite ist also unser Volk mündig genug, ein Land zu regieren (Demokratie = Herrschaft des Volkes), aber es ist ganz offensichtlich nicht mündig genug, kritische Bücher zu lesen. Doch wer verbietet die Bücher? Es sind dies die Vertreter des eigenen Volkes. Im Klartext, das Volk darf Vertreter wählen, die dann Gesetze erlassen, die wiederum dem Volk verbieten, seine Meinung öffentlich zu äußern, beziehungsweise alle möglichen Quellen zur eigenen Meinungsbildung heranzuziehen.

Liebe Leut', da stimmt doch irgendwas nicht.

Bei einem Großteil dieser im Deutschland der neunziger Jahre 'verbotenen' Bücher handelt es sich, neben pornographischen Schriften (z.B. Kinderpornographie), um Bücher mit politischem Inhalt. Da wären Werke, welche

- die Demokratie und ihre dementsprechenden Vertreter kritisieren;
- dann nationalsozialistische Schriften (z.B. Eckardt, von Sebottendorff, Gorsleben, Hitler);
- solche wie meine, die behaupten, es gäbe eine Verschwörung einiger weniger Mächtiger, die das große Geschehen auf der Erde nach ihren privaten Plänen lenken;
- und wir finden auch Bücher revisionistischen Inhalts. Als Revisionisten bezeichnet man im Bereich der Literatur solche Autoren, die auf Grundlage forensischer Gutachten zu belegen versuchen, daß es keine technischen Anlagen im Dritten Reich gab, die zur Tötung von Menschen durch Gas benutzt werden konnten (z.B. Rudolf, Zündel, Faurisson, Graf). Andere Autoren, die als Revisionisten bezeichnet werden, kratzen am Tabu der alleinigen deutschen Kriegsschuld des Ersten sowie des Zweiten Weltkriegs. Von diesen findet sich ein großer Teil unter den verbotenen Büchern der BRD.

Wir haben also Bücherverbote im Deutschland der neunziger Jahre. Dabei ist es irrelevant, welchen Inhalt ein kritisches Buch hat und ob man mit dem Inhalt einverstanden ist - die Frage stellt sich, ob es tatsächlich eine Meinungs-FREIHEIT gibt?

Der Europäische Gerichtshof für Menschenrechte hat in seinem Handyside-Urteil vom 7.12.1976 zu Art. 10 Abs. 1 EMRK (Artikel 10 Absatz 1 - Meinungsfreiheit - der Europäischen Menschenrechtskommission) zum Thema 'Meinungsfreiheit in einer Demokratie' folgendes ausgeführt:

*„Seine Kontrollfunktion gebietet dem Gerichtshof, den Grundsätzen, die einer „demokratischen Gesellschaft" eigen sind, größte Aufmerksamkeit zu schenken. Das Recht der freien Meinungsäußerung stellt einen Grundpfeiler einer solchen Gesellschaft dar, eine der Grundvoraussetzungen für ihren Fortschritt und für die Entfaltung eines jeden einzelnen. Vorbehaltlich der Bestimmung des Art. 10 Abs. 2 gilt dieses Recht nicht nur für die günstig aufgenommenen oder als unschädlich oder unwichtig angesehenen „Informationen" oder „Gedanken", sondern auch für die, welche* **den Staat oder irgendeinen Bevölkerungsteil verletzen, schockieren oder beunruhigen.** *So wollen es Pluralismus, Toleranz und Aufgeschlossenheit, ohne die es eine „demokratische Gesellschaft" nicht gibt. Daraus folgt insbesondere, daß jede „Formvorschrift", „Bedingung", „Einschränkung" oder „Strafandrohung" in angemessenem Verhältnis zum verfolgten berechtigten Ziel stehen muß."* (Hervorhebung d.d. Verf.)

In dieser Form, wie er in diesem Artikel festgelegt ist, hatte ich eigentlich den Demokratie-Gedanken immer aufgefaßt, aber bei der Umsetzung in die Praxis scheint es doch die eine oder andere Schwierigkeit zu geben.

Die Unabhängigen Nachrichten (UN) haben in ihrer Sonderausgabe zur Buchmesse 1997 (Nr. 10/97) einige Buchbeschlagnahmungen der Jahre 96/97 aufgereiht. Damit Sie sich in etwa eine Vorstellung davon machen können, was sich in unserem Staate gegenwärtig abspielt, zitiere ich:

„Februar 1996: Auf Beschluß des Amtsgerichtes Starnberg wurden die Geschäftsräume der Verlagsgesellschaft Berg durchsucht: Unter anderem suchten die Beamten nach angeblich vorhandenen Büchern, die Anfang der 60er Jahre in Österreich erschienen waren. Da diese Bücher nicht im Verlag aufgefunden wurden, beschlagnahmten die Beamten einen Videofilm, der 1992 als Ansichtsexemplar von einem bekannten Grossisten geliefert worden war.

Februar 1996: Die Geschäfts- und Privaträume eines Verlegers in Vlotho wurden von rund 20 Beamten durchsucht, wobei - ungeachtet des Datenschutzes - alle Verlagsadressen und Computerprogramme überspielt und etliche Akten, sowie Bücher und Hefte beschlagnahmt wurden.

Februar 1996: Bei der Durchsuchung von 22 Wohnungen im Kreis Recklinghausen und in Lübenau bei Cottbus beschlagnahmten rund 150 Polizeibeamte zwei Lastwagenladungen voll mit politischen Druckschriften, einen Computer und Programme.

März 1996: Das Amtsgericht Mannheim beschlagnahmte die Bücher von Jan van Helsing, erschienen im Ewert-Verlag, welche sich mit der Thematik der geheimen Gesellschaften auseinandersetzen. Laut »Börsenblatt« war die Beschlagnahmeanordnung sämtlicher Exemplare bundesweit vollstreckbar. Neben Durchsuchungs- und Beschlagnahmebeschlüssen wurden gegen Buchhändler Verfahren wegen »Volksverhetzung« eröffnet und gegen den Autor ein Haftbefehl beantragt.

März 1996: Wegen einer Werbeanzeige gegen die Wehrpflicht, in der die Bundeswehr in die Tradition der deutschen Wehrmacht gestellt wurde, hatte die Polizei die Geschäftsräume der Tageszeitung TAZ in Berlin durchsucht. Festgestellt werden sollte der Auftraggeber der Werbung.

März 1996: In Mohrkirch wurden aufgrund des Beschlusses des Amtsgerichtes Kappeln die Geschäftsräume des Lühe-Verlages durchsucht. Grund für diese Durchsuchung war das Vorrätighalten und Versenden der Bücher des Autoren J. G. Burg, in denen die staatlich festgelegte Geschichtsschreibung bezweifelt wird.

April 1996: Von rund 450 Polizeistellen wurden in ganz Deutschland etwa 1.000 Buchhandlungen nach Comics von Walter Moers und Ralf König und nach einem Sachbuch von Midas Dekkers durchsucht, ohne daß den Verlegern oder Buchhändlern ein richterlicher Beschluß dazu zunächst bekannt gegeben wurde. Die Frankfurter Staatsanwaltschaft weigerte sich, an der Aktion teilzunehmen.

Mai 1996: Der Tübinger Grabert-Verlag teilte mit, daß zu diesem Zeitpunkt fünf Titel des Verlages verboten bzw. beschlagnahmt waren.

Mai 1996: Ein 74jähriger Buchautor und Versandbuchhändler wurde vom Schöffengericht Bad Neuenahr-Ahrweiler wegen Verbreitung seines Buches zu einer Geldstrafe von 24.000 DM verurteilt. Ein besonderer Höhepunkt der neuen Rechtsprechung: Da das Buch bereits vor Jahren erschien, war presserechtliche Strafverjährung eingetreten. Das Gericht erklärte deshalb das Buch für »jugendgefährdend« und bestrafte den Verfasser nicht als »Autor« sondern als »Versender«, weil man jugendgefährdende Bücher nicht im Versandhandel vertreiben darf und diese Straftat nicht verjährt war.

Mai 1996: Der Bundesanzeiger Nr. 100 teilte die Indizierung eines Buches des Verlages „Neue Visionen GmbH“ aus der Schweiz mit, welches eine andere Geschichtsauffassung vertritt, als die staatlich festgelegte. Außerdem wurden zwei Schallplatten mit Tondokumenten aus der Zeit vor 1945 indiziert.

Mai 1996: Zum dritten Mal innerhalb von 14 Monaten fand eine Hausdurchsuchung bei VAWS in Bingen statt. Während es bei der ersten Durchsuchung um bis heute unbekannte Anschuldigungen gegen die Unabhängigen Nachrichten ging, suchten die Polizisten bei der zweiten Hausdurchsuchung CDs, die überall in Kaufhäusern angeboten wurden. Lediglich bei VAWS sah man darin eine Straftat. Bei der dritten Durchsuchung ging es um zwei Bände der Bücher von Jan van Helsing.

Juni 1996: Der Bundesanzeiger Nr. 119 vom 29. Juni 1996 teilte die Indizierung von zwei weiteren Schallplatten einer Düsseldorfer Firma mit, welche lediglich historische Tondokumente beinhalten.

Juni 1996: Beim »Buchdienst Südtirol« in Nürnberg führten Beamte der Polizei und des Landeskriminalamtes eine Hausdurchsuchung durch. Der Grund dafür war das Angebot einer Neuerscheinung von Serge Thion aus dem »Verlag der Freunde«, Berlin.

Juni 1996: Der Inhaber des Grabert-Verlages wurde als Verleger eines Buches vom Amtsgericht Tübingen zu einer Geldstrafe in Höhe von 30.000 DM verurteilt, weil das Buch nicht der staatlich festgelegten Offenkundigkeit historischer Tatsachen entsprach.

Juni 1996: Zum zweiten Mal innerhalb von sieben Monaten veranstaltete die Staatsanwaltschaft im »Verlag der Freunde« eine Razzia. In der Ausgabe 1/96 der Zeitschrift ‚Sleipnir‘ sollte jemand in »strafrechtlich relevanter Weise beschimpft« worden sein. Bei der Aktion wurden mehrere tausend Exemplare der Zeitschrift und andere Druckerzeugnisse beschlagnahmt.

Juli 1996: Bei dem Druffel-Verlag in Starnberg wurden mehrere Druckerzeugnisse beschlagnahmt oder gänzlich eingezogen, einige tausend Exemplare versiegelt. Es handelte sich dabei um Schriften, die sich kritisch mit der Justiz der Sieger des Zweiten Weltkrieges auseinandersetzen.

Juli 1996: Der »Newsletter« der Bundesprüfstelle teilt mit, daß eine weitere CD eines Liedermachers aus Ehningen indiziert wurde (Bundesanzeiger Nr. 141, vom 31.7.1996).

Juli 1996: Mehr als 200 CDs und diverse Kassetten mit kritischem Inhalt hatte der Berliner Staatsschutz bei Durchsuchungen in einer Schallplattenfirma in Friedrichshain und in diversen Wohnungen beschlagnahmt. Gegen den 25jährigen Geschäftsinhaber sowie die vier Mitarbeiter im Alter zwischen 22 und 34 Jahren wurde unter anderem wegen „Verdachts des Verwendens von Kennzeichen verfassungswidriger Organisationen" ein Ermittlungsverfahren eingeleitet.

August 1996: Am 7.8.1996 wurden die Geschäftsräume der Versandbuchhandlung ‚Lesen und Schenken' in Kiel auf Antrag der Staatsanwaltschaft Kiel durchsucht. Es wurden drei Buchtitel eines fremden Verlages gesucht. Gegen den Firmeninhaber wurde ein Ermittlungsverfahren eingeleitet.

August 1996: Die Polizei nahm unweit von Rheinsberg 26 Jugendliche fest, weil sie Lieder mit politischem Inhalt abgespielt hatten. Mehrere Kassetten wurden dabei beschlagnahmt.

Oktober 1996: Der Spiegel meldete am 21.10.96, daß die Staatsanwaltschaft Bayreuth ein Ermittlungsverfahren wegen „Verunglimpfung des Staates und seiner Symbole" gegen einen Parteivorsitzenden eingeleitet hatte, weil dieser bei einer Rede im fränkischen Kulmbach von »Verfolgungs-« und »Polizeistaatsmethoden « in der BRD gesprochen hatte.

Dezember 1996: Nach 18 Berufsjahren als Versandbuchhändler wurde Wieland Körner aus Bremen zu einer Geldstrafe von 13.500 DM verurteilt, weil er mehrere Exemplare eines umstrittenen Buches aus dem Hohenrain-Verlag verkauft hatte.

1996 erhielten verschiedene Politiker, darunter Ministerpräsidenten und Innenminister, Drohbriefe mit angeblich rechtsextremistischem Hintergrund. Als Absender wurden fiktive Organisationen wie eine »Großdeutsche Befreiungsfront« oder ein »Kommando Volkszorn Brandenburg« genannt. Die Staatsanwaltschaft Hildesheim ermittelte den mutmaßlichen Täter: ein Staatsschutzbeamter der Kripo in Braunschweig. Bei der Durchsuchung seiner Wohnung wurden die Kollegen fündig. Sie fanden neben vergleichbaren Briefen auch 2.000 Schuß Munition, eine Präzisionsschleuder und Sprengstoff. Wegen solcher Drohbriefe eines »Staatsschützers« wurden über 30 Wohnungen von behördlich registrierten »Rechten« durchsucht. Eine der erfundenen Terrororganisationen, die »National-Autonomen Zellen«, tauchte 1994 sogar im Niedersächsischen Verfassungsschutzbericht auf.

Januar 1997: Am 30.1.1997 wurden in Berlin die Geschäftsräume der »linken« Tageszeitung »Junge Welt« durchsucht. Auch dort wurde, wie schon im Januar 1996 bei den ‚Unabhängigen Nachrichten' durch die Beschlagnahme von Recherche- und Arbeitsmaterialien sowie eines Personalcomputers das Redaktionsgeheimnis faktisch außer Kraft gesetzt.

April 1997: Das Landratsamt Starnberg teilte dem Verleger Dr. Gert Sudholt mit, daß seine gewerbliche Zuverlässigkeit im Sinne des § 35 GewO grundsätzlich in Frage gestellt sei, weil er als Gewerbetreibender wegen eines Verbrechens oder Vergehens verurteilt, oder wegen einer Ordnungswidrigkeit mit einem Bußgeld belegt worden sei (Volksverhetzung und Verwendung verfassungsfeindlicher Symbole). Wenn er also seine Publikationen nicht ändert, droht ein »Berufsverbot«.

Mai 1997: Eine Sonnwendfeier in einer Grillhütte wurde von einer Polizeihundertschaft umstellt, die Teilnehmer und Anreisende durchsucht - und das von Reichspräsident Ebert (SPD) zur Nationalhymne erhobene Deutschlandlied beschlagnahmt (siehe auch UN 8/97).

Juli 1997: Neun Objekte im Süden Sachsen-Anhalts und in Leipzig wurden von der Polizei durchsucht. Dabei wurde umfangreiches Material, rund 1.300 CDs, Musikkassetten, Broschüren und diverses Schriftmaterial beschlagnahmt.

Juli 1997: Die Polizei verbot eine geplante Demonstration auf dem Marktplatz von Halle. Die Kundgebung sollte unter dem Motto »Deutschland in Not« stehen.

August 1997: Der Liedermacher Veit Kelterborn wollte auf einem Konzert seine neue CD vorstellen. Nach ca. einer halben Stunde klirrten die Fensterscheiben und eine Hundertschaft SEK stürmte den von innen verschlossenen Saal. Der Liedermacher sowie einige Gäste wurden vorübergehend verhaftet.

August 1997: Autobahnen, Bundes- und Landstraßen glichen Heerlagern. Sämtliche Polizeikräfte der Republik waren im Einsatz. Der Grund: Es galt mit allen Mitteln zu verhindern, daß Demonstrationen durchgeführt wurden, die auf die mysteriösen Umstände des Todes von Rudolf Heß hätten hinweisen können. 800 Personen wurden vorsichtshalber festgenommen. Gegen mehr als 100 weitere wurde schon im Vorfeld eine Meldepflicht über 3 Tage verhängt. Sie mußten sich dreimal täglich bei den örtlichen Polizeistellen melden.

1997: Jüngst erschien das Buch »Der V-Mann«, das die Hintergründe um den Agenten und Betrüger Michael Wobbe aufdeckt, der jahrelang für das niedersächsische Landesamt für Verfassungsschutz eine inzwischen verbotene Partei ausspähte. Wenn der Verfassungsschutz Berichte brauchte, sollte Wobbe »was anleiern«. Er machte Schulungen und verteilte Propagandamaterial. Ohne seine Aktivitäten als V-Mann wäre so manche »neonazistische« Gruppe erst gar nicht entstanden. In einer Talkshow gab er zu, daß er gezielt in Orte geschickt wurde, um dort auffällige Jugendliche zu Straftaten zu »aktivieren«, so daß man sie aburteilen konnte.“ (UN, Postfach 1826, 55388 Bingen)

Und von einer Coburger Buchhändlerin erfahren wir folgenden Sachverhalt:

*„Die jüngste Justizaktion gegen Verlage und Buchhändler in Deutschland läßt fragen: Leben wir wirklich im freiesten Staat deutscher Geschichte? Ich selber bin Geschäftsführerin einer Buchhandlung und habe erst vor einigen Tagen eine Hausdurchsuchung erlebt, weil uns der Verkauf eines politischen Buches vorgeworfen wird, das seit zwei Jahren auf dem Markt ist und nie beanstandet wurde. Vorwurf: ‚Jugendgefährdung‘. Wir hätten gefälligst alle Bücher vor dem Verkauf zu lesen, sagt Justicia. Hinter der Augenbinde ist ihr offenbar entgangen, daß jährlich rund 70.000 neue Buchtitel herauskommen.*

*Von Kollegen kenne ich wachsende Ängste. Einige wurden bereits zu Geld- und Haftstrafen verurteilt. Aus verständlichen Gründen hängen sie es nicht an die große Glocke. Bislang waren wohl hauptsächlich Bücher aus ‚rechten‘ Verlagen betroffen; jetzt geht es auch gegen ‚linke‘ Häuser. Mal lautet der Vorwurf auf Volksverhetzung, dann auf Pornographie, manchmal auf beides, wie das Verfahren gegen den Sonneberger Alpha Comic Verlag zeigt. Die Meinungs- und Informationsfreiheit gerät zunehmend unter die Räder der Political Correctness, wobei einige offenbar glaubten, es beträfe nur andere. Jetzt sitzen der (rechte) Grabert-Verlag und der (linke) Eichborn-Verlag quasi gemeinsam auf der Anklagebank, verblüfft, wie gleich doch alle vor der neuen* [redacted] *sind.*

*Liberalität? Ein schönes Wort. Für Verlage und Buchhändler ist Deutschland einer der gefährlichsten Orte der Welt. Was in den USA, Spanien, Dänemark, Rußland (!), nahezu überall frei gehandelt wird, führt hierzulande geradewegs ins Gefängnis. Demgegenüber waren die Bücherverbrennungen* [redacted] *zu.*" (Leserbrief in der Süddeutschen Zeitung vom 24. April 1996, zit.n. UN – Sonderausgabe zur Buchmesse 1997, Zensur durch UN)

In der Schule hat man gelernt, der Nationalsozialismus wäre eine Tyrannei, eine Diktatur übelster Sorte und eine Art Sklavenstaat gewesen, in dem eine Kritik am Staat mit Gefängnis bestraft worden war. Der Nationalsozialismus hätte die freie Meinungsbildung der Deutschen unterdrückt. Und man hat uns Bilder gezeigt, auf denen man die Verbrennung von Büchern sehen konnte, die der nationalsozialistischen Regierung wohl nicht entsprachen. Es wurde uns von den Geschichtslehrern erklärt, daß so etwas zu verurteilen sei und in einer Demokratie nicht möglich wäre.

Nun, im Deutschland der neunziger Jahre, welches sich als eine 'Demo-Kratie' bezeichnet, als einen 'freien Staat', in dem 'das Volk herrscht' und des Volkes Meinung von der Regierung vertreten wird, werden aber auch bestimmte Bücher verboten und die Autoren ins Gefängnis gesteckt.

Ja, wo ist denn dann unsere so viel gepriesene Meinungsfreiheit? In welcher Form haben wir denn das „freieste Land deutscher Geschichte"?

Denn es ist eine Tatsache, daß neben mir auch viele andere Autoren ihre Meinung nicht frei äußern dürfen – egal, ob sie jemandem paßt oder nicht.

***„Das Buch gedeiht nur in einem Klima der Freiheit.***

***Buch und politische Kultur: Die Kritik ist das Lebenselement der politischen Kultur einer freiheitlichen Demokratie. Meinungs- und Informationsfreiheit garantieren diese Kritik. Sie sind essentielles und hervorragendes Freiheits- und Bürgerrecht. Das Buch ist wesentlicher Bestandteil dieser politischen Kultur. Es war immer Ideenträger und Transportmittel geistiger Entwicklungen. Bei der Durchsicht der politischen Ideengeschichte zeigt sich, daß am Anfang neuer Entwicklungen, seien sie evolutionär oder revolutionär, eigentlich immer das Buch gestanden hat...***

***Wenn wir die staatliche und gesellschaftliche Form des Buches für die Freiheit so hoch einschätzen, bedarf auch die Rolle der Handelnden nicht nur des staatlichen Schutzes, sondern auch der gesellschaftlichen Anerkennung. Wir müssen Kritik nicht nur tolerieren. Demokratische Haltung fordert, ihre Notwendigkeit zu bejahen. Kritik, die keinen Verleger findet, bleibt wirkungslos. Verleger, deren Produkte der Buchhandel ignoriert, können nicht arbeiten.***

***Diese wichtigen Funktionen vom Verlagswesen und Buchhandel gilt es zu erhalten. Vor allem im Hinblick auf die neuen Medien müssen wir alle Anstrengungen unternehmen, um diese Berufsstände nicht zu gefährden ...***

***Wo sich nur der Anschein zeigt, müssen Staat und Gesellschaft auf der Hut sein... Es kann und darf nicht Aufgabe des Staates oder irgendwelcher gesellschaftlicher Kräfte sein, zu bestimmen, was gedruckt werden darf und was nicht. Vielmehr haben wir die Freiheit zu gewährleisten, auch noch so Abwegiges zu drucken und zu lesen, solange hierdurch nicht verletzend in die Rechte anderer eingegriffen wird. Wir können nicht einerseits an die Einsicht des ‚mündigen Bürgers' appellieren, ihn aber auf der anderen Seite bevormunden wollen, wenn es um seine Lektüre geht...“***

(Ex-Bundesinnenminister Gerhart Rudolf Baum zur Buchmesseneröffnung 1979 in Frankfurt am Main, aus: Börsenblatt des Deutschen Buchhandels, Nr 84, 19.10.1979.)

Schöne Worte, nicht wahr? Schade, daß sie nur keinen interessieren; vor allem die Anzeigeerstatter nicht.

Doch wie schon kurz erwähnt, war auch ich als Jugendlicher hirngewaschen und habe an die heile Welt der 'freien Meinungsäußerung' geglaubt. *„Bei uns gibt es keine Zensur"*. Dieser Satz unseres Sozialkundelehrers hallt mir heute noch in den Ohren. Fragt sich nur, wen dies betrifft? Mich jedenfalls nicht.

Natürlich darf man in Deutschland eine ganze Menge tun und lassen, was die 'Schmerzgrenze' vieler bei weitem übersteigt, ohne dafür belangt zu werden. Zum Beispiel durfte unser jetziger Bundeskanzler und sieben seiner Minister die Vereidigungsformel „so wahr mir Gott helfe" verweigern; man darf über Jesus, den Gott der Christen, schimpfen, seine Mutter Maria beleidigen, man darf Pornofilme und Magazine frei verkaufen, Sado Maso und Telefonsex öffentlich anbieten, Homosexualität befürworten, Horror- und brutalste Gewaltfilme im TV senden, Tiere quälen und für Versuche hernehmen, Schweinereien und Diffamierungen eines anderen Glaubens (z.B. durch Salman Rushdie), anbieten...

Doch es gibt Themen, über die man in Deutschland nicht kritisch nachdenken darf, geschweige denn, daß man sich darüber öffentlich äußert. Und offenbar habe auch ich in meinen Büchern über solche Themen zu laut nachgedacht. Womit wir wieder bei der obengenannten Betitelung angelangt wären. Doch was sind eben diese 'Themen'? Ich frage mich das deshalb, weil ich mir kaum vorstellen kann, daß es etwas Schlimmeres in Deutschland geben kann, als den Gott der Christen (Deutschland bezeichnet sich als ein 'christliches' Land und wurde bis vor kurzem von einer 'christlichen' Partei regiert) zu beleidigen oder gar als 'Hurensohn' zu verfluchen (das tut eine in Deutschland anerkannte Religion mehrmals wöchentlich). Es wurde vor Jahren ein Hollywood-Film in den Kinos vorgestellt, in dem Jesus träumt, er würde mit Maria Magdalena Sex vollziehen - „Die letzte Versuchung Christi'. Doch dies empfand unsere Justiz oder andere Stellen nicht als 'verunglimpfend, verhetzend oder beleidigend'. Wenn es in unserem 'christlichen Staat' also sogar erlaubt ist, den eigenen christlichen Gott zu beleidigen und neuerdings sogar Bücher unterstützt werden, die das ganze deutsche Volk verunglimpfen, beleidigen und verletzen (z.B. Daniel Goldhagen), kann ich mir kaum vorstellen, was in einem ethisch und moralisch so degenerierten Land noch irgend jemanden 'verunglimpfen' kann.

Wen oder was behandelt also der Inhalt meiner Bücher, daß er einem Volk, das bereits keine Tabus mehr kennt, vorenthalten werden muß. Und warum können diese wenigen Betroffenen, die dies entscheiden, sich über den Willen des 'Volkes', also der Mehrheit, wie auch die Gesetze des Europäischen Gerichtshofes stellen, obwohl dies laut Gesetz gar nicht möglich sein dürfte? Und wer entscheidet letztendlich darüber, was in Deutschland gelesen oder geschrieben werden darf? Ist es wirklich das Volk beziehungsweise die Mehrheit?

Denn zum Zeitpunkt der Beschlagnahme meiner Bücher und dem erwirkten Verkaufsverbot durch die Staatsanwaltschaft Mannheim waren es bereits weit über einhunderttausend Käufer, die offenbar der Meinung waren, daß meine Bücher äußerst lesenswert wären und eine Bereicherung für den deutschen Buchmarkt darstellten.

Fakt ist aber, daß nur die Beschwerde einer kleinen privaten Organisation (vermutlich im Auftrag einer noch kleineren Organisation im Hintergrund) genügt hat, eine hunderttausendfache Mehrheit zu überstimmen - ohne diese zu fragen, versteht sich.

Und genau über solche Machenschaften und die Machtverhältnisse einer kleinen elitären Minderheit hinter den Kulissen, die bestimmt, was als offizielle Geschichtsschreibung zu gelten hat, was politisch korrekt und was tabu ist, habe ich ja in meinen verbotenen Büchern berichtet.

Na ja, ich hatte mir gedacht, daß es Sie vielleicht interessieren würde, wie es sein konnte, daß Sie meine Bücher am einen Tag noch in ihrer Buchhandlung kaufen konnten und am nächsten Tag auf einmal nicht mehr. Wer und was stand dahinter? Und was ist seither geschehen?

Dieses vorliegende Buch soll vor allem den in Punkto 'Zensur in der BRD' noch gutgläubigen LeserInnen einen kleinen Einblick in das ermöglichen, was einem Deutschen in Deutschland geschieht, weil er seine 'eigene Wahrheit', seine 'eigene Meinung' und sein 'eigenes Weltbild' öffentlich geäußert und schriftlich wiedergegeben hat. Wie fühlt es sich wohl an, wenn man einem Reporter etwas erzählt und man in dem später abgedruckten Artikel das Gegenteil dessen wiederfindet, was man eigentlich gesagt hat? Oder wie ist es, wenn man im Videotext des Fernsehens lesen kann, daß man verhaftet worden sei und in Untersuchungshaft sitze, obwohl man doch gerade als freier Mensch unbehelligt zuhause frühstückt? Wie ist so etwas denn möglich? Kann man sich überhaupt gegen so etwas wehren?

Wenn man diese Zeilen hier liest, könnte man fast meinen, es handelt sich um den Bericht einer Person, die in der ehemaligen DDR versucht hat, Kritik zu üben oder gar im Dritten Reich. Doch diese Geschichte spielt in der BRD der 90iger Jahre.

Kaum zu glauben, denken Sie?

Na, wollen wir einmal sehen, wie Sie, verehrte LeserInnen, am Ende dieses Buches darüber denken werden. Zunächst lesen wir ein paar Zeilen zum Thema Meinungsfreiheit, wonach Sie die Anklageschrift studieren können. Es folgen im Anschluß daran Schreiben meiner beiden Verteidiger, die auf die Anschuldigungen der Staatsanwaltschaft eingehen und Dokumente beilegen, die die Realität verschiedener Aussagen belegen sollen. Nach dem Beschluß des OLG Karlsruhe äußert sich Richter a.D. Herr Wolfhard Thomas, der das Verfahren mit verfolgt hat, über diverse Merkwürdigkeiten mit und um das Verfahren, wonach Sie dann meinen Bericht mit einer Stellungnahme zu ein paar Vorwürfen, die in der Anklageschrift aufgereiht sind, lesen können. Abschließend habe ich den Kommentar meiner Eltern gewählt, die dabei mehr die spirituell-geistigen Aspekte betrachten.

Einerseits ist es mein Anliegen, Sie liebe LeserInnen, die meine hier behandelten Bücher bereits gelesen haben, darüber zu informieren, wie es zu dem Verbot derselben gekommen war und wie man dabei gegen mich vorgegangen ist. Andererseits ist es ein erneuter Versuch, einen tieferen Blick hinter die Kulissen zu werfen. Doch diesmal weniger hinter die theoretischen Kulissen von Politik oder Wirtschaft, sondern eher hinter die praktischen Kulissen der Staatsorgane und der Meinungsindustrie. Auch möchte ich Ihnen zeigen, welche Emotionen und Kräfte freiwerden können während eines geistigen Krieges zwischen Information und Desinformation.

***„Wenn wir in einen Dialog mit anderen eintreten, bringen wir einige ‚Essentials' ein, die nicht verhandelbar sind. Dazu gehört die Freiheit der Rede und dazu gehört vor allem, daß niemand wegen seiner Überzeugung zu Schaden gebracht werden darf. Eine lange, oft blutige, grausame Geschichte hat uns in Europa gelehrt, daß diese Rechte niemals mehr zur Disposition stehen dürfen."***
(Bundespräsident Roman Herzog in der Frankfurter Allgemeinen Zeitung vom 16.10.1995)

# Kapitel 1
# Zur Meinungsfreiheit

Aus einer Rede von Bundespräsident Herzog am 20.7.1994:
***„Totalitarismus - gleich welcher Couleur - kann man nicht erst bekämpfen, wenn er sich in einem Staat bereits eingenistet hat ...***

***Totalitarismus, so lernen wir gerade aus unserer Vergangenheit, muß man vom ersten Augenblick an bekämpfen, in dem er sein Haupt erhebt, und zwar mit aller Kompromißlosigkeit. Und das müssen wir über die Generationen hinweg - auch unseren Kindern und Enkeln – nicht nur vermitteln, wir müssen es ihnen einimpfen.***

***Dazu gehört dann freilich, daß wir den jungen Menschen nicht nur die schrecklichen Folgen des Totalitarismus aufzeigen - Unterjochung von Völkern, Ausrottung ganzer Bevölkerungsgruppen, Folter -, sondern daß wir sie mehr als bisher mit den Zeichen vertraut machen, die den Beginn einer solchen Entwicklung charakterisieren: Häme, Hetze gegen einzelne Menschen und Menschengruppen, gesellschaftliche Isolierung, Demütigung in den Kleinigkeiten des täglichen Lebens, Aufführungsverbote, Buchverbrennungen usw.***

***Man kann auf diesem Feld nicht genug tun, und ich verspreche Ihnen, daß das in den kommenden Jahren mein bevorzugtes Augenmerk haben wird.“*** (UN, Nr. 5/1997, S.10, Bingen)

Wahrscheinlich ist sein unaufmerksames Augenmerk einfach damit zu erklären, daß er in die falsche Richtung guckt und daher nicht bemerkt, was in unserem geliebten Deutschland vor sich geht. Um ihm und anderen „Unaufmerksamen“ etwas auf die Sprünge zu helfen, möchte ich den ‚Deutschen Rechtsschutzkreis‘ zu Worte kommen lassen, der sich zum Thema „politische Straftaten“ ein übersichtliches Bild gemacht hat:

### „‚Politische Straftaten' in einem freiheitlich-demokratischen Rechtsstaat - Gibt es das überhaupt?

Der Normalbürger schüttelt den Kopf und meint, das könnten doch nur seltene Einzelfälle sein, in denen erklärte Staatsfeinde mit Terror und Gewalt Verbrechen und Straftaten begehen und diese Straftaten dann mit politisch-ideologischen Zielen begründen. Die Mörder und Terroristen der RAF („Rote Armee Fraktion"), die der Rechtsanwalt Schily, der neue Bundesinnenminister, so engagiert verteidigte, waren solche Straftäter, die sich als „Politische Gefangene" bezeichneten, obwohl sie ja nicht wegen ihrer politischen Äußerungen und Forderungen, sondern für tatsächliche Verbrechen verurteilt wurden.

### Wofür man bestraft werden kann

Daß man aber für ein falsches Wort, für einen falschen Satz, für eine unbedachte Meinungsäußerung, für die Benutzung eines falschen Zeichens oder Symbols, für die Bestellung oder Weitergabe eines falschen Buches an seinen Nachbarn wegen einer „politischen Straftat" bestraft wird, ist in der Öffentlichkeit kaum bekannt. Kaum jemand weiß, daß die Anzahl der Bürger, die der Staat wegen „politischer Straftaten" verfolgt und verurteilen läßt, in der Bundesrepublik heute größer sein soll als in der untergegangenen DDR.

### Im letzten Jahr 10.257 „Meinungsdelikte"!

„Innere Sicherheit", Informationen des Bundesministeriums des Innern, Nr. 3/1998, Auszug aus der Tabelle 2, Seite 7:

Straftaten mit erwiesenem oder vermutetem rechtsextremistischem Hintergrund (nach Angaben des Bundeskriminalamtes (BKA) Stand 4.2.1998)

| | 1996 | 1997 |
|---|---|---|
| (1) Verbreiten von Propagandamitteln und Verwenden von Kennzeichen verfassungswidriger Organisationen | 5.635 | 7.888 |
| (2) Andere Straftaten, insbesondere Volksverhetzung | 1.950 | 2.369 |

**Was heißt nun aber „rechtsextremistisch“, was sind verbotene Kennzeichen, was ist „Volksverhetzung“?**

Da veröffentlicht jemand einen Bericht zur Zeitgeschichte und ergänzt ihn mit einem Foto. Auf diesem Foto ist ein „Kennzeichen einer verfassungswidrigen Organisation“ an einer Armbinde zu erkennen (Anmerkung der Redaktion: ein Hakenkreuz. Das Wort ist nicht verboten, nur das Zeichen selbst). Ergebnis: Hausdurchsuchung, Beschlagnahme, Prozesse über mehrere Instanzen, Verurteilung, Existenzvernichtung, Ende der Zeitschrift. Der Leser schüttelt den Kopf und hält es nicht für möglich, da doch im Fernsehen, in Filmen, in Illustrierten und Zeitungen fast täglich dieses Zeichen zu sehen ist. Und doch ist es so: im Fallbeispiel der Zeitschrift „Diagnosen/Code“ wurde - siehe oben - ein „rechtsextremistischer Hintergrund vermutet“.

Da schreibt jemand eine Postkarte und grüßt ahnungslos „mit deutschem Gruß“: eine Straftat. Da verwendet jemand die „Odalsrune“, das Feldwebel-Rangzeichen der Bundeswehr: eine Straftat, weil ein vor rund 40 Jahren verbotener Studentenverein dieses Zeichen benutzt hat.

Da wird einem Buchhändler ein Paket zugeschickt mit 5 Büchern. Er öffnet es, erkennt am Titel, daß diese wohl mit Vorsicht zu behandeln seien und verschließt das Paket, nicht einmal ausgepackt, in seinem Safe. Ergebnis: Drei Monate Haft wegen „Vorrätighaltens zur Verbreitung“, als die Bücher bei einer Hausdurchsuchung als „Zufallsfund“ entdeckt wurden.

Die Liste der Beispiele ist schier endlos: siehe oben: 1997 allein 7.888 Fälle zu Ziffer 1 der Tabelle.

Gegen die Gefahr, arglos und unwissend „andere Straftaten, insbesondere Volksverhetzung“ (Ziffer 2 der Tabelle) zu begehen, ist kein Normalbürger gefeit. Auch hier genügt ein falsches Wort, ein falscher Witz, eine falsche Karikatur, um wegen Volksverhetzung, Verächtlichmachung, Verunglimpfung und Beleidigung der Verstorbenen, der Bundesrepublik, der Verfassungsorgane, der Ausländer oder bestimmter Bevölkerungs-Gruppen verurteilt zu werden.

Aber auch eine ernsthafte Auseinandersetzung mit Problemen der Zeitgeschichte und des Zeitgeschehens kann zu Bücherverboten, Strafprozessen und Existenzvernichtung führen.

Da benutzt ein Professor für ein bestimmtes Geschehen der Zeitgeschichte in einer in Latein geschriebenen Fußnote das Wort „Fabula“, und in mehreren Bundesländern befaßt sich die Justiz bis zum Oberlandesgericht damit, ob dieses Wort als „Geschichte“ oder „Märchen“ zu übersetzen, das Buch einzustampfen und der Professor zu bestrafen sei.

Da bestellt jemand fünf oder zehn Bücher eines im Buchhandel öffentlich angepriesenen Buches, um es zu besonderen Anlässen an Freunde und Bekannte zu verschenken. Monate später sieht ein Staatsanwalt den Verdacht eines strafbaren Buchinhaltes als erfüllt an, und nicht nur der Verleger, sondern auch die Buchkäufer erhalten „lieben Besuch“, der ihre Bücherregale durchstöbert, obwohl überhaupt noch kein Gericht entschieden hat, ob der Inhalt nun tatsächlich strafbar ist oder nicht.

Die Anzahl der 1997 erfaßten Straftaten dieser Art: 2.369 Fälle zu Ziffer 2 der Tabelle...

## Wenn es morgens um sieben klingelt, und es nicht der Milchmann ist: Hilfe, meine Bücher!

Immer zahlreicher erreichen uns Hilferufe Betroffener, die völlig ahnungslos und sich keiner Schuld bewußt von einer Hausdurchsuchung durch Polizei, „Staatsschutz“ und Staatsanwälten heimgesucht wurden.

Nachfolgend ein beispielhafter Beschluß, wie er den vor Schreck zitternden und hilflosen Staatsbürgern vorgelegt wird:

**Amtsgericht Irgendwo - Beschluß**

In dem Ermittlungsverfahren gegen Irgendwen (das muß man gar nicht selbst sein, sondern ein anderer, den man gar nicht kennt) wegen **Volksverhetzung** wird gem. § 33 Abs. 4 StPO ohne vorherige Anhörung aufgrund der §§ 94, 95, 98, 102, 105, 162 StPO angeordnet die **Durchsuchung**

1. die Wohnung des Beschuldigten einschließlich aller Nebenräume
2. der Person des Beschuldigten
3. sämtlicher auf den Beschuldigten zugelassenen Fahrzeuge.

Zur Sicherstellung folgender Gegenstände:

Schriften und Bücher mit volksverhetzendem und rechtsradikalem Inhalt - insbesondere Bücher mit den Titeln (XYZ) sowie sonstige Unterlagen, die den Bezug der Bücher belegen.

Begründung: Der Beschuldigte bezog mehrere Bücher mit den o.g. Titeln, die den Tatbestand der Volksverhetzung erfüllen. Es ist zu erwarten, daß die Durchsuchung zur Auffindung von Beweismitteln führen wird.

Gez. Irgendwer, Richter am Amtsgericht

Mit ähnlichen Beschlüssen (die oft rechtswidrig sind, weil Sie nicht die gesetzlich geforderte Genauigkeit aufweisen, was im Einzelnen beschlagnahmt und wodurch welcher Straftatbestand erfüllt sein soll) werden von teils unwissenden, teils überforderten, teils böswilligen Beamten alle möglichen Bücher mitgenommen, die im Titel einen politisch-geschichtlichen Inhalt ahnen lassen.

Meist werden dann die Verfahren gegen die „Beschuldigten" unter der Bedingung eingestellt, daß sie nicht widersprechen und sich damit einverstanden erklären, daß die vorläufig beschlagnahmten Bücher vernichtet werden. Insbesondere ältere oder in ihrer beruflichen und familiären Existenz gefährdete Menschen gehen aus Angst oft auf diesen für einen Rechtsstaat unwürdigen „Kuhhandel" ein und verschweigen auch noch still und schamhaft, was ihnen geschehen ist..." (Deutscher Rechtsschutzkreis DRsK e.V., Postfach 400215, D-44736 Bochum)

***„Ich mag manches verdammen, was du sagst, aber ich werde mein Leben dafür einsetzen, daß du es sagen darfst."*** (Voltaire)

Über die „Meinungsfreiheit" hat sich auch Herr Hans Herzog Gedanken gemacht, die er wie folgt in Worte einkleidete:

„Die modernen Demokratien rühmen sich bekanntlich vieler Tugenden. Eine der hervorragendsten ist zweifellos die Religions- und Meinungsäußerungsfreiheit. Jeder werde nach seiner eigenen Façon selig - so etwa zitiert man den großen Preussenkönig Friedrich den Zweiten, und ein heiliger Schauer läuft jedem Demokraten über den Rücken, wenn er in der Erklärung der Menschenrechte liest: *„Niemand darf wegen seiner Ansichten, auch nicht der religiösen, bedrängt werden..."* Oder: *„Die freie Mitteilung der Gedanken und Ansichten ist eines der kostbarsten Menschenrechte; daher kann jeder Bürger frei sprechen, schreiben, drukken..."*

Tränen der Rührung möchten einem beim Lesen dieser Sätze in die Augen treten, und: *„Freiheit, Gleichheit, Brüderlichkeit"* skandiert man vor sich hin, summt die ersten Takte der Marseillaise und sieht im Geiste, wie die Köpfe der Freiheitsfeinde unter der Guillotine in die Körbe rollten. Nun, die wurden ja wohl rechtens zum Tode verurteilt, schließlich stemmten sie sich gegen den Fortschritt, waren Aristokraten oder gar Monarchisten - also: Kopf ab! Denn die Freiheit der Ansicht gilt natürlich nur für Anhänger der demokratischen Staatsideologie. Wo kämen wir sonst auch hin!

Schließlich steht in der Erklärung der Menschenrechte als Fortsetzung der oben genannten Sätze: „*...vorausgesetzt, daß ihre Äußerung nicht die durch das Gesetz festgelegte öffentliche Ordnung stört.*“ Und: „*... mit dem Vorbehalt, daß er verantwortlich ist für den Mißbrauch dieser Freiheit.*“ Also, was will man denn? Das Recht wird immer durch die Macht gesetzt. Wenn die Machthaber der Demokratien in der „westlichen Wertegemeinschaft“ des ausgehenden 20. Jahrhunderts finden, Kritik am [redacted] oder [redacted] seien „Mißbrauch der Freiheit“ oder würden „die durch das Gesetz festgelegte öffentliche Ordnung“ stören, so haben sie bestimmt recht damit. Denn recht hat immer der, der die Macht hat, Recht zu setzen. Kapiert?

Der demokratische Gesetzgeber findet es nun einmal in Ordnung, daß [redacted] Texte Jesus einen Hurensohn nennen dürfen. Strafwürdig findet er hingegen die Behauptung, [redacted] trügen Schuld am Bolschewismus und am Ausbruch der Weltkriege, oder die Menschen seien in [redacted], sondern an [redacted] gestorben.

Durch wissenschaftliche Untersuchungen, die die genannten Behauptungen zu erhärten scheinen, läßt sich der fromme Demokrat keineswegs aus der Fassung bringen. Flugs erklärt er sie zu „pseudowissenschaftlichen Machwerken“, weil nicht sein kann, was nicht sein darf. Ganz offensichtlich fühlen sich die Herren der Demokratie gefährdet, sollten solche Ansichten Schule machen, und deshalb verbieten sie deren Verbreitung, punktum. So einfach ist das. Darüber zu lamentieren hilft nicht viel. Besser ist es, diese Tatsache als Musterbeispiel zu verwenden, um den Einsichtigen im Volk zu zeigen, wer im heutigen Staat das Sagen hat. Erst wenn sich das gründlich herumgesprochen haben wird, kommen die Änderungen...

Aber es wird ein schwerer Kampf sein, der gut überlegt sein will: Der Gegner verfügt nicht nur über Macht, sondern außerdem über eine große Schlauheit, die ihn daran gewöhnt hat, in Jahrhunderten zu denken und dem Widersacher stets um einige Züge vorauszusein...

Trebitsch-Lincoln,... Doppelagent im Ersten Weltkrieg und okkultistischer Hans Dampf in allen Gassen, hat diese Denkweise einmal auf den Punkt gebracht als er sinngemäß ausführte, kluge Politik bestehe darin, die Gegenmaßnahmen zu ergreifen, bevor der Gegner seine Maßnahmen ergriffen hätte, und diese Gegenmaßnahmen müßten eben darin bestehen, den Gegner zu den Maßnahmen zu veranlassen.

Oder wie Jan van Helsing in [redacted] ganz richtig zusammenfaßt (S. 77):

*„Die Technik ist so alt wie die Politik selbst. Es ist das Hegelsche Prinzip des dreiteiligen Prozesses von These, Antithese und Synthese. Der erste Schritt (die These) ist, ein Problem zu erzeugen. Der zweite Schritt (die Antithese) ist, eine Opposition zu dem Problem zu erschaffen (Angst, Panik, Hysterie). Der dritte Schritt (die Synthese) ist, die Lösung zu dem Problem zu offerieren, das man als erstes erzeugt hat - So kann man eine Änderung im Volk verursachen, die durch die Schritte eins und zwei ausgelöst wurden, sogenannte psychologische Kriegsführung...“* („Abschied vom Rechtsstaat“, Presseclub Schweiz, Postfach 105, CH-4008 Basel)

# Kapitel 2
# Die Anklageschrift

Gericht

**Landgericht Mannheim**

Aktenzeichen

(5) 5 Kls 2/96

Bitte immer angeben

PLZ, Ort, Datum

**6800 Mannheim,** den 17.09.1996

Anschrift, Fernruf

A 1 – Postanschrift: Postfach 20, 6800 Mannheim 1

Fernsprecher: Vermittlung 2 92-0, Durchwahl 2 92-26 68
Telex-Nr. 463 421

| Zutreffendes ist angekreuzt | X |
|---|---|

Nächste Parkmöglichkeit: Parkhochhaus in C 1, 10

Postanschrift ab 1. Juli 1993
Landgericht
68149 Mannheim

Herrn
Jan Udo Holey
Birkenweg 6

74579 Fichtenau

Betreff: Strafsache gegen Sie wegen

Verd. d. Volksverhetzung u.a.

Sehr geehrter Herr Holey!

Auf Anordnung des Vorsitzenden des Gerichts wird Ihnen die anliegende Anklageschrift mitgeteilt.

Nach § 201 Strafprozeßordnung haben Sie das Recht,
- Einwendungen gegen die Eröffnung des Hauptverfahrens vorzubringen
- die Vornahme einzelner Beweiserhebungen vor der Entscheidung über die Eröffnung des Hauptverfahrens zu beantragen.

Sollte dies der Fall sein, so können Sie sich innerhalb einer Frist von

zehn Tagen darüber erklären.

Die Frist beginnt mit der Zustellung dieses Schreibens.

Einwendungen oder Anträge können Sie entweder schriftlich einreichen oder zu Protokoll der Geschäftsstelle erklären.

Die Tatsachen, die Sie beweisen wollen, und die Beweismittel hierfür (Urkunden, Zeugen, Sachverständige, Tatortbesichtigung) müssen genau angegeben werden.

Bei schriftlichen Erklärungen genügt es zur Fristwahrung nicht, daß die Erklärung innerhalb der Frist zur Post gegeben wird. Die Frist ist vielmehr nur dann gewahrt, wenn die Erklärung vor Ablauf der Frist bei dem Gericht eingeht.

Fällt das Ende der Frist auf einen Sonntag, einen allgemeinen Feiertag oder einen Sonnabend, so endet die Frist mit dem Ablauf des nächsten Werktages.

~~nur bei Untersuchungshaft~~

☐ Bei der Eröffnung des Hauptverfahrens wird das Gericht sogleich über die Fortdauer der Untersuchungshaft entscheiden. Sie können sich innerhalb der angegebenen Frist auch hierzu äußern.

**Rechtsanwalt**

☐ wird Ihnen gemäß §§ 140, 141 StPO als Verteidiger beigeordnet.

**nur wenn noch kein Verteidiger bestellt oder beauftragt ist:**

☐ Sie können die Bestellung eines Verteidigers beantragen, wenn Sie glauben, daß wegen der Schwere der Ihnen angelasteten Tat oder wegen der Schwierigkeit der Sach- und Rechtslage die Mitwirkung eines Verteidigers geboten erscheint oder wenn Sie sich nicht selbst verteidigen können. Auch der gerichtlich zum Verteidiger bestellte Rechtsanwalt kann die Zahlung der Gebühren eines ~~gewählten Verteidigers von Ihnen verlangen, wenn das Gericht später Ihre Zahlungsfähigkeit feststellt.~~

Hochachtungsvoll
Der Vorsitzende:
Dr. Münchbach
Vors.Richter am LG

LANDGERICHT MANNHEIM

Beglaubigt
(Ingaggiato) JAng.

StP 41 I Mitteilung der Anklageschrift an den Angeschuldigten – Ausfertigung – V L (2.83)

**Staatsanwaltschaft Mannheim** Mannheim, den 17.09.1996
- 503 Js 31/96 -
- 5 KLs 2/96 -

An das
Landgericht
-Strafkammer -

68149 M a n n h e i m

LANDGERICHT MANNHEIM
Eing. 17. SEP. 1996
Anlage ..........

Unter Vorlage der Akten und mit dem Antrag, das Hauptverfahren zu eröffnen, erhebe ich

**A n k l a g e**

gegen

1. den am 02.03.1967 in Dinkelsbühl/Bayern geborenen, in 74579 Fichtenau, Birkenweg 6, wohnhaften, verheirateten Heilpraktiker - deutscher Staatsangehörigkeit -

**Jan Udo Holey (alias Jan van Helsing)**

Verteidiger: 1. [redacted]
Vollmacht, Reg. I, Bl. 181

2. [redacted]
Vollmacht, Reg. I, Bl. 262

2. den am 08.06.1946 in Gelsenkirchen geborenen, in 26899 Rhede, Beethovenstr. 18 wohnhaften, verheirateten Verleger - deutscher Staatsangehörigkeit -

**Klaus-Dieter Ewert-Gamalo Tiozon**

Verteidiger: [redacted]
Vollmacht, Reg. I, Bl. 75

Die Genannten klage ich an,
sie hätten
in bewußtem und gewolltem Zusammenwirken
aufgrund mehrerer selbständiger Willensentschließungen

jeweils aufgrund einheitlichen Willensentschlusses

insgesamt ca. hunderttausend Exemplare der von "van Helsing" verfaßten, von Ewert-Gamalo Tiozon verlegten, im Inland wie im Ausland gedruckten Bücher [redacted] über den deutschen Buchhandel, so u.a. über das Prinz-Medienhaus und Buch-Kober in Mannheim, zum Preis von jeweils DM 44,80 angeboten und verbreitet, und zwar u. a.

I. seit Dezember 1995 die Neuauflage des Buches

"Jan van Helsing, [redacted] oder Wie man die Welt nicht regiert", Ewertverlag, Playa del Inglés - Gran Canaria/Spanien, und Rhede bzw. Lathen/Ems, 2.Auflage, 1995, ISBN 3-89478-069 x.

In dieser durchgängig anti[redacted] Schrift werde, in der Absicht, emotional feindselige Haltungen u.a. gegenüber den in der Bundesrepublik Deutschland lebenden [redacted] zu erwekken und zu schüren, in bewußter Verdrehung historischer Tatsachen, u.a. zur Begründung der Thesen, die [redacted] strebten die Weltherrschaft und die Zerstörung Deutschlands an, gestützte auf sachliche Unwahrheiten, unter Verwendung entstellter, erfundener oder nicht nachvollziehbarer Zitate, neben anderen folgendes ausgeführt:

1. Seite 13

Stellen Sie sich einmal vor, Sie sind ein Außerirdischer, haben mit Ihrem Raumschiff gerade unzählige Lichtjahre hinter sich gelassen und steuern auf den Planeten Erde zu...

Nachdem Sie jetzt in die Erdumlaufbahn eingedrungen sind, schalten Sie Ihren Monitor ein, um etwaige Sendewellen aufzufangen. Sie erwischen auch prompt einen Nachrichtensender, der Ihnen über die Vorgänge auf der Erde berichtet. Dabei werden Sie erkennen, daß Sie es hier mit einem kriegerischen Planeten zu tun haben, dessen Bewohner seit Jahrtausenden ... sich gegenseitig umbringen.

Sie stellen fest, daß auf den ersten Blick kein Konzept hinter den Kriegen ersichtlich ist. ...

2. Seite 14 f

Haben auch Sie sich schon einmal die Frage gestellt, warum die Menschen immer wieder Krieg gegeneinander führen ? ...

Welchen Zweck könnte denn der Krieg unter den Menschen dienen ? ...

Das stets "Dritte" einen Vorteil aus dem Krieg zweier anderer ziehen ist auch nichts Neues ... Z.B. haben Bankensysteme, die einem kriegführenden Land Darlehen gewähren, sicherlich größtes Interesse daran, daß ein solcher Krieg nicht so schnell zu Ende geht. ...

Wer könnte denn die dritte Partei sein ? ...

Möglicherweise sind es Satan, Luzifer, Ariman, Baphomet oder andere, nicht "greifbare" Wesenheiten, denen man gerne die Schuld übertragen würde? Vielleicht.

3. Seite 16

In diesem Buch wird jedoch die Geschichte von ein paar sehr greifbaren Personen erzählt, die im Jahre 1773 in einem Haus in der [redacted]straße in Frankfurt planten, sich durch drei Weltkriege den Weg für ihre "Eine-Weltregierung" bis zum Jahr 2000 zu ebnen. Ein perfekt ausgearbeiteter Plan...

4. Seite 44

1773 soll Mayer Amschel [redacted] ein geheimes Treffen im Hause der [redacted] in der [redacted]straße in Frankfurt mit 12 wohlhabenden und einflußreichen [redacted] Geldgebern (Die Weisen von [redacted]) abgehalten haben, um einen Plan auszuarbeiten, wie man das gesamte Vermögen der Welt kontrollieren könne...

5. Seite 45 ff

## DIE PROTOKOLLE DER WEISEN VON [redacted]

### 1. Die Kontrolle des Geldes

*...»Die Kontrolle der Nationen wird durch die Errichtung riesiger privater Monopole, als Behälter gewaltiger Reichtümer, von denen sogar die [redacted] (Nicht[redacted]) abhängig sein werden, sicher sein...*

*...Damit werden sie zugrundegehen müssen, zusammen mit dem Kredit der Staaten, am Tage nach dem politischen Zusammenbruch...*

*...Wirtschaftskrisen zur Schädigung gegnerischer Staaten, durch Zurückziehen des Geldes aus dem Umlauf. Durch die Anhäufung großer privater Kapitalien, die dadurch dem Staate entzogen sind, wird dieser Staat gezwungen sein, dieselben Kapitalien als Anleihe von uns zu entnehmen. Die Anleihen belasten die Staaten mit Zinsen und machen sie zu willenlosen Sklaven. Anstatt zeitgemäße Steuern vom Volke abzuverlangen, werden sie zu unseren Bankherren kommen und betteln. Fremde Anleihen sind Blutegel und es gibt keine Möglichkeit, sie vom Staatskörper wieder zu entfernen, bis sie entweder von selbst abfallen oder der Staat sie abschüttelt. Aber die [redacted]staaten schütteln sie nicht ab, sondern legen sich immer neuere zu und müssen daher unweigerlich daran zugrundegehen.*

*Durch die Staatsverschuldungen werden die Staatsmänner bestechlich werden und dadurch noch mehr in unsere Kontrolle fallen...«* (19)

**Entsprechende Anmerkung zur heutigen Situation:**
Die Staatsverschuldung von Bund, Ländern und Gemeinden in Deutschland betrug 1992 rund 1.300,000,000,000 DM.

### 2. Die Kontrolle der Presse

*...»Wir werden mit der Presse in folgender Weise verfahren:*

*Sie dient zur Aufreizung und Entflammung der Volksleidenschaften... und die Öffentlichkeit hat nicht die geringste Ahnung, wem die Presse in Wirklichkeit dient... Unter den Blättern werden aber auch solche sein, die uns angreifen, die wir aber selbst gegründet haben, und sie werden ausschließlich solche Punkte angreifen, die wir bereits zur Anordnung bestimmt hatten...*

*...Keine einzige Ankündigung wird ohne unsere Kontrolle an die Öffentlichkeit gelangen. Das wird ja auch schon jetzt erreicht, insofern als die Nachrichten aus aller Welt in einigen wenigen Nachrichtenagenturen zusammenlaufen. Diese Agenturen werden von uns bereits kontrolliert und lassen nur das in die Öffentlichkeit, was wir gutheißen....*

*...Unsere Zeitungen werden von allen Schattierungen sein, aristokratisch, sozialistisch, republikanisch, sogar anarchistisch, natürlich nur so lange, als die Verfassung besteht...*

*...Jene Toren, welche glauben, sie wiederholen die Zeilen einer Zeitung ihres eigenen Lagers, werden in Wirklichkeit unsere Meinung oder eine solche, die uns wünschenswert ist, nachsprechen...«* (20)

**Entsprechende Anmerkung zur heutigen Situation:**
Wie man der Übersicht der »Trilateralen Kommission« am Ende des Buches entnehmen kann, sind fast alle Nachrichtenagenturen der Welt alleine schon durch die »Trilaterale Kommission-CFR«-Verbindung kontrolliert (diese Organisationen werden später erklärt).

### 3. Die Ausbreitung der Macht

*...»Wir werden in der Öffentlichkeit der Freund aller sein...*

*...Wir werden alle unterstützen, Anarchisten, Kommunisten, Faschisten... und speziell die Arbeiterschaft. Sie werden uns vertrauen und dadurch zu einem geeigneten Werkzeug werden...«* (21)

### 4. Die Kontrolle des Glaubens

*...»Wir werden den Menschen den wahren Glauben nehmen. Wir werden die Grundpfeiler der geistigen Gesetze verändern oder herausnehmen... Das Fehlen dieser Gesetze wird den Glauben der Menschen schwächen, da die Religionen die Zusammenhänge nicht mehr erklären können...*

*...Diese Lücken werden wir durch materialistisches Denken und mathematische Berechnungen füllen...«* (22)

### 5. Das Mittel der Verwirrung

*...»Um die öffentliche Meinung in unsere Hand zu bekommen, müssen wir sie in ein Stadium der Verwirrung bringen...*

*...Wir werden unter anderem die Presse dazu benutzen, den Menschen so viele verschiedene Meinungen zu präsentieren, daß sie den Überblick im Labyrinth der Informationen verlieren...*

*...damit werden sie zu der Ansicht kommen, daß es am besten ist, keine spezielle Meinung (politisch) zu haben...«* (23)

### 6. Das Verlangen nach Luxus

*...»Um den Ruin der Industrie der* [redacted] *zu verstärken, werden wir unter den* [redacted] *das Verlangen nach Luxus forcieren. Der gewöhnliche Mensch wird sich jedoch nicht am Luxus erfreuen können, da wir ständig die Preise erhöhen werden, damit der Arbeiter genausoviel arbeiten*

*muß wie vorher, um das Gewünschte zu bekommen...*

*...Und bis er das System erkennt, wird er bereits darin gefangen sein«* (24)

### 7. Die Politik als Werkzeug

*...»Durch unser Einflößen des Liberalismus in die Staatsorganismen wird ihr ganzes politisches Aussehen verändert...*

*...Eine Verfassung ist nichts anderes als die hohe Schule der Uneinigkeiten, Mißverständnisse, Zankereien und Parteilaunen, mit einem Wort: eine Schule all dessen, was dazu dient, die Persönlichkeit des Staatsbetriebes zu zerstören...*

*...Im »Zeitalter der Republiken« werden wir die Herrscher durch die Karikatur einer Regierung ersetzten, mit einem Präsidenten aus dem Volke, aus der Mitte unserer Puppen, unserer Sklaven...*

*...Wir werden die öffentlichen Wahlen zu einem Mittel machen, das uns auf den Thron der Welt verhelfen wird, indem auch dem Geringsten im Volke der Anschein gegeben wird, durch Zusammenkünfte und Vereinigungen auf die Gestaltung des Staates einzuwirken...*

*...Wir werden gleichzeitig die Bedeutung der Familie und ihrer erzieherischen Wirkung zerstören und ebenfalls die Möglichkeit selbständiger Persönlichkeit beseitigen...*

*...Es genügt, ein Volk eine gewisse Zeit lang der Selbstregierung ([redacted]) zu überlassen, um es in einen ordnungslosen Pöbel zu verwandeln...*

*...Die Macht des Pöbels ist eine blinde, sinnlose und unvernünftige Kraft, immer in der Gewalt der Beeinflussung von irgendeiner Seite. Der Blinde kann aber nicht den Blinden führen, ohne in den Abgrund zu stürzen. Nur jemand, der von Geburt an zum unabhängigen Herrscher erzogen ist, hat Verständnis für das politische ABC...*

*...Unser Erfolg wird dadurch erleichtert werden, daß wir in unserem Verkehr mit den Menschen, derer wir bedürfen, immer auf die empfindlichste Seite der menschlichen Natur einwirken werden: die Geldgier, die Leidenschaft und die Unersättlichkeit nach menschlichen und materiellen Gütern...«* (25)

### 8. Die Kontrolle der Nahrung

*...»Unsere Macht liegt auch in der dauernden Nahrungsknappheit. Das Recht des Kapitals erzeugt Hunger, der die Arbeiter sicherer beherrscht, als es der Adel mit der gesetzlichen Königsmacht vermochte...*

*...Durch Mangel, Neid und Haß, die so erzeugt werden, werden wir die Massen bewegen...*

*...aber als Landbesitzer kann er uns noch gefährlich werden, da er Selbstversorger ist. Darum müssen wir ihn um jeden Preis seines Landes berauben. Dieses wird am besten erreicht, indem man die Lasten auf den Grundbesitz vermehrt, ...indem man die Ländereien mit Schulden belädt«* (26)

**9. Die Funktion des Krieges**

*...»Um Machthungrige zu einem Mißbrauch der Macht zu veranlassen, werden wir alle Kräfte in Gegnerschaft zueinander bringen. In ganz Europa, und mittels der Beziehungen Europas auch in anderen Erdteilen, müssen wir Gärungen, Zwiespälte und Feindschaften erschaffen...*

*...Wir müssen in der Lage sein, jedem Widerstand durch Kriege mit dem Nachbarland zu begegnen. Wenn diese Nachbarn es jedoch auch wagen sollten, gegen uns zusammenzustehen, dann müssen wir ihnen durch einen Weltkrieg Widerstand bieten...«* (27)

**10. Die Kontrolle durch die Erziehung**

*...»Die [redacted] werden nicht zur praktischen Anwendung der vorurteilslosen geschichtlichen Beobachtung angeleitet, sondern zu theoretischen Erwägungen, ohne jede kritische Beziehung auf folgende Ereignisse...*

*...Laßt für jenes Spiel die Hauptsache sein, daß wir sie überredet haben, die Erfordernisse der Wissenschaft anzunehmen...*

*...Angesichts dieser Tatsache haben wir unablässig mittels unserer Presse ein blindes Vertrauen auf diese (wissenschaftlichen) Theorien hervorgerufen. Diese Intellektuellen der [redacted] werden sich mit ihren Erkenntnissen anpreisen...*

*...Indem das Volk immer mehr entwöhnt wird, selbst nachzudenken und sich eigene Meinungen zu bilden, wird es schließlich in dem Ton reden, wie wir es wollen, daß sie reden...«* (28)

Kommentar:

Zitat von William Cooper: *»They just tell you, what they want you to know!«* (Sie sagen Euch nur das, wovon sie meinen, daß Ihr es wissen sollt!)(29)

**11. Die Kontrolle der Freimaurerischen Logen**

*...»Wir werden in allen Ländern der Erde freimaurerische Logen gründen und vermehren und darin alle Persönlichkeiten anlocken, die in der Öffentlichkeit hervorragen können oder es schon tun...*

*...Wir werden alle diese Logen unter unsere Zentralverwaltung bringen, die wir alleine kennen, und die den Anderen grundsätzlich unbekannt ist.*

*...Wer oder was kann eine unsichtbare Macht überwinden? Genau das ist unsere Macht... Die nicht[redacted] Freimaurerei dient uns blindlings als Kulisse für uns und unsere Ziele. Aber der Handlungsplan unserer Macht bleibt für das ganze Volk, ja sogar den Rest der eigenen Bruderschaft, ein unbekanntes Geheimnis...«* (30)

**12. Der Tod**

*...»Der Tod ist das unvermeidliche Ende aller, daher ist es besser, jene diesem Ende näherzubringen, die unseren Zielen im Wege stehen.«* (31)

Nach der Ausarbeitung dieses Planes für die Weltherrschaft (die »**Neue Weltordnung**« = »Novus Ordo Seclorum«), soll das Bankhaus [redacted] dann den bayerischen [redacted] ADAM WEISHAUPT beauftragt haben, den »GEHEIMEN ORDEN DER BAYERISCHEN ILLUMINATEN« zu gründen.(32)

**Anmerkung des Verfassers:**

Über die »Protokolle der Weisen von [redacted]« wurde bereits viel geschrieben, positiv wie negativ. In Deutschland, wo doch anscheinend Presse- und Meinungsfreiheit herrscht, ist es verboten, sie zu verkaufen oder zu vervielfältigen. Das ist wahrscheinlich mit daraufhin zurückzuführen, daß Adolf Hitler sie ebenfalls zur Unterstützung seiner »anti[redacted] Gesinnung«, die wir uns später noch genauer betrachten werden, benutzte. Als Autor dieses Buches geht es mir weniger darum, ob es [redacted] und die [redacted] sind, die die Protokolle gegenwärtig anwenden, sondern hier geht es um das Anwendungsprinzip. Hier haben wir einen Plan vorliegen, der aufzeigt, wie man es anstellen muß, die Welt zu versklaven. Egal wer dahinter stehen mag, der Plan wird IM AUGENBLICK ANGEWENDET. Wie ich auch am Ende des Buches noch sehr intensiv darlegen werde, ist es nicht von Bedeutung, WER die Protokolle anwendet, sondern welches Prinzip dahintersteht und daß die BENUTZTEN es mit sich geschehen lassen!

Ein weiteres Mittel, dieses Ziel zu erreichen, ist es, die Welt in eine Sklavengesellschaft des Ostens und eine Herrenrasse des Westens zu unterteilen. Dies wird dadurch erreicht, wie Rudolf Steiner in seinem Buch »Die soziale Grundforderung unserer Zeit« beschreibt, daß es zwischen dem Glauben des Ostens und der Wissenschaft des Westens zu keiner Synthese kommt. Das hat zur Folge, daß die atheistischen Wissenschaftler für die Religionen des Ostens nichts übrig haben, wiederum die Gläubigen des Ostens die Wissenschaft des Westens ablehnen.

Desweiteren fänden sich in dem Druckwerk Abbildungen und Zeichnungen angeblich während der NS-Zeit entwickelter Flugobjekte wieder, wobei diese "Objekte" mit Hakenkreuzen und SS-Runen versehen seien (S. 123, 125, 134 und 136).

II. seit Dezember des Jahres 1995 das Buch

"Jan van Helsing, [redacted], [redacted]", Ewertverlag, Playa del Inglés-Gran Canaria/Spanien und Rhede bzw. Lathen/Ems, 1995, ISBN 3-89478-492-x.

In dieser gleichfalls durchgängig anti[redacted], auf der unter I. genannten, aufbauenden Schrift werde, wiederum in der Absicht, emotional feindselige Haltungen u.a. gegenüber den in der Bundesrepublik Deutschland lebenden [redacted] zu erwecken und zu schüren, in bewußter Verdrehung historischer Tatsachen, auch unter Leugnung des Vernichtungsschicksals der [redacted] während der NS-Zeit u.a. folgendes ausgeführt:

1. Seite 11

Daher bitte ich Sie nochmals von tiefstem Herzen, nicht unvorbereitet, also ohne Band I gelesen zu haben, diese Informationen aufzusaugen, da dabei Haß oder Groll gegen andere Menschen oder Wesen anderer Herkunft entstehen könnte, was nicht meine Absicht ist. Mein Anliegen ist es, Verbrechen gegen das Leben aufzudecken und bei dieser Aufdeckungsarbeit darf kein Blatt vor den Mund genommen werden. Die Wahrheit muß auf den Tisch, auch wenn dabei ein nach außen hin perfekt aufgebautes Image einer kleinen "elitären" Bevölkerungsgruppe zu bröckeln beginnen mag. Verbrechen sind Verbrechen, dabei darf die Rasse oder Religion der Tätergruppe oder ein Geschehen in deren Vergangenheit kein Grund sein, bei der Beurteilung einer aktuellen Straftat vorteilhafter als bei anderen Kriminellen vorzugehen. Gleiche Rechte für alle!

## 2. Seite 18

Ich könnte Sie beispielsweise eine Stunde lang durch Ihre Stadt führen und würde Ihnen eine neue Realität aufzeigen. Ob es die Symbole der Firmen sind, bei denen Sie arbeiten oder einkaufen oder die Symbole der Bank, bei der Sie Ihr Konto haben... Was die Symbole auf den Geldscheinen und Münzen bedeuten, mit denen Sie täglich umgehen (wir finden beispielsweise über dem amerikanischen Wappenvogel auf der Dollar-Note den [redacted], ganz deutlich, was wiederum zeigt, wem die USA finanziell gehört. Und dann schauen Sie einmal auf ein Zwei-Mark-Stück oder Ihren Reisepaß. Der Bundesadler hat auch irgendwie seine Form verändert, zufälligerweise auch in einen [redacted], wie ich auch im Kapitel über den Antichristen aufzeigen werde. Auch hier sehen wir, wem Deutschland gehört, bzw. wer es finanziell besitzt!!!). Dann könnten wir Ihren Bürgermeister besuchen, und nachschauen, ob er vielleicht einen Ring trägt, und uns die seltsamen Symbole betrachten, die evtl. darauf zu finden sind. Wir könnten auch zusammen Ihre Tageszeitung lesen, aber diesmal entschlüsselt. Dann werfen wir einen Blick auf die verschiedenen Kreditkarten, die Sie täglich benutzen und schauen auch hier auf die verwendeten Symbole und die Nummerncodes. Auch gibt die Verpackung eines Produktes und die darauf abgedruckten Symbole des Herstellers Aufschluß über diesen. Ich könnte auf die neuen Euro-Nummerntafeln für Pkws mit dem blauen Streifen aufmerksam machen, durch den Sie über Satellit an jedem Punkt der Welt geortet werden können, Ihr Bußgeld irgendwann direkt von Ihrem Konto abgebucht werden kann... (Mehr über diese Symbolsprache können Sie den Büchern von Johannes Rothkranz entnehmen).

## 3. Seite 20

Im ersten Buch hatte ich es auch ganz gezielt vermieden Deutschland in Bezug auf die Illuminati näher zu behandeln, da man in den letzten Jahren immer allergischer auf die Aufdeckung von Verbrechen gegen Deutschland reagiert hat. Ich hatte daher mehr die amerikanische und britische Seite betrachtet. In diesem zweiten Buch möchte ich aber nun auch tiefer auf das deutsche Land eingehen, mit dem Risiko, in die pro-deutsche Ecke gestellt zu werden. Doch da ich augenblicklich in Deutschland wohne und das Buch in Deutschland erscheint, ist es mehr als sinngemäß, auch Deutschland tiefer zu behandeln. Der deutsche Leser ist sicherlich mehr an Deutschland interessiert, als an dem, was die Illuminati in Neuseeland oder Guatemala durchexerzieren.

## 4. Seite 42 f

Beispielsweise wurde ich inzwischen auch von sephardischen [redacted] kontaktiert, die mir den heißesten Zündstoff zuspielen wollten - [redacted]-Material - alles Original-Unterlagen, Photos, [redacted]-Protokolle, Namenslisten, Original-Unterlagen des Ha`avara-Abkommens, Bankenformulare der "Anglo-Palestine Bank" und der Ha`anota-Company... Auch wurde mir ein hoher Betrag angeboten, falls ich darauf eingehen würde, diese unter meinem Namen zu veröffentlichen. Sie sagten, daß die Berichterstattung in den westlichen Geschichtsbüchern sehr einseitig sei und wollten, daß die [redacted] endlich herauskommt und daß es ihnen das wert sei. Offensichtlich haben die Sephardim ([redacted]) mit den [redacted] und den Khasaren (Ashkenazim = hunnische [redacted]) noch ein Hühnchen zu rupfen. Es waren sehr angenehme und aufrechte Menschen mit sehr beeindruckenden Namen, doch ich hatte verneint, da in Deutschland inzwischen ein Gesetz erlassen wurde, welches einem Deutschen verbietet, diesen Bereich der Geschichte unbefangen zu recherchieren und zum anderen, da ich noch ein Weilchen leben möchte. Diese Sepharden wiesen mich beispielsweise darauf hin, daß der Vorsitzende der I.G. Farben, dem Kartell, welches das [redacted] hergestellt hatte, ein khasarischer [redacted] war. Nämlich Paul [redacted], der Direktor der "M.M. [redacted] Bank" (Vertretung der "N.M. [redacted] und Sons" in den USA) und gleichzeitig Vorsitzender der Fed ("Federal Reserve Bank" - die Zentralbank der USA). Man fragt sich also, was ein khasarischer [redacted] - von Beruf Banker - an der Spitze eines Kartells macht, welches laut unserer Geschichtsbücher das [redacted] produziert hat, mit dem [redacted] getötet worden sind. Und die Sepharden, die sich bei mir gemeldet hatten, sind offensichtlich an der Veröffentlichung solcher Fakten interessiert. Wie Sie später noch feststellen werden, fühlen sich viele Sepharden von den khasarischen [redacted] die das [redacted] Volk unterwandert haben, genauso ausgenützt und betrogen, wie andere auch.

## 5. Seite 45

Es gibt einige sehr gute Bücher, vor allem in den USA, die sich auch gut verkaufen. Doch Deutschland ist eben um ein Vielfaches stärker kontrolliert. Weiterhin fällt es u.a. deshalb so schwer, speziell in Deutschland, die Fakten über die Illuminati "glaubwürdig" zu vermitteln, da es sich bei diesen Kreisen eben nun mal im großen Maße um Khasaren (Ashkenazim), also [redacted] hunnischer Abstammung handelt, die heute alle Massenmedien kontrollieren und in der deutschen Gesetzgebung eine kleine Außenseiterrolle eingenommen haben. Man kann diese Verbrecher nach deutschem Recht nicht so bestrafen, wie andere Straftäter.

**6. Seite 87 ff**

Am 30. Januar 1933 ernannte Reichspräsident Paul von Hindenburg nach langem Zögern Adolf Hitler als den Vorsitzenden der damals stärksten deutschen Partei zum Reichskanzler. Wenige Wochen später, am 24.3.1933 erfolgte die Antwort:

Der Londoner "Daily Express", mit millionenfacher Auflage damals die größte Tageszeitung Großbritanniens, überschrieb seine Ausgabe vom 24.3.1933 siebenspaltig: "*Das* [redacted] *erklärt Deutschland den Krieg!*" Darunter stand: "14 Millionen [redacted] erklären den Krieg". Der "Daily Express" maß dieser Tatsache eine solche Bedeutung bei, daß er den Bericht über die Kriegserklärung auf seiner Titelseite riesig herausstellte, während er am selben Tag über die Verabschiedung des Ermächtigungsgesetzes vom 23. März durch den Reichstag, das Hitler diktatorische Vollmachten einräumte, auf Seite 1 ganz unten nur einen kurzen Satz als Kommentar brachte: "*Der Reichstag macht Hitler zum Diktator*" Siehe Seite 13.

Die nächste offizielle [redacted] Kriegserklärung wurde im August 1933 von dem Präsidenten der "International [redacted] Federation to combat Hitlerite Oppression of [redacted]", Samuel Untermayer, ausgesprochen. Diese Erklärung nannte den Krieg gegen Deutschland, der nun beschlossen sei, einen heiligen Krieg. Dieser Krieg müsse gegen Deutschland bis zu dessen Ende, **bis zu dessen Vernichtung, geführt werden**. Durch die "New York Times" vom 7. August 1933 wurde diese Erklärung veröffentlicht.

Im Januar 1934 veröffentlichte der [redacted] Wladimir Jabotinski, der Gründer der [redacted] Organisation "Mascha Rjetsch" folgende Erklärung:"*Seit Monaten wird der Kampf gegen Deutschland von jeder* [redacted] *Gemeinde, auf jeder Konferenz, auf jedem Kongreß, in allen Gewerkschaften und von jedem einzelnen* [redacted] *auf der ganzen Welt geführt. Wir werden einen geistigen und einen materiellen Krieg der ganzen Welt entfachen...* ***Unsere*** [redacted] ***Interessen verlangen die vollständige Vernichtung Deutschlands.***"

("Geburtswehen einer neuen Welt", S. 140)

Am 27. Juli 1935 sagte Wladimir Jabotinski in "The [redacted] Daily Bulletin": "*Es gibt nur eine Macht, die wirklich zählt, das ist die Macht des politischen Druckes. Wir* [redacted] *sind die mächtigste Nation auf der Welt, weil wir die Macht besitzen und anzuwenden verstehen.*"

Wenige Tage nach erfolgter britischer Kriegserklärung an Deutschland, am 3.9.1939, bot der damalige [redacted]führer Dr. Chaim Weizmann der britischen Regierung 20.000 Mann zur Verwendung im Nahen Osten und insgesamt eine Armee von 100.000 [redacted] an, als Kämpfer gegen Deutschland.

(Quelle: "Geburtswehen einer neuen Welt", S. 142)

Eli Ravage: "*Das deutsche Volk ist als erstes zum Tode verurteilt.*"

Nathan Kaufmann: "*48 Millionen Deutsche sind zu sterilisieren, damit innerhalb von zwei Generationen dasjenige zur vollendeten Tatsache wird, was sonst Millionen Menschenleben und jahrhundertelange Anstrengungen kosten würde: nämlich* ***die Auslöschung des Deutschtums und seiner Träger.***"

(Quelle: beide aus "Geburtswehen einer neuen Welt" S. 142)

*"Der Krieg ist eine beschlossene Sache"*, äußerte sich US-Botschafter Bullit am 24.4.1939 in Paris, als die Bürger in Deutschland fest an den Frieden glaubten.

Die kanadische Zeitung "Evening Telegram", Toronto schrieb am 26.2.1940:*"Der* [redacted] *Weltkongreß steht seit sieben Jahren mit Deutschland im Krieg."*

Die [redacted] Zeitung "[redacted] Chronicle" schrieb am 8.5.1942:*"Wir sind mit Hitler im Krieg vom ersten Tag seiner Machtergreifung im Jahre 1933 an."*

## 7. Seite 96 f

Also, es wird Zeit, daß wir unsere eigene Meinung bilden, von dem, was für uns "gut" oder "schlecht" ist. Was "wahr" und was "unwahr", was "tabu" oder "nicht tabu" ist! Viele fragen: Warum soll ein Land für [redacted] zahlen, aber ein anderes für 50 Millionen nicht? Wer bezahlt für die 85 Millionen in Rußland oder 1.4 Millionen in Ex - Jugoslawien oder die Toten in Hiroshima und Nagasaki? Was ist mit Vietnam und El Salvador? Warum zahlen die Spanier nicht für den Völkermord an den Guanchen auf den Kanarischen Inseln La Gomera und La Palma?

## 8. Seite 99 f

**Ich habe meine Freunde in der Hochfinanz, unter Freimaurern, VRIL-Leuten, Reichsdeutschen (nicht unter Neonazis oder anderen Menschen, die in irgendeiner Form Gewalt anwenden. Die Reichsdeutschen haben wiederum nichts mit den sog. Neonazis zu tun, da die deutsche Neonaziszene größtenteils vom MOSSAD finanziert wird.), unter Magiern, Hexern, Heilern, Ärzten, amerikanischen Generälen, Bundeswehr und NATO-Leuten, BND, MAD, MI6-Leuten - mich interessiert es nicht, welcher subjektiven Richtung jemand angehört. Unter allen Gruppen gibt es solche und solche. Mich interessieren diejenigen, die mein Leben bereichern, die mir bei meiner Aufgabe behilflich sein können. Also bin ich neutral und werde es auch immer bleiben.**

**Weiterhin hat eine Persönlichkeit der deutschen UFO-Szene öffentlich behauptet, ich wäre von Neonazis bezahlt worden, damit ich die VRIL- und Haunebu-Photos veröffentliche. Eins wollen wir mal klar stellen: Wenn hier einer bezahlt hat, dann war ich es. Ich habe für die Verwendung der UFO-Photos eine schöne Stange Geld hinlegen dürfen. Mit Geld bestechen kann man mich nicht, das wäre das gleiche, als hätte man Baghwan mit einem Rollce Royce bestechen wollen. Und die einzigen, die in den genannten Kreisen Bestechungsgelder austeilen, sind fast ausschließlich [redacted]. Ich habe noch nie gehört, daß ein Neonazi jemanden bestochen hat, nicht einmal in meinen Punk-Tagen. Im Gegensatz dazu steht die Tatsache, die u.a. in dem im VAWS-Verlag erschienenen Buch "Unter falscher Flagge" sehr ausführlich belegt ist, daß sog. Neonazis bezahlt werden, um gewisse "Schandtaten" auszuführen. Und auch hier ist nicht allzu schwer herauszufinden, wer ein Interesse haben könnte, daß Deutschland noch nicht so bald vom Nationalsozialismus geheilt wird (wer geheilt ist, braucht keinen Arzt**

mehr, der ihn betreut und den der Patient für die Behandlung bezahlt).

**9. Seite 100**

Ich habe auch in meinem Buch mehrmals darauf hingewiesen, daß es nicht mein Anliegen ist, irgendeine Gruppe von Leuten anzugreifen, sondern einzig und allein die Wahrheit aufzudecken, und wenn die Dinge, die ich in meinem Buch beschrieben habe nun einmal von ein paar Khasaren (Ashkenazim, [redacted] ausgeführt worden sind und noch werden, dann sind sie eben nun mal von Khasaren ausgeführt. Soll man Verbrechen unaufgedeckt lassen, bloß weil sie von einer "elitären Personengruppe" ausgeführt werden?

**10. Seite 101 ff**

**12. Der Begriff "Anti-[redacted]" wird sehr oft hergenommen, um gegen Menschen vorzugehen, die etwas über die Banker und Genossen aufgedeckt haben. Ist das auch in Ihrem Fall aufgetreten?**

Tja, das ist tatsächlich geschehen. Zwar war das bisher nur ein Einzelfall, doch möchte ich unkompetenten Äußerungen vorbeugen. Ich habe auf keiner einzigen Seite meines Buches GEGEN irgendeinen [redacted] geschrieben. Ich habe überhaupt nicht GEGEN irgendjemanden geschrieben, sondern ÜBER jemanden. Ich habe niemanden angegriffen, sondern aufgedeckt. Da ist ein himmelhoher Unterschied - also keine ANTI! Aber auch ÜBER einen [redacted] habe ich nicht geschrieben, wie ich gleich beweisen werde. Die wenigsten Personen, die mit dem Begriff "Anti-[redacted]" um sich werfen, haben jemals ein Geschichtsbuch in der Hand gehabt und die Abstammung des [redacted] und die Vergangenheit dieses Volkes wirklich studiert. Und ich liege mit meiner Annahme wahrscheinlich nicht sehr weit daneben, wenn ich behaupte, daß von diesen Personen keine zwei Prozent jemals im [redacted] gelesen, und daher die "Glaubensinhalte" der [redacted] kennengelernt haben. Offensichtlich muß ich auch dieses heiße Eisen thematisieren, um ein paar Unklarheiten zu beseitigen.

Ich weiß, daß das [redacted]thema in Deutschland gefährlicher ist als die Atombombe und einige Leser mögen vielleicht gedacht haben, daß ich ein weiterer Nazi-Schreiberling bin, der die [redacted] Weltverschwörung offenlegen will. Leute, so ist es sicherlich nicht. Ich persönlich habe nichts gegen den Mitbürger [redacted] Abstammung. Ich hatte, wie bereits erwähnt, eine [redacted] Freundin und habe ihre Familie sehr gern, weiterhin sind sehr enge Freunde von mir [redacted] und ich arbeite auch geschäftlich mit [redacted] zusammen. Doch was ich herausgefunden habe, spricht nun einfach einmal für sich, sind Tatsachen und müssen ans Licht. Wenn Sie verstehen möchten, warum die Russen, die Engländer und später auch die Deutschen die [redacted] aus ihrem Land heraus haben wollten, müssen Sie wissen, was der Grund war, warum sie überhaupt gegen diese vorgingen.

Haben wir durch unsere Geschichtsbücher denn auch erfahren, WARUM man [redacted] verfolgt? *"Warum wurden gerade die* [redacted] *und sonst kein anderes Volk aus jedem Land vertrieben, in dem es gelebt hatte?"* oder *"warum waren fast nur* [redacted] *in die bolschewistische Revolution verwickelt - haben sie geplant, finanziert und auch ausgeführt? Warum sind die Medien in* [redacted] *Hand, warum auch die Banken? Warum darf denn im Jahre 1995 in Malaysia kein* [redacted] *einreisen?"*

Natürlich werden seit Jahrhunderten alle möglichen Minderheiten verfolgt, nicht nur die [redacted]. Diese aber immer wieder permanent. Es muß doch irgend einen Grund dafür geben. Und wie Sie im Laufe dieses Kapitels anhand meiner Zitate von Winston Churchill, George Washington, Benjamin Franklin und Martin Luther selbst sehen werden, waren die Deutschen nur eines der Völker, die sich von ihren [redacted] befreien wollten. Das möchte ich Ihnen an dieser Stelle nun im Detail erklären.

Daß die khasarischen [redacted] (wird gleich erklärt) in das Thema "Weltverschwörung" tief verwickelt sind, ist beim besten Willen nicht zu leugnen. Das hat nichts mit Faschismus und schon gleich zehn mal nichts mit Anti-[redacted] zu tun, wie ich auch gleich beweisen werde. Und: sämtliche Quellen, die ich zur Beantwortung dieser Frage herangezogen habe, sind [redacted] Ursprungs.

Der Begriff "Anti-[redacted]" legt sich seit etwa 40 Jahren wie feucht-kalte Hände um einen Hals, sobald man nur das Wort [redacted] in den Mund nimmt. Testen Sie dies einmal und sagen Sie nur das Wort "[redacted]" halblaut in der Öffentlichkeit und Sie werden merken, wie sich sofort eine ganze Reihe Gesichter in Ihre Richtung dreht. Die Menschen sind mit diesem Begriff wirklich hirngewaschen worden, vermeiden es mit allen Kräften, dieses Thema in der Öffentlichkeit anzusprechen. Doch das kommt nicht irgendwoher, sondern von den [redacted] selbst. Es heißt, sie hätten glatte $ 4.000.000.000 ausgegeben, um durch Organisationen wie die "Anti-Defamation-League of B`nai B`rith" (ADL) und die "American Civil Liberties Union" (ACLU) diesen, nicht im geringsten zutreffenden, noch haltbaren Begriff "Anti-[redacted]" in der Öffentlichkeit einzuführen. Weder dieses Wort, noch das Wort "[redacted]" oder "[redacted]" ist übrigens in einem Lexikon vor dem Jahre 1875 zu finden.

Es wurde eine ganze Schwemme an Filmen aus dem überwiegend [redacted] Hollywood auf die Welt losgelassen, um ein implantiertes und irreales Bild über das [redacted] Volk und dessen Religion auf der Welt zu verbreiten. Was es mit dieser Religion auf sich hat, werden nachher ein paar wörtliche Auszüge aus dem [redacted] für sich selbst sprechen lassen.

Einem Großteil der Bevölkerungen der westlichen Nationen wurde durch die khasarisch-[redacted] kontrollierten Massenmedien glauben gemacht, daß sich der Begriff "[redacted]" fast ausschließlich auf [redacted] bezieht. Doch in Wirklichkeit hat ein heutiger [redacted] mit einem [redacted] soviel zu tun, wie ein Amerikaner mit einem Griechen.

Das heißt, wer mir als Autor "Anti-[redacted]" in die Schuhe schieben möchte, der hat seine Hausaufgaben nicht richtig gemacht, sonst würde er solch einen "Un-Sinn" nicht aussprechen. Möge er hier eine kleine Nachhilfestunde zum Thema erhalten.

In meinem Buch habe ich in keinem Falle über irgendeinen [redacted] geschrieben, weder über Araber, Aramäer, Akkader oder [redacted] Ich schrieb über Personen wie die [redacted]s, Jacob Schiff, die [redacted], die Windsors, Karl Marx, Stalin, Lenin, usw. Alles keine [redacted], sondern reinrassige Ashkenazim - KHASAREN!

Verwirrt? Dann werde ich hier etwas Ordnung schaffen.

Wollen wir zunächst einmal ein paar Begriffe klären, mit denen die Menschen so täglich um sich werfen. Wer sind denn die [redacted]? Nach dem sehr konservativen und höchst aussagekräftigen "Oxford Universal Dictionary" (Oxford-Universallexikon) heißt es, *"daß der Begriff "[redacted]" zum ersten Mal im Jahre 1875 benutzt wurde und beschreibt eine Person, die der menschlichen Rasse angehört, die fast alle Völker mit einbezieht, die in der Schöpfungsgeschichte 10 (A.T.) als die Nachkommen des "[redacted]", dem Sohn des Noah, abstammen und eine [redacted] Sprache als Muttersprache sprechen - daher die Akkader, Phönizier, [redacted] Aramäer, Araber, Assyrer..."*

In Langer`s Lexikon der Weltgeschichte heißt es , daß *"es immer bedacht werden sollte, daß sich der Begriff "[redacted]" nicht auf eine Rasse, sondern eine Gruppe von Völkern bezieht, deren Muttersprache [redacted] ist."*

Nun, der Laie wird wohl sagen: *"Da haben wir's doch, die [redacted] sind [redacted]"*. Richtig. Die [redacted] sind [redacted], doch stellt sich die Frage, was [redacted] mit den [redacted] gemeinsam haben. Wie Sie gleich sehen werden, haben die modernen [redacted] so gut wie ÜBERHAUPT NICHTS mit den [redacted] gemeinsam.

11. Seite 106

Allerdings ist es ebenfalls eine geschichtliche Tatsache, daß 95 % der **HEUTIGEN** [redacted] des 20. Jahrhunderts NICHT [redacted], bzw. [redacted] Abstammung sind, sondern hunnisch-türkischer. Sie kamen nicht vom [redacted], sondern von der Wolga, nicht von [redacted] sondern vom Kaukasus, und sind genetisch nicht mit [redacted], [redacted] und [redacted] verbunden, sondern mit den Hunnen, den Uiguren und den Magyaren. Wie kann das sein?

12. Seite 109

Im Klartext, die heutigen Bewohner von [redacted] haben keinen aber auch gar keinen Grund und schon gar kein Recht, in einem Staat [redacted] zu wohnen, da sie keine [redacted] oder [redacted] Abstammung haben. Die modernen [redacted] hätten allerhöchstens ein Anrecht auf ein Stück Land irgendwo in Rußland ...

13. Seite 111 ff

**Der [redacted] zum Menschsein und die Auserwähltheit der [redacted]:**

*"Das Land [redacted] wurde zuerst erschaffen und nachher erst die übrige Welt. Das Land [redacted] wird mit Regenwasser bewässert, die übrige Welt mit dem Rest" (Taanit 10a)*

*"Der Zweck der Erschaffung der Welt lag nur bei den [redacted] Obwohl da alles klar ist, so muß man dieses Wort betrachten und mit dem Gaumen schmecken." (Zerror Hammor, Krakau 1595 Fol.145 Kol.4)*

*"Wie die Welt nicht ohne Winde bestehen kann, so kann sie auch nicht ohne [redacted] bestehen" (Taanid 3b, Aboda zara 10b)*

*"Jeder einzelne [redacted] muß sich sagen: meinetwegen wurde die Welt erschaffen" (Sanhedrin 37 a)*

*"Nur die [redacted] sind Menschen, die Nicht[redacted] sind keine Menschen, sondern Tiere" ([redacted] = Menschenrinder, Einzahl "[redacted]" Anmerk. d.Verf.) (Kerithuth 6b Seite 78, Jebhammoth 61a)*

*"Ihr [redacted] werdet Menschen genannt, wogegen die Völker der Welt nicht den Namen "Menschen" verdienen, sondern den von Tieren" ([redacted] von Babylon, Schrift Baba Metzia, Blatt 114, Spalte 2)*

*"Die Kinder und Nachkommen von einem Fremden sind wie die Zucht von Tieren" ([redacted] von Babylon, Schrift Yebamoth, Blatt 94, Spalte 2)*

*"Die Nicht[redacted] wurden geschaffen, damit sie den [redacted] als Sklaven dienen" (Midrasch Talpioth 225)*

*"Die Nicht[redacted] sind noch mehr zu meiden als kranke Schweine" (Orach Chaiim 57, 6a)*

*"Geschlechtsverkehr mit Nicht[redacted] ist wie Geschlechtsverkehr mit Tieren" (Kethuboth 3b)*

*"Die Geburtsrate der Nich[redacted] muß massiv herabgedrückt werden" (Zohar II, 4b)*

*"So wie man in Verlust geratene Kühe und Esel ersetzt, so soll man gestorbene Nicht[redacted]ersetzen" (Iore Dea 337,1)*

*"Einem [redacted] eine Ohrfeige zu geben ist so, als würde man Gott ohrfeigen" (Sanhedrin 58b)*

*"Jeder, der eine [redacted] Seele am Leben erhält, ist so wie derjenige, der die ganze Welt erhält" (Sanhedrin 37a)*

*"Jeder, der eine [redacted] Seele vernichtet, ist so wie derjenige, der die ganze Welt vernichtet" (Sanhedrin 37a)*

*"Bedeutend ist die [redacted]. Wenn sie nicht wäre, könnte die Welt nicht bestehen" ([redacted] I / 37b)*

*"Alle [redacted] sind geborene Königskinder"*
*(an zwei [redacted]stellen gleichlautend II / 1 / 67a, II / 1 / 128a)*

*"Auf die [redacted] ist Gott ([redacted]) überhaupt nie zornig, sondern nur auf die Nicht[redacted]" ([redacted] IV / 8 / 4a)*

*"Die [redacted] sind nach dem [redacted] vor Gott ([redacted]) angenehmer als die Engel" ([redacted] V / 3 / 91b)*
*"Gott ([redacted]) läßt seine Majestät nur unter den ihm zugehörigen [redacted] wohnen" ([redacted] I / 1 / 7a)*

*"Der Mensch ([redacted]) muß an jedem Tage drei Segenssprüche sagen, nämlich, daß [redacted] ihn nicht zu einem [redacted] nicht zu einem Weibe und nicht zu einem Unwissenden gemacht hat" ([redacted] V / 2 / 43b + 44a)*

*"Wo immer sich die [redacted] niederlassen mögen, müssen sie dort die Herren werden, und solange sie nicht die unumschränkte Herrschaft besitzen, müssen sie sich als Verbannte und Gefangene fühlen, auch wenn sie einige Völker schon beherrschen; solange sie nicht alle beherrschen, müssen sie unaufhörlich rufen: Welche Qual, welche Schande!"*
*([redacted] von Babylon, Sanhedrin 104a, Spalte 1)*

*"Ich ([redacted]) mache dich (das [redacted]) zum Stammvater unter den Völkern, ich mache dich zum Auserwählten unter den Völkern, ich mache dich zum König über die Völker, ich mache dich zum Geliebten unter den Völkern, ich mache dich zum Besten unter den Völkern, ich mache dich zum Vertrauten unter den Völkern" ([redacted] 105a)*

**Der [redacted] über Frauen:**

*"Was ist eine Prostituierte? Irgendeine Frau, die keine [redacted] ist"*
*(Eben-Ha-Eser, 6 und 8)*

*"Einem Nicht[redacted] gegenüber begeht der [redacted] keinen Ehebruch...Strafbar für den [redacted] ist nur der Ehebruch an des Nächsten, das heißt des [redacted] Weib. Das Weib des Nicht[redacted] ist ausgenommen." ([redacted] IV / 4 / 52b)*

*"Ein Eheweib gibt es für den [redacted] (Nicht[redacted]) nicht, sie sind nicht wirklich ihre Weiber" ([redacted] IV / 4 / 81 + 82ab)*

**Der [redacted] über [redacted] Geldgeschäfte:**

*"Ihr habt mich, [redacted], zum einzigen Herrscher der Welt gemacht, daher werde ich euch [redacted] zum einzigen Herrscher der Welt machen.*

*"Wer klug sein will, beschäftige sich mit Geldprozeßangelegenheiten, denn es gibt keine größeren Eckpfeiler in der [redacted], denn sie sind wie eine sprudelnde Quelle" ([redacted] IV / 3 / 173b)*

*"[redacted] müssen immer versuchen, Nicht[redacted] zu betrügen"*
*(Zohar I, 168a)*

*"Treibe Handel mit Nicht[redacted], wenn sie Geld bezahlen sollen"*
*(Abhodah Zarah 2a T)*

*"Nicht[redacted] Eigentum gehört dem [redacted], der es als erstes beansprucht" (BabbaBathra 54b)*

*"Wenn zwei [redacted] einen Nicht[redacted] betrogen haben, müssen sie den Gewinn teilen" (Choschen Ham 183,7)*

*"Jeder [redacted] darf mit Lügen und Meineiden einen Nicht[redacted] ins Verderben stürzen" (Babha Kama 113a)*

*"Die Güter der [redacted] sind der herrenlosen Wüste gleich, und jeder, der sich ihrer bemächtigt, hat sie erworben" ([redacted] IV / 3 / 54b)*

*"Es ist dem [redacted] gestattet, den Irrtum eines Nicht[redacted] auszubeuten und ihn zu betrügen ([redacted] IV / 1 / 113b)*

*"Von dem Nicht[redacted] darf man Wucher nehmen" ([redacted] IV / 2 / 70b)*

**Über den [redacted]**

*"Sobald der [redacted] kommt, sind alle Sklaven der [redacted]" (Erubin 43b)*

*"Der [redacted] wird den [redacted] die Herrschaft über die ganze Welt geben. Und ihr werden alle Völker unterworfen werden. ([redacted] von Babylon, Schahhschrift, Seite 120, Spalte 1)*

*"Der [redacted] wird den [redacted] das königliche Zepter über die Welt geben, und alle Völker werden ihnen dienen und alle Nationen der Welt werden ihnen untertan sein." ([redacted] von Babylon, Sanhedrinschrift, Blatt 88b, Spalte 2 und Blatt 89 und 99a, Spalte 1)*

Dann behauptet die Pesachimschrift des [redacted], daß in den Zeiten des [redacted]: *".....die [redacted] dann unendlich reich sein werden und alle Reichtümer der Völker ihnen in die Hände fallen werden". ([redacted] von Babylon, Pesachimschrift, Blatt 118b)*

Jalqut Simeoni sagt in seiner Auslegung des [redacted], daß in den Zeiten des [redacted] *"Jeder [redacted] wird zweitausendachthundert Diener haben". (Jalqut Simeoni, Blatt 56 und Bachai, Blatt 168).*

Und Abarbanel, einer der besten [redacted] Kenner von Bibel und [redacted] versichert: *"Den Zeiten des [redacted] wird ein großer Krieg vorausgehen, in dem zwei Drittel der Menschheit umkommen wird". (Abarbanel, Masmia Jesua, Blatt 49 a)*

(Quelle: Direktübersetzungen aus dem [redacted], auch veröffentlicht in "Wußten Sie schon" von Johannes Rothkranz und "[redacted] Selbstzeugnisse", Dr. Johann Pohl, Buchdienst Witten)

14. <u>Seite 124 f</u>

**Nun, wie mir zu Ohren kam, haben ein paar vereinzelnte Leser den Inhalt meines Buches (Thema "Verschwörung") mit dem Argument abgetan, daß die "Protokolle der Weisen von [redacted]" nicht echt wären, die ich als Beispiel für die Anwendung der Prinzipien der "dritten Partei" in Auszügen aufgeführt hatte. Was soll denn bitte daran nicht echt sein? Wer soeben die Auszüge aus dem [redacted] gelesen hat, die in ihrer Aussage mit den "Protokollen der Weisen von [redacted]" fast identisch sind, kann den Ursprung der Protokolle beim besten Willen nicht mehr leugnen! Es ist zwar unerwünscht, daß der [redacted] wortgetreu in [redacted]-Sprachen übersetzt wird, doch ist es nicht verboten. Somit kann man es niemandem verbieten, Auszüge daraus zu veröffentlichen (siehe auch "Wußten Sie schon?" Johannes Rothkranz und "[redacted] Selbstzeugnisse" Dr. Johann Pohl, Buchdienst Witten).**

Auch ist mir die Frage nach der "Echtheit" unverständlich. Das würde der Aussage entsprechen, daß die zehn Gebote nicht echt seien. Es ist vollkommen gleichgültig, ob die zehn Gebote von Gott, einem Außerirdischen oder von Herrn Müller sind. Es gibt sie jetzt, jeder kann sie lesen, sich seine Gedanken darüber machen und sie auch anwenden. Der Ursprung ist völlig irrelevant. So ist es auch mit den "Protokollen". Die Dinge, die darin beschrieben sind, werden angewendet. Egal, ob sie von den [redacted], von der Ochrana (ehem. zaristischer Geheimdienst) oder eben von Herrn Müller geschrieben worden sind. Und es war mein Anliegen, dies dem Leser mitzuteilen.

Wiederum ist es zweitrangig, *wer* sie anwendet. Die [redacted] wenden sie jedenfalls an, vielleicht aber auch noch jemand anderes? Tatsache ist, daß sie angewendet werden und sich die Menschen darüber bewußt werden sollten, daß es Leute mit sehr viel Macht gibt, die den kleinen Bürger ausbluten und nicht möchten, daß dieser etwas bewußt davon erfährt.

Im Herbst 1994 gab es ein Gerichtsurteil, das angeblich bewiesen haben will, daß die "Protokolle" von der Ochrana, dem Geheimdienst des russischen Zaren erfunden worden sein sollen, um einen Vorgehensgrund gegen die [redacted] zu haben. Welch ein Jammer, meine sehr geehrten Richter, daß die Ochrana von [redacted] geführt war. So ein schönes Eigentor habe ich selten gesehen. 2:0 für mich im Punkte Beweisführung der Anwendung! Was die Illuminati angeht: 2:0 für Verschleierung und Nebelwerfen!

## 15. <u>Seite 125 f</u>

Der [redacted] Autor Jakov Lind schreibt in seinem 1988 in Deutschland erschienenen Buch "Der Erfinder" (Carl Hanser Verlag, München, ISBN 3-446-14989-9) auf Seite 80: *"Der Urgroßvater des jetzigen deutschen Bundeskanzlers schrieb sich noch mit einem "n" statt einem "l", war ein Hausierer aus Buczaz. Ich habe Urkunden, Beweise. Eine ganze Bibliothek von Beweisen im Tresor der Nationalbank von Vaduz."*

Kohls Vorfahren sollen also khasarische [redacted] gewesen sein und als Händler unter dem Namen K o h n in Buczaz in Südpolen/Galizien gelebt haben. Sie sollen demnach mit der großen [redacted] Westwanderungswelle in der Zeit der französischen Revolution und danach nach Deutschland ausgewandert sein, ließen sich hier taufen und bekamen den deutschklingenden Namen Kohl. Der Historiker Treitschke beschreibt diesen Vorgang der damaligen geschichtlichen Ereignisse. Dies wird auch durch den Bericht des Prof. Gotthold Rhode belegt, enthalten in seinem dickbändigen Geschichtswerk "Nachbarn seit 1000 Jahren" (Verlag Hase & Koehler, Mainz).

Dann liegt mir ein namenloses Schreiben vor, auf dem ein Foto des Grabmals der Familie Heilmann-Kohn in der Ahnengalerie am Tor 1 des Zentralfriedhofs in Wien abgebildet ist. Dort sind die [redacted] Gräber angelegt. In diesem Schreiben heißt es: *"Das Bild zeigt das Grabmal der Familie Heilmann-Kohn, wobei die meisten Eintragungen in [redacted] Schrift erscheinen. Hier liegen die Großeltern von Bundeskanzler Helmut Kohl, nämlich Sara Kohn und [redacted] Kohn. Die Kohn's waren galizische [redacted] und kamen über Prag nach Wien. Sie blieben bis zu ihrem Tode in Wien und waren zuletzt als reiche Geschäftsleute bekannt. Die Nachkommen verzogen nach Ludwigshafen am Rhein. Dort wurde im April 1930 der Sohn Henoch Kohn geboren. Als CDU-Politiker nannte er sich später Helmut Kohl."*

Daß diese historische Geschichte noch aktuell sein soll, zeigt folgendes: Mir liegt weiterhin eine Kopie der Anzeige eines Herrn T. Rudolph, Postfach 130, aus 49328 Melle 5 vor, in dem er den Bundeskanzler des Hochverrats beschuldigt. Darin behauptet er, daß Helmut Kohl prominentes Mitglied der ausschließlich [redacted] Freimaurer-Loge "B`nai B`rith" sei. Diese [redacted] Großloge nimmt nur [redacted] auf. Sie ist der Generalstab des Welt[redacted] bei allen Aktionen.

Darin behauptet er auch, daß diese [redacted] Freimaurerloge Kanzler Kohl mit dem höchsten [redacted] Blutorden - dem Josephs-Orden - ausgezeichnet habe, der nur für außerordentliche Verdienste verliehen wird, an [redacted], die sich um das Wohlergehen des [redacted] Volkes in hervorragender Weise eingesetzt haben. Auch [redacted] besitzt diese Auszeichnung, weil er im Interesse seines Volkes umwälzende und einmalige Taten vollbracht hat: hat er doch 1945/48 aus [redacted] die dort wohnenden [redacted] herausgefegt, indem er ein ganzes [redacted]-dorf, Frauen, Kinder und Greise lebend in den Dorfbrunnen von Deir Jasin werfen ließ und Handgranaten hinterherwarf, um die Schreie der Sterbenden zum Schweigen zu bringen. Nach Bekanntwerden dieser bestialischen Tat flohen die[redacted] in kopflosem Entsetzen aus ihrer Heimat - und die [redacted] nahmen das Land in Besitz.

Rudolph behauptet auch, Kanzler Kohl sei Hochgradfreimaurer und engster Freund des Hochgradfreimaurers Mitterand. Als Hochgradfreimaurer sei er verpflichtet, die Befehle dieses Geheimordens auszuführen. Er sei nicht mehr an seinen Amtseid gebunden.

Kohl sei nach Aussage von Herrn Rudolph prominenter Mitstreiter der freimaurerischen Pan-Europa-Bewegung des [redacted] Coudenhove-Calergie.

Ebenso soll er engster Freund der Familie [redacted] in Paris und London sein und regelmäßig an den Familienfesten dieser Großbankiers teilnehmen.

Es wird sich in den nächsten Jahren noch herausstellen, ob Kanzler Kohl auf der Seite des Volkes steht oder nicht. Unabhängig, ob er [redacted] oder sonst einer Abstammung ist.

## 16. Seite 202

Wie frech die Illuminati sind, zeigt, daß die [redacted] den [redacted] auf der Dollarnote über den amerikanischen Phoenix (1841 durch den Adler ersetzt) plaziert haben und damit zeigen, wer die USA finanziell besitzt. Eine unmißverständliche Botschaft!

Auch der deutsche Bundesadler hat sich seltsam verformt. Betrachten Sie das Zwei-Mark-Stück. Da findet sich der Adler in seiner aktuellen Form, wie er auch vom deutschen Zollamt, von der Kreissparkasse und öffentlichen Ämtern verwendet wird. Und die Symbolik verrät, wer auch Deutschland finanziell [redacted]!

## 17. Das "Schlußwort" (Rückseite des Buches)

### Klarstellung

**Autor und Verlag distanzieren sich ausdrücklich davon, neonazistisches und rassenfeindliches Gedankengut verbreiten zu wollen. Der Inhalt dieses Buches ist das Ergebnis neutralen Forschens durch den Autor, der hier sein persönliches, gegenwärtiges Weltbild wiedergibt. Er bittet alle Leser trotz der Beweislast, keine voreiligen Schlüsse zu ziehen, da er die Möglichkeit mit einbezieht, falsche von richten Informationen nicht immer trennen zu können.**

**Die Genannten hätten somit**

**gemeinschaftlich handelnd**

**in zwei Fällen**

**- jeweils tateinheitlich -**

**<u>zu I.</u>**

**1. in einer Weise, die geeignet ist, den öffentlichen Frieden zu stören,**

**a) zum Haß gegen Teile der Bevölkerung aufgestachelt;**
**b) die Menschenwürde anderer dadurch angegriffen, daß sie Teile der Bevölkerung beschimpft, böswillig verächtlich gemacht oder verleumdet hätten;**

**2. Schriften, die zum Haß gegen Teile der Bevölkerung oder gegen eine nationale, rassische, religiöse oder durch ihr Volkstum bestimmte Gruppe aufstacheln, verbreitet;**

**3. im Inland Kennzeichen einer verbotenen Partei verbreitet oder in von ihnen verbreiteten Schriften verwendet;**

**<u>zu II.</u>**

**1. in einer Weise, die geeignet ist, den öffentlichen Frieden zu stören,**

**a) zum Haß gegen Teile der Bevölkerung aufgestachelt;**
**b) die Menschenwürde anderer dadurch angegriffen, daß sie Teile der Bevölkerung beschimpft, böswillig verächtlich gemacht oder verleumdet hätten;**

**2. Schriften, die zum Haß gegen Teile der Bevölkerung oder gegen eine nationale, rassische, religiöse oder durch ihr Volkstum bestimmte Gruppe aufstacheln, verbreitet;**

3. Schriften, die eine unter der Herrschaft des Nationalsozialismus begangene Handlung der in § 220 a Abs. 1 StGB bezeichneten Art in einer Weise leugnen oder verharmlosen, die geeignet ist, den öffentlichen Frieden zu stören, verbreitet;

4. mittels eines Druckwerks andere beleidigt

sowie

5. mittels eines Druckwerks das Andenken Verstorbener verunglimpft.

Sämtliche Exemplare der Schriften

a) "Jan van Helsing, [redacted], Ewertverlag, Playa del Inglés - Gran Canaria/Spanien, und Rhede bzw. Lathen/Ems, 2.Auflage, 1995, ISBN 3-89478-069 x,

und

b) "Jan van Helsing, [redacted]", Ewertverlag, Playa del Inglés-Gran Canaria/Spanien und Rhede bzw. Lathen/Ems, 1995, ISBN 3-89478-492-x

seien einzuziehen, soweit diese sichergestellt seien oder soweit sich diese im Besitz der bei der Verbreitung oder deren Vorbereitung mitwirkenden Personen befinden, öffentlich ausgelegt oder bei Verbreiten durch Versenden noch nicht den Empfängern ausgehändigt worden seien, ferner seien die zur Herstellung der Bücher gebrauchten Vorrichtungen, wie Platten, Formen, Drucksätze, Druckstöcke, Folien, Disketten u.a . unbrauchbar zu machen.

Die Taten sind Vergehen, strafbar

zu I.

gem. §§ 130 I, II, 86 a, 25 Abs. 2, 52, 74 d StGB, 20 I LandespresseG Baden-Württemberg,

zu II.

gem. §§ 130 I, II, III, 185, 189, 194, 25 Abs. 2, 52, 53, 74 d StGB, 20 I LandespresseG Baden-Württemberg.

## Beweismittel

A. Urkunden:

1. Zentralregisterauszüge:
   a) Holey, Reg. I, Bl. 203
   b) Ewert, Reg. II, Bl. 51

2. Ablichtungen aus den Büchern
   a) [redacted] (nF), Reg. I, Bl. 1 ff, 92 ff
   b) [redacted] (aF), Reg. IV, Bl. 5 ff, I Bl. 15 ff
   c) [redacted], Reg. II, Bl. 1 ff

3. Allgemeine Beschlagnahmebeschlüsse des AG Mannheim vom 18.03.1996 bzgl.

   a) [redacted], Reg. I, Bl. 47 ff
   b) [redacted] Reg. II, Bl. 2 ff

4. Fristverlängerungsbeschlüsse des AG Mannheim vom
   a) 10.05.1996, Reg. I, Bl. 146, Reg. II, Bl. 51
   b) 11.07.1996, Reg. I, Bl. 300, Reg. II, Bl. 52

5. Beschluß des LG Mannheim vom 11.07.1996, Reg. I, Bl. 295

6. "Neutrale" Zitatensammlung (Holey), Reg. I, Bl. 259 b

7. Leserbrief Holey, Reg. I, Bl. 458 ff

8. Ewert- "Zettel", Reg. I, Bl. 383

9. Korrekturmanuskript [redacted]", Reg. I, Bl. 397 ff

10. Schreiben Bauer-Verlag/Buch-Kober vom 25.01.1996, Reg. I, Bl. 111

11. Esotera-Bestsellerliste, Reg. I, Bl. 24

12. Werbeprospekt, Reg. I, Bl. 32

13. Buchliste 5/96, Reg. I, Bl. 162

14. Korrenspondenz u. ä. Ebner/Ewert, Reg. I, Bl. 462 ff

15. Lieferscheine/Rechnungen
    a) Ewert/Edis, Reg. I, Bl. 324
    b) Ewert/Libri, Reg. I, Bl. 326, 330 ff
    c) Edis/Libri, Reg. I, Bl. 327 f
    d) Edis/KNO, Reg. I, Bl. 209 g
    e) Edis/Andromeda, Reg. I, Bl. 394
    f) VAWS, Reg. I, Bl. 246 ff
    g) Ewert/Holis, Reg. I, Bl. 472 f
    h) Ewert/Aladins Buchvertrieb, Reg. I, Bl. 474

16. Zeitungs- und Zeitschriftenveröffentlichungen

    a) KGS 1/96, S. 24 ff (Nossack), Reg. I, Bl. 27 ff
    b) KGS 5/96, S. 28 ff (St.Bram), Reg. I, Bl. 222 ff
    c) Esotera 7/96, S. 34 ff (Schäfer), Reg. I, Bl. 346 ff
    d) Börsenblatt für den Deutschen Buchhandel, 44/96, Reg. I, Bl. 245 f
    e) [redacted] Wochenblatt 46/95, 6/96, Reg. I, Bl. 107 ff
    f) Basler Zeitung vom 09.02.1996, Reg. I, Bl. 117
    g) Schongauer Nachrichten vom 08.05.1996, Reg. I, Bl. 143

B. Zeugen:

1. [redacted] Dez. ST, Reg. I, Bl. 17 f, 20 ff, 34 f, 55, 76 f, 266 ff, 285 ff, 287 ff, 343 ff, 379 ff

2. [redacted] ST, Reg. I, Bl. 124, 134 ff, 148, 151 ff, 186 a ff, 206 f, 227 ff, 303

3. [redacted] Reg. I, Bl. 56 ff, 235 a ff, 246 a ff

4. [redacted], Reg. I, Bl. 388 ff

5. [redacted], Reg. I, Bl. 253 d f

6. [redacted] Reg. I, Bl. 246 f

7. [redacted] Reg. I, Bl. 209 j f

8. [redacted], Reg. I, Bl. 178, 236 d

9. [redacted] Reg. I, Bl. 389

10. [redacted], Reg. I, Bl. 116

11. [redacted], Reg. I, Bl. 447 ff

12. [redacted], Reg. I, Bl. 246 ff

13. [redacted] Reg. I, Bl. 236 e f

14. [redacted], Reg. I, Bl. 207 ff, 324

15. [redacted] Reg. I, , Bl. 265 f, Bl. 462 f

16. [redacted] c/o Buchhändlervereinigung GmbH Frankfurt, Reg. I, Bl. 372

17. [redacted] c/o Buchhändlervereinigung GmbH Frankfurt, Reg. IV, Bl. 21

<u>C. Sachverständiger:</u>

1. Prof. Georg Kreis, Europainstitut, Gellertstr. 27, Basel, Reg. I, Bl. 359 ff
2. Wolfgang Benz, Institut für Zeitgeschichte München, Reg. I, Bl. 154 ff
3. Antje Gerlach, Zentrum für Anti[redacted]forschung/TU Berlin, Reg. I, Bl. 226

<u>D. Ü-Stücke:</u>

1. Sichergestellte Bücher (ca. 1300)
2. Druckvorlagen (Rollen)/Ebner
3. 2 Disketten (Druckvorlagen)
4. Sichergestellte Unterlagen, u. a.

   a) Holey, s. Reg. I, Bl. 444
   b) Ewert, s. Reg. I, Bl. 72
   c) Ewert (Vater), s. Reg. I, Bl. 65 f
   d) [redacted] s. Reg. I, Bl. 239
   e) [redacted] s. Reg. I, Bl. 246 f

## <u>Wesentliches Ermittlungsergebnis</u>

<u>A. Zur Person:</u>

1. <u>Jan Udo Holey/ Jan van Helsing</u>

Der am 02.03.1967 geborenen, verheiratete Angeschuldigte hat den Beruf eines Heilpraktikers erlernt. Heute betätigt er sich sowohl aus Autor als auch als Verleger ("E.T. Publishing").
Strafrechtlich ist der Angeschuldigte bislang nicht in Erscheinung getreten (vgl. Reg.I, Bl. 203).

2. Klaus-Dieter Ewert-Gamalo Tiozon

Der Angeschuldigte wurde am 08.06.1946 in Gelsenkirchen geboren. Er ist verheiratet und betätigt sich als Verleger, vor allem esoterischer Schriften. Neben seinen inländischen Betriebsstätten in der Rhede bzw. Lathen unterhält er - seiner Einlassung zufolge - eine solche auch auf Gran Canaria/Spanien.

Ausweislich der Zentralregisterauskunft (vgl. Reg. I, Bl. 51) ist er strafrechtlich bereits häufig, wenn auch nicht einschlägig in Erscheinung getreten.

B. Zur Sache:

I. Zum Gang bzw. Verlauf der Ermittlungen

Das erste Ermittlungsverfahren wurde im Juli 1995 aufgrund eines Schreibens der [redacted] Gemeinde Mannheim eingeleitet (vgl. Reg. IV, Bl. 1 ff). Es konnte festgestellt werden, daß das ausweislich des Impressums (s. Reg. I, Bl. 6) 1993 erschienene Buch [redacted] zum Erscheinungszeitpunkt (s. aber auch Reg. IV, Bl. 21) in hoher Auflage zahlreiche, nämlich ca. 70000 Käufer gefunden hatte (vgl. insoweit das Verlagsprospekt und die Esotera-Bestsellerliste, Reg. I, Bl. 116, 46). Wer sich hinter dem Pseudonym "van Helsing" verbarg, war zunächst nicht zu ermitteln. Anfang des Jahres 1996 stellte sich dann heraus, daß neben dem in einer Neuauflage - mit geändertem Impressum, aber mit derselben ISBN - erschienenen Buch [redacted]" (s. Reg. I, Bl. 2, Bl. 462 ff) nunmehr auch

die "[redacted]" auf dem Markt waren (vgl. Reg. II, Bl. 2). Als Erscheinungsdaten konnten für die erwähnte Neuauflage und für die "[redacted](2)" der Dezember 1995 vermittelt werden, vgl. die Auskunft des Zeugen [redacted] einerseits, die Auskunft der Zeugin [redacted] andererseits (s. Reg. I, Bl. 462, 372). Die mit Verteidigerschriftsatz vom 12.09.1996 (vgl. Reg. I, Bl. 472 ff) zu den Akten gegebenen Ewert-Rechnungen dürften demgegenüber von der Realität genauso weit entfernt sein wie die in den "[redacted]" abgebildeten Nazi-Ufos.
Eine Durchsuchung des Ewert-Verlages im April 1996 führte im wesentlichen nur zur Sicherstellung einiger Bücher, Autorenverträge, Buchhaltungsunterlagen u. ä. konnte nicht gefunden werden. Hervorhebenswert ist nur ein im Verlag aufgefundener Zettel (vgl. Reg. I, Bl. 383) mit den aufgedruckten Worten:

"Aufgrund eines laufenden Verfahrens haben wir am 03.04.1996 den Verkauf der Bücher "[redacted]" von Jan van Helsing eingestellt."

Parallel hierzu wurde weiter versucht, schließlich erfolgreich, die Identität des "Jan van Helsing" aufzudecken (vgl. hierzu die Feststellungen des Zeugen [redacted], Reg. I, Bl. 273 ff).

II. <u>Zum Inhalt der Bücher" [redacted]</u>

Seit Anfang diesen Jahres werden die vom Angeschuldigten Ewert verlegten "Helsing"-Werke vor allem in der esoterischen Fachpresse - zurecht - vernichtend kritisiert; zur Vermeidung von Wiederholungen muß u. a. auf die Ausführungen von [redacted] (Reg. I, Bl. 27 ff, "St. Bram", Reg. I, Bl. 222 ff) und [redacted] (Reg. I, Bl. 346 ff) verwiesen werden. Alle diese Autoren werten die Bücher im Ergebnis als üble braune Machwerke, insbesondere wegen der unübersehbar zum Ausdruck gebrachten anti[redacted] Tendenzen.

Die Staatsanwaltschaft Basel, bei der ein Verfahren gegen einen schweizer Buchhändler wegen des Vertriebes der "Helsing"- Werke anhängig ist, hat im Januar diesen Jahres einen Gutachter um eine Stellungnahme zum Inhalt des Buches "[redacted](2)" gebeten. Der Sachverständige, Prof. G. Kreis, hat den schweizer Kollegen die nachstehend auszugsweise wiedergegebene Expertise zu den Akten gegeben (vgl. Reg. I, Bl. 359 ff):

" Es kann nicht in erster Linie darum gehen, die Richtigkeit sogenannter... "historischer Tatsachen" zu überprüfen. Entscheidend ist vielmehr die Frage, was die Zusammenstellung sog. "Fakten" beabsichtigt und/oder bewirkt.

Zur Beurteilung des vorliegenden Buches halte ich die folgenden Überlegungen für wichtig:

1. <u>"Fakten" und Faktenkonstrukte</u>

Die Qualität des Buches, das sich selber als "Sammelsurium" bezeichnet, ermißt sich nicht daran, ob es auf der Ebene der sog. "Fakten" vollständig, mehrheitlich oder nur zu einem kleinen Teil richtig oder falsch sei. Deshalb ist auf die Frage, ob beispielsweise Roosevelt den Befehl zum Ersteinsatz einer Atombombe gegeben habe oder ob Helmut Kohl [redacted] Abstammung sei, gar nicht erst einzutreten.

Es wäre völlig verfehlt, dem Werk die Qualität und damit die Glaubwürdigkeit absprechen zu wollen, indem man z. B. erklärt, daß "nicht einmal" die Fakten richtig seien. Die Berichtigung beispielsweise, daß die erste Atombombe während der Präsidentschaft Truman abgeworfen worden und Roosevelt zu jenem Zeitpunkt seit Monaten tot ist, würde der Grundkonstruktion wenig anhaben, könnte doch der Konstrukteur dieses Textes dahin ausweichen, daß die Entwicklungszeit in die Aera Roosevelt gefallen sei und sicher auch irgendwelche [redacted] Atomphysiker am Projekt mitgearbeitet hätten.

Ebenso irrelevant ist etwa die bei einer Detailüberprüfung sich ergebende Feststellung, daß sich das Buch (S.

95) bei der Behauptung, Simon [redacted] habe in einem Zürcher Vortrag zur Ermordung vom 7 Mio. Deutschen aufgerufen, auf die NZZ vom 21. November 1969 beruft, dort sich aber nichts dergleichen finden läßt, hingegen in Nr. 685 vom 20. November 1969 (S. 25) eine Vortragsberichterstattung veröffentlicht ist, welche diese Aussage aber nicht belegt.

Es ist wichtig, sich über den Entstehungsprozeß solcher Schriften klar zu werden. Ausgangspunkt ist ein Thematisierungswille in Verbindung mit einer Aussagenabsicht. Erst sekundär werden sog. "Fakten" zur Legitimation der Thematisierung und der Aussage beigezogen. Das Besondere im Bezug solcher Pseudofakten liegt darin, daß sie an Stelle meinungslegitimierender Argumentation treten und zugleich den Eindruck erwecken, daß sie, obwohl selber zumeist nur Behauptungen oder Vermutungen, Begründungsqualität hätten.

Maßgebend sind die mit dem Faktenkonstrukt verfolgte Absicht, die hinter jedem Mitteilungsvorgang steht, sowie die Wirkung, die von ihm ausgeht.

Fehlerhaftigkeit im Faktischen ist überdies nur insofern ein Tatbestand im Sinne von StGB Art. 261 bis, als diese bestimmte Gruppen herabsetzt oder verleumdet oder deren leidvolle Geschichte leugnet.

2. <u>Faktenkonstrukte und Intention</u>

Die eindeutige Absicht des Verfassers besteht nach dessen eigenen Aussagen darin, die Leserschaft, wie schon der Titel besagt, vor Geheimgesellschaften zu warnen und diesen durch Entlarvung entgegenzuwirken. Der Verfasser präsentiert sich als erleuchteter Mensch, der endlich der lange unerkannten Wahrheit begegnet und darum ein Sehender bzw. Seher geworden ist ("... daß überall wohin ich gerate, die Wahrheit auf den Tisch kommt." S 24) Er versteht seine Aufgabe darin, den "Unwissenden" und den "Massenmenschen" (S.17) die Augen zu öffnen und mit seinen "Enthüllungen" (S. 19) nachzuweisen, "was auf der Erde vor sich geht" (S. 12). Er legitimiert sein Schreiben damit, daß er eigentlich nur Fragen beantwortet, die an ihn herangetragen worden seien. Diese Behauptung dient als Vorwand für die Verbreitung "zum Teil sehr schockierender Informationen"(S. 11).

Das Buch reaktiviert die bereit früher kolportierte und einschlägig bekannte Weltverschwörungstheorie. Es beruft sich dabei auf die sogenannten "Protokolle der Weisen von [redacted]", einer angeblichen Aufzeichnung von geheimen Sitzungen, in denen die Mitglieder einer [redacted] Geheimregierung einen Plan zur Eroberung der Weltherrschaft beraten würden. Von [redacted] Seite (wohl in Verbindung mit Vatikan, CIA und UNO) würden mit dem Endziel der Weltherrschaft Unruhen geschürt und Unzufriedenheit gestreut, Kriege angezettelt, wirtschaftliches Chaos ausgelöst, der Niedergang durch Förderung von Trunksucht und Prostitution herbeigeführt etc. Die Theorie von der [redacted] Weltverschwörung bietet auf Kosten der so zum Sündenbock gemachten [redacted] eine simple Generalerklärung für alle Übel der Welt an. In der Regel wollen die aktiven Propagandisten dieser Theorie nicht die Welt erklären, sondern eine bestimmte Gruppen von Menschen diffamieren.

Die von verschiedenen Gerichten - 1935 auch von einem Berner Gericht - aberkannte "Echtheit" der Protokolle wird im vorliegenden Buch erneut als Bestätigung der eigenen Theorie in Anspruch genommen, und zwar mit der Behauptung, daß a) [redacted] sich von diesen Protokollen inspirieren ließen und noch immer inspirieren lassen und daß b) selbst die gegen die [redacted] gerichteten Fälschungen das Werk von [redacted] sei (S. 124 ff). Damit liegt das fragliche Buch auf der gleichen Linie wie Hitlers "Mein Kampf", in dem zu diesen Protokollen gesagt wird: "Es ist ganz gleich, aus wessen [redacted]kopf diese Enthüllungen stammen, maßgebend aber ist, das sie in geradezu grauenerregender Sicherheit das Wesen und die Tätigkeit des [redacted]volkes aufdecken und in ihren inneren Zusammenhängen sowie den letzten Schlußzielen klarlegen."

Das Buch nährt die Vorstellung, "daß hier irgend ein teuflisches Spiel hinter den Kulissen vor sich geht" (S. 17). Zuweilen beschränken sich die Ausführungen darauf, mit allgemeinen Bemerkungen das Gefühl zu nähren, daß in der Welt dunkle Machenschaften geschähen.

In zentralen Passagen und mit der gesamten Anlage des Buches suggeriert der Verfasser aber, daß hinter den Kulissen eben nicht "irgend ein" teuflische Spiel getrieben würde, sondern daß es sich dabei um das Streben nicht der, aber von [redacted] nach der Weltmacht handle. Die USA seien im Besitz von [redacted], aber auch Deutschland gehöre (schon wieder?) [redacted] (S. 18). Von verschiedenen Personen wird gesagt, daß ihre angeblich oder tatsächlich [redacted] Herkunft mit Machenschaften in Verbindung gebracht werden müssen, die für den einzelnen Erdenbürger ( d. h. für den Leser!) und die gesamte Welt eine Gefahr bedeuteten. Aber auch der Tod von Millionen von Menschen zur Zeit des stalinistischen Terrors (S. 95) und der Tod von Zehntausenden infolge der Abwürfe der Atombomben (S. 96) werden [redacted] zur Last gelegt.

Die Unterstellungen werden zudem mit einer Rassentheorie (hier ist es die angeblich hunnisch-türkische Herkunft der Ost[redacted]) unterlegt. Die Rassentheorie hat die klassische Funktion, dafür zu sorgen, daß die angebliche Vermehrung eines bestimmten Teils der Bevölkerung als Vermehrung auch einer bestimmten Gefahr verstanden wird. In ihr ist mindestens implizit der Umkehrschluß angelegt, daß diese Rasse dezimiert oder liquidiert werden müßte, wenn man die Gefahr einschränken oder beheben wollte.

Das Arrangement von [redacted]-Zitaten ... dient sodann, gewissermaßen zur Ergänzung der rassistischen Diffamierung, auf der ideologischen Ebene ebenfalls der

Pauschaldiffamierung: Es soll zeigen, daß [redacted] einer unmoralischen Lehre verpflichtet und darum selber - mindestens tendenziell, wenn nicht sogar zwingend - unmoralisch sind.

Der Verfasser meint, sich dem Vorwurf der diffamierenden Pauschalisierung entziehen zu können, indem er z. B. beteuert, er habe nichts gegen Mitbürger [redacted] Abstammung, er habe sogar eine [redacted] Freundin gehabt (S. 101). Dies hindert ihn aber nicht, unmittelbar danach wieder um Verständnis dafür zu werben, daß "die" Russen, "die" Engländer und "die" Deutschen "die" [redacted] aus ihrem Land heraus haben wollten (S. 101). Andere generalisierende Formulierungen setzen "die heutigen [redacted]" oder "die modernen [redacted]" mit den Ost[redacted] gleich (mit den Khasaren bzw. Ashkenazen), denen - offenbar biologisch fixiert, denn der Verfasser spricht von "genetischer Verbindung" - negative Eigenschaften zugeschrieben werden, die von Plünderungen bis zur Unzucht reichen (S. 106 ff). Mit dem Argument, daß diese ja nicht [redacted] seien, meint er sich dem Vorwurf des Anti[redacted] entziehen zu können.

Die diffamierende Intention, die hinter dem Arrangement sogenannter "Fakten" steht, soll im folgenden an einem konkreten Beispiel, den Ausführungen zu Bundeskanzler Helmut Kohl, aufgezeigt werden (S. 125 - 127).

Der Verfasser kolportiert in einem ersten Schritt die Behauptung, Kohls Vorfahren seien galizische [redacted] gewesen und hätten Kohn geheißen. Er beruft sich dabei mit allen Einzelangaben auf eine bestimmte Publikation eines "[redacted] Autors", der über "eine ganze Bibliothek von Beweisen im Tresor der Nationalbank von Vaduz" verfüge.

2. In einem zweiten Schritt werden zwei akademische Autoritäten ( einer von ihnen ist der Historiker Heinrich von Treitschke) genannt, welche beide den allgemeinen Vorgang der [redacted] Westwanderung bestätigen.

3. In einem dritten Schritt wird ausführlich ein anonymes Schreiben zitiert, das aus das angebliche Grab von Kohls [redacted] Großeltern in Wien hinweist und vom späteren Bundeskanzler sagt, er sei im April 1930 als Henoch Kohn in Ludwigsburg geboren.

4. In einem vierten Schritt kommt der Verfasser auf den ihm wichtigen, auch für unsere Beurteilung relevanten Punkt: Gestützt auf einen mit Postfachadresse nachgewiesenen Gewährsmann gibt er die Behauptung weiter, der Bundeskanzler sei "prominentes Mitglied der ausschließlich [redacted] Freimaurer-Loge 'B'nai B'rith", er sei Träger des "höchsten [redacted] Blutordens" und an die Befehle des Geheimordens und nicht an den weltlichen Amtseid gebunden. In zustimmender Weise gibt der Vf. auch die Meinung weiter, daß diese Loge "der Generalstab des Welt[redacted] bei allen Aktionen " sei. Die Verleihung des Blutordens sei ein Beweis dafür, daß sich sein Träger um das [redacted] Volk verdient gemacht habe. In einem Exkurs über [redacted], der ebenfalls Inhaber dieses Ordens sei, wird aufgezeigt, worin die besondere Verdienste bestehen können oder gar bestehen sollten: nämlich in der hemmungslosen Ermordung von Frauen, Kindern und Greisen.

5. In einem fünften Schritt klingen die Anschuldigungen und Verdächtigungen wieder etwas ab: Der Verfasser verweist auf die in seinen Augen offenbar kompromittierenden, weil angeblich freimaurerischen oder [redacted] Beziehungen Kohls zu Mitterand und zur Familie [redacted] (in Paris und London). Als aufschlußreich wird zudem Kohls

Engagement in der Pan-Europa-Bewegung gedeutet, weil diese "freimaurerisch" und von einem [redacted], nämlich Coudehove-Calergie, aufgebaut worden sei.

6. Den inhaltlichen Schlußpunkt bildet die dumpfe Bemerkung: "Es wird sich in den nächsten Jahren noch herausstellen, ob Kanzler Kohl auf der Seite des Volkes steht oder nicht". Obwohl zuvor die gesamte Präsentation auf der angeblich [redacted] Herkunft Kohl aufgebaut worden und diese Behauptung zum Anlaß genommen worden ist, die Theorie von der [redacted] Weltverschwörung zu bekräftigen, fügt der Vf. zur eigenen Absicherung bei: "Unabhängig, ob er [redacted] oder sonst einer Abstammung ist."

Die strukturierte Paraphrasierung des Abschnitts über Bundeskanzler Kohl dürfte klar gemacht haben, daß es hier nicht um eine Abklärung historischer Tatsachen, sondern um die Erfassung der Tendenz der Kompilation geht. Der Verfasser wird durch die Art der Thematisierung, durch die Auswahl der Thematik sowie die Auswahl der "Fakten", sodann durch die Kombination der "Fakten" und durch die Weitergabe sowohl der "Fakten" als auch des gesamten Arrangements zum verantwortlichen Akteur. Das bedeutet: Er kann sich nicht hinter der Ausrede, bloß Berichtetes zu berichten, verstecken und übernimmt trotz oder gerade wegen der mehrheitlich zweifelshaften Quellennachweise bis zu einem gewissen Grad auch die Verantwortung für den kolportierten Inhalt. Beizufügen ist: Herodot wollte mit seinem sprichwörtlich gewordenen relata refero die Glaubwürdigkeit des Berichteten einschränken, relativieren, und nicht, wie es im vorliegenden Fall mit den "Belegen" geschieht, bekräftigen.

Im Kapitel über H. Kohl stecken die folgenden Aussagen: Der deutsche Bundeskanzler hat eine doppelt problematische Herkunft. Sie ist problematisch, weil sie [redacted] und weil sie dunkel ist. Daß dieser Politiker nicht zu seiner angeblichen Herkunft steht, zeigt, wie problematisch sie offensichtlich ist. Herkunft bestimmt, diese Grundaussage findet sich auch in den Ausführungen über Roosevelt, in unentrinnbarer Weise das weitere Sein. Dieses genealogische Denken führt schließlich zum [redacted] als notwendiges Unbedenklichkeitszeugnis.

Am präsentierten Beispiel müßte auch klar geworden sein, daß man sich in diesem Kontext gar nicht auf die Frage einlassen dar, ob irgend jemand oder ob in diesem speziellen Fall Helmut Kohl [redacted] sei. Ansonsten müßte man Geschichtssachverständige auch um eine Stellungnahme zur Behauptung bitten, daß "die Hälfte aller Päpste [redacted]" seien (S. 156). Zu fragen ist vielmehr, was man eigentlich meint, in Erfahrung gebracht zu haben, wenn die Frage nach [redacted] Herkunft bejaht wird. Ist es etwa das Vorliegen einer vererbten Disposition zu bestimmtem Verhalten ? Die Vermutung oder Feststellung, daß jemand [redacted] sei, tritt in der Regel in Verbindung mit ablehnenden Beurteilungen von Menschen oder Sachverhalten auf. Es verfolgt zumeist die Absicht, entweder eine bestimmte Ablehnung unter Beizug eines allgemeinen Feindbildes zusätzlich zu begründen oder - häufiger - ein allgemeines Feindbild mit angeblich negativen Einzelbelegen zu bekräftigen.

Fragen nach Differenz von Menschen sind nicht an sich disqualifizierend. Maßgebend ist die Einstellung, die der Fragende zur Differenz hat. Auch wenn es zahlreiche [redacted] gibt, die für sich und für andere ein ethnisch oder gar genetisch fundiertes Sonderverständnis beanspruchen, gilt als relevantes Faktum nur, daß Menschen ein geschütztes Anrecht auf [redacted] Identität (nicht im vorgegebenen Sinn, sondern in verschiedensten Varianten) haben. Es ist also nicht festzustellen, wer [redacted] ist. Abzuklären sind vielmehr die zwei Fragen,

1. warum dieses tatsächliche oder auch nur vermeintliche Faktum für Dritte von Bedeutung ist und 2. inwiefern

öffentlichen Äußerungen für Menschen, die sich selber als [redacted] verstehen, verletzend und bedrohlich sind.

3. <u>Intention und Wirkung</u>

Kann man Intentionen identifizieren, ohne den Autor zu kennen? Es ist durchaus möglich, mit einer textimmanenten Analyse Absichten eines Diskurses feststellen. Diese könnten sogar von den erklärten Absichten des Verfassers abweichen. Mit anderen Worten: Eine kritische Analyse kann einen Verfasser besser verstehen, als er sich selber versteht. So ist auch die Schutzbehauptung, keine Beweise führen, sondern nur "Enthüllungen" weitergeben zu wollen, irrelevant. Denkbar wäre auch, daß die Verfasserschaft persönlich gar nicht rassistisch eingestellt ist, sondern aus gut kalkuliertem und angesichts des Verkaufserfolges offenbar auch richtig kalkuliertem Profitstreben zynisch ein rassistische Elaborat aus allen bekannten Versatzstücken zusammengestellt hat. Für eine Beurteilung wäre aber auch dies irrelevant.

Bei der Einschätzung eines derartigen Werkes muß in erster Linie auf die - zugegebenermaßen schwer einschätzbare- Wirkung abgestellt werden. Entscheidend ist die Wirkung auf einzelne Angehörige der anvisierten Gruppe und auf die Gesellschaft. In diesem Fall ist davon auszugehen, daß Absicht und Wirkung weitgehend identisch sind, d. h. Verfasser und Herausgeber das vorsätzlich auslösen, was sie bewirken, nämlich: die systematische Diffamierung von [redacted] einerseits und die Verharmlosung der nationalsozialistischen Verbrechen andererseits.

Das Buch verletzt und bedroht, wie gesagt, die [redacted] Mitmenschen, weil es sie direkt angreift und zudem in der Gesellschaft ihnen gegenüber Angst und Haß fördert. Nicht[redacted] sollten sich dabei bewußt sein, daß das

Ausmaß an Anti[redacted] immer auch ein Indikator für den gesamtgesellschaftlichen Zustand ist und daß die Bekämpfung von Anti[redacted] immer auch anderen Menschen zugutekommt, die von undifferenzierten Mehrheiten als unerwünscht, weil abweichend empfunden werden.

Es mag als normal empfunden werden, daß sich zunächst und leider oft sogar einzig nur Angehörige der [redacted] Gemeinschaft gegen Anti[redacted] zur Wehr setzen. Das war im Falle des erwähnten Prozesses von 1935 so und ist auch im Falle der vorliegenden Anzeige so. Der Umstand, daß man sich gewissermaßen "in eigener Sache" wehrt, könnte die Interventionen als "befangen" und darum als nur beschränkt gerechtfertigt erscheinen lassen. Umso wichtiger ist es, daß die Behörden ihres Amtes walten und, wie der Charakter des Offizialdeliktes es vorsieht, die Opfer schützen, ohne daß diese sich selber besonders engagieren müssen.

Das Buch verharmlost im weiteren die Verbrechen des nationalsozialistischen Regimes. So wird etwa gesagt, die Deutschen wären "nur eines der Völker", die sich von ihren [redacted] befreien wollten (S. 102), [redacted] hätten Deutschland den Krieg erklärt (S. 87 ff) und mit Greueln in Polen den Zweiten Weltkrieg ausgelöst (S. 92 ff), das in [redacted] eingesetzte [redacted] sei von einer Firma mit [redacted] Abhängigkeit geliefert worden (S. 42). Die Zahl der umgebrachten [redacted] wird mit dem Hinweis "laut Geschichtsbücher" relativiert (S. 97). Solche Verharmlosungen sind wiederum eine direkte Verletzung der Gefühle der Opfer dieses Regimes (Art. 261 bis, Abs.4) und geben überdies neonazistischen Tendenzen Auftrieb.

4. <u>Schlußfolgerung</u>

Auf Grund der hier dargelegten Überlegungen kommt ich zum Schluß, daß das Buch im Sinne des StGB Art. 261 bis,

Abs. 2 als öffentliche Verbreitung einer Ideologie zu verstehen ist, "die auf eine systematische Herabsetzung oder Verleumdung der Angehörigen einer Rasse oder einer ethnischen oder religiösen Gruppe gerichtet sind". Die Äußerungen über die [redacted]verfolgungen im Dritten Reichen verletzen zudem, wie StGB Art. 261 bis, Abs. 4, es formuliert, das Andenken von Verstorbenen."

Diesen überzeugenden Ausführungen ist nicht mehr viel hinzuzufügen. Gleichwohl noch soviel:

Der Angeschuldigte Holey stützt sich in seinen Werken auf eine Fülle von Zitaten und Quellen, von denen nur einige im Hinblick auf die Richtigkeit und Herkunft kurz einer näheren Betrachtung unterzogen werden sollen:

Die sogenannten "Protokolle der Weisen von [redacted]", (vgl. Anklagesatz, S. 5 ff, 21) sind anti[redacted] Falsifikate. Sie gehörten in Deutschland zu den Grundlagen der NS-Ideologie und zu den Quellen unzähliger anti[redacted] Broschüren und Hetzartikel (vgl. hierzu im einzelnen Benz (Hrsg.), Legenden/ Lügen/Vorurteile, Ablichtungen hieraus s. Reg. I, Bl. 154 ff).

Die angebliche "Kriegserklärung des [redacted]" (vgl. Anklagesatz S. 13), ist ebenfalls als Fälschung zu qualifizieren, da in dem "Daily-Express" unter der erwähnten Überschrift lediglich Berichte über Proteste und Androhungen von Boykottmaßnahmen englischer und amerikanischer [redacted] als Gegenreaktion gegen anti[redacted] Aktionen der Nationalsozialisten gebracht wurden (vgl. Benz, aaO, Ablichtungen hieraus s. Reg. I, Bl. 154 ff).

Zu den "[redacted]"-Zitaten (vgl. Anklagesatz, s. 18 ff) ist anzumerken, daß die zitierten "[redacted] Selbstzeugnisse" des Dr. Pohl erstmals 1943 im Zentralverlag der NSDAP erschienen sind.

Abschließend sei in diesem Kontex angemerkt, daß eine Füller der sonst noch von Holey genannten Quellen ebenfalls als rechtsextremistisch, rassistisch, rechtsradikal und/oder anti[redacted] übertitelt werden müssen, so z. B. neben den Nazi-Literaten wie Fritsch und der bereits benannte Pohl u. a. die Autoren G. Allan, H. E. Barnes, W. Carr, W. Cooper, C. Dall, D. Griffin, D. Hoggan, L. Larouche, E. Mullines, A. Roberts, J. Rothkranz, A. Sutten, G. Viereck und N. Webster, der Verlag Samisdat des E. Zündel sowie die Zeitschriften "Il-Regima Fascista", "Nation Europa" "Spotlight" und die "Unabhängigen Nachrichten".

Eine derartige Ansammlung rechtslastiger zitierter Autoren u. ä. spricht für sich, einer weitergehenden Kommentierung bedarf dieser Umstand nicht.

3. <u>Zur Verantwortlichkeit der Angeschuldigten:</u>

Beide Angeschuldigten haben sich gegenüber den Polizeibeamten [redacted] und [redacted] bislang nur kurz zur Sache eingelassen (vgl. zu Holey, Reg. I, Bl. 238, 280; zu Ewert Reg. I, Bl. 272, 343).

1. <u>Holey</u> hat seine Autoreneigenschaft eingeräumt, bestreitet Kontakte zur rechten Szene und behauptet, daß er mit seinen Büchern nur Aufklärung betreiben wollte; er habe nicht beabsichtigt, feindselige Haltungen gegenüber den [redacted] zu erwecken. Zur Untermauerung seiner Einlassung übermittelte er eine "Neutrale" Zitatensammlung (vgl. Reg. I, Bl. 59 b ff). Seine "Einsichtigkeit" wird aber deutlich anhand zweier Passagen aus seinem an die Zeitschrift "Esotera" gerichteten Leserbrief vom Juli diesen Jahren (vgl. Reg. I, Bl. 458 ff):

"Dieses ganze Prozedere, wie "man" gegen den weiteren Verkauf meiner unbequemen Bücher vorgeht, d. h. den Vertrieb und Autor, bestätigt genau das "System", das ich in meinen Büchern beschreibe...

Somit kann ich Sie beunruhigen: Meine Bücher werden auch weiterhin von dem spanischen Verlag aus in alle Welt, (außer momentan in die Schweiz und Deutschland) geliefert ....

Meine reichliche Leserpost bestätigt mir, daß ich absolut richtig liege...."

2. Ewert räumt ein, die Bücher verlegt zu haben, gedruckt worden seien sie in der Anfangsphase in Rhede, später in Ulm und auf Gran Canaria. In zwei Presseveröffentlichungen (vgl. Reg. I, Bl. 15, 109) wird Ewert wie folgt zitiert:

"Es sei nicht seine Aufgabe, Autoren zu zensieren. Schließlich könne man die dargestellten Sachverhalte auch woanders nachlesen. Es sei eigentlich alles nicht neu."

"Ich betreibe Aufklärung im positiven Sinne und habe den Gesamtzusammenhang im Auge ... Daß die "Protokoll der Weisen von [redacted]" echt sind, davon kann doch ausgegangen werden".

Beide Angeschuldigten haben den "[redacted](2)" zur Absicherung (?) noch ein "Schlußwort" beigegeben (vgl. Anklagesatz, S. 23). Dieses "Schlußwort" sowie die Einlassungen u. ä. sind zur Entlastung der Angeschuldigten völlig ungeeignet. Denn was in den Büchern tatsächlich ausgeführt wurde, ist passagenweise bereits im Anklagesatz aufgeführt. Entkleidet man die Ausführungen ihrem esoterischen Beiwerk, so bleibt letztlich nichts weiter übrig, als nämlich die Bücher als üble anti[redacted] Pamphlete zu bewerten, wurden sie doch ersichtlich geschrieben und verlegt zum Zwecke der systematischen Herabsetzung und Verleumdung der [redacted] in Deutschland.

4. Rechtsausführungen

1. Die kurze Verjährungsfrist des § 24 Abs. 1 des Baden-Württembergischen Landespressegesetzes begann frühestens im Dezember 1995 (Erscheinen der Druckwerke) und wurde u. a. durch die Beschlüsse des AG Mannheim vom 18.03., 10.05. und 11.07.1996 unterbrochen.

2. Die Vergehen des Verbreitens der Schriften nach § 130 StGB sind einheitliche, sugsessive mit den einzelnen Verbreitungsakten begangenen Taten.

Klein
Staatsanwalt (GL)

***„Paragraph 130 StGB ist mit westlich-zivilisatorischen Auffassungen der Freiheit der Meinungsäußerung unvereinbar und schlägt dieser in einer an die Hitlerdiktatur erinnernden Weise geradezu ins Gesicht.“*** (The John Hopkins University, Departement of Political Science, Baltimore, gez. Prof. Dr. Gottfried Dietze, 11. Oktober 1996)

# Kapitel 3
# Verteidiger Nr. 1 zur Anklageschrift:

DR. JUR. [redacted]
RECHTSANWALT UND NOTAR A.D.
[redacted]
RECHTSANWALT UND NOTAR

[redacted]

[redacted]

Fernruf [redacted]
Telefax [redacted]
[redacted]
Bürozeiten: Mo.–Fr. 8.00–13.00 Uhr
15.00–18.00 Uhr
Sa.: nach Vereinbarung

An das
Landgericht Mannheim
Postfach

68149 Mannheim

Datum 14.10.1996
[redacted].

In der Strafsache

gegen Jan van H e l s i n g , Fichtenau

Az.: (5) 5 Kls 2/96

beantrage ich,

das Verfahren nicht zu eröffnen.

Begründung

I.

Das Landgericht Mannheim ist örtlich unzuständig.

Nach der deutschen Strafprozeßordnung gibt es drei Hauptgerichtsstände:

a) Gerichtsstand des Tatorts (§ 7 I; 10 StPO),
b) Gerichtsstand des Wohnsitzes (§ 8 I; 11 StPO),
c) Gerichtsstand des Ergreifungsorts (§ 9 StPO).

Daneben gelten subsidiär die Gerichtsstände des gewöhnlichen Aufenthalts und des letzten inländischen Wohnsitzes (vergl. Kleinknecht/Meyer-Goßner Vorbemerkung Nr. 2 vom § 7 StPO).

Gem. § 7 II StPO ist als Gerichtsstand des Tatorts nur das Gericht zuständig, in dessen Bezirk die Druckschrift erschienen ist.

In Mannheim hat weder der Beschuldigte Helsing, noch der Beschuldigte Ewert-Gamalo Tiozon seinen Wohnsitz.

In Mannheim ist auch die Druckschrift nicht erschienen. Der Erscheinungsort für die deutsche Übersetzung der Druckschrift ist der Ewert-Verlag, 26899 Rhede (Ems) oder 49762 Lathen (Ems). Beide Orte liegen nicht im Landsgerichtsbezirk Mannheim.

Damit ist das Landgericht Mannheim mit Sicherheit aus keinem Gesichtspunkt zuständig. Der sogenannte "fliegende" Gerichtsstand der Presse wird durch den Gerichtsstand des Erscheinungsorts ersetzt (Kleinknecht/Meyer-Goßner § 7 StPO Rdnr. 7).

Auch wenn der Staatsanwalt meint, daß die Bücher und "u. a. über das Prinz-Medienhaus und Buch-Kober in Mannheim zum Preise von jeweils 44,80 DM angeboten und verbreitet" wurden, ist dort nicht der Erscheinungsort. Erscheinungsort ist der Ort, an dem die Druckschrift mit dem Willen des Verfügungsberechtigten die Stätte ihrer Herstellung zum Zwecke der Verbreitung verläßt, in der Regel die Geschäftsniederlassung des Verlegers (vergl. Kleinknecht/Meyer-Goßner § 7 StPO Rdnr. 9; Löffler/Ricker Hanbuch des Presserechts 3. Aufl. 48. Kap. Rdnr. 7).

II.

Zu den einzelnen Ausführungen und Zitaten in der Anklageschrift werde ich zunächst noch keine Stellungnahme abgeben. Der Beschuldigte drückt in beiden Büchern nur seine Meinung aus. Er betont an verschiedenen Stellen, daß es ihm fern liegt irgendwelche Gruppen anzugreifen. Er zeigt lediglich Tatsachen auf, ohne sie zu werten. Soweit er eine Wertung vornimmt, handelt es sich um seine grundgesetzliche geschützte Meinung, ohne daß der Beschuldigte eine durch ihr Volkstum bestimmte Gruppe angreift. Der Beschuldigte bewertet lediglich allgemein bekannte Tatsachen, die ihm aus allgemein bekannten und nicht verbotenen Schriften bekannt geworden sind.

III.

Der Staatsanwalt meint, es sei eine Neuauflage des Buches erschienen. Diese Behauptung ist nicht richtig. Der Beschuldigte, Herr van Helsing, hat nur eine Auflage entworfen und verbreitet. Gegen den beschuldigten Verfasser ist deshalb das Verfahren wegen eingetretener Verjährung einzustellen.

IV.

Auf Seite 32 der Anklage beruft sich der Staatsanwalt auf "einen Gutachter". Sein Gutachten soll sich auf Blatt 359 ff. der Anklage befinden. Die mir vorliegenden Akten enden mit Blatt 349. Liegen der Staatsanwaltschaft etwa weitere Akten vor, die die Verteidigung nicht einsehen soll?

[redacted]
Rechtsanwalt

# Kapitel 4
# Verteidiger Nr. 2 zur Anklageschrift

[redacted]

An das
Landgericht Mannheim
- Strafkammer 5 -

68149 Mannheim

[redacted] DEN 28.10.1996
1716/96
[redacted]

**Az.: (5) 5 KLs 2/96**

In dem Strafverfahren gegen

**Holey, Udo**

beantrage ich, die Anklage nicht zuzulassen.

**B e g r ü n d u n g**

I. Zuständigkeit des Landgerichts Mannheim

Zur Vermeidung von Wiederholungen beziehe ich mich hier auf die Ausführungen des weiteren Verteidigers RA [redacted] im Schriftsatz vom 14.10.1996.

II. Eingetretene Verjährung

Etwaige strafbare Handlungen wären nach den einschlägigen presserechtlichen Vorschriften verjährt.

Die Anklageschrift meint zwar auf Seite 31, daß die mit Verteidigerschriftsatz vom 12.09.1996 (Blatt 472) zu den Akten gegebenen Ewert-Rechnungen von der Realität genau so weit entfernt seien, wie die abgebildeten Nazi-Ufos, und unterstellt damit dem Beschuldigten, daß diese Rechnungen fingiert worden seien.
Eine Ermittlung der tatsächlichen Gegebenheiten würde den Aufgaben der Staatsanwaltschaft allerdings eher entsprechen, als die oben zitierte fragwürdige Formulierung gequälten Humors.

Es ist nochmals darauf hinzuweisen, daß es weder vom ersten, noch vom zweiten Buch eine Neuauflage gibt. Die Neuauflage ist regelmäßig dadurch gekennzeichnet, daß sie eine inhaltliche Überarbeitung des Werkes auf den neuesten Stand vorsieht. Tatsächlich fand lediglich eine Änderung der Verlagsadresse aufgrund eines Umzuges des Verlages statt.

Das Buch ist in seiner Originalform, so wie es der Beschuldigte im Herbst 1993 abgeliefert hatte, in der stets gleichen Version von den gleichen Filmen nachgedruckt worden und hatte stets denselben Text.
Lediglich die Adresse des Verlages wurde aufgrund des Umzuges geändert.

Die Richtigkeit der Rechnungsdaten wird auch dadurch bewiesen, daß der Beschuldigte unmittelbar nach Erhalt der Freiexemplare diese an seine Familienangehörigen und Freunde verteilte.

<u>Beweis:</u> Zeugeneinvernahme von Frau Luise Holey, geb. Weise, Birkenweg 6, 74579 Fichtenau, Herrn [redacted]

III. <u>Zum eigentlichen Tatvorwurf</u>

Es ist ersichtlich, daß die Anklageschrift in Unkenntnis des Inhaltes der beiden Bücher verfaßt wurde.

Die Staatsanwaltschaft hat sich damit begnügt, seitenweise aus der "Expertise" des angeblichen Sachverständigen Professor G. Kreis auf den Seiten 32 bis 42 zu zitieren.
Eine inhaltliche Überprüfung der Fakten findet lediglich auf Seite 42 statt, nachdem zuvor die "überzeugenden Ausführungen" des Herrn Professor Kreis kritiklos übernommen wurden.

Es kann aber nicht im Rahmen des Strafverfahrens angehen, daß sämtliche Fakten, die der Beschuldigte in seinen Büchern unter Angabe der Fundstellen und Quellen benennt, vom Tisch gewischt werden einzig mit der Behauptung, daß es hierauf nicht ankomme, da die Zusammenstellung der Fakten beim Leser einen bestimmten Eindruck erwecke, der möglicherweise nicht mit dem in Einklang zu bringen ist, was unter "political correctness" zu verstehen ist.

Die Verteidigung weist die Übernahme des Gutachtens des Professor Kreis zurück. Die kritiklose Übernahme dieses Gutachtens, welches zu einem Paragraphen des Schweizer Strafrechtes erstellt wurde, welcher mit § 130 StGB nicht vollständig deckungsgleich ist, ist unzulässig.

Die Verteidigung wird auch die Benennung des Herrn Professor Kreis als Sachverständigen zurückweisen.
Hier liegt eine offenkundige Voreingenommenheit und Befangenheit aufgrund der Vorbegutachtung vor. Herr Professor Kreis zeichnet sich darüber hinaus offenbar auch durch Unkenntnis der historischen Gegebenheiten aus (vgl. hierzu unten Seiten 6 ff.).

Im Rahmen eines etwaigen Verfahrens wird die Verteidigung die einzelnen Tatsachenbehauptungen, wie insbesondere die Frage nach der Verflechtung von Vorstand- bzw. Geschäftsführerpositionen in internationalen Unternehmen durch die von dem Beschuldigten in seinem Buch genannten Personen, zum Gegenstand der Beweiserhebung machen.

Die Verteidigung wird weiterhin für sämtliche Zitate die entsprechende Fundstelle bzw. hier noch lebende Zeugen benennen.

Unabhängig von der faktischen Darstellung der historischen Tatsachen ist aus der Sicht der Verteidigung maßgeblich, daß entgegen der Anklageschrift und dem "Gutachten" des Herr Professor Kreis die Bücher sich gerade nicht schwerpunktmäßig mit dem angeblichen Streben der [redacted] nach Weltherrschaft (Seite 34 der Anklageschrift) befassen, sondern damit, daß es zahlreiche Geheimorganisationen gibt.
Die Existenz derartiger Geheimorganisationen wird im Rahmen der Anklageschrift ironisiert und im Rahmen der "Expertise" von Herrn Professor Kreis nicht näher untersucht.
Sollte hier nicht zugunsten des Beschuldigten mit Wahrunterstellungen gearbeitet werden, wird die Verteidigung für die Existenz derartiger Geheimorganisationen Zeugenbeweise anführen. Hier wäre gegebenenfalls auch durch eine Anfrage beim Bundesinnenministerium bzw. beim Verfassungsschutz ein ausreichendes Ermittlungsergebnis zu erzielen.

Soweit unserem Mandanten der Vorwurf strafbaren Verhaltens nach § 86 a StGB gemacht wird und dabei auf die Wiedergabe der Fotografien der "Ufos" abgestellt wird, die SS-Runen bzw. Hakenkreuze an der Unterseite des Flugkörpers aufweisen, ist ein strafbares Verhalten gemäß § 86 III StGB abzulehnen.

Wie sich aus dem Gesamttext dieses Teils des Buches erkennen läßt, befaßt sich der Verfasser ausschließlich mit der These, daß bereits zur Zeit des Dritten Reiches angeblich "Fliegende Untertassen" konstruiert worden sein sollen. Der Verfasser will mit den Erläuterungen zu dieser These lediglich seine Sichtweise der Thematik darstellen und nimmt dabei teil an einer öffentlichen Diskussion über das Erscheinungsphänomen von angeblich unbekannten Flugobjekten.

Diese Darstellung dient daher ausschließlich dem Zweck der Berichterstattung über Vorgänge des Zeitgeschehens oder der Geschichte (These: Auch die Nationalsozialisten haben bereits an Fliegenden Untertassen gebaut) sowie der Wissenschaft (These: Existenz von unbekannten Flugobjekten).

Bereits nach dem äußeren Erscheinungsbild der nur sehr schlecht, wenn überhaupt erkennbaren Nazi-Symbole ist ersichtlich, daß diese Fotografien nur dazu verwendet werden, die These aufzustellen, daß bereits im Dritten Reich an derartigen Flugobjekten gebaut worden sei.

Eine Retuschierung dieser Symbole wäre für die von ihm aufgestellte These sinnlos, da dem Leser durch die Wiedergabe der Fotografien, auf denen die Symbole erkennbar sind, eben der Eindruck vermittelt wird, daß es sich um Flugobjekte handelt, die in der Zeit von 1933 bis 1945 konstruiert worden sein sollen.

Soweit dem Beschuldigten der Vorwurf der Volksverhetzung gemäß § 130 II StGB gemacht wird, ist auch dies zurückzuweisen.

Unser Mandant versucht in seinen Werken weder ausdrücklich, noch zwischen den Zeilen beim Leser eine emotionale Voreingenommenheit im Sinne des Tatbestandsmerkmales "Haß" hervorzurufen. Dies wird sowohl aus den Einleitungen der Bücher, zahlreichen Zwischenbemerkungen und den letztlich die Kernaussage der Bücher darstellenden Zusammenfassungen jeweils am Ende des Werkes ersichtlich.

Ziel ist es vielmehr, ausschließlich eine nach Ansicht des Autors gegebene Verflechtung von wirtschaftlichen und politischen Interessen und Interessensgruppierungen aufzuzeigen. Dies wird anhand zahlreicher Einzelzitate von Politikern und Wirtschaftsführern der jüngeren und der zurückliegenden Geschichte versucht zu belegen.

Diese Äußerungen, sofern sie Zitate sind, sind als Beitrag zur Auseinandersetzung mit einem wissenschaftlichen bzw. politischen Thema zu verstehen, welches letztlich die These aufstellt, daß die Weltpolitik nicht von demokratisch gewählten Politikern bestimmt wird, sondern von wirtschaftlich dominierenden Interessensgruppierungen.

Daß in diesen dominanten Interessensgruppierungen nach den Feststellungen des Autors zu einem erheblichen Teil Angehörige des [redacted] Glaubens vertreten sind, ist eine Behauptung und Tatsache, für die der Autor durch Angabe der jeweiligen Wirtschaftsunternehmen und der Personen den Nachweis bringt.

Gegenstand des Strafvorwurfes in § 130 StGB ist es nicht - und kann es vor dem Hintergrund des Art. 5 GG auch nicht sein -, daß der Betroffene für Behauptungen zu Rechenschaft gezogen wird, die entweder nicht in ein allgemeines "politisches Klima" passen, oder eine unbequeme Meinungsäußerung tätigt. Ob die Behauptungen des Beschuldigten mehrheitsfähig oder gefällig sind bzw. auch nicht, kann keinesfalls den Vorwurf strafbaren Verhaltens begründen.

## IV. Zur Anklageschrift

Die Anklageschrift selbst zeichnet sich dadurch aus, daß eine Ermittlung der Richtigkeit der in den Büchern aufgestellten Tatsachenbehauptungen nicht stattfindet. Nicht eine einzige historische Tatsache oder Quelle wurde geprüft.

Ernstzunehmenderweise kann aber nicht eine Anklage mit der Begründung erhoben werden, daß es überhaupt nicht darauf ankomme, ob die Tatsachenbehauptungen stimmen oder nicht, da eine Zusammenstellung einer derartigen Menge an historischen Tatsachen bzw. Fakten bei dem Leser angeblich "etwas bewirkt" (Seite 32, 2. Absatz), was möglicherweise unerwünscht sein könnte.

Der Sachverständige Professor Kreis und dementsprechend auch kritiklos die Anklageschrift führen auf Seite 34 aus, daß unter anderem 1935 von einem Berner Gericht die Echtheit der "Protokolle der Weisen von [redacted]" aberkannt worden sei. Diese Form der Argumentation des Sachverständigen beweist eine vorsätzliche Manipulation durch Herrn Professor Kreis bzw. eine an einem bestimmten gewünschten Ergebnis orientierte Ermittlungstätigkeit der Staatsanwaltschaft.

Richtig ist zwar, daß das Landgericht Bern zu einer Verurteilung der damals Beschuldigten kam, da der damals hinzugezogene Sachverständige bestätigte, daß die Protokolle der Weisen von [redacted] nicht authentisch seien.
Noch richtiger ist allerdings, daß im Berufungsverfahren die dort Beschuldigten freigesprochen wurden, weil es sich bei dem damaligen Gutachten offensichtlich um ein solches eines eindeutig voreingenommenen Gutachters gehandelt hatte, welches möglicherweise auch gekauft war.

Beweis: Presseberichte über den Gang des Berufungsverfahrens
Neue Züricher Zeitung vom 02.11.1937

Sowohl die Staatsanwaltschaft, als auch der von ihr benannte Gutachter Professor Kreis müssen sich fragen lassen, was mit einer derartigen zweifelhaften Form der Darstellung von Ermittlungsergebnissen bezweckt ist.
Auf Seite 42 wird die angebliche "Kriegserklärung des [redacted] im Daily Express als Fälschung bezeichnet, da hier lediglich über Proteste und Androhungen von Boykottmaßnahmen englischer und amerikanischer [redacted] als Gegenreaktion gegen anti[redacted] Aktionen der Nationalsozialisten berichtet worden sei.

Es ist unerfindlich, was hier als Fälschung zu qualifizieren wäre, da die Schlagzeile, die die gesamte Breite der Zeitungsseite für sich in Anspruch nimmt, unmißverständlich übersetzt lautet, daß die [redacted] den Deutschen den Krieg erklären. Dies am 24. März 1933.

Im weiteren Textfluß heißt es hier in der linken Spalte:

> "14 Millionen in der gesamten Welt verstreute [redacted] haben sich zusammengebunden wie ein Mann, um den Deutschen, die ihre Glaubensgenossen verfolgen, den Krieg zu erklären."

Dies zu einem Zeitpunkt, als die Nationalsozialisten noch nicht begonnen hatten, ihre Verbrechen gegenüber den [redacted] Glaubensangehörigen in die Tat umzusetzen.

Auch das auf Seite 13 der Anklageschrift und Seite 87 des Buches genannte Zitat von Herrn Samuel Untermeier in der New York Times vom 07.08.1933, wonach die Kriegsführung gegen Deutschland bis zur Vernichtung Deutschlands geführt werden müsse, ist authentisch.

Die Staatsanwaltschaft meint auf Seite 42 der Anklageschrift, daß zu den [redacted]-Zitaten anzumerken sei, daß die zitierten "[redacted]Selbstzeugnisse" des Dr. Pohl 1943 erstmals imn Zentralverlag der NSDAP erschienen seien.
Offenbar wird hier der Versuch gemacht, aus der Tatsache, daß die "[redacted] Selbstzeugnisse" im Zentralverlag der NSDAP erschienen sind, hieraus abzuleiten, daß die Wiedergabe der [redacted]-Zitate ebenfalls nazistisch sei.

Diese Art der Argumentation ist derartig auf Manipulation ausgerichtet, daß eine sachliche Auseinandersetzung hiermit schwerfällt.
Was ändert die Tatsache, daß die [redacted]-Zitate auch von den Nationalsozialisten wiedergegeben wurden, daran, daß es sich um Glaubensinhalte und religiöse Dogmen handelt, die bei strenger Glaubensbindung für den Angehörigen dieser Glaubensgemeinschaft heute noch bindend sind.
<u>Niemand</u> behauptet, daß diese [redacted]-Zitate gefälscht, falsch übersetzt seien oder von den Exegeten der [redacted] Glaubenslehre nicht mehr als verbindlich angesehen würden.

Die Verteidigung wird für die Richtigkeit der wiedergegebenen [redacted]-Zitate gegebenenfalls Beweisanträge stellen sowie auch dafür, daß der [redacted] mit diesen Zitaten noch heute verbindliche Glaubensinhalte regelt.

Im Sinne einer seriösen Auseinandersetzung mit dem angeblichen strafbaren Verhalten des Beschuldigten kann es jedoch nicht angehen, daß im Rahmen der Anklageschrift, die den Schöffen vorgelesen wird, versucht wird, die Schöffen derart zu beeinflussen, daß der Eindruck erweckt wird, hierbei handele es sich um Zitate des Nazis Dr. Pohl und nicht um Originaltextstellen.

Auch die zusammenfassende Wertung in der Anklageschrift auf Seiten 42/43 ist derart unsachlich, daß eine Einlassung hier aus der Sicht der Verteidigung schwerfällt.
Weder ist es dem Beschuldigten noch dem Unterzeichner bekannt, daß die von der Staatsanwaltschaft genannten Personen und Fundstellen als rechtsradikal, anti[redacted]-[redacted] oder rassistisch einzuordnen wären. Lediglich der genannte Zündel ist dem Unterzeichner als rechtsradikal oder rassistisch bekannt. Die Verteidigung wird nicht akzeptieren, daß der Beschuldigte hier in eine Art von geistiger Sippenhaft genommen wird.

Mit der Formulierung auf Seite 43

> "Eine derartige Ansammlung rechtslastiger zitierter Autoren u.ä. spricht für sich, einer weitergehenden Kommentierung bedarf dieser Umstand nicht."

stellt sich die Staatsanwaltschaft ein Armutszeugnis aus.

Statt den Sachverhalt zu ermitteln, wird hier eine schwammige Formulierungssoße über den Beschuldigten gegossen, der allein deshalb wohl schon den Tatbestand der Volksverhetzung nach § 130 StGB begehen soll, weil er angeblich rechtslastige Autoren zitiert.

Woher die Staatsanwaltschaft diese Erkenntnisse hat, bleibt im Verborgenen. Daß die zitierten Fundstellen unzutreffend sind, daß sie falsche Tatsachenbehauptungen wiedergeben oder beleidigend bzw. schmähend wären, wird in der Anklageschrift nicht behauptet. Ausreichend, um den Beschuldigten zu diskreditieren, ist allein die Behauptung, daß es sich hierbei um angeblich rechtslastige Autoren handele.
Auch welche Kriterien der Bewertung der Staatsanwaltschaft zugrundeliegen, die es geeignet erscheinen lassen könnten, die genannten Personen als rechtslastig zu bezeichnen, ist nicht ersichtlich.

Vor dem Hintergrund, daß die Staatsanwaltschaft hier immerhin zweimal einen Verlängerungsantrag hinsichtlich der Beschlagnahme der Bücher gestellt und auch bekommen hat, ist das Ergebnis dieser Ermittlungen, was sich auf die kritiklose Übernahme eines Drittgutachtens stützt, als unakzeptabel zu bezeichnen.

V. Inhaltliche Auseinandersetzung

Die Verteidigung wird im Rahmen eines etwaigen Strafverfahrens darstellen, daß die Einlassungen des Beschuldigten in seinen Büchern gerade nicht darauf abzielen oder geeignet sind, den öffentlichen Frieden zu stören, indem zum Haß gegen Teile der Bevölkerung aufgestachelt würde, geschweige denn eine unter der Herrschaft des Nationalsozialismus begangene Handlung der in § 220 a I STGB bezeichneten Art leugnet oder verharmlost.

Dem Beschuldigten geht es in weiten Teilen seines Buches ausschließlich um die Darstellung angeblicher Geheimbünde von Freimaurern, Logen, sowie um die Darstellung seiner These, daß es außerirdische Wesen gäbe, die mit den höchsten Repräsentanten dieser Geheimbünde in Kontakt stehen.
Hier wird beispielsweise auf den ersten 80 Seiten des Buches "[redacted]" völlig von den sogenannten Illuminati gesprochen, ohne daß in irgendeiner Weise auf [redacted] Bezug genommen wird.

Dabei handelt es sich um eine Mischung aus esoterischen Gedanken, gepaart mit Behauptungen, die nach Ansicht der Verteidigung dem Sciencefiction-Bereich zuzuordnen sind.
Als Kernaussage kann insoweit die Formulierung auf Seite 73 festgehalten werden, die das Geheimnis der Illuminati als in dem Wissen um die Kommunikation mit Außerirdischen bezeichnet.

Das Gesamtwerk zeichnet sich dadurch aus, daß die Angehörigen der Familie [redacted] als Spitze der Geheimgesellschaften bezeichnet werden, die durch ihre personellen und organisatorichen Verflechtungen untereinander wesentliche Industrie- und Finanzbereiche der Welt beherrschen.

Ob die von unserem Mandanten befürchteten Zusammenhänge, Beherrschungsmechanismen und Manipulationsmodelle bestehen, kann dahingestellt bleiben.
Das Gegenteil ist nicht bewiesen, Herr Holey hat zahlreiche nachprüfbaren Fakten benannt.

Entscheidend ist aber, daß die Frage einer etwaigen strafrechtlichen Verantwortlichkeit nach Maßgabe des § 130 StGB auch im Rahmen des Art. 5 GG zu beantworten ist und dabei etwa vergleichbar ist mit der zivilrechtlichen Abgrenzung zwischen Meinungsfreiheit und Schmähkritik.
In entsprechender Anlehnung an die Entscheidung des Bundesverfassungsgerichts NJW 91, 95 sowie NJW 91, 1475 ist zu überprüfen, ob es dem Beschuldigten um eine Meinungsäußerung geht, die noch eine sachverhaltsmäßige Grundlage hat, oder ob es ihm statt um die Sache nur um eine Kränkung der Betroffenen (im Sinne des § 130 StGB Herabsetzung der genannten Bevölkerungskreise) geht.

Für eine derart sachorientierte und differenzierte Argumentation sind zahllose Anhaltspunkte gegeben.
Dies ist zum einen erkennbar aus der namentlichen Benennung von Unternehmen sowie deren Vorstandsmitgliedern bzw. Geschäftsführern oder Alleinaktionären sowie deren maßgeblichen Verwicklungen in politische, insbesondere kriegerische Aktivitäten unterschiedlicher Länder. Daß hierbei zum Teil durch dieselbe Unternehmensgruppe beide kriegsführenden Seiten unterstützt wurden, ist ein Faktum, für welches ein Informationsbedürfnis der Öffentlichkeit besteht.

Auch die semantische Differenzierung zwischen khasarischen und sephardischen [redacted] ist eine Tatsache, die sowohl in religiöser, als auch in historischer Hinsicht von erheblicher Bedeutung ist.

Hier wird ersichtlich, daß Herr Holey auch eine politische Aussage zu den Gebietsansprüchen des Staates [redacted] trifft. Dies wird ihm offenbar im Rahmen der Anklageschrift auf Seite 17 zum Vorwurf gemacht, ohne daß erkennbar wäre, warum.

Im Rahmen der Verteidigung wird die in jedem Geschichtsbuch nachzulesende Entwicklung des Staates [redacted] dargelegt werden.

Daß es hier weltpolitisch unterschiedliche Ansichten zur Frage der Legitimität des Staates [redacted] gibt, ist allgemein bekannt.
Die Wiedergabe einer derartigen geschichtlichen Entwicklung gerade auch unter Berücksichtigung der Glaubensverbreitung in unterschiedliche Himmelsrichtungen ist eine Auseinandersetzung mit historischen Gegebenheiten und ist nicht geeignet, gegen [redacted] Mitbürger aufzustacheln.

Die Verteidigung wird im Rahmen des Verfahrens zu jeder einzelnen der in der Anklageschrift auszugsweise wiedergegebenen Behauptungen gegebenenfalls die Richtigkeit dieser Äußerungen bzw. historischen Abläufe durch Sachverständige beweisen lassen.

Bereits an dieser Stelle wird beantragt, neutrale Sachverständige für das Verfahren hinzuzuziehen. Hierbei sollte es sich um namhafte Historiker handeln.
Die Hinzuziehung der Sachverständigen Gerlach wird abgelehnt, da nicht erkennbar ist, worauf ihre besondere Sachkunde beruht. Ihre Tätigkeit für das Zentrum für Anti[redacted] legt die Vermutung nahe, daß hier Einlassungen erfolgen, die ergebnisorientiert bestimmt sein könnten.
Weiterhin ist nicht erkennbar, welche Qualifikation den als Sachverständigen benannten Wolfgang Benz auszeichnet.
Die Verteidigung behält sich ausdrücklich vor, ihrerseits Zeugen für die historischen Abläufe sowie die Authentizität der Fundstellen zu benennen. Es ist nicht erkennbar, was die von der Staatsanwaltschaft benannten Sachverständigen begutachten sollten, da die historischen und faktischen Gegebenheiten mangels anderslautender Ermitt-

lungsergebnisse der Staatsanwaltschaft zugunsten des Beschuldigten als wahr unterstellt werden müssen. Ob sich durch die Zusammenstellung als wahr zu unterstellender historischer Gegebenheiten die Tatbestandsmäßigkeit des § 130 StGB feststellen läßt, ist eine Beurteilung, die die Kammer selbst zu treffen hat.

[redacted]

Rechtsanwalt

## Dokumente der Verteidigung, die den zuletzt aufgeführten Schreiben an das Landgericht Mannheim teilweise angefügt waren:

# AHNENGALERIE

**Wien:** Am Tor 1 des Zentralfriedhofes ist der Bereich der [redacted] Gräber zu finden.

Das Bild zeigt das Grabmal der Familie Heilmann-Kohn, wobei die meisten Eintragungen in [redacted] Schrift erscheinen.
Hier liegen die Großeltern von Bundeskanzler Helmut Kohl, nämlich Sara Kohn und [redacted] Kohn.
Die Kohn's waren galizische [redacted] und kamen über Prag nach Wien. Sie blieben bis zu ihrem Tode in Wien und waren zuletzt als reiche Geschäftsleute bekannt. Die Nachkommen verzogen nach Ludwigshafen am Rhein. Dort wurde im April 1930 der Sohn Henoch Kohn geboren. Als CDU-Politiker nannte er sich später Helmut Kohl.
Letztendlich bleibt wohl die Frage, warum [redacted] immer wieder Namens-Änderungen vornehmen und weshalb sie dabei vor allem deutsche Namen bevorzugen.

Daily Express

[redacted] DECLARES WAR ON GERMANY

Mr. Churchill's Withering Attack On Premier

Officer Describes The Girl

DAYS OF LOVE IN BERLIN

'BROUGHT US NEARER TO WAR'

Mrs. George Lansbury Dead

[redacted] OF ALL THE WORLD UNITE

BOYCOTT OF GERMAN GOODS

MASS DEMONSTRATIONS

THE SOVIET AMBASSADOR ENTERTAINS

Canon Shot At Prayer

THE DAILY EXPRESS. MARCH 25, 1933.

[redacted] *"WAR" ON GERMANY*

"[redacted] OF ALL THE WORLD declare war on Germany" was the headline on the front page of yesterday's "Daily Express." A group of [redacted] discussing the persecution of their German brothers by the Nazis.

*Pannen der Geschichtsschreibung*

# Der dreizehnte Stamm

**(E) Die tragischen Ereignisse in [redacted] und im [redacted] verleihen der «[redacted]frage» heute jenes Gewicht, das dem von den «[redacted]» auf der Welt errungenen Einfluss angepasst sein dürfte. Am aufschlussreichsten und hilfreichsten für [redacted] und Nicht[redacted], insbesondere in einer so unheilschwangeren Zeit, sind von jeher Stellungnahmen, Erkenntnisse, Forschungsergebnisse [redacted] Herkunft. Da im Zuge der [redacted] Eroberung [redacted] sich [redacted] Betrachtungsweisen nicht nur verhärtet, sondern auch gewandelt, ja sogar ins Gegenteil umgekehrt haben, sollte jenen Stimmen, wo immer möglich, Gehör verschafft werden, da ihnen der Verdacht der [redacted]feindschaft, der fast allen nicht[redacted] Kritikern entgegengeworfen wird, nicht anhaftet.**

Der [redacted] Begründer der «Liga für Frieden mit Gerechtigkeit in [redacted]» *Benjamin H. Freedman* hat nach dem Zweiten Weltkrieg eine ausserhalb Amerikas unbekannt gebliebene Schrift herausgegeben, in welcher er den Quellen des heutigen sogenannten «[redacted]tums» nachgeht und auch dessen Mitwirkung bei den [redacted]istischen Plänen zu einem eigenen Staat in [redacted] erläutert. Die leider nur in englischer Sprache vorliegende Broschüre sieht das Überleben der Vereinigten Staaten von einer Verschwörung bedroht. Unter dem Begriff «Gottes ehrbare Wahrheit», der in «Die [redacted] Enzyklopädie» («The [redacted] Encyclopedia») Bd. IV, S. 1—5 erscheint, wird aufgedeckt, wie der amerikanische Kongress in den Ersten und Zweiten Weltkrieg hineinmanövriert wurden. Verantwortlich gemacht wird eine Bevölkerungsminorität von nur 5 %, die sich ausschliesslich aus naturalisierten Einwanderern osteuropäischer, khasarischer Herkunft zusammensetzt und die seit dem 17. Jhd. als «[redacted]» («[redacted]») bekannt sind. Die geographische und geschichtliche Betrachtung des Khasarenreiches führt zur Schlussfolgerung, dass die von 1919—1948 betriebene Invasion und Eroberung [redacted] eine «Wiederheimführung des alttestamentlichen Gottesvolkes» gar nicht sein könne. Der für die Errichtung eines eigenen Staates in [redacted] verantwortliche [redacted]ismus sei eine rein khasarische Bewegung und gehe von falschen und damit irreführenden Voraussetzungen aus. B.H. Freedman hat sich zusammen mit anderen Amerikanern engagiert mit dem [redacted]ismus auseinandergesetzt und den Eintritt Amerikas in den Zweiten Weltkrieg zu verhindern versucht. In diesem besonderen Zusammenhang sollte auch die Geschichte Amerikas, wie sie ungeschminkt in «Das blinke Jahrhundert» von David L. Hoggan erhellt wird, herangezogen werden.

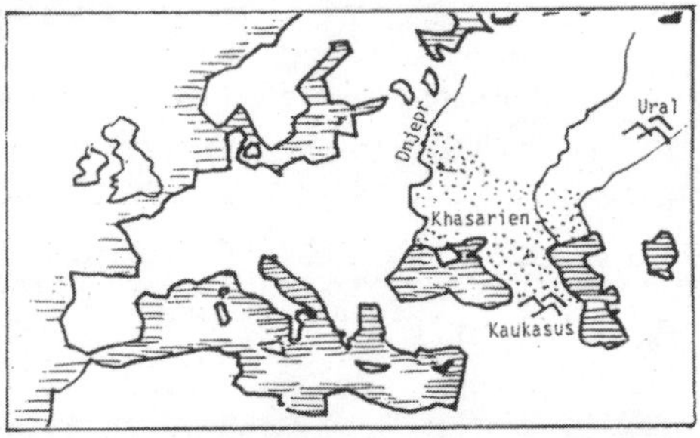


Dem Text von Benjamin H. Freedmann ist zum Thema «Khazars» eine Karte beigegeben, die aus «The [redacted] Encyclopedia» stammt und von folgender Erklärung begleitet ist: «Ninety-six percent (96%) of ninteen million [redacted] in the world trace their ancestry to the Khazar kingdom» (96% Prozent von neunzehn Millionen [redacted] in der Welt führen ihre Abstammung auf das Königreich der Khasaren zurück».)

*(Red. Da die mehrfach kopierte Karte aus besagter Enzyklopedie zu unansehlich geworden ist, haben wir oben den Standort des enstigen Khasarenreiches nachgezeichnet und zugleich den Angaben Koestlers in «Der dreizehnte Stamm» etwas angeglichen.*

> **«Es ist vielleicht symbolisch, daß Abraham Poliak, ein Professor an der Universität von [redacted] und ohne Zweifel ein [redacted] Patriot, einen der Hauptbeiträge zu unserem Wissen über die Abstammung des [redacted]tums von den Khasaren geleistet und damit die Legende vom [redacted] Volk untergraben hat.»**
>
> *Arthur Koestler in «Der dreizehnte Stamm», S. 265 (1976)*

Das Aufkommen einer eigentlichen Khasarenforschung dürfte zweifellos, wie die Entstehung des Zweiten Weltkrieges (der erst mit dem Eintritt der USA zum «Weltkrieg» wurde) einzig mit der Entwicklung in [redacted] in Zusammenhang stehen.

Die Abneigung der Nachfahren von seit uralten Zeiten in [redacted] innerhalb der arabischen Bevölkerung ansässiger [redacted] gegen die aus aller Welt einströmenden «[redacted]» hat etliche Forscher auf den Plan gerufen, der wahren Herkunft der Einwanderer nachzugehen. Der 1905 in Budapest geborene Koestler, bekanntgeworden durch seinen politischen Roman «Sonnenfinsternis», legt eine Fülle von Beweismaterial dafür vor, dass die heute über die ganze Welt zerstreuten und vornehmlich aus dem europäischen Osten und aus Russland stammenden «[redacted]» gar keine [redacted] sind. Es handelt sich um Nachfahren des ursprünglich nomadisierenden Turkvolkes der Khasaren, die im frühen Mittelalter sesshaft wurden und an den Südostgrenzen Europas, zwischen Kaukasus und Ural ein mächtiges Reich gründeten.

Als Verbündete von Byzanz schlugen sie in jahrhundertelangen Kämpfen die immer wieder eindringenden Araber über den Kaukasus zurück. An der einen Grenze den Islam des Kalifen von Bagdad und an der anderen das Christentum des Kaisers von Byzanz, legte um 800 n.Ch. das Khasarenreich seine schamanistische Religion ab und nahm das [redacted]tum an. Damit bewahrten sie die religiöse und politische Unabhängigkeit von beiden mächtigen Grenzstaaten. Das [redacted] gewordene khasarische Königreich bestand während Jahrhunderten. Erst den gemeinsamen Angriffen der Byzantiner und Wikinger, welche über die Russen herrschten, vermochten sie nicht mehr standzuhalten. Den letzten Rest ihres staatlichen Eigenlebens verloren sie unter dem Mongolensturm. Ihre [redacted] Religion d.h. insbesondere ihre Rassengesetze hinderten sie, im Schmelztiegel der Völker aufzugehen. Die heimatlos gewordenen wanderten nach Westen: nach Polen und Litauen. Dort bildete sich aus ihnen die Basis des Ost[redacted]tums, mit welchem schliesslich auch alle westeuropäischen Völker sich auseinanderzusetzen hatten. Da die Khasaren keine [redacted] waren, sind auch alle sogenannten Ost[redacted] keine [redacted]. Der einstige Kampf der Khasaren gegen die Araber findet eine umgekehrte Parallele im heutigen Kampf der Araber gegen die khasarischen Eindringlinge in [redacted].

Da die heute lebenden «[redacted]» nicht von den [redacted] zwölf Stämmen des alttestamentlichen [redacted] abstammen, bezeichnete Koestler sie als «dreizehnten Stamm».

> **«Nach der Zerstörung [redacted] haben die [redacted] aufgehört, eine eigene Sprache und eigene Kultur zu besitzen.»**
>
> *Arthur Koestler in «Der dreizehnte Stamm», S. 263 (1976)*

> **«Die Geschichte des Khasarenreiches, wie sie nun langsam aus der Vergangenheit emportaucht, beginnt wie ein grausamer Treppenwitz der Weltgeschichte auszusehen.»**
>
> *Arthur Koestler in «Der dreizehnte Stamm», S. 16 (1976)*

> **Langfristige Lösung der [redacted]frage**
>
> **«Um zusammenzufassen, die [redacted] von heute besitzen keine gemeinsame kulturelle Tradition, sondern lediglich gewisse Gewohnheiten und Verhaltensweisen, die aus der sozialen Erbschaft der traumatischen Erlebnisse des [redacted] sich ableiten und aus einer Religion, welche die Mehrheit nicht mehr praktiziert und an die sie nicht mehr glaubt, die ihr aber nichtsdestoweniger einen pseudo-nationalen Status verleiht. Offensichtlich – wie ich an anderer Stelle vorgebracht habe – kann die langfristige Lösung dieses Paradoxons nur die Auswanderung nach [redacted] oder eine allmähliche Assimilierung an ihre Wirtsvölker sein.»**
>
> *Arthur Koestler in «Der dreizehnte Stamm», S. 264 (1976)*

THE

# [redacted] Encyclopedia

**A DESCRIPTIVE RECORD OF**

THE HISTORY, RELIGION, LITERATURE, AND CUSTOMS OF THE [redacted] PEOPLE FROM THE EARLIEST TIMES

**Prepared by More than Four Hundred Scholars and Specialists**

UNDER THE DIRECTION OF THE FOLLOWING EDITORIAL BOARD



**ISIDORE SINGER, Ph.D.**
**Projector and Managing Editor**

ASSISTED BY AMERICAN AND FOREIGN BOARDS OF CONSULTING EDITORS
(SEE PAGE V)

**VOLUME IV**

CHAZARS—DREYFUS CASE

KTAV PUBLISHING HOUSE, INC.

# THE [redacted] ENCYCLOPEDIA

[NOTE: For topics beginning with **Ch**, not found in alphabetical order, see under **H.**]

**CHAZARS:** A people of Turkish origin whose life and history are interwoven with the very beginnings of the history of the [redacted] of Russia. The kingdom of the Chazars was firmly established in most of South Russia long before the foundation of the Russian monarchy by the Varangians (855). [redacted] have lived on the shores of the Black and Caspian seas since the first centuries of the common era. Historical evidence points to the region of the Ural as the home of the Chazars. Among the classical writers of the Middle Ages they were known as the "Chozars," "Khazirs," "Akatzirs," and "Akatirs," and in the Russian chronicles as "Khwalisses" and "Ugry Byelyye."

The Armenian writers of the fifth and following centuries furnish ample information concerning this people. Moses of Chorene refers to the invasion by the "Khazirs" of Armenia and Iberia at the beginning of the third century: "The chaghan was the king of the North, the ruler of the Khazirs, and the queen was the chatoun" ("History of Armenia," ii. 357). The Chazars first came to Armenia with the Basileans in 198. Though at first repulsed, they subsequently became important factors in Armenian history for a period of 800 years. Driven onward by the nomadic tribes of the steppes and by their own desire for plunder and revenge, they made frequent invasions into Armenia. The latter country was made the battle-ground in the long struggle between the Romans and the Persians. This struggle, which finally resulted in the loss by Armenia of her independence, paved the way for the political importance of the Chazars. The conquest of eastern Armenia by the Persians in the fourth century rendered the latter dangerous to the Chazars, who, for their own protection, formed an alliance with the Byzantines. This alliance was renewed from time to time until the final conquest of the Chazars by the Russians. Their first aid was rendered to the Byzantine emperor Julian, in 363. About 434 they were for a time tributary to Attila—Sidonius Apollinaris relates that the Chazars followed the banners of Attila—and in 452 fought on the Catalanian fields in company with the Black Huns and Alans. The Persian king Kobad (488–531) undertook the construction of a line of forts through the pass between



Derbent and the Caucasus, in order to guard against the invasion of the Chazars, Turks, and other warlike tribes. His son Chosroes Anoshirvan (531–579) built the wall of Derbent, repeatedly mentioned by the Oriental geographers and historians as Bab al-Abwab (Justi, "Gesch. des Alten Persiens," p. 208).

**Early History.**

In the second half of the sixth century the Chazars moved westward. They established themselves in the territory bounded by the Sea of Azov, the Don and the lower Volga, the Caspian Sea, and the northern Caucasus. The Caucasian Goths (Tetraxites) were subjugated by the Chazars, probably about the seventh century (Löwe, "Die Reste der Germanen am Schwarzen Meere," p. 72, Halle, 1896). Early in that century the kingdom of the Chazars had become powerful enough to enable the chaghan to send to the Byzantine emperor Heraclius an army of 40,000 men, by whose aid he conquered the Persians (626–627). The Chazars had already occupied the northeastern part of the Black Sea region. According to the historian Moses Kalonkataci, the Chazars, under their leader Jebu Chaghan (called "Ziebel Chaghan" by the Greek writers), penetrated into Persian territory as early as the second campaign of Heraclius, on which occasion they devastated Albania ("Die Persischen Feldzüge des Kaisers Herakleios," in "Byzantinische Zeitschrift," iii. 364). Nicephorus testifies that Heraclius repeatedly showed marks of esteem to his ally, the chaghan of the Chazars, to whom he even promised his daughter in marriage. In the great battle between the Chazars and the Arabs near Kizliar 4,000 Mohammedan soldiers and their leader were slain.

In the year 669 the Ugrians or Zabirs freed themselves from the rule of the Obrians, settled between the Don and the Caucasus, and came under the dominion of the Chazars. For this reason the Ugrians, who had hitherto been called the "White" or "Independent" Ugrians, are described in the chronicles ascribed to Nestor as the "Black," or "Dependent," Ugrians. They were no longer governed by their own princes, but were ruled by the kings of the Chazars. In 735, when the Arab leader Mervan moved from Georgia against the Chazars, he attacked the Ugrians also. In 679 the Chazars subjugated the Bulgars and extended their sway farther west between the Don and the Dnieper, as far as the head-waters of the Donetz in the province of Lebedia (K. Grot, "Moravia i Madyary," St. Petersburg, 1881; J. Danilevski and K. Grot, "O Puti Madyar s Urala v Lebediyu," in "Izvyestiya Imperatorskavo Russkavo Geograficheskavo Obshchestva," xix.). It was probably about that time that the chaghan of the Chazars and his grandees, together with a large number of his heathen people, embraced the [redacted] religion. According to A. Harkavy ("Meassef Niddaḥim," i.), the conversion took place in 620, according to others, in 740. King Joseph, in his letter to Ḥasdai ibn Shaprut (about 960), gives the following account of the conversion:

**Embrace [redacted].**

"Some centuries ago King Bulan reigned over the Chazars. To him God appeared in a dream and promised him might and glory. Encouraged by this dream, Bulan went by the road of Darian to the country of Ardebil, where he gained great victories [over the Arabs]. The Byzantine emperor and the calif of the [redacted] sent to him envoys with presents, and sages to convert him to their respective religions. Bulan invited also wise men of [redacted], and proceeded to examine them all. As each of the champions believed his religion to be the best, Bulan separately questioned the Mohammedans and the Christians as to which of the other two religions they considered the better. When both gave preference to that of the [redacted], that king perceived that it must be the true religion. He therefore adopted it" (see Harkavy, "Soobshchenija o Chazarakh," in "Yevreiskaya Biblioteka," vii. 153).

This account of the conversion was considered to be of a legendary nature. Harkavy, however (in "Bilbasov" and "Yevreiskaya Biblioteka"), proved from Arabic and Slavonian sources that the religious disputation at the Chazarian court is a historical fact. Even the name of Sangari has been found in a liturgy of Constantine the Philosopher (Cyrill). It was one of the successors of Bulan, named Obadiah, who regenerated the kingdom and strengthened the [redacted] religion. He invited [redacted] scholars to settle in his dominions, and founded [redacted] and schools. The people were instructed in the Bible, [redacted], and [redacted], and in the "divine service of the ḥazzanim." In their writings the Chazars used the [redacted] letters (Harkavy, "Skazaniya," etc., p. 241). Obadiah was succeeded by his son Hezekiah; the latter by his son Manasseh; Manasseh by Ḥanukkah, a brother of Obadiah; Ḥanukkah by his son Isaac; Isaac by his son Moses (or Manasseh II.); the latter by his son Nisi; and Nisi by his son Aaron II. King Joseph himself was a son of Aaron, and ascended the throne in accordance with the law of the Chazars relating to succession. On the whole, King Joseph's account agrees generally with the evidence given by the Arabic writers of the tenth century, but in detail it contains a few discrepancies. According to Ibn Fadlan, Ibn Dastah, and others, only the king and the grandees were followers of [redacted]. The rest of the Chazars were Christians, Mohammedans, and heathens; and the [redacted] were in a great minority (Frähn, "De Chazaris," pp. 13-18, 584-590). According to Mas'udi ("Les Prairies d'Or," ii. 8), the king and the Chazars proper were [redacted]; but the army consisted of Mohammedans, while the other inhabitants, especially the Slavonians and Russians, were heathens. From the work "Kitab al-Buldan," written about the ninth century (p. 121; cited by Chwolson in "Izvyestiya o Chazarakh," etc., p. 57), it appears as if all the Chazars were [redacted] and that they had been converted to [redacted] only a short time before that book was written. But this work was probably inspired by Jaihani; and it may be assumed that in the ninth century many Chazar heathens became [redacted], owing to the religious zeal of King Obadiah. "Such a conversion in great masses," says Chwolson (*ib.* p. 58), "may have been the reason for the embassy of Christians from the land of the Chazars to the Byzantine emperor Michael. The report of the embassy reads as follows: 'Quomodo nunc [redacted], nunc Saraceni ad suam fidem eos moliruntur convertere'" (Schlözer, "Nestor," iii. 154).

**Succession of Kings.**

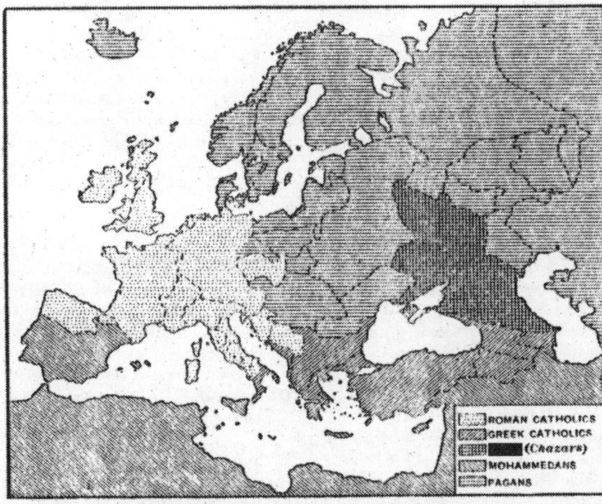


Map Showing the Distribution of Religions in Europe in the Tenth Century, C.E., Indicating Extent of the Kingdom of the Chazars.
(After Schrader, "Atlas de Géographie Historique.")

The history of the kingdom of the Chazars undoubtedly presents one of the most remarkable features of the Middle Ages. Surrounded by wild, nomadic peoples, and themselves leading partly a nomadic life, the Chazars enjoyed all the privileges of civilized nations, a well-constituted and tolerant government, a flourishing trade, and a well-disciplined standing army. In a time when fanaticism, ignorance, and anarchy reigned in western Europe, the kingdom of the Chazars could boast of its just and broad-minded administration; and all

**Internal Administration and Commercial Relations.**

who were persecuted on the score of their religion found refuge there. There was a supreme court of justice, composed of seven judges, of whom two were [redacted], two Mohammedans, and two Christians, in charge of the interests of their respective faiths, while one heathen was appointed for the Slavonians, Russians, and other pagans (Mas'udi, *l.c.* ii. 8-11).

The [redacted] population in the entire domain of the Chazars, in the period between the seventh and tenth centuries, must have been considerable. There is no doubt that the Caucasian and other Oriental [redacted] had lived and carried on business with the Chazars long before the arrival of the [redacted] fugitives from Greece, who escaped (723) from the mania for conversion which possessed the Byzantine emperor Leo the Isaurian. From the correspondence between King Joseph and Ḥasdai it is apparent that two Spanish [redacted], [redacted] ben Meïr ben Nathan and Joseph Gagris, had succeeded in settling in the land of the Chazars, and that it was a German [redacted], Isaac ben Eliezer "from the land of Nyemetz" (Germany), who carried Ḥasdai's letter to the king. Saadia, who had a fair knowledge of the kingdom of the Chazars, mentions a certain Isaac ben Abraham who had removed from Sura to Chazaria (Harkavy, in Kohut Memorial Volume, p. 244). Among the various routes enumerated by the Arabic geographer Ibn Khurdadhbah (860-880) as being used by the Rahdanite [redacted] merchants, there is one leading from Spain or France, via Allemania, through the land of the Slavonians, close by Atel, the capital of the Chazars, whence they crossed the Sea of the Chazars (Caspian Sea) and continued their voyage, via Balkh, Transoxania, and the land of the Tagasga, to India and China. These merchants, who spoke Arabic, Persian, Greek, Spanish, French, and Slavonic, "traveled continuously from west to east from east to west by sea and by land." They carried eunuchs, serving-maids, boys, silks, furs, swords, imported musk, aloes, camphor, cinnamon, and other products of the Far East (Harkavy, "Skazaniya Musulmanskikh Pisatelei o Slavyanakh i Russkikh," pp. 48, 53; "Journal Asiatique," 1865).

Ḥasdai ibn Shaprut, who was foreign minister to 'Abd al-Raḥman, Sultan of Cordova, in his letter to King Joseph of the Chazars (about 960), relates that the first information about that kingdom was communicated to him by envoys from Khorassan, and that their statements were corroborated by the ambassadors from Byzantium. The latter told him that the powerful Chazars were maintaining amicable relations with the Byzantine empire, with which they carried on by sea a trade in fish, skins, and other wares, the voyage from Constantinople occupying fifteen days. Ḥasdai determined to avail himself of the services of the Byzantine embassy to transmit his letter to the king of the Chazars, and with that view he despatched Isaac ben Nathan with valuable gifts to the emperor, requesting him to aid Isaac in his journey to Chazaria. But the Greeks interposed delays, and finally sent Isaac back to Cordova. Ḥasdai then decided to send his message by way of [redacted], Nisibis, Armenia, and Bardaa, but the envoys of the king of the Gebalim (Boleslav I. of Bohemia), who had then just arrived in Cordova, and among whom were two [redacted], Saul and Joseph, suggested a different plan. They offered to send the letter to [redacted] living in "Hungarin" (Hungary), who, in their turn, would transmit it to "Russ" (Russia), and thence through "Bulgar" (probably the country of the Bulgarians on the Kuban) to its destination (Atel, the capital of Chazaria). As the envoys guaranteed the safe delivery of the message, Ḥasdai accepted the proposal. He further expressed his thankfulness that God in His mercy had not deprived the [redacted] of a deliverer, but had preserved the remnant of the [redacted] race.

Taking a keen interest in everything relating to the kingdom of the Chazars, Ḥasdai begs the king to communicate to him a detailed account of the geography of his country, of its internal constitution, of the customs and occupations of its inhabitants, and especially of the history of his ancestry and of the state. In this letter Ḥasdai speaks of the tradition according to which the Chazars once dwelt near the Seir (Serir) Mountains; he refers to the narrative of Eldad ha-Dani, who thought he had discovered the Lost Ten Tribes; and inquires whether the Chazars know anything concerning "the end of the miracles" (the coming of the [redacted]). As to Eldad ha-Dani's unauthenticated account of the Lost Ten Tribes on the River Sambation, it may be interesting to note that, according to Idrisi, the city of Sarmel (Sarkel-on-the-Don) was situated on the River Al-Sabt (Sambat), which is the River Don. The name for Kiev, as given by Constantine Porphyrogenitus, is also Sambatas (Σαμβάτας). These appellations of the River Don and of the city of Kiev point evidently to [redacted]-Chazar influences (Westberg, "Ibrahim ibn Ya'ḳub's Reisebericht über die Slavenlande aus dem Jahre 965," p. 134, St. Petersburg, 1898).

**The Chazarian Letters.**

A complete account of the correspondence between Ḥasdai and King Joseph has been written by A. Harkavy ("Yevreiskaya Biblioteka," viii. 135), one of the leading authorities on the history of the Chazars, from which the following is, in substance, an extract:

The Chazarian correspondence was first published in the work "Ḳol-Mebasser" of Isaac 'Aḳrish (Constantinople, 1577), into whose hands these documents came while on a voyage from Egypt to Constantinople. He published them with the view of proving that even after the destruction of [redacted] the [redacted] still had their own country, in accordance with the well-known passage in Genesis (xlix. 10), "the scepter shall not depart from [redacted]."

Among European scholars Johann Buxtorf, the son, was the first to become interested in the Chazarian letters, which he printed together with the text of 'Aḳrish in his Latin translation of "Cuzari" (Basel, 1660).

Buxtorf believed that the letters themselves and the entire history of the Chazarian kingdom were but fable, for the reason that no seafarers, merchants, or other travelers had brought any information concerning such a flourishing kingdom as that of the Chazars was reputed to be. The learned Orientalist D'Herbelot ("Bibliothèque Orientale," ii. 455, Paris, 1697), misled by a wrong conception of the "Cuzari" and its relation to the conversion of the Chazars to [redacted], leaves the authenticity of the correspondence an open question.

One of the greatest scholars of the 17th century, Samuel Bochart, in his derivation of the name of the Chazars, introduces the account of Joseph ben Gorion (Yosippon), and in his notes to the "Yuḥasin" of Zacuto gives information about the Chazarian kingdom and the Sea of the Chazars obtained from the "Geographia Nubiensis" of the Arabian writer Idrisi (12th century; see "Geographia Sacra," 1646, p. 226). Bochart's views, however, are not important because he had no knowledge of the "Cuzari" or of the Chazarian letters. All the skeptics of that

## Der Verteidigung zur Verfügung gestellte Zitate verschiedener Historiker zur Geschichte der Khasaren:

***Khasaren:** „Ein Volk türkischer Abstammung, dessen Leben und Geschichte mit dem Entstehen der [redacted] Geschichte in Rußland verflochten ist... angetrieben durch Steppennomaden, deren Leben aus Plünderungen und Rachefeldzügen bestand. In der zweiten Hälfte des 6. Jahrhunderts zogen die Khasaren in Richtung Westen... das Königreich der Khasaren wurde im größten Teil Südrußlands fest etabliert, lange vor dem Entstehen der russischen Monarchie der Waräger (855 n. Chr.)... Zu diesem Zeitpunkt stand das khasarische Königreich auf dem Höhepunkt seiner Geschichte und befand sich ständig im Krieg.*

*Ende des 8. Jahrhunderts... traten der Chagan (König) der Khasaren, seine Herren, zusammen mit einem großen Teil seines Volkes der [redacted] Religion bei. Die [redacted] Bevölkerung des gesamten Herrschaftsbereiches der Khasaren muß zwischen dem siebten und achten Jahrhundert wirklich enorm gewesen sein. Um das neunte Jahrhundert scheint es so, als ob wirklich alle Khasaren [redacted] waren, die erst kurz zuvor zum [redacted] konvertiert hatten.*

*Es war ein Thronfolger von Bulan, namens Obadiah, der das Königreich auffrischte und die [redacted] Religion verstärkte. Er lud [redacted] Gelehrte dazu ein, sich in seinem Königreich niederzulassen und gründete [redacted] und Schulen. Das Volk wurde in die Bibel, in die [redacted] und in den [redacted] eingeführt und in den „heiligen Dienst der Hazzanim"... In ihren Schriften verwendeten sie die [redacted] Schrift... in der Sprache behielt jedoch die Muttersprache der Khasaren die Oberhand.*

*Obadiah gab seinen Thron an seinen Sohn Hezekiah weiter, dieser seinen wiederum an seinen Sohn Manasseh, und Manasseh an Hanukkah, einen weiteren Sohn von Obadiah. Hannukah übergab seinen Thron an seinen Sohn Isaak, Isaak an seinen Sohn Moses (oder Manasseh II.), der wiederum an seinen Sohn Nisi und Nisi an seinen Sohn Aaron II.. König Joseph selbst war der Sohn von Aaron und bestieg den Thron nach dem Thronfolgerecht der Khasaren.*

*Die russischen Waräger etablierten sich in Kiew... bis zum endgültigen Sieg der Russen über die Khasaren. Nach einer harten Schlacht besiegten die Russen die Khasaren und vier Jahre später eroberten die Russen das komplette khasarische Reich östlich des Azov.*

*Viele Mitglieder der khasarischen Königsfamilie sind nach Spanien ausgewandert, einige gingen nach Ungarn, doch der Großteil des Volkes blieb in seinem Reich.“* (Freizügige Übersetzung aus der „[redacted] Encyclopedia“, Volume IV, article on Chazars, Seite1-5).

*„Es ist eine historisch belegte Tatsache, daß etwa 90% des modernen [redacted] NICHT [redacted] Abstammung sind. Sie sind türkischer Abstammung.“* (Des Griffin, „Anti-[redacted] and the babylonian Connection“, S. 11)

*„Die [redacted] Europas und Amerikas gehören zwei Hauptgruppen an:* ***Sephardim*** *und* ***Ashkenazim****. Die Sephardim sind die Nachkommen jener [redacted], die seit antiken Zeiten in Spanien ([redacted]=Sepharad) gelebt haben, bis sie am Ende des 15. Jahrhunderts ausgetrieben wurden...“* (Arthur Koestler, „Der dreizehnte Stamm“, S. 210).

*„Es gibt zwei verschiedene Gruppen von [redacted] auf der Welt, und sie kommen von zwei verschiedenen Gegenden der Welt: Die sephardischen [redacted] vom Mittleren Osten und Nordafrika, während die aschkenasischen [redacted] aus Osteuropa kommen. Die sephardische ist die älteste Gruppe, und sie ist es, wenn überhaupt eine, die die in der Bibel beschriebenen [redacted] sind, weil sie in dem Gebiet wohnten, das in der Bibel beschrieben wird. Sie sind blutsverwandt mit den Arabern - der einzige Unterschied zwischen ihnen ist die Religion... Die aschkenasischen [redacted], die gegenwärtig 90 % der [redacted] auf der Welt umfassen, hatten einen ziemlich seltsamen Ursprung. Den Geschichtsbüchern zufolge, darunter viele [redacted], traten die aschkenasischen [redacted] vor etwa 1200 Jahren in Erscheinung.“* (Jack Bernstein in seinem Buch „Das Leben eines amerikanischen [redacted] im rassistischen, marxistischen [redacted], Lühe-Verlag, S. 23)

Professor H. Graetz, Autor des Buches: „History of the [redacted]“ erklärt auf Seite 44, daß *„die Khasaren eine Art fanatische Religion exerzierten, eine Mischung aus Sinnlichkeit und Unzucht. Nach Obadiah kam eine ganze Reihe khasarischer Könige (Chagans), und nach dem fundamendalen Recht* *des Reiches konnten nur [redacted] Könige den Thron besteigen. Und für eine geraume Zeit hatten die Herrscher anderer Nationen kein Wissen über die Bekehrung des mächtigen Königreiches zum [redacted] und als sie die ersten Gerüchte darüber erfuhren, waren diese der Meinung, daß das Khasarenreich von dem Überrest der ehemaligen zehn Stämme bevölkert worden war.“*

Arthur Koestler beschreibt, „... *daß die große Mehrheit der überlebenden [redacted] aus Osteuropa stammt und daher wohl khasarischen Ursprungs ist. Ist dem aber so, so kann das bedeuten, daß ihre Ahnen nicht vom [redacted], sondern von der Wolga kamen, nicht aus [redacted], sondern aus dem Kaukasus, ... , daß sie genetisch viel enger mit Hunnen, Uiguren und Magyaren verwandt sind, als mit dem Samen [redacted], [redacted] und [redacted]. Sollte sich dies als richtig erweisen, dann würde wohl auch der Ausdruck „Anti-[redacted]“ bar jeder Bedeutung werden, denn er ist dann aus einem Mißverständnis erwachsen, das sowohl die Mörder, als auch die Opfer teilten. Die Geschichte des Khasarenreiches, wie sie nun langsam aus der Vergangenheit emportaucht, beginnt wie ein grausamer Treppenwitz der Weltgeschichte auszusehen.“* (Arthur Kostler, „Der dreizehnte Stamm“, S.16)

Der [redacted] Professor für Mittelalterliche [redacted] Geschichte an der Universität in [redacted], A.N. Poliak fordert in der Einleitung zu seinem Buch „*Khasaria*“ (in [redacted], [redacted] 1944) „... *eine neue Einstellung sowohl zum Problem des Verhältnisses zwischen den khasarischen [redacted] und den anderen [redacted] Gemeinschaften, wie zu der Frage, wie weit wir gehen können, diese (khasarischen) [redacted] als den Kern des großen [redacted] Siedlungsgebietes in Osteuropa zu betrachten. Die Nachkommen der Siedler - jene, die blieben, wo sie waren, jene, die in die Vereinigten Staaten und in andere Länder emigrierten, und jene, die nach [redacted] gingen - stellen heute die große Mehrheit des Welt[redacted] dar.“*

*„In den sechziger Jahren dieses Jahrhunderts wurde die Zahl der Sephardim auf etwa 500.000 geschätzt ... Die Aschkenasim zählten im selben Zeitraum etwa 11 Millionen.“* (Arthur Koestler, „Der dreizehnte Stamm“, S. 210)

**Der Bund Nr. 511, vom 2.11.1937**

# Das obergerichtliche Urteil im [redacted]istenprozeß

## Freispruch

Präsident Oberrichter Peter verkündete um 14½ Uhr im Schwurgerichtssaal des Amthauses Bern folgendes Urteil:

1. **Das Kassationsbegehren Schnells wird abgewiesen.**
2. **Die der Widerhandlung gegen Art. 14 des bernischen Schundliteraturgesetzes Angeschuldigten Schnell und Fischer werden mangels Vorliegen des gesetzlichen Tatbestandes ohne Entschädigung freigesprochen.**
3. **Von den erstinstanzlichen Kosten wird Fischer ein Betrag von 100 Franken auferlegt. Die übrigen erstinstanzlichen Kosten in der Höhe von rund 28 000 Franken sowie die oberinstanzliche Urteilsgebühr von 500 Franken, die Kanzleigebühren und Auslagen trägt der Staat.**
4. **Die Parteikosten werden wettgeschlagen.**

Vorgängig der Urteilsbegründung führt Präsident Peter aus, daß deren mündliche Zusammenfassung für die schriftliche Formulierung nicht unbedingt maßgebend sei. In bezug auf den Kassationsantrag ist festzustellen, daß das Vorgehen des erstinstanzlichen Richters wirklich nicht ein übliches gewesen sei, so wenig wie das ganze Prozeßverfahren überhaupt. Die Parteien waren jedoch im vornherein damit einverstanden. Trotzdem sind die Kassationsgründe von Amtes wegen zu prüfen. Für die obergerichtliche Ueberprüfung des Falles spielen die Zeugenaussagen, die Expertengutachten und die russischen Akten keine Rolle. Eine Rückweisung an die erste Instanz ist nicht nötig, da die Mängel des erstinstanzlichen Verfahrens behebbar sind, und auch gar nicht erwünscht; denn es ist höchste Zeit, daß diese Sache endlich zur Ruhe kommt. Dem Kassationsbegehren wird also nicht entsprochen.

Die eingeklagte Schrift, die „Protokolle der Weisen von [redacted]" in der 13. deutschen Auflage des Hammerverlages, mit einem Vor- und Nachwort von Theodor Fritsch, sind als Einheit zu bewerten. Fischer ist nicht nur für den ebenfalls eingeklagten „Aufruf an alle heimattreuen und blutsbewußten Eidgenossen", sondern auch für den Artikel, „Schweizermädchen, hütet euch vor schändenden [redacted]", den ein gewisser Alberto Meyer geschrieben haben soll, verantwortlich, da er der Herausgeber des „Eidgenossen" ist, in dem beide Artikel erschienen sind. Durch den Art. 55 unserer Bundesverfassung ist die Pressefreiheit grundsätzlich gewährleistet, doch können die Kantone gegen deren Mißbrauch gesetzliche Bestimmungen erlassen, die der Genehmigung durch den Bundesrat bedürfen. Nach bundesgerichtlicher Praxis ist diese Genehmigung jedoch nicht Gültigkeitserfordernis.

Nun zum Art. 14 des bernischen Schundliteraturgesetzes, der auf die „[redacted]istischen Protokolle" angewendet wurde. Diese sind „Schriftstücke" im Sinne des betreffenden Artikels. Außerdem hat ein Verkauf dieser Schriftstücke stattgefunden. Damit sind zwei Voraussetzungen für den Art. 14 erfüllt. Die drei eingeklagten Schriftstücke müssen aber außerdem geeignet sein, groben Anstoß zu erregen, wenn sie unter den Begriff „Schundliteratur" im Sinne des Gesetzes fallen sollen. Zweck und Wille des Herausgebers der „[redacted]istischen Protokolle" ist, die [redacted] auf gehässige Art und Weise bei den übrigen Volksgenossen unmöglich zu machen und zugrunde zu richten. Der Leser soll dadurch zum [redacted]hasser werden. Es sei eine Ehrenpflicht, dieses räudige Geschlecht auszurotten.

Die Angeschuldigten beriefen sich darauf, daß dieses Dokument echt sei, weshalb man dessen Verbreitung nicht verbieten dürfe. Die Privatkläger dagegen wandten ein, die Protokolle seien eine Fälschung, daher Schundliteratur. Die Bestellung von Parteiexperten war ebenfalls nicht etwas Uebliches. Der dritte Experte wurde vom Richter ernannt. Natürlich stellte sich jeder Parteigutachter auf den Standpunkt seines Auftraggebers. Der sogenannte „überparteiliche" Experte wurde nicht mit der nötigen Sorgfalt ausgesucht; er war befangen, einseitig. Schon 1927 hatte Loosli in seiner Schrift „Die schlimmen [redacted]" gegen die Protokolle polemisiert. Seiner Einstellung nach mußte er sich also notwendigerweise auf die Seite Prof. Baumgartens schlagen. Die Anordnung einer Expertise war vollständig überflüssig. Ob die Protokolle echt oder gefälscht sind, spielt für den Begriff „Schundliteratur" keine Rolle. Inhalt und Form allein entscheiden darüber, ob ein Schriftstück als Schundliteratur anzusprechen ist. Die Kenntnis der Fälschung ist einzig für die Straffolge von Bedeutung. Die Strafkammer kann sich in dieser Beziehung eines Urteils enthalten. Daß der Beweis für die Echtheit der Protokolle nicht erbracht werden konnte, steht immerhin fest.

Die Protokolle sind nicht geeignet, zur Begehung von Verbrechen gegen die [redacted] aufzureizen. Diese Voraussetzung fällt also weg. Eine Verletzung der Sittlichkeit und des Schamgefühls liegt ebenfalls nicht vor. Die verrohende oder anstoßerregende Wirkung ist fraglich. Das Schundliteraturgesetz, das in erster Linie zum Schutze der Jugendlichen erlassen wurde, will nur Verstöße gegen Sitte und Moral bestrafen. Nirgends ist ein Anhaltspunkt dafür gegeben, daß auch politische Kampfschriften unter den Begriff „Schundliteratur" fallen sollen. Dem Begriff „Pressefreiheit" würde eine weitergehende Interpretation der Schundliteratur widersprechen.

Die Protokolle sind ein politisches Kampfmittel gegen das [redacted]tum, eine Schrift, die in weitesten Kreisen der Bevölkerung Unmut und Anstoß erregt hat. Sie werden jedoch auch weiterhin im Buchhandel verkauft. Sie sind „Schundliteratur", aber nicht im Sinne des Gesetzes. Ebenso ist es mit dem Aufruf Fischers. Art. 14 kommt also nicht in Frage. Das gleiche gilt für den Artikel „Schweizermädchen ...", der schwere und ungerechte Vorwürfe gegen die [redacted] enthält. Das gehört aber zur politischen Kampftaktik. Dieser Artikel ist in bezug auf erotische Wirkung hart an der Grenze. Ob die weitere Verbreitung der Protokolle aus staatspolitischen Erwägungen verboten werden sollte, ist nicht Sache des Richters.

Eine Entschädigung an die beiden Freigesprochenen muß aus Billigkeitsgründen unterbleiben. Als Folge des Freispruchs müssen sämtliche Begehren der Privatkläger abgewiesen werden.

H. K.

*

Das Interessanteste an der Erledigung der ganzen Angelegenheit liegt für viele vielleicht darin, daß die Kläger für die entstehenden Kosten, die dem Staat auferlegt werden, Gutsprache geleistet haben.

Im übrigen war dieser Prozeß, in dem für teures Geld Expertisen über Fragen veranstaltet wurden, die schließlich für die Sachentscheidung belanglos waren, keine Glanzleistung der bernischen Justiz erster Instanz.

## Das Urteil im Prozeß um die [redacted]istischen Protokolle

**Bern, 1. Nov. ag** Am Montagnachmittag erfolgte im Revisionsprozeß um die Verbreitung der Schrift „Die Protokolle der Weisen von [redacted]" die Urteilsverkündung, die ungefähr 1½ Stunden in Anspruch nahm. Die Erste Strafkammer des bernischen Obergerichts erkannte:

1. Die Angeschuldigten und jetzigen Appellanten Silvio **Schnell** und Theodor **Fischer** werden von der Anschuldigung wegen Zuwiderhandlung gegen das bernische Schundliteraturgesetz mangels gesetzlichen Tatbestandes **freigesprochen ohne Entschädigung**. 2. Die Begehren der Privatkläger werden in vollem Umfang abgewiesen. 3. Die Parteikosten werden wettgeschlagen. 4. Von den Staatskosten werden 100 Fr. dem Apellanten Fischer auferlegt. Die restlichen rund 28 000 Fr. übernimmt der Staat Bern.

In der **Begründung** des Urteils heißt es, daß sich die Strafkammer den Kassationsanträgen der Appellanten nicht habe anschließen können. Die **Expertise** über die Echtheit oder Unechtheit der Protokolle sei vollkommen überflüssig gewesen, indem die Frage der Schundliteratur dadurch überhaupt nicht berührt würde. Bedauerlich sei gewesen, daß man bei der Bestimmung der Experten nicht mit der erforderlichen Sorgfalt vorgegangen sei. Sowohl Fleischhauer wie auch C. A. Loosli seien als Gutachter in dieser Frage bis zu einem gewissen Grad voreingenommen gewesen. Loosli habe bereits vor einigen Jahren ein Buch über die [redacted]istischen Protokolle geschrieben, in dem er diese in unwissenschaftlichen, polemisierenden Ausführungen als Fälschung bezeichnet habe. Es sei zu hoffen, daß in Zukunft von einer solchen Expertenbestellung Umgang genommen werde.

Das bernische **Schundliteraturgesetz** habe nur einen eng begrenzten Geltungsbereich, indem es zum Schutze der Jugend unsittliche oder erotisch-obszöne Schriftwerke von der Verbreitung ausschalten wolle. Da nun aber die [redacted]istischen Protokolle eine **politische Streitschrift** seien, könne dieses Gesetz auf dieses Druckerzeugnis keine Anwendung finden. Dasselbe gelte auch für die eingeklagten **Publikationen**, für die **Fischer** die Verantwortung übernommen habe. Diese Veröffentlichungen, wenn auch an die äußerste Grenze des Zulässigen reichend, stünden unter dem Schutze der Preßfreiheit gemäß Artikel 55 der Bundesverfassung. Wie sehr auch die inkriminierten Schriften in literarischem Sinne als Schundliteratur anzusehen seien, so könne doch keine Subsumierung unter Artikel 14 des Schundliteraturgesetzes erfolgen. Somit habe auf der ganzen Linie ein Freispruch zu erfolgen.

NZZ vom 2.11.1937

## Ecrasez l'Autriche

Simon [redacted] hielt am 18. November 1969 vor der [redacted] Studentenschaft Zürich bei stärkstem Andrang einen Vortrag über die „Verfolgung von Naziverbrechern". Er leitete seine Ausführungen mit einem Wort von Clausewitz ein, daß der Feind von gestern auch der Feind von heute und morgen sei, wenn man ihn nicht restlos vernichte. Man habe die alten Nazis und Faschisten ganz zu Unrecht totgesagt. In Wirklichkeit existierten sie noch und seien die Feinde und Verbrecher von heute. Man könne und müsse sich sagen: Noch leben sie!

[redacted] schätzt die Zahl der ehemaligen Nazis in der Bundesrepublik auf vier bis fünf Millionen, in der DDR auf eine bis zwei Millionen, in Österreich auf eine halbe Million! Es sei nicht logisch — führte [redacted] aus — die Naziverbrecher als „Kriegsverbrecher" zu bezeichnen. Der Nazi — gleichgültig ob er alt oder jung — sei an sich ein Verbrecher. Bei der Verfolgung von Naziverbrechern geht es weniger um einzelne und deren Verurteilung, sondern vielmehr darum, künftige Massenmorde zu unterbinden, denn die Mörder von morgen würden heute erst geboren. Diese in der Zukunft potentiellen Mörder gelte es schon heute auszurotten.

[redacted] ließ auch durchblicken, daß die [redacted] Hochfinanz, insbesondere in den USA und vor allem die Kapitalmacht der [redacted], seit einem Jahrhundert die ungekrönten Könige der [redacted] zweckentsprechend eingesetzt werden, um jene Staaten und Volksgruppen, welche potentiell in sich Naziverbrecher beinhalten, kapitalmäßig zu eliminieren.

Es gilt, rief [redacted] in Zürich aus, potentielle Gegner auch im Keim, ja im embryonalen Zustand, ein für allemal zu vernichten.

Quellen:

1. Neue Zürcher Zeitung, Freitag, 21. 11. 1969, Fernausgabe 320, Seite 38.
2. Zu vgl. die „Tat", der „Tagesanzeiger".
3. Ein Teilnehmer am Vortrag [redacted]

Salzburger Volksblatt vom 23.1.1970

[redacted]

# DER BABYLONISCHE [redacted]

NACH DER ERSTEN ZENSURFREIEN AUSGABE UNTER BERÜCKSICHTIGUNG DER NEUEREN AUSGABEN UND HANDSCHRIFTLICHEN MATERIALS NEU ÜBERTRAGEN

DURCH

LAZARUS GOLDSCHMIDT

ZWEITE AUFLAGE

VIERTER BAND

BERLIN

[redacted]R VERLAG

1966

# DER BABYLONISCHE [redacted]

NEU ÜBERTRAGEN

DURCH

LAZARUS GOLDSCHMIDT

MEGILLA / MOÉD QAṬAN / ḤAGIGA / JABMUTH

BERLIN

[redacted]R VERLAG

1966

Einen Korb voll Messer um einen Zuz, und dennoch befassen sich die Babylonier mit der [redacted]!

Es wird gelehrt: R. Eliézer sagte, die ganze Welt trinke vom Wasser des Ozeans, denn es heißt:[243]*ein Dunst stieg von der Erde auf und tränkte die Oberfläche des ganzen Erdbodens.* R. Jehošuá sprach zu ihm: Das Wasser des Ozeans ist ja salzig!? Dieser erwiderte: Es wird durch die Wolken gesüßt. R. Jehošuá sagte, die ganze Welt trinke vom oberen Gewässer, denn es heißt:[244]*vom Regen des Himmels trinkt es Wasser.* Wieso aber halte ich aufrecht [den Schriftvers]: *ein Dunst stieg von der Erde auf*? Dies lehrt, daß die Wolken Kraft anwenden und nach dem Himmel steigen, ihren Mund wie einen Schlauch öffnen und Regenwasser aufnehmen, wie es heißt:[245]*daß sie Regen sickern in die Dunstwolken.* Diese Wolken sind wie ein Sieb durchlöchert und sprengen das Wasser auf die Erde, wie es heißt:[246]*die dichten Wolken sprengen Wasser.* Ein Regentropfen ist vom anderen nur eine Haarbreite entfernt. Dies lehrt dich, daß der Regentag so bedeutend ist wie der Tag, an dem Himmel und Erde erschaffen worden sind, denn hier heißt es: [247]*der große Dinge tut, die unerforschlich sind,* ferner heißt es:[248]*der der Erde Regen spendet,* und dort heißt es:[249]*weißt du denn nicht, hast du denn nicht gehört: ein ewiger Gott ist der Herr, seine Einsicht ist unerforschlich,* und ferner heißt es:[250]*der durch seine Kraft die Berge feststellt &c.* – Mit wem stimmt folgender Schriftvers überein: [251]*der von seinen Söllern her die Berge tränkt,* und R. Joḥanan erklärte, von den Söllern des Heiligen, gepriesen sei er? Wohl mit R. Jehošuá. – Und R. Eliézer!? – Da [das Wasser] vorher nach oben steigt, so heißt es: *er tränkt von seinen Söllern her.* Wieso heißt es, wolltest du nicht so erklären:[252]*Staub und Sand vom Himmel*!? Es heißt also vom Himmel, weil sie vorher nach oben steigen, ebenso heißt es: *von seinen Söllern,* weil es vorher nach oben steigt. – Wessen Ansicht vertritt das, was R. Ḥanina gesagt hat:[253]*Er sammelt zu Haufen die Gewässer des Meeres, legt die Meeresfluten in Vorratskammern;* die Meeresfluten sind es, die es verursachten, daß die Vorratskammern sich mit Getreide füllen? Wohl die des R. Eliézer. – Und R. Jehošuá!? – [Dies geschah] bei der Weltschöpfung. Fol 10

Die [redacted] lehrten: Das [redacted]land wurde zu allererst erschaffen und nachher erst die ganze Welt, denn es heißt:[254]*bevor er Erde und Fluren*[255]*erschaffen hat.* Das [redacted]land wird vom Heiligen, gepriesen [redacted]

schriften: in unserem Texte: so lügt auch ihr Regen. 243. Gen. 2,6. 244. Dt. 11,11. 245. Ij. 36,27. 346. iiSam. 22,12. 247. Ij. 9.10. 248. Ib. 5.10. 249. Jes. 40.28. 250 Ps. 65,7. 251. Ps. 104,13. 252. Dt. 28,24. 253. Ps. 33,7. 254. Pr. 8,26. 255. Das W. [redacted] deutet auf [redacted] auf alle

sei er, selbst bewässert, die ganze Welt aber durch einen Vertreter, denn es heißt:[256]*der der Erde Regen spendet und Wasser auf die Fluren sendet.* Das [redacted]land wird mit Regenwasser bewässert, die ganze Welt aber mit der Neige, denn es heißt: *der der Erde*[255]*Regen spendet &c.* Das [redacted]land wird zuerst bewässert und nachher die ganze Welt, denn es heißt: *der der Erde*[255]*Regen spendet &c.* Ein Gleichnis. Wie wenn jemand Käse knetet, er nimmt das Eßbare heraus und läßt den Abfall zurück.

Der Meister sagte: Sie werden durch die Wolken gesüßt. Woher dies? – R. Jiçḥaq b. Joseph sagte im Namen R. Joḥanans: Es heißt:[257]*finsteres [ḥeškath] Gewässer, dichte Wolken,* dagegen heißt es:[258]*gedrängtes [ḥešrath] Gewässer, dichte Wolken?* Nimm des Kaph *[in ḥeškath]* und setze es zu Reš *[in ḥešrath]* und lies *hakhšarath*[259]. – Wofür verwendet R. Jehošuȧ diese Verse? – Er verwendet sie für das folgende. Als nämlich R. Dimi kam, sagte er: Sind die Wolken hell, so haben sie wenig Wasser, sind die Wolken dunkel, so haben sie viel Wasser. – Wessen Ansicht vertritt folgende Lehre: Das obere Gewässer schwebt durch [göttlichen] Ausspruch, dessen Frucht das Regenwasser ist, denn es heißt:[260]*von der Frucht deiner Werke sättigt sich die Erde?* Wohl die R. Jehošuȧs. – Und R. Eliézer!? – Dieser [Vers] spricht von den [übrigen] Werken des Heiligen, gepriesen sei er.

R. Jehošuȧ b. Levi sagte: Die ganze Welt wird mit der Neige des Édengartens getränkt, denn es heißt:[261]*und ein Strom geht von Éden aus &c.* Es wird gelehrt: Mit der Neige [des Wassers] für eine Korfläche ist eine Trikabfläche zu bewässern[262].

Die [redacted] lehrten: Das Land Miçrajim hat vierhundert zu vierhundert Parasangen, das ist nämlich ein Sechzigstel von Kuš; Kuš hat ein Sechzigstel der ganzen Welt, die ganze Welt hat ein Sechzigstel des Gartens, der Garten hat ein Sechzigstel des Édens und der Éden hat ein Sechzigstel der Hölle; das Verhältnis der ganzen Welt zur Hölle gleicht somit dem des Deckels zum Topfe. [Die Größe] der Hölle ist ohne Maß; manche sagen, die des Édens sei ohne Maß. R. Ošajȧ sagte: Es heißt: [263]*o, die du am großen Wasser wohnest, reich an Schätzen;* was verursachte, daß Babylonien reich an Schätzen[264]ist? Sage: weil es an vielen Wassern wohnt. Rabh sagte: Babylonien ist reich, denn es erntet ohne

übrigen Länder ([redacted]). 256. Ij. 5,10. 257. Ps. 18,12. 258. iiSam. 22,12. 259. [redacted] gleich [redacted], *Zubereitung, Genießbarkeit, Brauchbarkeit,* demnach zu übersetzen: die dichten Wolken machen das Wasser genießbar. 260. Ps. 104,13. 261. Gen. 2,10. 262. Der Trikab hat ein Sechzigstel des Kor; wie weiter folgt, ist der Eden 60mal größer als die Erde. 263. Jer. 51,13. 264. So besser nach Hand-

tha[36], so sagt er ja, von der Stunde an, wo man [den Feststrauß] fortlegt[37]!? Ferner wird gelehrt: R. Jehuda sagte im Namen Ben Betheras, am letzten Tage des Hüttenfestes erwähne seiner der als letzter vor das Betpult tritt. Welcher Ben Bethera: wenn R. Jehuda b. Bethera, so sagt er ja, [man beginne] seiner am zweiten Tage des Hüttenfestes zu erwähnen!? R. Nahman b. Jiçhaq erwiderte: [An beiden Stellen] ist es R. Jehošuȧ b.Bethera, der zuweilen bei seinem eigenen Namen und zuweilen beim Namen seines Vaters genannt wird. Dies bevor er ordiniert wurde, jenes nachdem er ordiniert wurde.

Es wird gelehrt: Die Weisen haben nicht verpflichtet, des Taus und der Winde zu erwähnen, wenn man ihrer aber erwähnen will, so erwähne man. – Aus welchem Grunde? R. Hanina erwiderte: Weil sie nicht zurückgehalten werden. – Woher, daß der Tau nicht zurückgehalten wird? – Es heißt:[38]*da sprach Elijahu der Tišbite, von den Eingesessenen Gileâds zu Ahȧb: So wahr der Herr, der Gott* [redacted], *lebt, in dessen Dienst ich stehe: es soll diese Jahre weder Tau noch Regen kommen, außer ich selbst kündige es an*; weiter aber heißt es: [39]*gehe, zeige dich dem Aḥȧb, damit ich Regen auf den Erdboden sende*; vom Tau sagte er ihm also nicht, weil er nämlich überhaupt nicht zu- Col.b
rückgehalten wird. – Wieso schwor Elijahu, wenn er überhaupt nicht zurückgehalten wird!? – Er meinte es wie folgt: auch der Tau des Segens wird ausbleiben. – Sollte er den Tau des Segens zurückkehren lassen!? – Dies[40]wäre nicht zu merken. – Woher, daß die Winde nicht zurückgehalten werden? R. Jehošuȧ b.Levi erwiderte: Die Schrift sagt: [41]*ich habe euch wie die vier Winde des Himmels zerstreut, Spruch des Herrn*. Was meint der Prophet damit: wollte man sagen, der Heilige, gepriesen sei er, habe zu [redacted] wie folgt gesprochen: ich habe euch in die vier Windrichtungen der Welt zerstreut, so müßte es ja *in die vier* heißen, wieso *wie die vier*!? Vielmehr meint er es wie folgt: wie die Welt ohne Winde nicht bestehen kann, so kann sie auch ohne [redacted] nicht bestehen. R. Ḥanina sagte: Daher heiße man denjenigen, der im Sommer [im Gebete] 'Er läßt den Wind wehen' gesagt hat, es nicht wiederholen, wenn er aber 'Und läßt den Regen niederfallen' gesagt hat, lasse man ihn es wiederholen. Desgleichen heiße man ihn es nicht wiederholen, wenn er in der Regenzeit 'Er läßt den Wind wehen' nicht gesagt hat, wenn er aber 'Und läßt den Regen niederfallen' nicht gesagt hat, heiße man ihn, es wiederholen. Und noch mehr: selbst wenn jemand gesagt hatte: 'Er läßt den Wind ausbleiben und den Tau schwinden', heiße man ihn nicht [das Gebet] wiederholen.

Dies erfolgt am 7. Tage, während er es hier vom letzten, also vom 8. Tage lehrt. 38. iReg. 17,1. 39. Ib. 18,1. 40. Welcher zum Segen ist. 41. Zach. 2,10. 42.

Es wird gelehrt: R. Meír sagte: Größer ist die Strafe wegen der weißen [Fäden][161] als die Strafe wegen der purpurblauen. Dies ist mit folgendem zu vergleichen. Einst beauftragte ein König aus Fleisch und Blut seine zwei Diener, einen beauftragte er, ihm ein Siegel aus Ton zu bringen, und einen beauftragte er, ihm ein Siegel aus Gold zu bringen; beide aber vergingen sich und brachten sie nicht. Wessen Strafe ist nun größer? Doch wohl desjenigen, den er beauftragt hat, ihm ein Siegel aus Ton zu bringen, der es ihm nicht gebracht hat.

Es wird gelehrt: R. Meír sagte: Der Mensch ist verpflichtet, täglich hundert Segenssprüche zu sprechen, denn es heißt:[162] *und nun* [redacted], *was*[163] *verlangt der Herr, dein Gott, von dir*. R. Ḥija, Sohn des R. Ivja, bemühte sich, sie am [redacted] und an den Festtagen[164] durch Wohlgerüche und Süßigkeiten zu ergänzen[165].

Es wird gelehrt: R. Meír sagte: Der Mensch ist verpflichtet, täglich folgende drei Segenssprüche zu sprechen: 'Daß er mich nicht zu einem Nicht[redacted] gemacht hat.' 'Daß er mich nicht zu einem Weibe gemacht hat.' 'Daß er mich nicht zu einem Unwissenden gemacht hat.' Einst hörte R. Aḥa b. Jáqob, wie sein Sohn den Segen sprach: 'Daß er mich nicht zu einem Unwissenden gemacht hat.' Da sprach er zu ihm: Auch dies noch[166]! Jener fragte: Wie denn sollte der Segen lauten? – 'Daß er mich nicht zu einem Sklaven gemacht hat.' – Das ist ja dasselbe, was 'ein
Fol. 44 Weib'[167]!? – Ein Sklave [sein] ist verächtlicher.

Die [redacted] lehrten: Die Purpurschnecke gleicht [im Aussehen] des Körpers dem Meere und in ihrer Beschaffenheit einem Fische, und nur einmal in siebzig Jahren kommt sie hervor; mit ihrem Blute färbt man die Purpurfäden. Deshalb ist ihr Preis so sehr hoch.

Es wird gelehrt: R. Nathan sagte: Du hast in der [redacted] auch nicht das geringste Gebot, für das es nicht eine Belohnung auf dieser Welt gäbe; die der zukünftigen Welt aber ist nicht zu ermessen. Geh und lerne dies vom Gebote der Çiçith. Einst hörte jemand, der mit dem Gebote der Çiçith behutsam war, daß es in einer der überseeischen Städte eine Hetäre gebe, die vierhundert Goldstücke als Lohn nehme. Da sandte er ihr vierhundert Zuz und vereinbarte mit ihr eine Zeit. Als diese Zeit heranreichte, kam er und wartete an ihrer Tür, und ihre Dienerin ging und sprach zu ihr: Jener Mann, der dir die vierhundert Goldstücke geschickt hat, ist gekommen; er wartet an der Tür. Sie sprach: Er trete ein. Nachdem er eingetreten war, richtete sie für ihn sieben Betten her, sechs aus Silber und

ter zu beschaffen u. die Unterlassung ist um so sündhafter. 162. Dt. 10,12. 163. Statt [redacted] (was) liest er [redacted] (hundert). 164. An welchen das Achtzehngebet nicht verrichtet wird. 165. Über deren Genuß ein Segensspruch zu sprechen ist. 166. Dies ist als Eigenlob aufzufassen. 167. Beide gleichen einander hinsichtl. der

*Allmächtigen finden wir nicht stark*[66]*an Kraft,* und es heißt:[67]*groß ist unser Herr und reich an Kraft,* und ferner heißt es:[68]*deine Rechte, o Herr, ist herrlich, ob ihrer Kraft*!? Das ist kein Widerspruch; eines bei der Rechtsprechung, und eines im Kriege.

R. Ḥama b. Ḥanina wies auf einen Widerspruch hin: Es heißt:[69]*Zorn fühle ich nicht,* und es heißt:[70]*der Herr ist ein Rächer und voller Zorn*!? Das ist kein Widerspruch; eines gilt von den [redacted]iten, und eines gilt von den weltlichen Völkern. R. Ḥenana b. Papa erklärte: *Zorn fühle ich nicht,* weil ich geschworen habe; *wer machte es,* daß ich nicht geschworen hätte; *ich will Dorn und Gestrüpp werden lassen &c.* Das ist es, was R. Alexandri sagte: Es heißt:[71]*an jenem Tage werde ich alle Nationen zu vernichten suchen*; wo werde ich suchen? Der Heilige, gepriesen sei er, sprach: ich will nachsuchen in ihren Gedenkbüchern; haben sie Verdienste, so will ich sie erlösen, wenn aber nicht, so will ich sie vernichten. Das ist es, was Raba sagte: Es heißt:[72]*streckt er denn im Sturz nicht die Hand aus, schreit er im Unglück [pido] nicht auf*? Der Heilige, gepriesen sei er, sprach zu [redacted]: Wenn ich die [redacted]iten richte, so richte ich sie nicht wie die weltlichen Völker, von denen es heißt:[73]*zu Trümmern, Trümmern, Trümmern will ich es machen &c.,* vielmehr bestrafe ich sie nur wie beim Picken [pid][74]einer Henne. Eine andere Erklärung: Selbst wenn [redacted] nur wenige gottgefällige Handlungen ausübt, nur wie eine Henne im Miste pickt, trage ich sie zu einer großen Summe zusammen. [Es heißt:] *schreit er im Unglück nicht auf*; als Belohnung dafür, daß sie vor mir schreien, helfe ich ihnen. Das ist es, was R. Abba sagte: Es heißt:[75]*ich will sie erlösen, und sie führen lügnerische Reden über mich,* ich sagte, ich werde sie durch ihr Geld auf dieser Welt erlösen, damit sie der zukünftigen Welt teilhaftig werden, sie aber führten lügnerische Reden über mich. Das ist es, was R. Papi im Namen Rabas sagte: Es heißt:[76]*und ich wies sie zurecht, stärkte ihre Arme; sie aber denken Schlechtes gegen mich.* Der Heilige, gepriesen sei er, sprach: Ich sagte, ich werde sie durch Züchtigungen auf dieser Welt zurechtweisen, damit ihre Arme in der zukünftigen Welt gestärkt werden, sie aber dachten Schlechtes über mich.

R. Abahu lobte R. Saphra bei den Minäern, daß er ein bedeutender Mann sei, und sie erließen ihm die Steuer auf dreizehn Jahre. Eines Tages trafen sie ihn und sprachen zu ihm: Es heißt:[77]*von allen Völkern der Erde habe ich nur euch erwählt, darum werde ich all eure Verschuldungen an euch heimsuchen*; läßt denn, wer Ärger[78]hat, ihn ge-

Beim Weltgerichte; so nach dem T. 67. Ps. 147,5. 68. Ex. 15,6. 69. Jes. 27,4. 70. Nah. 1,2. 71. Zach. 12,9. 72. Ij. 30,24. 73. Ez. 21,32 74. Dh. bißchenweise. 75. Hos. 7,13. 76. Ib. V. 15. 77. Am. 3,2. 78. So

die Halakha sei wie R. Šimón b. Joḥaj. Da sprach jener: Geh und entferne sie, sonst treibe ich dir R. Jáqob b. Idi aus den Ohren[285].

[Es wird gelehrt:] Ebenso lehrte R. Šimón b. Johaj: Die Gräber der Nicht[redacted] verunreinigen nicht[286] durch Bezeltung, denn es heißt:[287] *ihr aber seid meine Schafe, die Schafe meiner Weide, Menschen seid ihr*; ihr heißt Menschen[288], die weltlichen Völker aber heißen nicht Menschen. Man wandte ein:[289] *Und sechzehntausend Menschenseelen*!? – [Als Gegensatz] zum Vieh[290]. – [Es heißt ja]:[291] *in der mehr als zwölf Myriaden Menschen sind, die zwischen rechts und links nicht zu unterscheiden wissen, dazu vieles Vieh*!? – [Als Gegensatz] zum Vieh. – [Es heißt ja:][292] *jeder, der einen Menschen erschlagen, und jeder, der einen Erschlagenen berührt hat, ihr sollt euch reinigen*[293]!? – Vielleicht war einer von den [redacted]iten erschlagen worden. – Und die [redacted]!? – [Es heißt:][294] *es fehlt von uns kein Mann*. – Und R. Šimón b. Joḥaj!? – Es fehlt von uns kein Mann, hinsichtlich der Sündhaftigkeit. [redacted] erwiderte: Allerdings hat sie[295] die Schrift hinsichtlich der Verunreinigung durch Bezeltung ausgeschlossen, denn es heißt:[296] *wenn ein Mensch in einem Zelte stirbt*, aber hat sie die Schrift etwa hinsichtlich [der Verunreinigung] durch Berühren und Tragen ausgeschlossen!? Fol. 61

WENN ER SICH MIT EINER WITWE VERLOBT UND DARAUF ZUM HOCHPRIESTER GEWÄHLT WIRD, SO DARF ER SIE HEIRATEN. SO EREIGNETE ES SICH MIT JEHOŠUÁ, DEM SOHNE GAMLAS; NACHDEM ER SICH DIE MARTHA, TOCHTER DES BOËTHOS, ANGETRAUT HATTE, ERNANNTE IHN DER KÖNIG ZUM HOCHPRIESTER, UND ER HEIRATETE SIE. WENN DIE ANWÄRTERIN DER SCHWAGEREHE EINEM GEMEINEN PRIESTER ZUFÄLLT UND ER ZUM HOCHPRIESTER GEWÄHLT WIRD, SO DARF ER SIE, SELBST WENN ER AN SIE BEREITS DIE EHEFORMEL GERICHTET HAT, NICHT HEIRATEN. iv,2

GEMARA. Die [redacted] lehrten: Woher, daß, wenn er sich mit einer Witwe verlobt und darauf zum Hochpriester gewählt wird, er sie heiraten darf? Es heißt:[297] *nehme er sich zur Frau*[298]. – Demnach sollte dies auch von der Anwärterin der Schwagerehe gelten!? – *Frau*, nicht aber eine Schwägerin.

SO EREIGNETE ES SICH MIT JEHOŠUÁ &c. Er e r n a n n t e i h n, er war

viell. anders. 285. Durch Anwendung von Zwangsmaßregeln. 286. Denjenigen, der sich auf diesen befindet u. sie mit dem Körper bezeltet. 287. Ez. 34,31. 288. Dieses Wort wird beim Gesetze von der Verunreinigung durch Bezeltung (Num. 19,14) gebraucht. 289. Num. 31,40. 290. Von dem in der angezogenen Schriftstelle gesprochen wird. 291. Jon. 4,11. 292. Num. 31,19. 293. Diese Schriftstelle spricht von den erschlagenen Midjaniten. 294. Num. 31,49. 295. Die weltlichen Völker. 296. Num. 19,14. 297. Lev. 21,14. 298. Die W.e 'zur

Ferner sagte Šemuél: Wer Wasser auf ein Grundstück leitet zunutzen des Grundstückes, eignet es, wenn aber wegen der Fische[682], so eignet er es dadurch nicht. – Wieso ist dies festzustellen? – Wenn er zwei Öffnungen errichtet, die eine, durch die es hereinkommt, und die andere, durch die es abfließt, so erfolgt es wegen der Fische, und wenn eine Öffnung, so erfolgt es wegen des Grundstückes.

Einst nießbrauchte eine Frau eine Dattelpalme dreizehn Jahre durch [redacted][683]; alsdann kam jemand und grub unten ein[684]wenig. Als er darauf vor Levi kam, manche sagen, vor Mar Úqaba, beließ er sie in seinem Besitze. Hierauf kam jene und klagte vor ihm. Da sprach er zu ihr: Was kann ich dir helfen; du hast sie nicht so ersessen, wie Leute zu ersitzen pflegen[685].

Rabh sagte: Wer auf Gütern eines Proselyten eine Figur[686]malt, eignet sie. Rabh hatte nämlich den Garten seines Lehrhauses[687]durch [das Hinmalen] einer Figur geeignet.

Es wurde gelehrt: Wenn ein Feld an jeder Grenzseite gezeichnet[688]ist, so hat man, wie R. Hona im Namen Rabhs sagte, wenn man auf diesem einen Spatenstich gestochen hat, das ganze geeignet; Šemuél sagt, man habe nur die Stelle des Stiches geeignet[689]. – Wieviel[690]bei einem Felde, Col. I
das an den Grenzen nicht gezeichnet ist? R. Papa erwiderte: Soweit der Ochsentreiber[691]mit den Rindern geht und zurückkehrt[692].

Šemuél sagte: Die Güter der Nicht[redacted] gleichen[693]der Wüste, und wer Besitz von ihnen nimmt, eignet[694]sie. Der Nicht[redacted] sagt sich von ihnen los, sobald er das Geld erhalten hat, und der [redacted] eignet sie erst dann, wenn er den Schein erhalten hat; somit gleichen sie[695]der Wüste, und wer sie in Besitz nimmt, eignet sie. Abajje sprach zu R. Joseph: Kann Šemuél dies denn gesagt haben, Šemuél sagte ja, das Staatsgesetz sei Gesetz, und das Staatsgesetz lautet ja, daß man ein Grundstück nur durch einen Schein eignen[696]könne!? Dieser erwiderte: Das weiß

zu berücksichtigen. 682. Die beim Abfließen des Wassers auf dem Grundstücke zurückbleiben sollen. 683. Der Reiser, u. zwar auf einer Seite, wodurch sie nach der obigen Lehre nicht geeignet wird. 684. Dadurch hatte er die Palme in Besitz genommen. 685. Nach der hierfür bestimmten Vorschrift. 686. Eines Lebewesens. 687. Der vorher einem Proselyten gehörte, der ohne Erben starb. 688. Mit bemerkbaren Grenzzeichen, sodaß dieses Feld ganz abgeschlossen liegt. 689. Wahrscheinl. bis zur Stelle des Stiches. 690. Muß. man auf dem Felde gegraben haben, um das ganze zu eignen. 691. Die Erkl. [redacted] mit Paar hat keinen sprachlichen Hintergrund; richt. haben die Handschriften [redacted] Ochsentreiber. 692. Wenn er also 2 über das ganze Feld laufende Furchen gegraben hat. 693. Hinsichtlich der Aneignung; wenn er sie an einen [redacted]iten verkauft u. das Geld erhalten hat, so gelten sie, solange der Käufer sie nicht durch Besitznahme geeignet hat, als herrenlos. 694. Obgleich sie ein anderer bereits gekauft hat. 695. Während der Zeit zwischen Verkauf u. Besitznahme. 696. Sonicht, es heißt ja:[438]*du wirst essen und satt sein und segnen &c.*!? – Vielmehr, die Schrift sagt: *und dir soll es als Rechtschaffenheit angerechnet werden,* wer einer Rechtschaffenheit bedarf, ausgenommen ist das Heiligtum, das der Rechtschaffenheit nicht bedarf.

Einst traf Rabba b. Abuha Elijahu auf einem nicht[redacted] Begräbnisplatze stehen; da fragte er ihn, ob bei einem Gläubiger eine Festsetzung getroffen werde. Dieser erwiderte: Dies ist durch [das Wort] *arm* zu folgern, das auch beim Schätzgelübde gebraucht wird; bei einem Schätzgelübde heißt es:[439]*wenn er zu arm ist, um den Schätzungswert zu entrichten,* und bei einem Gläubiger heißt es: *wenn dein Bruder verarmt.* – Woher, daß ein Nackter die Hebe nicht entrichten darf? Co – Es heißt:[440]*es soll bei dir nichts Schändliches*[441]*zu sehen sein.* Hierauf sprach er zu ihm: Der Meister ist ja Priester, wieso steht er nun auf einem Begräbnisplatze[442]!? Dieser erwiderte: Der Meister hat die Reinheitsgesetze nicht gelernt. Es wird gelehrt: R. Šimôn b. Joḥaj sagte: Die Gräber der Nicht[redacted] sind nicht [levitisch] verunreinigend, denn es heißt:[443]*ihr aber seid meine Schafe, die Schafe meiner Weide, Menschen seid ihr;* ihr heißt Menschen, nicht aber heißen die weltlichen Völker Menschen, (sondern [redacted])[444]. Jener sprach: In den vier [Sektionen][445]bin ich nicht kundig, wie sollte ich in den sechs kundig sein. Dieser fragte: Warum denn nicht? Jener erwiderte: Weil ich mich in Not befinde[446]. Hierauf nahm er ihn mit, brachte ihn in den Édengarten und sprach zu ihm: Breite dein Gewand aus und sammle von diesen Blättern[447]. Da sammelte er sie und nahm sie mit. Als er hinausging, hörte er eine Stimme sprechen: Wer verzehrt seine [zukünftige] Welt wie Rabba b. Abuha! Da schüttelte er sie ab und warf sie fort. Dennoch hatte sein Gewand den Duft angezogen, und er verkaufte es für zwölftausend Denare, die er an seine Schwiegersöhne verteilte.

Die [redacted] lehrten:[448]*Und wenn es ein armer Mann ist, sollst du dich nicht mit seinem Pfande schlafen legen;* ist er aber reich, so lege er sich damit schlafen. – Wie meint[449]er es? R. Šešeth erwiderte: Er meint

438. Dt. 8,10. 439. Lev. 25,25. 440. Dt. 23,15. 441. Die Schamteile des Körpers. Dieser Schriftvers spricht von der Anwesenheit der Göttlichkeit, die auch bei der Entrichtung der Hebe erfolgt, da dabei ein Segen gesprochen wird. 442. Den ein Priester nicht betreten darf. 443. Ez. 34,31. 444. Die eingeklammerten Worte sind eine Glosse, die in den Parallelstellen (Jab. 61a u. Ker. 6b) fehlen, in Handschriften auch an dieser Stelle. Der Haß RŠ.s gegen die röm. Regierung ist erklärlich durch die Verfolgung, die er zu erdulden hatte; cf. Sab. Fol. 33b. 445. Die 1. Frage [redacted] behandelt ein Thema aus der 4. Sektion der [redacted] (von den Schädigungen), die Reinheitsgesetze bilden die 6. Sektion. 446. Für Nahrung sorgen muß und nicht genügend Zeit für das Studium des Gesetzes habe. 447. Von den Bäumen des Paradieses. 448. Dt. 24,12. 449. Der Fragende hat es verstanden, der

es ihm übel. Als die Seele R. Zeras zur Ruhe einkehrte, sprachen jene: Bis jetzt hatten wir den Kleinen[132] mit den versengten[133] Schenkeln, der für uns um Erbarmen zu flehen pflegte, wer wird nun jetzt für uns um Erbarmen flehen!? Sie nahmen sich dies zu Herzen und taten Buße.

Drei Reihen &c. Abajje sagte: Hieraus ist zu entnehmen, daß beim Aufrücken alle aufrücken. – Sollte er[134] doch zu ihnen sagen: Bisher saß ich am Kopfe, und nun laßt ihr mich am Schwanze sitzen!? Abajje erwiderte: Man spreche zu ihm wie folgt: lieber sei ein Schwanz bei den Löwen als ein Kopf bei den Füchsen.

Auf welche Weise werden die Zeugen in Todesstrafsachen eingeschüchtert? Man führt sie herein und schüchtert sie [durch folgende Worte] ein: Vielleicht sagt ihr dies aus Vermutung oder vom Hörensagen, oder [wisst ihr es] aus dem Munde anderer Zeugen, oder aus dem Munde eines glaubwürdigen Menschen, oder vielleicht wisst ihr nicht, dass wir euch später untersuchen und ausforschen werden. Wisset auch, dass bei Todesstrafsachen es sich nicht so verhält, wie bei Geldsachen; bei Geldsachen kann man einen Ersatz leisten[135] und Sühne erlangen, bei Todesstrafsachen aber bleibt an ihm das Blut [des Hingerichteten] und das Blut seiner Nachfolge bis an das Weltende haften. So finden wir es auch bei Qajin, der seinen Bruder erschlug, wie es heisst:[136] *das Geblüt deines Bruders schreien*, es heisst nicht: das Blut deines Bruders, sondern: das Geblüt deines Bruders, sein Blut und das Blut seiner Nachfolge. Eine andere Erklärung: *das Geblüt deines Bruders*, es war nämlich auf Holz und Stein zerspritzt. Der Mensch wurde deshalb einzig erschaffen, um dich zu lehren, dass, wenn jemand eine [redacted]tische Seele vernichtet, es ihm die Schrift anrechnet, als hätte er eine ganze Welt vernichtet, und wenn jemand eine [redacted]tische Seele erhält, es ihm die Schrift anrechnet, als hätte er eine ganze Welt erhalten. Ferner auch wegen der Friedfertigkeit unter den Menschen, damit nämlich niemand zu seinem Nächsten sage: mein Ahn war grösser als deiner. Ferner auch, damit nicht die Minäer sagen können, es gebe mehrere Prinzipien im Himmel. Und endlich auch, um die Grösse des Heiligen, gepriesen sei er, zu verkünden; wenn ein Mensch mehrere Münzen mit einem Stempel prägt, so gleichen sie alle einander, der v

130. Cant. 6,7. 131. Gen. 27,27. 132. [redacted] verkürzt von [redacted], Kleiner, Winziger. 133. Er stieg einst in einen Ofen und versengte sich die Schenkel; dadurch erhielt er diesen Beinamen; cf. Bm. Fol. 25a. 134. Der erste der 2. bezw. 3. Reihe, die als letzte der 1. bezw. 2. Reihe aufrücken. 135. Wenn man jemandem durch falsches Zeugnis einen Geldschaden verursacht. 136. Gen. 4,10.

brannte ihn. Als er heimkam, sprach er: Das ist es, was auf ihm geschrieben stand: dies und noch etwas anderes.

Als R. Dimi kam, sagte er: Das Gericht der Ḥasmonäer bestimmte, wer eine Nicht[redacted] beschläft, sei schuldig wegen [Beschlafens] einer Menstruierenden, Sklavin, Nicht[redacted] und Ehefrau. Als Rabin kam, sagte er: Wegen [Beschlafens] einer Menstruierenden, Sklavin, Nicht[redacted] und Hure; eine Ehefrau aber gibt es bei ihnen nicht. – Und jener!? – Ihre Ehefrauen prostituieren sie nicht.

R. Ḥisda sagte: Wenn jemand fragen kommt, so entscheide man ihm nicht [demgemäß][143]. Ebenso wird auch gelehrt: Rabba b. Bar Ḥana sagte im Namen R. Joḥanans: Wenn jemand fragen kommt, so entscheide man ihm nicht [demgemäß]. Und noch mehr, wenn Pinḥas den Zimri[144] nach seiner Zurückziehung[145] getötet hätte, so würde er seinetwegen hingerichtet worden sein; und würde Zimri sich umgewandt und Pinḥas getötet haben, so würde er seinetwegen nicht hingerichtet worden sein, denn jener war ja ein Verfolger.

[146]*Da sprach* [redacted] *zu den Stämmen* [redacted] *&c.* Der Stamm Šimón kam zu Zimri, dem Sohne Salus, und sprach zu ihm: Jene[147] befassen sich mit Todesstrafangelegenheiten, du aber sitzest und schweigst! Was tat er? Er stand auf und versammelte vierundzwanzig Tausend von [redacted] und ging zu der Kozbi[144] und forderte sie auf, ihm Gehör zu schenken. Sie entgegnete ihm: Ich bin die Tochter eines Königs und mein Vater befahl mir, nur dem Größten unter ihnen Gehör zu schenken. Da erwiderte er ihr: Ich bin ebenfalls Stammesfürst, außerdem bin ich noch bedeutender, denn ich entstamme dem Zweitgebornen, jener[148] aber dem Drittgebornen. Darauf faßte er sie bei den Zöpfen, brachte sie vor [redacted] und sprach zu ihm: Sohn Ámrams, ist diese verboten oder erlaubt? Und wer hat dir, wenn du sagst, sie sei verboten, die Tochter Jithros [zu heiraten] erlaubt!? Da entschwand ihm die Halakha, und das ganze Volk brach in ein Weinen aus. Deshalb heißt es:[149]*und sie weinten an der Tür des Offenbarungszeltes.* Es heißt ferner:[150]*da sah Pinḥas, der Sohn Eleásars.* Was sah er? Rabh erwiderte: Er sah das Ereignis und erinnerte sich der Halakha. Da sprach er zu ihm: Oheim, du hast mich ja bei deinem Herabsteigen vom Berge Sinaj gelehrt, daß, wenn jemand eine Aramäerin beschläft, Eiferer ihn niederstoßen. Er erwiderte ihm: Der Leser des Briefes mag auch der Vollstrecker sein. Še-

Jer. 22,19. 143. Daß er einen deswegen töte; er darf dies nur im Eifer der Empörung, nicht aber nach reifer Überlegung. 144. Cf. Num. 25,7ff. 145. Nach Vollendung des Beischlafes. 146. Num. 25,5. 147. Die übrigen Stammesfürsten. 148. [redacted] 149. Num. 25,6. 150. Ib. V. 7. 151. Pr. 21,30.

AN SICH UND EIN ANDERER [DAS ANDERE ENDE] AN SICH, BIS IHM DIE SEELE AUSGEHT.

GEMARA. Die [redacted] lehrten:[83] *Wenn ein Mann*, ausgenommen ein Minderjähriger, *ehebrechen wird mit der Frau eines Mannes*, ausgenommen die Frau eines Minderjährigen, *mit der Frau seines Nächsten*, ausgenommen die Frau Andersgläubiger[84], *so soll er getötet werden*, durch Erdrosselung. Du sagst, durch Erdrosselung, vielleicht ist dem nicht so, sondern durch eine aller anderen in der [redacted] genannten Todesarten? Ich will dir sagen; wenn in der [redacted] irgendwo vom Tode ohne nähere Bezeichnung gesprochen wird, so darfst du nicht die schwerere [Todesart] annehmen, sondern die leichtere – so R. Jošija. R. Jonathan sagte: Nicht weil [die Erdrosselung] leichter ist, vielmehr ist, wenn irgendwo in der [redacted] vom Tode ohne nähere Angabe gesprochen wird, die Erdrosselung zu verstehen. [redacted] erklärte: Es wird von einem Tode durch den Himmel gesprochen, und es wird von einem Tode durch Menschen gesprochen, wie nun der Tod durch den Himmel keine [äußere] Spur hinterläßt, ebenso ist auch der [unbezeichnete] Tod durch Menschen ein solcher, der keine [äußere] Spur hinterläßt. – Vielleicht durch Verbrennung!? – Wenn der Allbarmherzige sagt, daß die [hurende] Priesterstochter durch Verbrennung hinzurichten sei, so ist wohl eine andere nicht durch Verbrennung hinzurichten. – Einleuchtend ist die An- Fol. 53
sicht R. Jonathans, wie [redacted] seinen Grund erklärt, woher aber wissen wir nach R. Jošija, daß es überhaupt eine Erdrosselung auf der Welt gebe; vielleicht [hat die Hinrichtung mit] einem Schwerte zu erfolgen!? Raba erwiderte: Die vier Todesarten waren ihnen überliefert. – Was heißt: nicht weil [die Erdrosselung] leichter ist? – Sie führen denselben Streit wie R. Šimon und die [redacted][85].

R. Zera sprach zu Abajje: Hinsichtlich der übrigen, die zu steinigen[86] sind, bei denen die Steinigung nicht genannt wird, wird es[87] ja von Totenbeschwörer und Wahrsager gefolgert: aus welchen [Worten] wird dies entnommen, aus *sie sollen getötet werden*, oder aus *Blutschuld lastet auf ihnen*[88]? Dieser erwiderte: Dies wird aus [den Worten] *Blutschuld lastet auf ihnen* gefolgert; wenn man nämlich sagen wollte, aus [den Worten] *sie sollen getötet werden*, wozu wäre demnach [das Wort] *Blutschuld* nötig. – Wozu sind, wenn aus [dem Worte] *Blutschuld*, [die Worte] *sie sollen getötet werden* nötig!? – Wegen der folgenden Lehre:

und' sind nach Handschriften zu streichen. 83. Lev. 20,10. 84. Das W. [redacted] wird von Raschi mit [redacted] erklärt; [redacted] der kursierenden Ausgaben ist eine sinnlose Zensuränderung, da die Ehe eines Samaritaners mit einer [redacted]itin gültig ist: vgl. S. 664 Anm. 26. 85. Ob die Enthauptung oder die Erdrosselung eine schwerere Todesart sei. 86. In der folgenden [redacted] u. weit. Fol. 54a. 87. Daß die Hinrichtung durch Steinigung erfolge. 88. Das Wort, aus dem eine Wort-

# ERSTER ABSCHNITT

DREI TAGE VOR DEN FESTEN DER NICHT[redacted] IST ES VERBOTEN, MIT IHNEN HANDEL ZU TREIBEN, IHNEN ETWAS ZU LEIHEN ODER VON IHNEN ZU LEIHEN, IHNEN [GELD] ZU BORGEN ODER VON IHNEN ZU BORGEN, AN SIE ZU ZAHLEN ODER VON IHNEN EINE ZAHLUNG ZU NEHMEN. R. JEHUDA SAGT, MAN DÜRFE VON IHNEN ZAHLUNG NEHMEN, WEIL DIES IHN[1] SCHMERZT[2]. JENE ENTGEGNETEN IHM: OBGLEICH DIES IHN JETZT SCHMERZT, IST ER SPÄTER DENNOCH FROH.

GEMARA. Rabh und Šemuél [streiten hierüber]; einer liest é d e h e n und einer liest í d e h e n[3]. Wer édehen liest, hat nicht unrecht, und wer ídehen liest, hat nicht unrecht. Wer édehen liest, hat nicht unrecht, denn es heißt: [4]*denn nahe ist der Tag ihres Unglücks [édam]*; wer ídehen liest, hat nicht unrecht, denn es heißt: [5]*mögen sie Zeugen [édehem[6]] stellen und recht bekommen.* – Weshalb liest derjenige, der édehen liest, nicht ídehen? – Er kann dir erwidern: [die Auslegung] 'Unglück' ist besser. – Weshalb liest derjenige, der ídehen liest, nicht édehen? – Er kann dir erwidern: das Zeugnis, das sie gegen sich abgelegt haben, ist es, was ihnen Unglück gebracht hat, daher ist [die Auslegung] 'Zeugnis' besser. – Spricht denn [der Vers:] *mögen sie Zeugen stellen und recht bekommen*, von den weltlichen Völkern, er spricht ja von den [redacted]iten!? R. Jehošuá b. Levi sagte nämlich: Alle Gebote, die die [redacted]iten auf dieser Welt ausüben, kommen in der zukünftigen Welt und legen für sie Zeugnis ab, denn es heißt: *mögen sie Zeugen stellen und recht bekommen*, das sind die [redacted]iten; *und mögen sie hören und sprechen: so ist es*, das sind die weltlichen Völker!? Vielmehr, erklärte R. Hona, Sohn des R. Jehošuá, entnimmt es derjenige, der ídehen liest,

1. Den zahlenden Nicht[redacted]. 2. Die oben angeführten Handlungen sind deshalb verboten, weil der Nicht[redacted] beim Abschluß eines Geschäftes eine Befriedigung empfindet und am Feste den Götzen dankt. 3. Od. édehen, klanglich übereinstimmend mit édehem im weiter angezogenen Schriftverse. Das in der Mišna gebrauchte Wort für F e s t ([redacted]) ist jedenfalls eine Kakophonie ([redacted] U n g l ü c k) vom syr. [redacted] Fest, Prozession. Vor der schriftlichen Festlegung des T. liefen noch die Lesarten [redacted] nebeneinander. 4. Dt. 32,35. 5. Jes. 43,9. 6. Das W. [redacted] wird also von [redacted] (Zeuge) abgeleitet, dh. ihre Feste legen gegen sie Zeugnis ab, daß sie Götzenanbeter sind. 7. Jes.

[redacted] sprach zu R. Joseph: Was machen wir mit dem Gelde der Waisen[357]? Dieser erwiderte: Man deponiere es bei Gericht und gebe ihnen einzelne Zuz[358]. Jener entgegnete: Das Kapital wird ja aufgezehrt!? Dieser fragte: Wie würde es der Meister machen? Jener erwiderte: Man mache einen Menschen ausfindig, der Bruchgold[359]hat, von dem man es [als Unterpfand] nehme, und ihm gebe man [das Geld] zu einem Geschäfte nahe dem Gewinne und fern dem Verluste. Eine fertige Sache nehme man aber nicht, denn es ist vielleicht bei ihm nur deponiert worden, und der Eigentümer könnte kommen, ein Zeichen angeben und es wegnehmen. R. Aši sprach: Allerdings wenn man einen Bruchgold besitzenden Menschen ausfindig macht, wenn man aber keinen Bruchgold besitzenden Menschen ausfindig macht, sollte das Geld der Waisen aufgezehrt werden!? Vielmehr, erklärte R. Aši, mache man einen Menschen ausfindig, dessen Güter ruhig[360]liegen, der Vertrauen genießt, auf die Vorschriften der [redacted] achtet und kein Anathema der [redacted] auf sich nehmen würde, und übergebe ihm [das Geld] vor Gericht[361].

MAN DARF NICHT EISERNES VIEH[345]VON [redacted]ITEN PACHTEN, WEIL DIES WUCHER[362]IST, WOHL ABER DARF MAN EISERNES VIEH VON NICHT[redacted] PACHTEN. MAN DARF VON IHNEN AUF WUCHER[363]LEIHEN UND AN SIE VERLEIHEN; DASSELBE GILT AUCH VON EINEM BEISASSPROSELYTEN. EIN [redacted] DARF GELD EINES NICHT[redacted] MIT WISSEN DES NICHT[redacted], NICHT ABER MIT WISSEN EINES [redacted]ITEN VERLEIHEN[364]. Col.b vi [redacted]

GEMARA. Demnach befindet es[365]sich im Besitze des Empfängers; ich will auf einen Widerspruch hinweisen: Wer eisernes Vieh von einem Nicht[redacted] gepachtet hat, ist von der Erstgeburtsabgabe[366]frei!? Abajje erwiderte: Dies ist kein Widerspruch; eines gilt von dem Falle, wenn er[367][die Haftung] für Unglücksfälle und Preissinken übernommen hat, und eines gilt von dem Falle, wenn er [die Haftung] für Unglücksfälle und Preissinken nicht übernommen hat. Raba sprach zu ihm: Heißt es denn, wenn der Eigentümer [die Haftung] für Unglücksfälle und Preissinken übernommen hat, eisernes Vieh!? Und weshalb lehrt er ferner im Schlußsatze, man dürfe eisernes Vieh von Nicht[redacted] pachten, sollte

u. nicht am Verluste teilnehmen; dies ist anderen als Halbwucher verboten. 357. Dh. wie verwaltet man es mündelsicher. 358. Zu ihrem Unterhalte. 359. Das entschieden ihm gehört. 360. Auf die niemand Anspruch erhebt. 361. Zu einem Geschäfte, an dessen Gewinn die Waisen beteiligt sein sollen. 362. Da er das Risiko trägt. 363. Unter Wucher (od. Zins) ist nicht nur das übermäßige, nach dem Rechte verbotene, zu verstehen, sondern jede Vergütung für das Leihen. 364. Nähere Erklärung folgt weiter. 365. Das eiserne Vieh. 366. Cf. Ex. 13,2.

ich nicht, ich kenne nur folgendes Ereignis. Einst kaufte ein [redacted] in Dura Dereúta ein Grundstück von einem Nicht[redacted], und darauf kam ein anderer [redacted] und grub da ein wenig; als sie darauf vor R. Jehuda kamen, beließ er es im Besitze des zweiten. Jener entgegnete: Von Dura Dereúta ist nichts zu beweisen; da waren es verheimlichte[697] Felder, von welchen sie selber[698] die Grundstücksteuer an die Regierung nicht zahlten, und der König bestimmt, wer die Grundstücksteuer zahlt, dürfe auch das Grundstück nießbrauchen[699].

Einst kaufte R. Hona ein Grundstück von einem Nicht[redacted] und ein anderer [redacted] kam und grub da ein wenig. Als er darauf vor R. Naḥman kam, beließ er es in seinem Besitze. Jener entgegnete: Du stützt dich wohl auf die Lehre Šemuéls, daß die Güter eines Nicht[redacted] der
Fol. 55 Wüste gleichen, und wer sie in Besitz nimmt, eigne sie; entscheide mir doch der Meister nach der anderen Lehre Šemuéls, denn Šemuél sagte, er[700] habe nur die Stelle des Spatenstiches geeignet. Dieser erwiderte: Diesbezüglich stimme ich überein mit deiner eigenen Lehre. R. Hona sagte nämlich im Namen Rabhs, wenn er da nur einen Spatenstich gestochen hat, habe er das ganze erworben.

R. Hona b. Abin ließ sagen: Wenn ein [redacted] ein Feld von einem Nicht[redacted] gekauft hat und ein anderer [redacted] kommt und es in Besitz nimmt, so nehme man es ihm nicht ab. Und auch R. Abin, R. Ileá und all unsere Meister stimmen darin überein.

Rabba sagte: Folgende drei Dinge sagte mir der Exilarch Úqaban b. Neḥemja im Namen Šemuéls: Das Staatsgesetz ist Gesetz. Die persische Ersitzungsfrist dauert vierzig Jahre. Wenn die Steuerbeamten Grundstücke wegen der Grundstücksteuer verkaufen, so ist der Verkauf gültig. Jedoch nur dann, wenn es wegen der Grundstücksteuer erfolgt ist, nicht aber, wenn wegen der Kopfsteuer, denn die Kopfsteuer lastet auf dem Kopfe[701] der Person. R. Hona, Sohn des R. Jehošuá, sagt, selbst die Gerste im Kruge sei für die Kopfsteuer[702] verpfändet. R. Aši sagte: Hona b. Nathan erzählte mir, Amemar habe dagegen folgenden Einwand erhoben: wenn dem so[703] ist, so hast du ja das Erbrecht des erstgeborenen Sohnes[704] aufgehoben, denn demnach ist ja [die Hinterlassenschaft] nur Anwart-

mit kann sie ja, der sie unbefugt in Besitz nimmt, nicht eignen. 697. Die bei den Staatsbehörden nicht angemeldet waren. 698. Die nicht[redacted] Besitzer. 699. Der frühere Besitzer hatte überhaupt kein Recht, es zu verkaufen; wenn der Besitznehmende die Steuer bezahlte, war er Besitzer. 700. Wer ein herrenloses Feld durch einen Spatenstich in Besitz nehmen will. 701. Und steht in keiner Verbindung mit dem Grundstücke, das im Besitze des Eigentümers verbleibt. 702. Und um so mehr Grundstücke. 703. Daß die Belastung durch die Steuer das Eigentumsrecht aufhebe. 704. Dieser erhält nach biblischem Gesetze einen

[oberhalb zehn Handbreiten], weshalb aber taten sie dies, wenn du sagst, [oberhalb zehn Handbreiten gelte das Gesetz] vom [redacted]gebiete überhaupt nicht[22]!? – Wie Raba erklärt hat, es ging auf Grund, ebenso ging es auch da auf Grund. – Komm und höre: Einst liefen sie erst nach der Dunkelheit in den Hafen ein &c. Erklärlich ist dies, wenn du sagst, [das Gesetz] vom [redacted]gebiete gelte [oberhalb zehn Handbreiten], was aber ist dabei, daß sie nicht innerhalb des Gebietes waren, wenn du sagst, [das Gesetz] vom[redacted]gebiete gelte [oberhalb zehn Handbreiten] überhaupt nicht!? Raba erwiderte: Es ging auf Grund. – Komm und höre: Jene sieben Lehren, die [redacted]morgens vor R. Ḥisda in Sura und [redacted]abends vor Rabina in Pumbeditha vorgetragen wurden, hat ja wohl Elijahu[23] berichtet; demnach gilt [das Gesetz] vom [redacted]gebiete nicht oberhalb zehn [Handbreiten]. – Nein, vielleicht berichtete sie der Dämon Joseph[23]. – Komm und höre: [Sagt jemand:] 'ich will Naziräer sein am Tage, an dem der Sohn Davids kommt', so darf er an [redacted]en und an Festtagen[24] Wein
Col.b trinken, und an allen anderen Wochentagen keinen Wein trinken. Erklärlich ist es, daß er es an [redacted]en und an Festtagen darf, wenn du sagst, [das Gesetz] vom [redacted]gebiete gelte [oberhalb zehn Handbreiten], wieso ist es aber an [redacted]en und an Festtagen erlaubt, wenn du sagst, [das Gesetz] vom [redacted]gebiete gelte nicht [oberhalb zehn Handbreiten][25]!? – Anders ist es da, denn es heißt:[26] *Siehe, ich schicke euch [vorher] Elijahu, den Propheten &c.*, und Elijahu ist ja am Tage vorher nicht gekommen. – Demnach sollte es ihm auch an jedem anderen Tage der Woche erlaubt sein, da Elijahu am Tage vorher nicht gekommen ist!? Vielmehr nehmen wir an, er sei beim großen Gerichtskollegium eingetroffen, ebenso sollte man ja auch [am [redacted]] annehmen, er sei beim großen Gerichtskollegium eingetroffen. – Es ist bereits [redacted] zugesichert worden, daß Elijahu weder an einem Vorabend des [redacted] noch an einem Vorabend eines Festtages kommen werde, wegen der Belästigung[27]. – Er glaubte anfangs, daß [an solchen Tagen] gleich Elijahu auch der [redacted] selbst nicht kommen werde, somit sollte es ihm auch am Vorabend des [redacted] erlaubt sein!? – Elijahu kommt dann nicht, der [redacted] aber wohl, denn wenn der [redacted] kommt, sind alle Sklaven der [redacted][28]. – Am Sonntag sollte es ihm erlaubt sein!? Hieraus ist somit zu entnehmen,

der Luft ohne den Boden zu berühren. 22. Ein Schiff ist gewöhnlich höher als 10 Handbreiten. 23. Der Prophet Elijahu und der Dämon Joseph leisteten den [redacted]isten verschiedene Dienste; ersterer wird wohl den S. nicht entweiht haben. 24. Da der Sohn Davids (der [redacted]) an diesen Tagen das [redacted]gebiet nicht verlassen darf. 25. Er kann ja in der Luft schwebend kommen. 26. Mal. 3,23. 27. Da man an diesen Tagen Vorbereitungen zum [redacted] bzw. zum Feste zu treffen hat. 28. Sie brauchen dann die Vorbereitungen nicht selber zu treffen.

*Weihrauch* in die Mitte gesetzt haben, und man würde hiervon gefolgert haben. – Hätte sie *Weihrauch* in die Mitte gesetzt, so wären es ja[228]zwölf!? – Die Schrift sollte *Weihrauch* in die Mitte setzen und *Galban* am Schlusse nennen. Reš Laqiš sagte: Dies ist aus [dem Worte] selbst zu entnehmen: was heißt Räucherwerk? Dessen Rauch nach oben steigt.

R. Ḥana b. Bizna sagte im Namen R. Šimóns des Frommen: Ein Fasten, an dem nicht auch Abtrünnige [redacted] beteiligt sind, ist kein Fasten, denn das Galban hat ja einen üblen Geruch, dennoch hat die Schrift es unter den Gewürzen für das Räucherwerk mitgezählt. Abajje entnimmt dies aus folgendem:[229]*sein Gefüge über der Erde gegründet*[230].

ODER SICH MIT DEM SALBÖL SCHMIERT. Die [redacted] lehrten: Wenn jemand ein Vieh oder Geräte mit dem Salböl schmiert, so ist er frei, wenn Nicht[redacted] oder Tote, so ist er frei. Einleuchtend ist dies von Vieh und Geräten, denn es heißt:[231]*es soll nicht auf den Leib eines Menschen gegossen werden*, Vieh und Geräte aber sind keine Menschen, ebenso von Toten, daß man frei ist, denn sobald einer tot ist, ist er eine Leiche und kein Mensch, wieso aber ist er frei, wenn Nicht[redacted], sie sind ja ebenfalls Menschen!? – Nicht doch, es heißt:[232]*ihr aber seid meine Schafe, die Schafe meiner Weide, Menschen seid ihr*; ihr heißt Menschen, die Nicht-[redacted] aber heißen nicht Menschen. – Es heißt ja[233]aber: *und sechzehntausend Menschenseelen*!? – Im Gegensatze zum Vieh. – Es heißt ja aber:[234]*und ich sollte Ninve nicht schonen &c. Menschen*!? – Im Gegensatze zum Vieh. Wenn du aber willst, sage ich, wie ein Jünger vor R. Eleázar rezitierte: Wer [dem Verbote] des Schmierens unterworfen ist, den zu schmieren ist verboten, und wer [dem Verbote] des Schmierens nicht unterworfen ist, den zu schmieren ist nicht verboten.

Ein Anderes lehrt: Wenn jemand ein Vieh, Geräte, Nicht[redacted] oder Tote mit dem Salböl schmiert, so ist er frei; wenn Priester oder Könige, so ist er nach R. Meír schuldig und nach R. Jehuda frei. Wieviel muß man geschmiert haben, um schuldig zu sein? R. Meír sagt, irgend etwas; R. Jehuda sagt, im Quantum einer Olive. – R. Jehuda sagt ja, er sei frei!? – Nach R. Jehuda ist man frei, wenn Priester[235]oder Könige, wenn Gemeine, ist man schuldig. – Worin besteht der Streit zwischen R. Meír und R. Jehuda? R. Joseph erwiderte: Ihr Streit besteht in folgendem: R. Meír ist der Ansicht: es heißt: *es soll nicht auf den Leib eines Menschen gegossen werden*, und es heißt:[236]*wer davon auf einen Gemeinen*

tet, wie alle vorher genannten zusammen. 229. Am. 9,6. 230. Die Erde besteht, wenn alles zusammengefügt ist. 231. Ex. 30,32 232. Ez. 34,31. 233. Von den Midjaniten, Num. 31,40. 234. Jon. 4,11. 235. Unnötig, die bereits gesalbt sind. 236. Ex. 30,33. 237. Wörtl. Geben, das Quantum einer Gabe, die, wie weiter

Ferner sagte R. Jehošuá b. Levi: Es heißt:[157]*und das Volk sah, daß sich Moše verzögerte.* Lies nicht *bošeš* [verzögerte], sondern *baú šeš* [die sechs sind vorüber]. Als nämlich Moše in die Höhe stieg, sprach er zu den [redacted]: Nach Ablauf von vierzig Tagen, zu Anfang der [ersten] sechs Stunden, komme ich zurück. Nach Ablauf der vierzig Tage kam der Satan und brachte Verwirrung in die Welt. Er sprach zu ihnen: Wo ist euer Meister Moše? Sie erwiderten ihm: Er ist in die Höhe gestiegen. Darauf sprach er zu ihnen: Die sechs [Stunden] sind ja bereits verstrichen. Sie aber beachteten ihn nicht. – Er ist gestorben. – Sie aber beachteten ihn nicht. Da zeigte er ihnen das Bild seiner Bahre. Deshalb sagten sie zu Ahron:[158]*Dieser Mann Moše &c.*

Einer von den Jüngern sprach zu R. Kahana: Hast du vielleicht gehört, was 'Berg [redacted]' bedeute? Dieser erwiderte: Der Berg, auf dem [redacted] Wunder geschehen sind. – Demnach sollte er ja Berg Nisaj[159] heißen!? – Vielmehr, der Berg, der ein gutes Zeichen für [redacted] geworden ist. – Demnach sollte er ja Berg [redacted][160]heißen!? Alsdann sprach er zu ihm: Weshalb pflegst du nicht vor R. Papa und R. Hona, dem Sohne R. Jehošuás, zu verweilen, die in der Agada kundig sind? R. Ḥisda und Rabba, Sohn des R. Hona, sagten beide: Was bedeutet 'Berg [redacted]'? Der Berg, auf den Haß[161]über die Völker der Welt herabgestiegen ist. Das ist es, was R. Jose b. R. Ḥanina gesagt hat: Er hat fünf Namen: Wüste Çin, auf dem ihnen Befehle[162]erteilt worden sind; Wüste Qadeš, auf dem [redacted] geheiligt worden ist; Wüste Qedemoth, auf dem ihnen das Uralte verliehen worden ist; Wüste Paran, auf dem sie sich fortgepflanzt haben; Wüste [redacted], auf dem Haß C[redacted]l.b gegen die Völker der Welt herabgestiegen ist. Wie heißt er wirklich? – Ḥoreb. Er streitet somit gegen R. Abahu, denn R. Abahu sagte, sein wirklicher Name sei 'Berg [redacted]', und Ḥoreb werde er nur deshalb genannt, weil durch ihn Verwüstung [ḥorba] über die Völker der Welt kam.

WOHER, DASS MAN &C. EINEN STREIFEN GLÄNZENDER WOLLE BINDET. Weshalb *kašanim*, es sollte ja *kašani*[163]heißen!? R. Jiçḥaq erwiderte: Der Heilige, gepriesen sei er, sprach zu [redacted]: Sollten euere Sünden so zahlreich sein, wie die laufenden Jahre[164]seit den sechs Schöpfungstagen bis jetzt, so werden sie dennoch weiß wie Schnee.

Raba trug vor: Es heißt:[165]*gehet doch, daß wir mit einander rechten, wird der Herr sprechen.* Wieso *gehet doch*, es sollte doch heißen: *kommt doch*; wieso *wird der Herr sprechen*, es sollte doch heißen:

159. [redacted] *Wunder*. 160. [redacted] *Zeichen*. 161. [redacted] gleichl. mit [redacted] *Haß*. 162. Der Gleichklang der aufgezählten Namen mit den folgenden Hauptwörtern läßt sich in der Übersetzung nicht wiedergeben. 163. In der Einzahl, wie das folgende [redacted] 164. Pl. von [redacted] *Jahr*. 165. Jes. 1,18. 166. Gen. 15,13. 167. Ib. 27,40. 168. Ib.

daß man keine Proselyten von den Kurden aufnehme!? R. Aši erwiderte: Dies ist von den Qartuäern gelehrt worden, wie die Leute zu sagen pflegen: bemakelte Qartuäer. Manche lesen: Rami b. Jeḥezqel lehrte: Man nehme von den Qartuäern keine Proselyten auf. Quartuäer und Kurden sind ja wahrscheinlich identisch!? R. Aši erwiderte: Nein, Qartuäer und Kurden sind nicht identisch, wie die Leute zu sagen pflegen: bemakelte Qartuäer.

R. Joḥanan und Sabja sagten beide, man nehme keine Proselyten von den Tarmudäern auf. – Kann R. Joḥanan dies denn gesagt haben, wir haben ja gelernt: Alle aus Reqem[404] kommenden [Blut]flecke[405] sind [levitisch] rein, nach R. Jehuda aber unrein, weil sie irrende Proselyten sind; die von Nicht[redacted] kommenden sind rein. Wir wandten ein: Er lehrt Col.b
dies von Nicht[redacted] allgemein, auch von den Tarmudäern!? Da sprach R. Joḥanan: Dies besagt, daß man Proselyten von den Tarmudäern aufnehme. Wolltest du sagen, dies besage, jedoch sei er nicht dieser Ansicht, so sagte ja R. Joḥanan, die Halakha sei nach der anonymen Mišna zu entscheiden!? – Amoraím streiten über die Ansicht R. Joḥanans. – Weshalb nicht von den Tarmudäern? – Hierüber streiten R. Joḥanan und Sabja; einer sagt, wegen der Sklaven[406] Šelomos, und einer sagt, wegen der Töchter [redacted][407]. – Einleuchtend ist die Ansicht desjenigen, welcher sagt, wegen der Sklaven Šelomos, denn er ist der Ansicht, daß, wenn ein Nicht[redacted] oder ein Sklave einer [redacted]itin beiwohnt, das Kind Hurenkind sei, welches Bewenden aber hat es mit der Erklärung: wegen der Töchter [redacted]? – Hierüber streiten R. Joseph und die [redacted], beide im Namen des Rabba b. Bar Ḥana; einer sagt, es waren zwölftausend Mann [Fußvolk] und sechstausend Bogenschützen, und einer sagt, es waren zwölftausend Mann und unter ihnen sechstausend Bogenschützen. Als die Nicht[redacted] in den Tempel drangen, stürzte sich alles auf das Silber und das Gold, diese aber stürzten sich über die Töchter [redacted], wie es heißt:[408] *Frauen in Çijon schändeten sie, Jungfrauen in den Städten Jehudas*[409].

R. Šemuél b. Naḥmani sagte im Namen R. Jonathans: Folgenden Schriftvers sprach der Fürst des Weltalls: *Jung war ich und bin alt geworden.* Wer sollte ihn sonst gesprochen haben: wollte man sagen, der Heilige, gepriesen sei er, so gibt es ja bei ihm kein Alt werden, und wenn David, so ist er ja nicht sonderlich alt geworden. Vielmehr sprach ihn der Fürst des Weltalls.

Armenzehnt zu entrichten ist. 404. Ortschaft an der Grenze Palästinas. 405. Von Menstrualblut, das nur bei [redacted]tinnen verunreinigend ist. 406. Die da wohnten u. [redacted]tinnen heirateten; ihre Nachkommen sind Hurenkinder. 407. Wird weiter erklärt. 408. Thr. 5,11. 409. Die erzeugten Kinder waren Hurenkinder u.

# Kapitel 5
# Der Beschluß des OLG Karlsruhe:

OBERLANDESGERICHT KARLSRUHE

3. Strafsenat zugleich Senat für Bußgeldsachen

3 Ws 51/98
(5) 5 KLs 2/96

Eingegangen
13. JAN 1999
RAe [redacted]

Strafsache gegen

1 Jan Udo **Holey**
aus Dinkelsbühl

2. Klaus-Dieter
**Ewert-Gamalo Tiozon**
aus Gelsenkirchen

wegen Volksverhetzung u.a.

hier: Entscheidung nach § 206 a StPO

## Beschluß vom 30. November 1998

Die sofortige Beschwerde der Staatsanwaltschaft gegen den Beschluß des Landgerichts - Strafkammer 5 - Mannheim vom 11. Februar 1998 wird als unbegründet verworfen.

Die Kosten des Rechtsmittels und die den Angeklagten insoweit erwachsenen notwendigen Auslagen trägt die Staatskasse.

## Gründe:

I.

Mit unter dem 17.09.1996 zum Landgericht Mannheim erhobener Anklage legt die Staatsanwaltschaft Mannheim den beiden Angeklagten Vergehen nach §§ 130, 86 a, 185, 198 StGB zur Last, nämlich in bewußtem und gewolltem Zusammenwirken als Autor bzw. Verleger seit Dezember 1995 über den Buchhandel, u.a. auch mittels der Buchhandlungen Prinz-Medienhaus und Buch-Kober in Mannheim zum einen das Buch „[redacted]", zum anderen das Buch „[redacted]" verbreitet zu haben.

Die Verteidiger wandten insbesondere unter Berufung auf § 7 Abs. 2 StPO die örtliche Unzuständigkeit des Landgerichts Mannheim ein und beantragten, die Eröffnung des Hauptverfahrens abzulehnen. Mit Beschluß vom 17.01.1997 verneinte die mit der Sache befaßte 5. Große Strafkammer die örtliche Zuständigkeit des Landgerichts Mannheim und lehnte ausschließlich mit dieser Begründung die Eröffnung des Hauptverfahrens vor dem Landgericht Mannheim ab. Auf die hiergegen von der Staatsanwaltschaft am 22.01.1997 eingelegte, jedoch entgegen Nr. 156 Abs. 1 RiStBV zunächst nicht, sondern erst unter dem 28.08.1997 mit Gründen versehene sofortige Beschwerde der Staatsanwaltschaft hob der Senat mit Beschluß vom 16.09.1997 - 3 Ws 232/97 - die angefochtene Entscheidung der Strafkammer auf, bejahte bei vorläufiger Bewertung der Ergebnisse des vorbereitenden Verfahrens aufgrund der damaligen Aktenlage - allerdings noch in Unkenntnis der vom BGH mit Beschluß vom 27.06.1997 (StB 8/97) hierzu entwickelten und erst im Oktober 1997 publizierten (NJW 1997, 2828 = St 43, 122) Grundsätze - einen Gerichtsstand beim Landgericht Mannheim nach § 7 Abs. 1 StPO und eröffnete zugleich das Hauptverfahren, um die damals ansonsten nach § 24 LPresseG BW a.F. noch drohende kurze Presseverjährung nach § 78 c Satz 1 Nr. 7 StGB zu unterbrechen; die nähere Aufklärung insbesondere des Erscheinungsortes der inkriminierten Druckschriften im Hinblick auf die Frage der örtlichen Zuständigkeit behielt der Senat ausdrücklich der weiteren Beweisaufnahme insbesondere der damals noch ausstehenden Auswertung des zwischenzeitlich angefallenen Beweismaterials vor.

Die Verteidigung hat in der Folgezeit - u.a. unter Berufung auf BGH a.a.O. - den Einwand der örtlichen Unzuständigkeit erneuert (§ 16 Satz 2 StPO).

Mit Beschluß vom 11.02.1998 hat die Strafkammer daraufhin das Verfahren gem. § 206 a StPO wegen mangelnder örtlicher Zuständigkeit eingestellt. Hiergegen wendet sich die Staatsanwaltschaft mit der form- und fristgerecht erhobenen sofortigen Beschwerde.

II.

Das Rechtsmittel der Staatsanwaltschaft bleibt ohne Erfolg.

Dabei kann der Senat offenlassen, ob sein Beschluß vom 16.09.1997 ( 3 Ws 232/97) - im Lichte der Entscheidung des BGH a.a.O. betrachtet; vgl. auch BGHSt 38, 312 - überhaupt geeignet war, die Verjährung der Strafverfolgung zu unterbrechen und damit den Eintritt jenes Verfahrenshindernisses zu vermeiden. Die Strafkammer hat jedenfalls bei Anlegung der vom BGH a.a.O. gesetzten Maßstäbe mit Recht die örtliche Zuständigkeit des Landgerichts Mannheim verneint und das bei ihr anhängige Verfahren wegen dieses Verfahrenshindernisses nun durch Beschluß nach § 206 a Abs. 1 StPO eingestellt. Das Beschwerdevorbringen der Staatsanwaltschaft führt zu keiner anderen Beurteilung.

Maßgeblich ist vorliegend nicht der „fliegende Gerichtsstand der Presse", der aus § 7 Abs. 1 StPO folgen würde, sondern der Gerichtsstand des Erscheinungsortes der inkriminierten Bücher (§ 7 Abs. 2 StPO).

Zum einen handelte es sich bei den fraglichen Vergehen, wären sie erwiesen, um sog. Presseinhaltsdelikte, so daß § 7 Abs. 2 StGB grundsätzlich Anwendung findet. Die gegenteilige, von der Staatsanwaltschaft erstmals in der jüngsten Beschwerdebegründung auch auf § 21 GjS gestützte Argumentation zur Frage der örtlichen Zuständigkeit des Landgerichts Mannheim geht fehl. Selbst wenn der Inhalt der Bücher jugendgefährdende Schriften darstellte, handelt es sich vorliegend um Presseinhaltsdelikte. Denn der Grund, aus dem die Verbreitung der Druckwerke bestraft würde, läge nur in dem Inhalt der Werke selbst (so schon RGSt 66, 145). Es genügt - wie dies laut Anklage der Fall ist - für die Annahme von Presseinhaltsdelikten, daß die Druckwerke die nach dem jeweiligen Straftatbestand erforderliche Erklärung enthalten. In diesem Sinne „strafbaren Inhalt" haben nur solche Druckwerke nicht, deren Verbreitung grundsätzlich erlaubt ist und nur dann strafbar wird, wenn dabei Vorschriften, welche Zeit, Ort oder Art des Verbreitens oder einen bestimmten Abnehmerkreis betreffen, verletzt werden (BGHSt 26, 40; vgl. auch BGH NJW 1996, 2585). Vorliegend ist aber laut Anklage nicht eine bestimmte Verbreitungsart, sondern die Verbreitung der Bücher „schlechthin" strafbar.

Zum anderen läßt sich entgegen der Meinung der Staatsanwaltschaft durchaus der inländische Erscheinungsort der Druckschriften - gemessen an den von BGHSt 43, 122 genannten Kriterien (vgl. auch BGH NJW 1990, 1991) - ausreichend konkret feststellen. Insoweit kommt also der allgemeine Gerichtsstand des Tat- bzw. Verbreitungsortes (§ 7 Abs. 1 StPO) mit der Folge, daß jedes Gericht örtlich zuständig wäre, in dessen Bezirk das Presseinhaltsdelikt - wie vorliegend durch Verbreiten in Mannheim - begangen wurde, nicht in Betracht.

Die inkriminierten Bücher sind schließlich mit einem Impressum versehen, das ihre Herkunft und die Identifizierung der Verantwortlichen ebenfalls noch ausreichend ermöglicht. Auch deswegen kann nicht auf die allgemeine Regel des § 7 Abs. 1 StPO zurückgegriffen werden (vgl. zum Ganzen BGHSt 43, 122).

Der Erscheinungsort der Bücher liegt nicht im Bezirk des Landgerichts Mannheim. Er befindet sich vielmehr in Rhede (Ems) bzw. Lathen (Ems), wie dies das Impressum ausweist. Es kann hier - entgegen der Meinung der Staatsanwaltschaft - nicht die Rede davon sein - wie dies aber Voraussetzung für den Rückgriff auf die allgemeine Regel des § 7 Abs. 1 StPO wäre -, daß die Angeklagten zielgerichtet unter Verstoß gegen die Vorschriften über das Impressum eine „Flucht in die Anonymität“ (vgl. hierzu BGH a.a.O.) unternommen hätten; ebensowenig ist der Einwand der Staatsanwaltschaft begründet, daß der Erscheinungsort, der Verlagssitz und die Verantwortlichen auch sonst nicht ohne weiteres festgestellt werden könnten. Zur Vermeidung bloßer Wiederholungen nimmt der Senat Bezug auf die für zutreffend erachteten Gründe der angefochtenen Entscheidung des Landgerichts Mannheim.

Hervorgehoben sei:

Die Gesellschaftsverhältnisse der EWERT-Verlag GmbH lassen sich unschwer der Eintragung beim Handelsregisters des für Lathen (Ems) zuständen Amtsgerichts Papenburg bereits seit 08.08.1995 entnehmen; die daraus ersichtlichen Verantwortlichkeiten stimmen mit dem Ergebnis der Ermittlungen überein.

Der inländische Erscheinungsort und die entsprechende Angabe des Impressums stimmen ebenfalls tatsächlich überein.

Daß das Impressum keinen Hinweis auf den Drucker enthält, ist für die Bestimmung des Erscheinungsorts unschädlich (BGH NJW 1990, 1991). Erscheinungsort ist nämlich in der Regel der Verlagsort bzw. Verlagssitz (Kleinknecht/Meyer-Goßner StPO 43. Aufl. § 7 Rdnr. 9; LR-Wendisch StPO 24. Aufl. § 7 Rdnr. 16; KMR StPO § 7 Rdnr. 13; BGH NJW 1990, 1991; Löffler Presserecht 4. Aufl. LPG § 8 Rdnr. 20). Am Verlagsort werden von den verfügungsberechtigten Verantwortlichen die die Verbreitung vorbereitenden Handlungen - wozu eben nicht nur der Druck des Werkes zählt - zum Zwecke der Verbreitung und der dahingehende maßgebliche Wille des Verfügungsberechtigten („geistigen Verbreitungszentrum; vgl. BGH NJW 1990, 1991) entfaltet. Der Druckort (Herstellungsort) kommt als Erscheinungsort nur unter - vorliegend aber nicht ersichtlichen - besonderen Umständen des einzelnen Falles in Betracht (Löffler a.a.O. LPG § 8 Rdnr. 17 ff.). Jede andere Wertung liefe dem Zweck des Gesetzes (dazu BGHSt 43, 122, 123) entgegen, zumal von einer Verschleierung des Erscheinungsortes bzw. der Verantwortlichkeit trotz des fehlenden Hinweises auf den Drucker die Rede nicht sein kann. Die Entscheidung BGHSt 10, 160 steht nicht entgegen; sie befaßt sich mit der Verantwortlichkeit des Druckers. Daß „etliche Bücher auch in Spanien angefertigt" und „auch in Spanien vertrieben" wurden, worauf die Staatsanwaltschaft - Angaben des Angeklagten Holey folgend - abstellt (Bl. 4 der Beschwerdebegründung), steht der Annahme des inländischen Erscheinungsorts, wie das Landgericht mit Recht ausführt (BAS. 5), nicht entgegen. Dies gilt auch für den Fall, daß das „geistige Verbreitungszentrum" sich auf Gran Canaria befände und die WERT-Verlag GmbH mit dem Alleinvertrieb in Deutschland betraut wäre (BGH NJW 1990, 1991, 1992).

Die vom Landgericht vorgenommenen und vom Senat geteilten Wertungen werden schließlich vom Ergebnis der Durchsuchungen und durch die Bekundungen des Zeugen [redacted], wie vom Landgericht im einzelnen dargelegt, gestützt.

Nach alledem hat der Senat die sofortige Beschwerde der Staatsanwaltschaft mit der Kostenfolge aus § 473 Abs. 1 und 2 StPO verworfen.

| | | |
|---|---|---|
| Burkart<br>Vorsitzender Richter<br>am Oberlandesgericht | Böhm<br>Richter am<br>Oberlandesgericht | Münkel<br>Richter am<br>Oberlandesgericht |

Beglaubigt

Justizangestellte

# Kapitel 6
# Richter a.D. Wolfhard Thomas:

Sehr geehrte Leser,

da ich vom Autor der in dieser Anklageschrift behandelten Bücher darum gebeten worden bin, möchte ich Ihnen kurz schildern, was ich mit ihm und seinem Strafverfahren Merkwürdiges erlebt habe.

**Die Vorgeschichte:**

Im Frühjahr 1997 wurde ich von einer Person aus dem Auswärtigen Amt der Bundesrepublik gefragt, ob ich nicht zwei Bücher besorgen könnte, die angeblich verboten seien. Diese wären zwar im Buchhandel mit ISBN-Nummern gelistet, jedoch nicht lieferbar, da ein Verkaufsverbot bestünde wegen eines laufenden Verfahrens und eines Beschlagnahmebeschlusses.

Da mir Pressezensur nur als Relikt vergangener Zeiten bekannt war, wurde ich neugierig und versuchte engagiert, etwas über die Hintergründe zu erfahren. Es war mir absolut unverständlich, daß heutzutage zeit- und geschichtskritische Literatur immer noch mit behördlicher Unterstützung unter den Teppich gekehrt werden kann. So fragte ich in verschiedenen Buchhandlungen in Bonn, St. Augustin, Köln und Frankfurt sowie bei diversen Grossisten nach, was es denn mit diesen Büchern auf sich habe. Mal hieß es, Katholiken hätten sich aufbegehrt, ein anderes mal, eine [redacted] Gemeinde habe den Vertrieb unterbunden oder lapidar, daß ein Rechtsverfahren anhängig sei.

Alles mir zu dubiose Geschichten. Daher notierte ich mir die Telefonnummer des Verlegers und fragte dort nach. Herr Ewert schilderte mir während eines längeren Gesprächs die unglaubliche Geschichte der „verbotenen Bücher“. Aufgrund meiner Tätigkeit als Richter faßte Herr Ewert Vertrauen und vermittelte einen direkten

Kontakt zu Herrn van Helsing. Von diesem erhielt ich dann zwei Wochen später neben der kompletten Anklageschrift der StA Mannheim mehrere hundert Seiten der noch weitaus dickeren Ermittlungsakte der StA (soweit diese seinen Anwälten zur Akteneinsicht herausgegeben worden waren) sowie etliche Schreiben seiner Anwälte.

Aufgrund guter Beziehungen zu anderen Behörden erhielt ich die beiden Bücher von Herrn van Helsing später durch einen Kontakt zur UNO, wobei mehrere hochrangige Mitglieder dieselbigen zu hunderten gekauft hatten, bevor sie beschlagnahmt wurden und sie nun an viele Interessierte unter der Hand weitergaben.

Nach Erhalt hatte ich sie zuerst den Herrschaften aus dem Auswärtigen Amt und später meiner Mutter (Germanistin und Lehrerin) zur Einsicht überlassen und habe selbst tagelang die Anklage- und Verfahrensakten studiert.

In meiner Anwesenheit kam es dann am 14.5.1997 zu einem Treffen von vier Akademikern mit Herrn van Helsing, wobei er in dem sechsstündigen Gespräch alle diese Herren mit einem ausgesprochen präzisen Wissen zur älteren und neueren Geschichte überzeugte, wie diese bisher so noch nicht aufbereitet und in übersichtliche Zusammenhänge gesetzt worden war, noch selbst gebildeten Menschen geläufig ist und offenbar gezielt unterdrückt wurde und wird.

Am darauf folgenden Tag war Herr van Helsing in die iranische Botschaft eingeladen, wo man ihn zu seinen Büchern befragen wollte. Bei seinem Treffen, so erfuhr ich später, kamen sie auch auf das Urteil im Mykonos-Prozeß zu sprechen, wobei die Neutralität und Aufrichtigkeit der bundesdeutschen Justiz näher betrachtet wurde. Herr van Helsing erwähnte meine Person und meine Tätigkeit als Richter, was dazu führte, daß ich selbst Wochen später eingeladen wurde, mit dem politischen Leiter der iranischen Botschaft zusammenzutreffen, um diesem möglicherweise ein paar Fragen zur deutschen Justiz und zum Mykonos-Prozeß zu beantworten, aufgrund dessen es zum Abbruch der diplomatischen Beziehungen und dem Abzug des Botschafters gekommen war.

Dabei ist zu erwähnen, daß ich sogleich von verschiedenen Personen davor gewarnt worden war, in solche Bereiche vorzudringen. Dennoch entschied ich mich, zum vereinbarten Zeitpunkt in der Botschaft zu erscheinen und auf dem Platz des Botschafters zu parken, wobei der damalige Chef der Botschaft bei der Begrüßung Herrn van Helsings Bücher unter dem Arm hatte (wahrscheinlich als Vertrauensbeweis).

Der Inhalt des darauf folgenden Gesprächs soll hier keine Erwähnung finden, jedoch die Antwort auf meine Frage, was jemanden aus dem iranischen Außenministerium an Herrn van Helsings Büchern interessieren würde? Es wurde mir erklärt, daß sie die Zusammenstellung von kulturellen, historischen Daten im Lichte bewußt aufgearbeiteter Geschichtsbetrachtung für sein Volk zum besseren Verständnis einiger Länder in seinem bewußt gegen Fremdes abgeschotteten Land als wertvoll anerkennen würden. Davon abgesehen, daß der Autor in Deutschland als „politisch verfolgt“ gelte und dies nicht nur in der iranischen Botschaft zur Kenntnis genommen worden sei, sondern der Fall Jan van Helsing auch im Kontakt mit anderen Botschaften immer öfters Erwähnung finde.

**Dieser Botschaftsbesuch sollte Folgen haben.**

Im April 1998 (also 7 Monate später) erhielt ich gegen 18 Uhr Besuch von zwei Herren in grauen Anzügen, die Ausweise des Bundesinnenministeriums vorzeigten und fragten, ob sie mich einmal kurz sprechen könnten. Man wollte wissen, wieso ich mich drei Stunden in der iranischen Botschaft aufgehalten hatte und was der Anlaß meines Besuches dort gewesen sei. So begann ich von Jan van Helsing zu erzählen und den Diplomaten aus dem Auswärtigen Amt, durch deren Anfrage ich zuletzt selbst an die Bücher gekommen war. Während der eine der beiden Beamten im Gespräch herauszufinden versuchte, ob ich Landesverrat begehen könnte (eine entsprechende Beobachtung und die dazugehörende Akte waren seit dem

Botschaftsbesuch über mich angelegt worden) studierte der vorgesetzte Kollege, der ansonsten fast kein Wort von sich gab, fast eine halbe Stunde lang querlesend die beiden Bücher von Herrn van Helsing. Mit dem Ergebnis im Beisein meiner Eltern (als Zeugen), daß er nicht nachvollziehen könne, was an diesen Büchern „volksverhetzend" sei. Er meinte, die Bücher wären nichts anderes als „eine interessante, andere Zusammenstellung und Zusammentragung bekannter historischer Fakten" und daran sei nichts Verwerfliches.

**Zum Verfahren allgemein:**

Um Wiederholungen zu vermeiden, möchte ich nicht die gleichen Punkte aufführen, die bereits die Verteidigung sowie das OLG Karlsruhe bemängelt haben.

Trotzdem möchte ich nochmals darauf hinweisen, daß über den Inhalt der Bücher nie eine gerichtliche Hauptverhandlung mit sachlicher Erörterung – also der Frage, ob es sich um Fakten oder Volksverhetzung handelt – stattgefunden hat. Vor dem Landgericht Mannheim wurde lediglich die örtliche Gerichtszuständigkeitsfrage behandelt.

Nachdem ich nun die Anklageschrift in Händen hielt, interessierte mich vor allem, wie die StA Mannheim zu ihrer Rechtsauffassung kam, und wer im Hintergrund das Verfahren gegen Herrn van Helsing so energisch betrieb, und begann daher die Akte, so wie sie ihm von seinen Anwälten überlassen worden war, zu durchforsten.

Die Anklageschrift ist eine aus dem Zusammenhang gerissene Zusammenstellung der besonders brisanten Passagen der Bücher, wobei ich es aus juristischer Sicht als äußerst spannend empfand, eine Anklageschrift zu einem Verfahren zu lesen, welches es in einem demokratischen Land eigentlich gar nicht geben dürfte – einen Verstoß gegen das Presserecht – also der freien Meinungsäußerung; einem Vergehen, das sich deutsche Politiker gerne erlauben, bei anderen Staaten zu kritisieren, welche Autoren aufgrund von politischen oder religiösen Veröffentlichungen verfolgen.

Besonders auffällig und gleichzeitig ungewöhnlich ist an der Anklageschrift, daß der Schreibstil eher dem eines Dramas gleicht, als der Ermittlungsakte einer Behörde. Es werden Behauptungen – ohne jegliche Beweise – aufgestellt, anstatt, wie es sich für eine StA gehört, eine hieb- und stichfeste Beweisführung und die dazugehörenden nachprüfbaren Fakten vorzulegen. Es wird polemisiert und auf die Artikel und Meinungen Dritter Bezug genommen. So füllt beispielsweise der herangezogene Gutachter mehrere Seiten mit mir in keinster Weise nachvollziehbaren Gedankenkonstrukten um das Thema Helmut Kohl, um dabei elegant um das Wesentliche des Kapitels herumzureden, nämlich die Frage und die daraus folgernde Konsequenz, ob er als damaliger Vorsitzender der Christlich Demokratischen Union und Bundeskanzler eines christlichen Landes [redacted] Abstammung ist oder nicht. Denn um diese Frage ging es dem Autor in diesem Abschnitt seines Buches. Wieso hat sich der Gutachter um die Beweisführung gedrückt?

Dies hinterläßt bei mir den unangenehmen Eindruck, daß sich vielleicht doch noch jemand anderes hinter der StA verbirgt, der bisher nicht in Erscheinung getreten ist und ein starkes Interesse daran hat, daß die Bücher vom Markt kommen, ohne daß eine öffentliche Hauptverhandlung und eine damit verbundene, für manche unangenehme Diskussion stattfindet.

Mit der Kenntnis, daß neben der 45-seitigen Anklageschrift noch eine über zweitausend Seiten starke Ermittlungsakte vorliegt, verwundert es doch sehr, daß man auf der ersten Seite der Anklageschrift gleich feststellen muß, daß weder das Geburtsdatum, noch der Beruf des Angeklagten korrekt aufgeführt sind.

Auch spricht die Vorgehensweise, daß die StA ein Gutachten eines Schweizer Instituts heranzieht, das auf den Schweizer Artikel 261 ausgelegt ist, welcher nicht vollständig mit dem deutschen § 130 StGB deckungsgleich ist, nicht unbedingt für sie.

Die Akte wurde von der StA Mannheim Seite für Seite numeriert, wobei nach intensiverem Studium offensichtlich wurde, daß über 150 Seiten fehlten, die mit korrekter handschriftlicher Fußnote von der StA entnommen worden waren. Ein Informant hatte Herrn van Helsings Anwälten bereits den Hinweis gegeben, daß es sich dabei um Abhörprotokolle handeln könnte. Dies geht aus den mir vorliegenden Dokumenten nicht hervor, doch ist es nicht auszuschließen. Das Entfernen von Seiten aus der Ermittlungsakte ist zwar zulässig, wird jedoch auch vom Gericht nicht unbedingt mit Wohlwollen zur Kenntnis genommen. Wie will man ein gerechtes Urteil sprechen, wenn dem Gericht ein Teil der Akte vorenthalten wird?

**Aber noch andere Vorgänge erweisen sich als nicht schlüssig:** Wieso hat zum Beispiel die StA Mannheim mit allen erdenklichen Mitteln versucht, diesen Fall zu behalten. Das als eher normal zu bezeichnende Verhalten in der Praxis sieht vielmehr so aus, daß eine Behörde froh ist, wenn sie einen Fall an eine andere Dienststelle abtreten kann, da der Schreibtisch gewöhnlich sowieso schon überhäuft ist. Wieso dieser Eifer?

Und aufgrund der täglich hinzukommenden Aktenberge bemüht sich jede Behörde, jeder einzelne Beamte oder öffentliche Angestellte, diese so schnell als möglich abzubauen, statt diese penetrant jahrelang – wie im Fall van Helsing – aufzustapeln, obwohl von vornherein abzusehen war, daß das Verfahren ergebnislos eingestellt werden würde. (Hierbei muß aber auch darauf hingewiesen werden, daß eine StA jedem öffentlichen oder privaten Begehren nachzugehen hat, ob sie will oder nicht, da sie sich ansonsten ein Dienstvergehen einhandeln würde.) So frage ich mich, ob die StA Mannheim wirklich so viel zu tun hatte, oder ob die Akten bewußt bis zum letzten Tag vor der Verjährung liegengelassen worden sind?

Zusätzlich wäre anzumerken, daß StA und Ermittlungsbehörde verpflichtet sind, auch die Fakten, die dagegen sprechen, daß der

Autor die Intention hatte, Volksverhetzung zu betreiben, einzubeziehen. Im Fall Jan van Helsing wären etliche Textstellen aufzuführen, wo er sich selbst ausdrücklich von diversen Ansichten distanziert, welche mindestens genauso gravierend sind, wie die negativen Vorwürfe. Dies wurde versäumt. Weshalb?

Nachdem neben der Erstellung der Anklageschrift eigentlich insgesamt die Vorgehensweise gegen Autor und Verleger meinem Rechtsempfinden widersprach, hatte ich mich dann zu einem Telefonat mit der StA Mannheim durchgerungen, um ein paar Fragen an den Staatsanwalt persönlich zu richten. Zu diesem wurde ich nicht durchgestellt, aber von der mit mir sprechenden Person, die offenbar mit der Sache vertraut war, konnte ich ein paar Kommentare entlokken, die mich in meinem ersten Eindruck bestätigten, daß an der ganzen Sache etwas „merkwürdig" war.

**Was man hätte anders machen können:**

Was den Fall Jan van Helsing angeht, ist vieles schiefgelaufen. Durch Einschüchterung in Form der Beschlagnahme zu erfolgreich erschienener Bücher, einer Anklageschrift, die mit der dazugehörenden Ermittlungsakte den Umfang der Bücher des Angeklagten bei weitem übertrifft, und ein angestrebtes Verfahren wegen Volksverhetzung, wurde meines Erachtens von Autor und Verleger versäumt, die Gerichtszuständigkeit des LG Mannheim zu bejahen und es zu einer Hauptverhandlung kommen zu lassen.

In einfachen Worten ausgedrückt, ist der Zustand nach Einstellung des Verfahrens der, daß zwar niemand bestraft, jedoch der Inhalt der Bücher nicht gerichtlich erörtert worden ist. Dies bedeutet, daß bei einem erneuten Verkauf der Bücher die ganze Prozedur von neuem beginnen würde. Hätten Autor und Verleger die Zuständigkeit der StA Mannheim anerkannt, hätten sie einen Prozeß bekommen, bei dem der Inhalt der Bücher zur Erörterung gekommen wäre – und damit auch ein Urteil. Und meiner Ansicht nach bestanden für Herrn van Helsing große Chancen, diesen Prozeß zu gewinnen, nachdem er mir erklärt hatte, welche Quellen er im Original aufbringen könnte sowie den einen oder anderen [redacted] Historiker, der die Sachverhalte bestätigen würde. Doch lag, wie schon erwähnt, eine massive Einschüchterung vor.

Dennoch ist nach nüchterner Überlegung nicht auszuschließen, daß ein Gericht, trotz der Fülle seines Beweismaterials, gegen ihn entschieden hätte, aufgrund des politischen Drucks und dem der Presse, der nicht zu verachten ist, da Jan van Helsing in seinen Büchern Themen aufgegriffen hat, die ganz offenbar nicht in der Öffentlichkeit diskutiert werden sollen und dabei eine Bevölkerungsgruppe tangieren, die, wie nicht zu übersehen ist, einen großen Einfluß auf genannte Institutionen hat.

Diese Beeinflußbarkeit der Gerichte einräumen zu müssen, schmerzt mich besonders, da ich bis vor kurzem wirklich der Ansicht gewesen war, daß dies in unserem Rechtsstaat nicht möglich sei. Seit fast dreißig Jahren habe ich geglaubt, daß die Pressefreiheit in Deutschland nach der Einführung des Grundgesetzes unantastbar sei, habe als Richter nach bestem Wissen und Gewissen versucht, Recht zu sprechen, muß jedoch nach dem, was ich mit und um die Bücher Jan van Helsings erlebt habe, meine Meinung korrigieren.

Abschließend sollte noch erwähnt werden, daß es nicht nur als grotesk, sondern fast schon als schizophren anzusehen ist, daß auf der einen Seite die Bücher von Mitarbeitern des Auswärtigen Amtes verlangt sowie von Mitarbeitern der UNO gelesen und auf der anderen Seite von einer StA des gleichen Landes beschlagnahmt werden!

Schlimm ist meines Erachtens auch, daß eine Anklagebehörde so massiv in die Presse– und Veröffentlichungsfreiheit eingreifen kann, obwohl die Bücher bereits hundertausendfach mit großem Anklang verkauft waren, und die Verbreitung im privaten Austausch dritter gar nicht mehr zu verhindern war. Es war also absehbar, daß diese Vorgehensweise eher eine Bestätigung für den Autor sein würde.

Doch dieser, so schien es mir nach dem Aktenstudium, sollte „mundtot“ gemacht werden, und sei es über den wirtschaftlichen Schaden. Dazu wird die StA Mannheim noch mit Schadensersatzansprüchen im Rahmen der gesetzlich geregelten Amtshaftung rechnen müssen, da grobe Fahrlässigkeit während des Ermittlungsverfahrens nachweisbar ist.

Alles in allem kann man sagen, daß hier einige Merkwürdigkeiten aufgetreten sind, die ebenfalls von meinen Kollegen als Richter sowie von befreundeten Juristen, denen ich die Anklageschrift ebenfalls zugesandt hatte, als solche erkannt wurden.

Merkwürdig ist auch, daß kurz bevor ich diese Zeilen an Herrn van Helsing abgesandt habe, innerhalb 18 Stunden vier Kellereinbrüche in Räumen, wo Unterlagen von mir zu vermuten waren, stattfanden. Gestohlen wurde nur meine Computer-Festplatte und diverse Akten durchwühlt. Ob dies wohl im Zusammenhang mit Herrn van Helsing geschehen ist?

Lebt nicht nur er gefährlich, sondern auch Personen seines Umfeldes, die sich nicht von ihm abgewandt haben, wie möglicherweise von diversen Agitatoren erwünscht?

Es bleibt zu hoffen, daß sich diese Zustände wieder ändern werden, doch trotz neuer Regierung konnte eine positive Entwicklung bezüglich der Presse- und Meinungsfreiheit nicht zur Kenntnis genommen werden. Offenbar ist eine ‚linke‘ Regierung von einer ‚rechten‘ doch nicht so verschieden, wie man uns immer weiß machen will?

Wolfhard Thomas

# Kapitel 7
# Der Autor: Jan van Helsing

***„Es war ein großer Fehler in der Nachkriegszeit, ein Fehler der ‚reeducation', daß die Deutschen schließlich geglaubt haben, die Demokratie sei etwas schlechthin Ideales. Das ist sie auf keinen Fall. Die Demokratie ist mit unsäglichen Geburtsfehlern behaftet, die unbehebbar sind.***

***Zum Beispiel mit dem Geburtsfehler, daß nicht derjenige recht kriegt, der recht hat, sondern derjenige recht kriegt und Recht setzen kann, der die Mehrheit hat."*** (Alt-Bundeskanzler Helmut Schmidt auf der Tagung der Stiftung „Theodor-Heuss-Preis" und des „Politischen Clubs" der Evangelischen Akademie Tutzing, 1978)

Liebe LeserInnen,

ich hatte kaum noch damit gerechnet, und war daher sichtlich überrascht, als ich am 13.1.1999 von einem meiner Anwälte am Stuttgarter Flugplatz, kurz vor dem Abflug nach La Palma, die Nachricht erhielt, **daß das Verfahren gegen meinen Verleger, Herrn Ewert, und mich endgültig eingestellt sei**. Und das nach fast drei Jahren nach Beginn der Ermittlungen und anschließender Anklageerhebung vor dem Landgericht Mannheim.

Nachdem Sie nun ausführlich die Anklageschrift und die Stellungnahmen meiner Anwälte studiert haben, möchte ich doch zumindest zu einem Teil der Anschuldigungen meine „freie Meinung" dazugeben, obwohl es eigentlich müßig ist, sich zu solch einer hinterhältigen Darstellung und Interpretation meiner Bücher überhaupt zu äußern. Danach erzähle ich ein wenig über die Geschichte um die Ermittlungen und die Anklage allgemein sowie die Personen und Kreise, die darin verwickelt sind. Doch nun zuerst zur Anklageschrift.

## Zur Anklage:

Nur der Korrektheit halber: Geboren bin ich nicht am 2.3., sondern am 22.3.1967 und mein gelernter Beruf ist Raumausstatter und nicht Heilpraktiker.

Hernach heißt es im Wortlaut des Staatsanwalts, daß ich *„in der Absicht, emotional feindselige Handlungen u.a. gegenüber den in der BRD lebenden* [redacted] *zu erwecken und zu schüren, in bewußter Verdrehung historischer Tatsachen"* verschiedene Behauptungen aufgeführt habe.

Das ist mehr als absurd. Alle Aussagen in beiden Büchern sind durch Quellen, die oftmals selbst [redacted] Geschichtsforscher darstellen, belegt und ich habe sie aufgeführt, um einmal eine andere Perspektive zu dem aufzuzeigen, was man täglich über Politik, Wirtschaft und Technik durch die Massenmedien erfährt. Dabei sind auch sehr erschütternde Enthüllungen, welche aber nicht in meinem eigenen Kopf entstanden, sondern, wie eben erwähnt, durch Aussagen etlicher Historiker belegt sind. Und daß ich *„feindselige Handlungen gegen* [redacted]" schüren wollte, kann nicht angehen, da ich im Falle sehr gewichtiger Informationen jedesmal sofort im Anschluß daran einen persönlichen Einwurf gebracht habe, um die urchristlichen Tugenden der Liebe und der Vergebung und des Verständnisses nicht in Vergessenheit geraten zu lassen.

In meinem ersten, immer noch verbotenen Buch, beschreibe ich internationale Machtstrukturen, die meinen benutzten Quellen zufolge über Freimaurerlogen verbunden zu sein scheinen. Es scheint auch, daß diese Strukturen, die man unter Insidern als „Illuminati" bezeichnet, im Zusammenhang mit ein paar wenigen Bankiersfamilien und deren Imperien stehen. Bei genauerer Betrachtung fällt dabei auf, daß ein größerer Prozentsatz dieser Großbankiersfamilien Khasaren sind (Khasaren oder Ashkenazim = das Ost[redacted], welches hunnisch-türkischer Abstammung ist, da es seinen Ursprung in dem vor etwa 1.000 Jahren zwischen dem Ural und dem Kaukasus beheimateten khasarischen Königreich hat, im Gegensatz zu den [redacted] = Sephardim; siehe Auszug aus der „[redacted] Encyclopedia“, Volume VI, article on Chazars, page 1-5) z.B. die Familien [redacted], [redacted], [redacted] u.a.. Doch findet sich beispielsweise auch die Familie [redacted] unter den Illuminati, die Protestanten, und die [redacted], die Katholiken sind.

Die Illuminati wären als die reichsten Menschen dieses Planeten zu bezeichnen, die es vorhaben, die Erde ganz unter ihre Kontrolle zu bringen (insoweit sie dies nicht schon haben). Sie können als eine multinationale Verbindung der weltgrößten Banken betrachtet werden. Opfer dieser von Kriegen lebenden Bankenimperien (da diese die weltgrößte Industrie betreiben - die Waffenindustrie), sind alle Nationen dieser Erde - die Christen wie die [redacted], die Moslems wie die Buddhisten.

Daß die von mir genannten „Illuminati“ nicht generell einer speziellen Rasse oder Religion zugeordnet werden können, darauf weise ich in beiden Büchern mehrmals hin. Genausowenig wie die Mafia auf das gesamte italienische Volk übertragen werden kann, genausowenig kann man die „Illuminati“ auf das [redacted] oder irgend ein anderes Volk übertragen. Und ich unterscheide das in beiden verbotenen Büchern deutlich und weise den Leser mehrfach darauf hin, dieses nicht zu verwechseln und keine Vorurteile auf einen Menschen freimaurerischen oder anderen Glaubens zu übertragen oder gegen ein Mitglied einer der in den Büchern aufgeführten unteren Ebenen solcher Organisationen.

In den Unterlagen der Staatsanwaltschaft sind Textauszüge aufgeführt, die aus dem Zusammenhang herausgerissen worden sind und so einen anderen Sinn ergeben, als ich ihn dargestellt hatte.

Der Beweggrund, die Bücher zu schreiben, wie auch meine persönlichen Schlüsse und das Ziel, zu welchem ich die LeserInnen führen wollte, sind in den Schlußkapiteln beider Bücher zu finden, in denen ich der urchristlichen Lehre zufolge zur Vergebung, zur Versöhnung, zum Verständnis und zur Liebe aufrufe, und dazu Seitenweise in den mit Abstand größten Kapiteln beider Bücher positive Ratschläge und Beispiele aufführe. Diese Schlußkapitel finden in der

Anklageschrift keinerlei Erwähnung. Der große Erfolg meiner Bücher ist gerade deshalb zustandegekommen, und das kann man von fast allen Buchhändlern und Lesern erfahren, die meine Bücher gelesen oder verkauft haben, weil ich am Ende eben KEINE Schuld auf andere übertrage, oder gar „hetze", sondern aufrufe, vor der eigenen Haustüre zu kehren. Dabei ermahne ich den Leser immer wieder, nicht in die alten Muster des Verurteilens zurückzufallen, sondern einen konstruktiven Weg *nach vorne* einzuschlagen - nicht *gegen* etwas, sondern *für* etwas zu sein.

Die Behauptung der Staatsanwaltschaft, ich würde angeblich, um *'die These einer angestrebten [redacted] Weltherrschaft belegen zu können, die „Protokolle der Weisen von [redacted]" verwenden'*, ist eine Unterstellung, die an keiner Stelle meiner Bücher zu finden ist. Statt dessen schreibe ich auf Seite 101 in Band II: *'... einige Leser mögen vielleicht gedacht haben, daß ich ein weiterer Nazi-Schreiberling bin, der die [redacted] Weltverschwörung offenlegen will. Leute, so ist es sicherlich nicht. Ich persönlich habe nichts gegen den Mitbürger [redacted] Abstammung. Ich hatte, wie bereits erwähnt, eine [redacted] Freundin und habe ihre Familie sehr gern, weiterhin sind sehr enge Freunde von mir [redacted] und ich arbeite auch geschäftlich mit [redacted] zusammen.'*

So findet sich selbst in der Einleitung der Originalfassung der 'Protokolle' folgender Text: *„Existiert ein Plan - ein GENERAL-PLAN - für die systematische Zerstörung der Zivilisation, aller Regierungen und Religionen und die Errichtung einer totalitären Weltdiktatur?*

*Ja, ein solcher Generalplan existiert. Er war bekannt und wurde mehrfach veröffentlicht, seit die bayerische Regierung ihren berühmten Bericht über die Aktivitäten und Pläne der Illuminaten in den achtziger Jahren des 18. Jahrhunderts vorlegte.*

*Die Führer der Illuminaten sind... eine kleine, aber mächtige Gruppe, die sich aus internationalen Bankiers, Industriellen, Wis-*

*senschaftlern, militärischen und politischen Führungskräften, Erziehern, Wirtschaftlern usw. zusammensetzt. Sie alle haben die luziferische Doktrin Adam Weishaupts und Albert Pikes akzeptiert. Sie verehren Luzifer, wie das von Albert Pike in seinem Buch 'Morals and Dogma' gefordert wird. Sie anerkennen die Autorität keines Sterblichen außer ihres Führers. Sie dienen keiner Nation. Sie führen die luziferische Verschwörung fort, um schließlich die absolute Kontrolle über diese Welt und alles in ihr zu gewinnen.*

*Sie benutzen alle subversiven Bewegungen, um die Massen der Menschen in opponierende Gruppen in politischen, sozialen, rassischen, wirtschaftlichen und religiösen Fragen zu zersplittern. Sie bewaffnen diese Gruppen und ermuntern sie, einander zu bekämpfen. Sie hoffen, die Menschheit auf diesem selbstzerstörerischen Weg weitergehen zu lassen, bis alle bestehenden politischen und religiösen Institutionen abgeschafft sind. Wenn das erreicht ist, soll ihr Despot König der ganzen Welt werden.*

*Der Beweis für diese Behauptung ist in dem Dokument enthalten, das unter dem Namen 'Die Geheimnisse der Weisen von [redacted]' veröffentlicht wurde. Trotz aller Argumente über die Herkunft und den Ursprung der Protokolle sind diese zweifellos und unwiderlegbar 'der Plan', 'das Komplott' oder 'der Langzeitplan', mit dem diese verhältnismäßig kleine Gruppe immens wohlhabender, teuflisch geschickter und äußerst einflußreicher Männer die Führung in allen Bereichen der Gesellschaft stürzen und pervertieren will, um ihr Ziel zu erreichen. Sie versprechen Wohlstand, Luxus, 'Selbstwertschätzung' und sinnliche Freuden, um die Führer in die Falle zu locken, aus der es kein Entrinnen gibt.*

*Die Männer, die die in den Protokollen beschriebene teuflische Verschwörung ausheckten, waren keine Atheisten. Sie waren Mitglieder der Illuminaten.*

*Die Protokolle wurden in der heute bekannten Form in Rußland 1905 veröffentlicht. Das Britische Museum in London erhielt eine Kopie am 10. August 1906.*

***Zu sagen, die ganze Sache sei eine '[redacted] Verschwörung' heißt das Ganze als zu einfach hinzustellen*** (Hervorhebung d.d.Verf.). *Es handelt sich eindeutig um eine satanische Verschwörung. Allerdings kann man aber auch nicht darüber hinwegsehen, daß viele [redacted] an der Intrige beteiligt waren. Weishaupt, Marx, die [redacted], die [redacted], Jacob Schiff u.a. waren alle [redacted]. In dem Versuch, die öffentliche Aufmerksamkeit von dem tödlichen Ernst der Botschaft dieses satanischen Dokuments abzulenken, behaupteten einige, es handle sich um eine Fälschung bzw. ein Plagiat.*

*Die berühmte 'London Times' brachte am 16. 17. und 18. August 1921 drei Artikel, in denen sie auf ihre „sensationelle Entdeckung" hinwies. In den Artikeln, angeblich von ihren Korrespondenten in Konstantinopel verfaßt, hieß es, die Protokolle seien eine „plumpe Nachahmung" eines französischen Buches mit dem Titel „Die Genfer Dialoge", das 1865 in Brüssel erschienen war.*

*Wäre die 'Times' bei ihren „Recherchen" hinsichtlich des Ursprungs der Protokolle wirklich ehrlich und objektiv gewesen, hätte sie ohne Zweifel noch eine „sensationelle Entdeckung" gemacht: daß nämlich ein ähnliches Buch - „Machiavelli, Montesqieu und Rousseau", geschrieben von Jacob Venedey und herausgegeben von Franz Danicker in Berlin 1850 - ebenfalls Passagen aus den Protokollen darstellen. Diese Tatsache beweist aber noch gar nichts. Der in den Protokollen enthaltene Plan ist auf jeden Fall Teil der Illuminaten-Schriften, die von der bayerischen Regierung veröffentlicht wurden. Die Verfasser beider Bücher waren mit diesen Dokumenten vertraut und zitierten von ihnen.*

*Der wirkliche Beweis hinsichtlich der Authentizität oder Falschheit der Protokolle liegt natürlich nicht in dem, was die Leute sagen. Der wirkliche Beweis ist der Inhalt der Protokolle selbst und die Präzision ihrer Zukunftsdeutung (von 1901 an).*

*Henry Ford, der berühmte Fahrzeugpionier, wirkte sehr überzeugend, als er in einem Interview mit der New York World, gedruckt am 17.2.1921, zu der Wahrhaftigkeit der Protokolle sagte: „Das*

*Einzige, was ich zu den Protokollen sagen möchte, ist, daß sie genau in den Gang der Dinge hineinpassen. Sie sind (mindestens) sechzehn Jahre alt, und sie haben die Weltsituation bisher zutreffend beschrieben. Sie tun es noch.“*

*In einem Brief an die Zeitschrift „Senator“, der am 27. August 1921 gedruckt wurde, schrieb Lord Sydenham: „... die Protokolle beschreiben in genauesten Einzelheiten die Ziele des Bolschewismus und die Methoden, mit denen diese Ziele verwirklicht werden. Diese Methoden wurden bereits 1901 angewandt, als Nilus den Erhalt der Dokumente bekanntgab, aber damals war der Bolschewismus marxistischer Kommunismus, und die Zeit war noch nicht reif für den Einsatz militärischer Gewalt. Nichts, das 1865 geschrieben wurde, kann einen Einfluß auf die tödliche Präzision der Voraussagen gehabt haben, von denen die meisten seither haargenau eingetroffen sind.*

*Die Protokolle bzw. der Generalplan zur Erlangung der Weltherrschaft wurde von dem britischen Journalisten Victor Marsden in Artikel und Paragraphen unterteilt, damit leichter hindurchzufinden sei. Marsden sagte, er habe nicht mehr als eine Stunde auf einmal an den Unterlagen im Britischen Museum arbeiten können, weil der teuflische Geist des Textes, den er ins Englische zu übersetzen hatte, ihn krank machte. Seine Übersetzung erschien bei der British Publishing Society 1921 in London.*

*Im ersten Kapitel seines Buches 'Red Fog over America' gab der verstorbene William Guy Carr, der ein Kommandeur der kanadischen Marine gewesen war, Einzelheiten seiner Untersuchungen hinsichtlich des Ursprungs der Protokolle bekannt. Aufgrund seiner vielen Kontakte zu Geheimdienstkreisen in aller Welt bestätigte Carr die Echtheit der Protokolle.*

*Er schreibt, daß die Führer der Illuminaten im letzten Jahrzehnt des 19. Jahrhunderts sich zunehmend Sorgen machten, weil Historiker wie Nesta Webster die Hintergründe der französischen Revolution zu studieren begannen - insbesondere die Phase, die allem Anschein nach die Illuminaten kontrollierten. Die Papiere, die bei dem*

*1783 vom Blitz erschlagenen Kurier gefunden wurden, bewiesen diese Verbindung eindeutig.*

*„Da die Richtlinie der Führer immer besagte, daß sie hinter den Kulissen zu arbeiten hatten, und ihre Identität sowie ihre Verbindungen zu den revolutionären Kräften niemals bekannt werden durften, beschlossen sie, den Historikern ein neues Dokument verfügbar zu machen. Es war so abgefaßt, daß der Verdacht von den Illuminatenführern abgelenkt und auf die Führer der [redacted] Revolutionsbewegung in Rußland übertragen werden sollte. Die beauftragten Schreiber verwendeten den bei dem toten Kurier gefundenen Plan, aber sie änderten bestimmte Wörter und Sätze, um die Leser des „neuen" Dokuments glauben zu machen, es handele sich um die [redacted] Kabale zur Erringung der Weltherrschaft in Übereinstimmung mit den Richtlinien des politischen [redacted], so wie sie 1897 von Herzl verkündet wurden.*

*Die Verschwörer beschlossen, den geänderten Plan einem herausragenden Mann in Rußland zuzuspielen, dessen Ruf untadelig war. Dieser Mann war Professor S. Nilus. Er prüfte die Dokumente und hielt sie für echt. Mit der Veröffentlichung der Dokumente unter dem Titel „Die [redacted] Gefahr" im Jahre 1905 tat Professor Nilus genau das, was die Illuminaten von ihm erwartet hatten. Der Glaube an ihre Authentizität wurde durch Vorwürfe wie „tollwütiger Anti-[redacted], [redacted]hetze, Rassismus" und ähnliche Vorhaltungen unterdrückt, durch die die Menschen von der Wahrheit abgelenkt wurden..."* (Quelle: „Die Geheimnisse der Weisen von [redacted]", in deutscher Sprache herausgegeben von Gottfried zur Beek)

Es ist also auch der Einleitung der 'Protokolle' selbst zu entnehmen, daß es sich nicht um den Plan einer '[redacted] Weltverschwörung' handelt, sondern um den Plan der Illuminati, wie es in meinen verbotenen Büchern deutsch und deutlich beschrieben ist.

Zu den 'Protokollen' ist weiterhin zu sagen, daß ich die kurzen Auszüge aus diesen nicht dazu verwendet habe, wie mir vorgeworfen wird, um den [redacted] alles Böse der Welt unterzujubeln, sondern, um Prinzipien einer Form der Politik aufzuzeigen, wie sie ein jeder anwenden kann, der sich ihrer bewußt ist. Daher schreibe ich in meinem zweiten Band direkt im Anschluß an die kurzen Zitate aus den ‚Protokollen' zur Erklärung:

*„Als Autor dieses Buches geht es mir weniger darum, ob es die* [redacted] *und die* [redacted] *sind, die die Protokolle gegenwärtig anwenden, sondern hier geht es um das Anwendungsprinzip. Hier haben wir einen Plan vorliegen, der aufzeigt, wie man es anstellen muß, die Welt zu versklaven. Egal wer dahinter stehen mag, der Plan wird im Augenblick angewendet. Wie ich auch am Ende des Buches noch sehr intensiv darlegen werde, ist es nicht von Bedeutung, WER die Protokolle anwendet, sondern welches Prinzip dahintersteht und daß die BENUTZTEN es mit sich geschehen lassen." (S. 49)*

Die kurzen Auszüge aus den ‚Protokollen' habe ich fast ausschließlich dem Buch „Geheimpolitik - Der Fahrplan zur Weltherrschaft" von Dieter Rüggeberg (ISBN 3-921338-15-8; S. 11-25) entnommen, welches seit 1990 und auch gegenwärtig frei auf dem deutschen Markt erhältlich ist. Den Rest habe ich dem Buch 'Behold a pale Horse' von Bill Cooper entnommen (ISBN 0-929385-22-5; S. 267-332), welches ebenfalls in jedem deutschen Buchladen gegenwärtig bestellt und erworben werden kann. Ich habe also von zwei in Deutschland frei zugänglichen Quellen mit Angabe des Ursprungs zitiert und verstehe daher nicht, wie bei mir etwas strafbar sein kann, was bei anderen Autoren, die ihre Bücher schon einige Jahre länger öffentlich verkaufen als ich, nicht bemängelt wird.

Weiter ist über die Behauptung, bei einem Berner Prozeß sei bewiesen worden, daß die 'Protokolle' eine Fälschung seien, zu bemerken, daß die 'Protokolle' vor dem Berner Amtsgericht 1935 nur deshalb als 'Fälschung' bezeichnet wurden, da der vom Gericht der ersten Instanz gewählte Gutachter nicht neutral gewesen ist (er hatte selbst ein Buch verfaßt, in dem er die ‚Protokolle' als Fälschung zu entlarven versucht). Aufgrund dieser Tatsache ging das Verfahren in die zweite Instanz am 1.11.1937. Dort wurde das Urteil der ersten Instanz widerrufen und die Angeklagten (die Herausgeber der ‚Protokolle') freigesprochen!

Den Zeitungsartikeln der 'NZZ' und 'Der Bund' vom 2.11.1937 kann folgendes über den Revisionsprozeß entnommen werden:

*„Das Urteil im Prozeß um die [redacted]istischen Protokolle*

*Bern, 1.Nov. ag Am Montagnachmittag erfolgte im Revisionsprozeß um die Verbreitung der Schrift „Die Protokolle der Weisen von [redacted]" die Urteilsverkündung, die ungefähr 1½ Stunden in Anspruch nahm. Die erste Strafkammer des bernischen Obergerichts erkannte:*

*1. Die Angeschuldigten und jetzigen Appellanten Silvio Schnell und Theodor Fischer werden von der Anschuldigung wegen Zuwiderhandlung gegen das Schundliteraturgesetz mangels gesetzlichen Tatbestandes freigesprochen ohne Entschädigung.*

*2. Die Begehren der Privatkläger werden im vollen Umfang abgewiesen.*

*3. Die Parteikosten werden wettgeschlagen.*

*4. Von den Staatskosten werden 100 Fr dem Appellanten Fischer auferlegt. Die restlichen rund 48.000 Fr übernimmt der Staat Bern.*

*In der Begründung des Urteils heißt es, daß sich die Strafkammer den Kassationsanträgen der Appellanten nicht habe anschließen können. Die Expertise über die Echtheit oder Unechtheit der Protokolle sei vollkommen überflüssig gewesen, indem die Frage der Schundliteratur dadurch überhaupt nicht berührt wurde.* ***Bedauerlich sei gewesen, daß man bei der Bestimmung der Experten nicht mit der erforderlichen Sorgfalt vorgegangen sei. Sowohl Fleischhauer wie auch Loosli seien als Gutachter in dieser Frage bis zu einem gewissen Grad voreingenommen gewesen. Loosli habe bereits vor einigen Jahren ein Buch über die [redacted]istischen Protokolle geschrieben, in dem er diese in unwissenschaftlichen, polemisie-***

***renden Ausführungen als Fälschung bezeichnet habe. Es sei zu hoffen, daß in Zukunft von einer solchen Expertenbestellung Umgang genommen werde.***" (NZZ vom 2.11.1937) (Hervorhebung d. d. Verf.)

In „Der Bund" Nr. 511 heißt es zusätzlich:

*„...In bezug auf den Kassationsantrag ist festzustellen, daß das Vorgehen des erstinstanzlichen Richters wirklich nicht ein übliches gewesen sei, so wenig wie das ganze Prozeßverfahren überhaupt...*

*...Die Bestellung von Parteiexperten war ebenfalls nicht etwas Übliches. Der dritte Experte wurde vom Richter ernannt. Natürlich stellte sich jeder Parteigutachter auf den Standpunkt seines Auftraggebers. Der sogenannte „überparteiliche" Experte wurde nicht mit der nötigen Sorgfalt ausgesucht: er war befangen, einseitig. Schon 1927 hatte Loosli in seiner Schrift „Die schlimmen [redacted]" gegen die Protokolle polemisiert. Seiner Einstellung nach mußte er sich also notwendigerweise auf die Seite des Prof. Baumgartens schlagen...*

*...Die Protokolle sind nicht geeignet zur Begehung von Verbrechen gegen die [redacted] aufzureißen..."*

Seltsam! Diejenigen, die den Berner Prozeß heranziehen, um die Echtheit der Protokolle zu widerlegen, berichten immer nur vom Urteil der ersten Instanz. Warum wohl?

Vor allem den letzten Satz sollte man zweimal lesen, der hat es in sich!

Zu der Anschuldigung der *„Verbreitung von Propagandamitteln verfassungsfeindlicher Organisationen"* fehlt mir absolut jedes Verständnis. In dem Kapitel „Die VRIL-Gesellschaft - oder nicht alles Gute kommt von oben" in Band 1 habe ich verschiedene offen zugängliche Literatur herangezogen (z.B. „Das VRIL-Projekt" von N.J. Ratthofer, erschienen im Damböck-Verlag, 3321 Ardagger 86, 1992 oder 'Man made UFOs 1944-1994' von Renato Vesco und David H. Childress in den USA), um aufzuzeigen, daß es zu der herkömmlichen Meinung, „fliegende Untertassen" könnten nur von anderen Planeten stammen, auch noch eine andere Meinung gibt. Der aufgeführten Literatur zufolge soll es zur Zeit des Dritten Reiches eine esoterische Loge gegeben haben, die sich mit dem Bau solcher Flugkörper beschäftigt und solche auch hergestellt hat, und diese zur Flucht und zum Aufbau eines neuen Reiches außerhalb der Grenzen des Großdeutschen Territoriums benutzt haben will. Diese Behauptung erscheint für jeden gewöhnlichen Menschen als absolut absurd. Daher mußten einige Hürden genommen werden, um in den Besitz von Fotografien und Skizzen zu gelangen, die solche Behauptungen untermauern sollten. Dabei war ich sehr stolz, neben den Informationen, die ich von einem Kommandanten einer deutschen Flugscheibe bekommen hatte und dem Erlebnis einer eigenen Sichtung einer deutschen Scheibe, diese Unterlagen gefunden und auch veröffentlicht zu haben, speziell mit den Hoheitszeichen (Hakenkreuz und SS-Runen) versehen, um die Behauptung, solche Entwicklungen hätte es in Deutschland zu dieser Zeit gegeben, festigen zu können. Hätten sie keine Hoheitszeichen gehabt, wäre der Beleg, die „Fliegenden Scheiben" auf den Fotos wären deutscher Herkunft, nicht erbracht. Dann hätte ich sie von vornherein aus dem Buch herauslassen können.

Dabei frage ich mich berechtigterweise, wieso in jeder 08/15-Videodokumentation oder unzähligen Büchern über das Dritte Reich die gleichen historischen Symbole abgelichtet werden dürfen, ohne daß die Verfasser dafür belangt werden?

Weiter behauptet der, meiner Ansicht nach nicht nur befangene, sondern auch sich durch fehlende Kompetenz ausweisende „Gutachter", daß ein Zitat (eines von über 100 in beiden Büchern) nicht dort wiederzufinden sei, wie von mir angegeben. Dabei handelt es sich um das Zitat von Simon [redacted] aus dem Salzburger Volksblatt vom 23.1.1970, welches auch in der Neuen Zürcher Zeitung vom Freitag, den 21.11.1969, Fernausgabe 320, S. 38 (In der „Fernausgabe", Herr Gutachter!) abgedruckt worden ist. Der Gutachter versucht durch seine falschen Angaben den Eindruck zu erwecken, daß ich die Zitate, die ich aufgeführt habe, einfach erfinden würde, und will andererseits offenbar den Eindruck erwecken, daß Simon [redacted] NICHT zum Massenmord an den Deutschen aufgerufen hat.

Mein Zitat:

„Simon [redacted] rief in einem Vortrag vor der [redacted] Studentenschaft Zürich, am 18. November 1969, zu folgendem Massenmord gegenüber Deutschen auf:

Etwa 7 Millionen Deutsche in der BRD, der DDR und in Österreich seien Mörder und Verbrecher: *„...die Mörder von Morgen würden heute erst geboren. Diese in der Zukunft potentiellen Gegner gelte es heute schon auszurotten. Es gilt“ rief* [redacted] *in Zürich aus, „potentielle Gegner auch im Keim, ja im embryonalen Zustand ein für allemal zu vernichten“.*

Und nun der Original-Artikel im Salzburger Volksblatt vom 23.1.1970: *„Ecrasez l' Autriche*

*Simon* [redacted] *hielt am 18. November 1969 vor der* [redacted] *Studentenschaft Zürich bei stärkstem Andrang einen Vortrag über die „Verfolgung von Naziverbrechern“. Er leitete seine Ausführungen mit einem Vorwort von Clausewitz ein, daß der Feind von heute auch der Feind von morgen sei, wenn man ihn nicht restlos vernichte. Man habe die alten Nazis und Faschisten ganz zu Unrecht totgesagt. In Wirklichkeit existierten sie noch und seien die Feinde und Verbrecher von heute. Man könne und müsse sich sagen: Noch leben sie!*

[redacted] *schätzt die Zahl der ehemaligen Nazis in der Bundesrepublik auf vier bis fünf Millionen, in der DDR auf eine bis zwei Millionen, in Österreich auf eine halbe Million! Es sei nicht logisch - führte* [redacted] *aus - die Naziverbrecher als „Kriegsverbrecher“ zu bezeichnen. Der Nazi - gleichgültig ob er alt oder jung - sei an sich ein Verbrecher. Bei der Verfolgung von Naziverbrechern geht es weniger um einzelne und deren Verurteilung, sondern vielmehr darum, künftige Massenmorde zu unterbinden, denn die Mörder von morgen würden heute erst geboren. Diese in der Zukunft potentiellen Mörder gelte es heute schon auszurotten.*

[redacted] *ließ auch durchblicken, daß die* [redacted] *Hochfinanz, insbesondere in den USA und vor allem die Kapitalmacht der* [redacted]*, seit einem Jahrhundert die ungekrönten Könige der* [redacted]*, zweckentsprechend eingesetzt werden, um jene Staaten und Volksgruppen, welche potentiell in sich Naziverbrecher beinhalten, kapitalmäßig zu eliminieren.*

*Es gilt," rief* [redacted] *in Zürich aus, „potentielle Gegner auch im Keim, ja im embryonalen Zustand, ein für allemal zu vernichten."*

Na schau einer an! Da sagt doch Herr [redacted] höchst persönlich, daß die [redacted] *„die ungekrönten Könige der* [redacted]" seien. Seltsam, daß diese Aussage und die sich daraus ergebenden Schlußfolgerungen in meinem Fall strafbar sind, und bei ihm nicht. Ebenso ist verwunderlich, daß seine abscheulichen Äußerungen und sein Aufruf zum Massenmord in keinster Weise geahndet worden sind.

Bezüglich der Ausführungen über den ehemaligen Kanzler Kohl hatte ich in der Frage 'Wer ist Bundeskanzler Helmut Kohl?' im Interview das veröffentlicht, was ich über ihn wußte. Und zwar beziehe ich mich auf das Buch 'Der Erfinder' des [redacted] Schriftstellers Jakov Lind (Carl Hanser Verlag, München, ISBN 3-446-14989-9) in welchem er auf Seite 80 (in einer anderen Version auf Seite 77) ausführt: '*Der Urgroßvater des jetzigen deutschen Bundeskanzlers schrieb sich noch mit einem 'n' statt einem 'l', war ein Hausierer aus Buczaz. Ich habe Urkunden, Beweise. Eine ganze Bibliothek von Beweisen im Tresor der Nationalbank von Vaduz.*'

Zu diesem Zitat von Jakov Lind schrieb die [redacted] Publizistin Salcia Landmann in 'Die Welt' vom 23. Juli 1988 als Kommentar zu

Lind's Buch folgendes: *'Für den Weltfrieden ist es überhaupt nützlich, wenn man bei prominenten Politikern eine 'Mischherkunft' konstatiert. Jakov Lind hat daher diesem edlen Ziel zuliebe 'herausgekriegt', daß die Vorfahren von Bundeskanzler Kohl sich nicht mit einem 'l' sondern mit 'n' schrieben und galizische* [redacted] *waren.'*

Ich wüßte nicht, was es da noch zu diskutieren gäbe?

Nun, soviel zur Anklageschrift.

Verwunderlich ist jedenfalls auch die Tatsache, daß das erste Buch bereits zwei Jahre auf dem Buchmarkt erhältlich war, und das zweite Buch ein dreiviertel Jahr, bis 'man' plötzlich feststellte, daß der Inhalt angeblich ‚volksverhetzend' sei. Wie ist so etwas möglich? Waren denn all die hunderttausende Leser blind und auch diejenigen, die meine Bücher in den Bestsellerlisten führten?

Die emotionalen Ausbrüche der Artikelschreiber [redacted] (KGS) und [redacted] (Esotera), die der Staatsanwalt heranzieht, um seine 'volksverhetzende' These zu untermauern, haben weder sachliche noch sonst eine Relevanz. Es verwundert schon, daß ein Staatsanwalt 'Zeitungsartikel' von Esoterikern (die ansonsten immer belächelt werden) heranziehen muß, um belegen zu können, daß der Inhalt meiner Bücher als 'volksverhetzend' zu bewerten sei. Es ist nämlich absolut nicht die Meinung aller Staatsanwälte, daß der Inhalt meiner Bücher 'volksverhetzend' ist. Die Staatsanwaltschaft des Landgerichts Nürnberg-Fürth hat nämlich bezüglich des Inhalts eine andere Feststellung getroffen (Staatsanwalt als Gruppenleiter Herr [redacted]), da man der Ansicht ist, daß die Grenze zur Volksverhetzung nicht überschritten wird. (Blatt 82 der mir vorliegenden Dokumente der Staatsanwaltschaft). Hier im Wortlaut: *„Strafrechtliche Würdigung des Buchinhaltes: „Das Werk befaßt sich mit den „Illuminati", die angeblich die Weltherrschaft anstreben. Eine anti*[redacted] *Grundtendenz ist erkennbar, zumal an vielen Stellen angedeutet wird, daß gerade* [redacted] *derzeit diese Vereinigung beherr-*

*schen. Die Grenze zur Volksverhetzung wird aber nicht überschritten.*

*Der Verfasser versucht auch, Vorgänge aus dem Dritten Reich mit seiner Theorie in Einklang zu bringen. In diesem Zusammenhang ist auf Seite 123 zweimal das SS-Kennzeichen abgebildet.“*

*Eintragung unter Aktenzeichen 402 Js 32051/96 gegen Verantwortliche des Ewertverlages wegen Verwendung von Kennzeichen verfassungswidriger Organisationen.*

*Als Staatsschutzdelikt zu kennzeichnen.“*

Weder der Staatsanwalt, noch der von ihm aufgeführte ‘Gutachter’ konnten mir nachweisen, daß eine der Angaben, die ich aufführe, FALSCH (außer einer Verwechslung von Präsident Truman und Roosevelt) oder eine *„bewußte Verdrehung geschichtlicher Tatsachen“* ist.

Statt dessen heißt es in der Anklageschrift:

(S. 32): *„Es kann nicht in erster Linie darum gehen, die Richtigkeit sogenannter ...“historischer Tatsachen“ zu überprüfen. Entscheidend ist vielmehr die Frage, was die Zusammenstellung sog. „Fakten“ beabsichtigt und/oder bewirkt“.*

Er versucht also zu behaupten, ich würde geschichtliche Tatsachen verdrehen, will aber keine Beweisführung eingehen. Andererseits bedeutet diese Formulierung, daß man eine Wahrheit nicht schreiben darf, auch wenn es eine Wahrheit ist, wenn sie einen unangenehmen Nebeneffekt mit sich bringe. Zum anderen bedeutet es, daß ich auch eine Unwahrheit schreiben darf, falls sie einen „guten Zweck“ erfüllt.

Das verstehe wer will.

Das sogenannte „Gutachten“ des Schweizer Bürgers Kreis ist meiner Ansicht nach sowieso ohne Belang, da es erstens nur seine persönliche Meinung ist, die dort ebenso emotional wiedergegeben ist, wie der Rest, und zweitens er Schweizer Bürger ist und als Mitglied eines Schweizer Privatinstituts (Europainstitut) eine Meinung abgegeben hat, bezüglich des am 1.1.1995 in der Schweiz eingeführten StGB-Artikels 261 (Anti-Rassismus-Gesetz), der mit dem §130 StGB der Bundesrepublik nicht deckungsgleich ist.

Des weiteren ist der Gutachter vom Anzeigensteller in der Schweiz gewählt worden. Es ist also ganz gewiß von einer „Neutralität" nicht zu sprechen. Vor Gericht dürfte solch ein 'Gutachten' eigentlich gar nicht verwendet werden, da der Gutachter befangen ist.

Da der Staatsanwalt bewußt all die Stellen, die zu den [redacted] und den [redacted] in meinen Büchern zu finden sind, hintereinandergereiht hat, soll wahrscheinlich der Eindruck entstehen, meine Bücher würden sich nur mit 'den [redacted] und den [redacted]' beschäftigen. Doch dem ist nicht so. Nur am Rande der Hinweis, daß die [redacted] auf jeden Fall staatsfeindlich sind, was ein UNO-Beschluß bestätigt, und zwar vom 10.11.1975 mit der Nummer 3347, der besagt, daß die *„*[redacted] *eine rassistische Organisation"* sind. Aber vielleicht bekommt die UNO auch bald eine Klage wegen Volksverhetzung angehängt?

Weiter frage ich mich, ob es juristisch korrekt ist, den Büchern die ISBN-Nummern entziehen zu lassen und eine Aufnahme der Titel in den JMS-Report (jugendgefährdende Schriften) zu veranlassen, obwohl noch gar nicht geklärt ist, ob der Inhalt tatsächlich juristisch gesehen „volksverhetzend" ist und es noch gar keine Anklage und schon gar kein Urteil zu diesem Zeitpunkt gab. Es hatte offenbar schon eine Vorverurteilung stattgefunden.

### Aus privater Sicht: Wer und was steckt dahinter?

Etwa ein dreiviertel Jahr nach dem Erscheinen von 'Band II', also im März 1996, ging der Ärger los. Nachdem mein erstes Buch über zwei Jahre und das zweite ein dreiviertel Jahr in fast allen Buchhandlungen Deutschlands zu finden und in den Bestsellerlisten verschiedener Magazine aufgeführt waren, stellte man in Bern (Schweiz) PLÖTZLICH fest, daß der Inhalt 'anti[redacted]' und 'volksverhetzend' sei. Und zwar wurden in der Buchhandlung 'Jäggi' in Bern ein paar Exemplare von 'Band II' beschlagnahmt, nachdem die [redacted] Gemeinde in Bern gegen diese Buchhandlung Anzeige erstattet hatte.

Dazu schrieb die Basler Zeitung am 9.2.1996:
*„Rassistisches Buch bei Jäggi sorgt für Aufregung.*
*In der heutigen Ausgabe des „[redacted] Wochenblattes" (IW) soll ein Brief abgedruckt werden, der die Unterschriften von Willy und Ulrich Jäggi, dem Präsidenten und Delegierten des Verwaltungsrates der gleichnamigen Firma in Basel, trägt. Die beiden entschuldigen sich dafür, daß sie das Buch „[redacted]" (Band 2), welches „in grober Hinsicht die Gefühle unserer [redacted] Mitbürger (aber auch jedes vernünftigen Menschen) verletzt", nicht früher aus ihrem Sortiment genommen haben... Es verstehe sich von selbst, daß der Erlös aus dem Verkauf dieses Buches an eine gemeinnützige [redacted] Institution gehe.*
*Das Buch „[redacted] Band 2, [redacted]", aber auch der erste Band aus dem deutschen Ewert-Verlag strotzen in der Tat nur so von anti[redacted] Gedankengut. Im Werk ist gemäß Darstellung von Peter Bollag, Chefredakteur des „[redacted] Wochenblatts", beispielsweise davon die Rede, daß unter der Herrschaft des [redacted] Stalin und dessen Nachfolger in der damaligen Sowjetunion innerhalb von wenigen Jahren über 20 Millionen Menschen abgeschlachtet worden seien. Oder daß New York fast vollständig im Besitz von [redacted] sei...*
*Die Interventionen des Anwalts und Vorstandsmitglieds der [redacted] Gemeinde Basel, Peter Liatowitsch... fruchteten nur bedingt. Jäggi erklärte sich immerhin bereit, das Buch aus dem Extrastand... herauszunehmen und es an einem weniger augenfälligen Ort anzubieten. Doch dieser bloße Teilrückzug wurde von den Betroffe-*

*nen nicht akzeptiert. Liatowitsch schaltete die Basler Staatsanwaltschaft ein, welche das Buch unlängst beschlagnahmte.*

*Willy Jäggi... ist der Fall hörbar peinlich. Sein Entscheid sei in Unkenntnis der Fakten erfolgt, weil ihm zum Lesen des Buches in der stressigen Weihnachtszeit die Zeit gefehlt habe. Wenn er sich anfangs hartnäckig gegen ein Verkaufsverbot zur Wehr setzte, dann auch deshalb, weil er sich keine Zensur aufdrängen lassen wollte. Sonst könnten ja andere Kunden in verschiedensten Büchern rassistische Inhalte bemängeln und ein Verbot fordern... Jäggi machte sich im Gespräch mit der BaZ für die Bildung einer Kommission stark, die sich solch heikler Fälle annehme und bei Bedarf alle Buchhandlungen zu einem Verkaufsverbot auffordere. Erst wer sich nicht an diese Vorschriften halte, sollte dann bestraft werden können.*

*Jäggis Argumente stoßen allerdings weder bei Anwalt Liatowitsch noch bei Professor Georg Kreis, dem Präsidenten der Eidgenössischen Kommission gegen Rassismus, auf offene Ohren. Kreis... gab zu bedenken, daß niemand von einem Buchhändler erwarte, daß er den Inhalt seines ganzen Sortiments kenne. Bei klaren Signalen seitens der Kundschaft sei aber ein sensibleres Verhalten durchaus am Platz.*"

Na, ist das nicht fein formuliert?

Es folgten Berichte in vor allem [redacted] Zeitungen in der Schweiz, deren Autor unter anderem ein Herr [redacted] war. Dieser Journalist scheint einen engeren Kontakt zu Sigi Feigel, dem Ehrenmitglied der [redacted] Kultusgemeinde in der Schweiz, zu haben. Mit diesem Journalist hatte ich dann ein Telefonat geführt, nachdem er zuvor Herrn Ulrich Heerd vom Michaels-Vertrieb angerufen und um ein Gespräch mit mir gebeten hatte. Herr Heerd ist der Besitzer des Michaels-Vertriebes und verkaufte bis dahin noch meine beiden Bände. Gutgläubig, wie ich zu diesem Zeitpunkt noch war, rief ich diesen Journalist also an und sprach eine Weile mit ihm. Er wollte wissen, in welcher Beziehung ich zu Herrn Heerd stehen würde (was ihn eigentlich einen feuchten Kehricht anging), doch antwortete ich, daß ich einen eigenen Verlag besitze (E.T. Publishing Unlimited), dessen Auslieferung der Michaels-Vertrieb in Peiting übernommen habe. Der Inhalt der in meinem Verlag erschienenen Bücher ('Zurück in unsere Zukunft', von Bob Frissell, 'Das Montauk-Projekt' und 'Rückkehr nach Montauk' von Preston Nichols und Peter Moon) interessierten ihn offenbar wenig, da sie keinen politischen oder anderen Zusammenhang zu [redacted] hatten. Der Mann war offenbar auf der Suche nach etwas „Negativem", womit man meinen Namen in ein schlechtes Licht rücken konnte.

Dem Zeitungsartikel, der diesem Gespräch folgte, konnte ich dann entnehmen, daß Herr Heerd und ich einen Verlag ZUSAMMEN besitzen sollen und in Bälde ZUSAMMEN die „Protokolle der Weisen von [redacted]" neu herausbringen würden. Von so einer Aktion weiß ich bis heute nichts, doch dieser Schweizer Journalist wußte offenbar mehr über mich und Herrn Heerd als wir selbst. Bei einem späteren Telefonat stellte ich ihn dann zur Rede und fragte ihn etwas forsch, was ihm einfalle, solche Lügen zu verbreiten, worauf er jedoch nur herumdruckste und Ausflüchte suchte.

Als unsere Anwälte nach einem halben Jahr endlich Akteneinsicht bekamen, fand sich in der Akte des Staatsschutzes folgender Text:

*„Ein Journalist aus der Schweiz mit Namen Jürg Frischknecht, welcher engagiert wegen der oben erwähnten Schweizer Anzeigensache recherchierte, teilte dem Dezernat Staatsschutz mit, daß „van Helsing" seine Bücher mit Lesungen in der Schweiz vorstellte; da seien zwei weitere Personen dabeigewesen. Einmal soll es sich um Uli Heerd und zum anderen um den Lektor der Bücher, einen gewissen Peter Herrmann aus Nürnberg gehandelt haben; gegen Herrmann würde sich das Verfahren richten."*

Unser Mann ist also international aktiv. Doch leider hat er schlechte Quellen. Zum einen habe ich niemals irgendwelche 'Lesungen' in der Schweiz gehalten, noch war ich mit Uli Heerd jemals unterwegs. Auch war Herr Heerd nie mit mir in der Schweiz. Peter Herrmann war auch nicht der Lektor der Bücher. Man fragt sich also, was überhaupt stimmt, was dieser Mann schreibt? Was bezweckt er mit solchen Lügen?

Aber nichts desto trotz war dieser Journalist erst kürzlich wieder aktiv und brachte in der Schweiz ein Werk auf den Markt („Rechte Seilschaften", WoZ im Rotpunktverlag). Darin steht zu meiner Person folgendes geschrieben: *„Der Ewert-Verlag war im rechtsextremen Netzwerk bislang unbekannt, und auch van Helsing stammte nicht aus der rechten Ecke, im Gegenteil. Er war zuvor in der autonomen Düsseldorfer Hausbesetzerszene aktiv. Nach der Heirat mit einer Amerikanerin, „einem spirituellen Medium", erwärmte er sich rasch für US-Autoren im Grenzbereich von Esoterik und Science Fiction und wandte sich zudem der Heilkunde zu."* An anderer Stelle spricht er vom Michaelis-Verlag und von der Andromeda-Buchhandlung in Stuttgart. Des weiteren hat er ein falsches Geburtsdatum angegeben und die Behauptung, daß ich Heilpraktiker sei. (An dieser Stelle juckt mir das Fell, wenn ich solche „Aufklärungen" über mich erfahre.)

Hierbei ist zu berichtigen: Den Beruf des Heilpraktikers übe ich nicht aus, da ich keinen Abschluß der Heilpraktikerprüfung habe (ich hatte jedoch einmal eine Heilpraktikerschule besucht, das war aber vier Jahre vor dem Erscheinen des ersten Buches). Herr Ewert war bisher nicht in der rechtsextremen Szene bekannt, weil er dort nie bekannt sein wird (Herr Ewert ist mit einer Philippinin verheiratet). In der autonomen Düsseldorfer Hausbesetzerszene war ich nie, und ich kenne bis zum heutigen Tag niemanden von dort (davon abgesehen, daß ich dort „aktiv" gewesen sein soll). Ich hatte keine US-Amerikanerin geheiratet, sondern eine Oberpfälzerin und das erst, nachdem ich beide Bücher auf dem Markt hatte. Der Michaelis-Verlag heißt richtig Michaels-Verlag, und die Andromeda-Buchhandlung ist in Nürnberg und nicht in Stuttgart.

Dieser Journalist, der vorbestraft ist (wegen Einbruchs), behauptet in seinem 780 Seiten-Wälzer, daß vieles in meinen Veröffentlichungen erfunden wäre, ich nebenbei den [redacted] legitimieren und das Dritte Reich verherrlichen würde. Davon abgesehen, daß er meine Bücher offenbar nie richtig gelesen hat, sind seine Aufdekkungen bezüglich meiner Person doch eher als phantasievoll zu bezeichnen.

## Ein weiterer Vorfall bei den ‚neutralen' Eidgenossen.

Ein anderer 'netter' Vorfall hatte sich in der Schweiz abgespielt. Und zwar war im Februar 1996 in Zürich ein UFO-Kongreß, an dem Peter Herrmann, der damalige Geschäftsführer der Andromeda-Buchhandlung in Nürnberg und ich einen Stand mit Büchern aufgestellt hatten. Dort geladen war unter anderem auch der Österreicher Norbert-Jürgen Ratthofer. Herr Ratthofer ist der Autor mehrerer Bücher, unter anderem auch über deutsche Flugscheiben und andere Geheimentwicklungen während des Dritten Reiches. An unserem Stand hatten wir natürlich auch meine Bücher ausgelegt, was am zweiten Tag dazu führte, daß sich ein Mann [redacted] Glaubens dazu ermuntert fühlte, Anzeige zu erstatten und die Polizei anzufordern. Die kam dann auch und fragte, wo sich die betreffenden Bücher befinden würden. Wir gaben den Beamten jeweils ein Exemplar zur Durchsicht mit (freiwillig!) und Peter Herrmann ging mit zur Wache. Dort, nach einem längeren Gespräch, äußerten die Beamten, daß die Geschichte *„im Sande verlaufen würde"*, da der Inhalt *„nicht anti*[redacted] *oder rassistisch"* sei, wie der Anzeigensteller angegeben hatte. Es wäre eine *„Lapalie"*, doch sie müßten auch *„solchen"* Anzeigen nachgehen, sagten sie. Trotzdem baten uns die Beamten, die Bücher nicht mehr auszulegen, da wir so weiteren Ärger vermeiden könnten. Herr Herrmann stimmte zu und kam zum Stand zurück. Damit war die Sache für uns eigentlich erledigt, doch die Zeitungen brachten am nächsten Tag die Meldung *„Rassistische*

*Bücher auf UFO-Kongreß beschlagnahmt"*. Weder sind die Bücher rassistisch, noch sind sie beschlagnahmt worden. Die Sache ist inzwischen, wie von den Beamten vorausgesagt, auch eingestellt worden.

Ich selbst war eigentlich selten am Stand gewesen, da ich während des Kongresses mehrere Gespräche mit Interessierten führte und mich mit den Referenten privat traf, doch wußten eben nur die Insider, wie ich aussehe. Dazu hatte ich einen Freund an meiner Seite, der einst nachrichtendienstlich für die Schweiz aktiv war und sich an diesen Tagen als mein Bodyguard angeboten hatte und daher zur Seite stand (bewaffnet). Da er heute selbst einen Sicherheitsdienst leitet, hatte er, als die Beamten an unserem Stand erschienen, sofort deren Dienstausweise sehen wollen und ihnen schnell verständlich gemacht, daß er ein Profi ist. Als die Beamten ihn fragten, wieso er dort anwesend sei, meinte er, daß er mich beschützen würde. *„Aha"*, meinten die Beamten, *„hat der Autor also Schutz nötig?"* *„Ja"*, sagte mein Freund, *„vor Ihnen"*. Darauf schwiegen sie.

Eine der Personen, die sich nach dem Besuch der Beamten aufplusterten, war der deutsche UFO-Forscher [redacted], der gleich mit irgendwelchen unpassenden anti-deutschen Sprüchen ankam (*„Wenn die Reichsdeutschen mit ihren Flugscheiben wirklich in der Antarktis wären, dann würde ich dort eine Atombombe abwerfen."*) und auch abfällig über mich herumposaunte. Doch war er, wie auch andere, der Meinung, daß Peter Herrmann dieser Jan van Helsing wäre, auch viele Reporter glaubten dies - und wir ließen sie in diesem Glauben (welch ein Spaß!!). Ebenfalls für Aufruhr sorgte Herr Ratthofer mit seinem Videovortrag über die deutschen Flugscheiben. Auch hier wurde der UFO-Forscher ausfällig. Wahrscheinlich ist sein Verhalten darauf zurückzuführen, daß ein Teil seiner Vorfahren selbst [redacted] Abstammung ist.

Auch Erich von Däniken hatte auf dem Kongreß einen eher peinlichen Auftritt. Ich meine nicht seinen Vortrag, sondern sein Auftreten vor den Reportern. Dabei kam er über Herrn Ratthofers Anwesenheit in Rage und äußerte sich abfällig und beleidigend über ihn

(Neonazi, usw.). *„Es gibt keine deutschen UFOs und auch keinen Marsflug von diesen“*, rief er kräftig den ihn umgebenden Journalisten in der Lobby des Hotels ‚Novapark‘ zu und lief mit hochrotem Kopf davon. Schade, ein Mann seines Formats hat so etwas eigentlich nicht nötig. Seltsam ist dieses Verhalten obendrein, hinsichtlich der Bemerkung eines Bekannten von mir, der einmal eine Ägyptenreise zusammen mit Erich von Däniken unternommen hatte, wobei dieser ihm demnach selbst erzählte, daß er von der Existenz dieser deutschen Flugscheiben wüßte. (Viele Fragezeichen).

Nebenbei möchte ich noch erwähnen, daß ich am ersten Tag des Kongresses von meinem „Bodyguard“ in ein naheliegendes Lokal geführt worden bin, wo ich von zwei ehemaligen Mitarbeitern des Schweizer Geheimdienstes erwartet wurde. Diese erklärten mir dann in einem mehrstündigen Gespräch, daß ich auf ihre Hilfe zählen könnte, da sie so gut wie alles, was ich geschrieben hätte, bestätigen könnten. Über die FM, wie sie sich ausdrückten, die Freimaurer, wüßten sie schon lange Bescheid, und der Schweizer Nachrichtendienst sei ebenfalls von diesen unterwandert sowie von anderen Kreisen.

## Der Angriff in Deutschland.

Im Frühjahr 1996 erschien dann als Folge der Zeitungsartikel in der Schweiz auch im deutschen Magazin ‘Focus’ der erste Pressebericht.

Über den Verfasser des ‘Focus’-Artikels erfuhr Herr Ewert dann zumindest, daß die Staatsanwaltsschaft Mannheim bereits gegen ihn und mich ermitteln würde. *„Na prima“*, dachte ich, *„jetzt werde ich also zum Verbrecher, weil ich zwei Bücher geschrieben habe“*.

Herr Ewert sprach daraufhin mit einem der Beamten der Abteilung Staatsschutz in Mannheim, der ihm verschiedene Fragen stellte, vor allem über mich. Man wollte wissen, wie mein richtiger Name sei, und vor allem, ob ich irgendeiner Organisation angehören würde. Herr Ewert sagte, er würde mit mir Rücksprache halten und den Staatsschutz dann darüber informieren. Ich selbst sah die ganze Geschichte weniger ernst, da ich mir kaum vorstellen konnte, was in meinen Büchern 'anti[redacted]' oder 'volksverhetzend' sei und gab der ganzen Sache wenig Bedeutung.

Nachdem Herr Ewert noch ein weiteres Mal mit diesem Beamten gesprochen hatte, meinte er mir gegenüber, ich könne ja dort einmal anrufen, da er den Eindruck hatte, dieser Beamte sei *„ganz in Ordnung"* und würde wahrscheinlich verstehen, daß es sich bei der ganzen Angelegenheit um ein Mißverständnis handeln müsse, und daß ich in keiner Organisation Mitglied und in keinster Weise 'radikal' sei. Er hatte dem Beamten bereits erklärt, daß es bestimmt nicht unser Ziel gewesen sei, mit den Büchern zu hetzen oder zu beleidigen und würden uns freiwillig dazu bereit erklären, bemängelte Stellen aus den Büchern zu entfernen oder umzuschreiben. *„Dann hätten wir die Sache schnell vom Tisch und könnten wieder verkaufen"*, so die Worte Herrn Ewerts.

So rief ich also am 24.4.1996 beim Staatsschutz an und sprach mit einem jüngeren Beamten. Es war von meiner Seite her ein eher lockeres Gespräch, und mein Gegenüber versuchte auch, bei mir diesen Eindruck zu erwecken. Er war sicherlich freundlich und ließ auch mal eine humorvolle Bemerkung mit einfließen (zum Beispiel, daß ich mit ihm zusammen den neuen Dracula-Film ansehen könnte). Doch ein halbes Jahr später konnte ich einem Teil der Akten entnehmen, daß alles fein säuberlich notiert worden war. Na ja, ich war eben doch noch ein bißchen naiv. Ich meinte also gegenüber dem Beamten, daß ich mir gar nicht vorstellen könnte, daß man gegen mich ermitteln würde, da wir ja in Deutschland „Meinungsfreiheit" hätten. Auf meine Frage, was man mir denn vorwerfen würde, sagte er: *„Volksverhetzung, Anti*[redacted] *und die Verwendung von Kennzeichen verfassungswidriger Organisationen"*. In meinen Büchern ging es um eine „[redacted] *Weltverschwörung*“ und ich hätte Fotos von Flugscheiben abgebildet, die Hakenkreuze aufwiesen. *„Das kann doch nicht Ihr Ernst sein“*, meinte ich. Erstens schreibe ich gar nicht über irgendeinen ‘[redacted]’ und schon gar nicht über ‘die [redacted]’. Auf meine Frage, wer denn Anzeige gestellt hätte, erfuhr ich dann, daß neben Privatpersonen auch der Zentralrat der [redacted] in Deutschland und die [redacted] Gemeinde in Mannheim in ihren Schreiben an die Staatsanwaltschaft Mannheim getrennt voneinander um die Überprüfung des Inhalts und im Falle des Zentralrats um die Einziehung der Bücher gebeten hatte.

Den Akten der Staatsanwaltschaft konnte ich später über die Anzeigensteller folgende Informationen entnehmen:

Das Stadtjugendamt Mannheim hatte am 20.3.1995 folgendes Schreiben an die Buchhandlung Prinz-Medienhaus gesandt, welche meine Bücher verkaufte:

*„Verkauf des Buches: Jan van Helsing:* [redacted]

*Sehr geehrte Damen und Herren,*

*von Bürgern der Stadt wurden wir darauf aufmerksam gemacht, daß in Ihrem Haus in Mannheim das Buch: Jan van Helsing:* [redacted] *(ISBN* [redacted] *angeboten wird. Nach Auskünften eines Ihrer Verkäufer wurde im Zeitraum von Mitte Dezember ‘94 bis Mitte Januar ‘95 ca. 30 Exemplare verkauft.*

*Nach Angaben des Verlages bzw. des Verfassers soll mit dem Buch Aufklärung betrieben werden über die Macht verschiedener Geheimgesellschaften, deren Ziel die Erlangung einer getarnten Weltherrschaft sei. Dabei greift der Verfasser auf Vorstellungen zurück, die ausgesprochen anti*[redacted] *Züge aufweisen. Um die These einer angestrebten* [redacted] *Weltherrschaft zu belegen, verweist der Verfasser auf die sog. „Protokolle der Weisen von* [redacted]*“, die schon dem nationalsozialistischen Anti*[redacted] *als grundlegender Beweis für den „schändlichen Einfluß der* [redacted]*“ diente. Bei den angeblichen „Protokollen der Weisen von [redacted]" handelt es sich tatsächlich jedoch um eine Fälschung, die im 19. Jahrhundert entstand. (Informationen zu diesem Sachverhalt in: Wolfgang Benz (Hrsg.): Legenden, Lügen, Vorurteile. Ein Wörterbuch zur Zeitgeschichte (München 1992). Angesichts wachsender anti[redacted] und rassistischer Tendenzen halten wir es für ausgesprochen bedenklich, daß in einem angesehenen Hause wie dem Ihren ein solches Buch als angeblich kritische und aufklärerische Literatur der breiten Öffentlichkeit zugänglich gemacht wird.*

*Wir bitten Sie aus diesem Grund zu überdenken, ob das o.g. Buch weiterhin in Ihrem Haus angeboten werden muß. Gleichzeitig werden wir prüfen, ob wir einen Antrag auf Indizierung bei der Bundesprüfstelle für jugendgefährdende Schriften stellen. Da eine Indizierung in der Regel jedoch auch zu einer Aufwertung des entsprechenden Schrifttums führt - und damit den Bekanntheitsgrad steigert, - möchten wir ein solches Vorgehen, wenn möglich, vermeiden.*

*Für eine Mitteilung, wie Sie in dieser Angelegenheit weiter vorgehen werden, wären wir dankbar.*

*Die [redacted] Gemeinde erhält durchschriftlich Kenntnis.*

*Mit freundlichen Grüßen*
*gez. Unterschrift*
*Sozialarbeiter grad."*

Am 12.04.1995 antwortete die Buchhandlung Prinz GmbH mit nachfolgendem Schreiben an die [redacted] Gemeinde Mannheim:

*„...Richtig ist, daß „[redacted]" in unserem Haus verkauft wurde und sich in der Abteilung Esoterik auch recht gut umsetzte.*

*Ich selbst habe dies Buch gelesen und vielleicht angesichts einer gewissen Fachblindheit anti[redacted] oder rassistische Tendenzen nicht erkannt oder wahrgenommen - hielt aber das Buch als solches für ein anregendes und interessantes Werk, das Geschichte und Politik aus einem anderem Blickwinkel betrachtet.*

*Ich stelle es freundlichst Ihnen anheim, dies Werk zu beurteilen und bitte um Stellungnahme - wir haben selbstverständlich vorerst sämtliche Exemplare aus dem Verkauf genommen.*

*Mit freundlichen Grüßen*
*gez. Unterschrift"*

Im Schreiben der [redacted] Gemeinde Mannheim vom 13.7.1995 an die Staatsanwaltschaft heißt es:

*„Sehr geehrter Herr [redacted]!*
*Wie mit Herr [redacted] besprochen, übermitteln wir anbei dieses Buch zur Durchsicht nach anti[redacted] Tendenzen („Protokolle der Weisen von [redacted]").*
*Danke für Ihre Mühe. Mit freundlichen Grüßen*
*gez. Unterschrift*
*[redacted] Gemeinde Mannheim"*

Im Schreiben des Zentralrats der [redacted] in Deutschland vom 20.2.1996 an die Staatsanwaltschaft in Bonn findet sich folgender Text:

*„Sehr geehrte Damen und Herren,*
*wir erlauben Ihre Aufmerksamkeit auf das beigefügte Schreiben einer Frau [redacted] vom 16.1.1996 zu richten, wobei wir die uns übersandten Anlagen ebenfalls zur Anlage unseres heutigen Schreibens machen.*

*Wir fügen ferner bei 2 Zeitungsausschnitte aus dem Schweizer „[redacted] Wochenblatt", welche uns ebenfalls übersandt wurden.*

*Wir stellen Strafantrag gegen N.N. aus allen in Betracht kommenden Gesichtspunkten und bitten, uns nach Abschluß der Ermittlungen Akteneinsicht zu gewähren.*

*Die Bücher enthalten eindeutig anti*[redacted] *Inhalt, so daß nach unserer Auffassung die Einziehung der Bücher herbeigeführt werden müßte.*

*Mit freundlichen Grüßen*
*gez. Unterschrift"*

Schreiben eines W.v.S. aus Heilbronn vom 11.5.1996 an die Staatsanwaltschaft beim Landgericht Osnabrück:

*„Betr.: Ermittlungsverfahren Az. 10 Js 7879/96*

*Sehr geehrte Damen und Herren,*
*das o.g. Ermittlungsverfahren gegen Verantwortliche des Ewert-Verlages ist auf meine Anzeige eingeleitet worden und ich möchte Sie hierzu höflich um Sachstandsmitteilung bitten.*
*Ich muß mit einiger Bestürzung feststellen, daß dieses Buch weiterhin ausgeliefert und verkauft wird.*
*Im Hinblick auf das in der Presse zu verfolgende energische Vorgehen der Staatsanwaltschaft Meiningen gegen Bücher mit pornographischem Inhalt ist das für mich nicht recht verständlich.*

*Mit freundlichen Grüßen*
*gez. Unterschrift"*

Bei meinem Gespräch mit dem Beamten vom Staatsschutz wies ich darauf hin, daß alle Stellen meiner Bücher durch andere frei erhältliche Bücher untermauert und die Zitate bewiesen werden können, worauf der Beamte erwiderte, daß ich doch beim Staatsschutz vorbeikommen solle, und er mir die Stellen zeigen könnte, um die es sich handele. Dort könne ich dann eine Aussage dazu machen und das mir angeprangerte widerlegen. Spontan wie ich bin, dachte ich tatsächlich, daß ich alle Unklarheiten beseitigen könne, und fühlte mich auch nicht als Rechtsradikaler (was auch immer das sein mag), und stimmte einem Treffen am Donnerstag der gleichen Woche, dem 2.5.96, zu. Ich hatte mir zu dieser Zeit noch keinen Anwalt genommen, da ich, wie schon gesagt, nicht glaubte, einen zu brauchen.

Desweiteren gab es natürlich größere Probleme überhaupt erst einmal einen Anwalt zu finden, der so einen heiklen Fall bereit war zu übernehmen, vor allem, wenn es sich in Deutschland um einen Fall handelt, bei dem der Anzeigeerstatter der Zentralrat der [redacted] in Deutschland ist.

Nun, Glück gibt es nicht, sondern nur Ursache und Wirkung, und so bekam ich dann einen Tag nach meiner Zusage zu dem Treffen mit dem Herrn vom Staatsschutz die Adresse eines Anwalts, der dann auch meinen Fall prompt übernahm. Dieser sagte mir sofort, daß ich das Treffen absagen sollte, da man mich *„auf die Schippe"* genommen hätte. Erstens würde man mir die Akten nicht zeigen und zweitens würde man alles, was ich sagen würde, ins Gegenteil umdrehen, was ich wiederum später in der Anklageschrift wiederfinden würde (womit er recht gehabt haben sollte). Also sagte ich das Treffen ab.

Bis zu diesem Zeitpunkt war mein richtiger Name noch nicht beim Staatsschutz bekannt, doch erklärte nun mein Anwalt dem Staatsschutz schriftlich, daß wir meine Identität preisgeben würden, wenn diese uns ihrerseits versicherten, daß wir auch im Gegenzug Akteneinsicht bekämen, da wir bisher gar nicht wüßten, worum es überhaupt ginge und was man mir vorwerfe. Auch hatte ich den Beamten gefragt, wie es denn mit der Vertraulichkeit meiner Identität stehen würde. Ich sagte, ein Grund, warum ich zu diesem Zeitpunkt meinen Namen nicht nennen wollte, war, daß ich neben meiner schriftstellerischen Tätigkeit auch noch Unternehmer bin und es für meinen Ruf nicht unbedingt günstig wäre, wenn mein Name in Verbindung mit Ermittlungen des Staatsschutzes genannt würde (vor allem, da ja zu diesem Zeitpunkt noch gar nicht geklärt war, ob denn nun der Inhalt meiner Bücher überhaupt volksverhetzend sei oder nicht.). So sagte mir der Beamte, daß ich mir keine Sorgen zu machen bräuchte, mein Name würde der Presse nicht weitergegeben werden. Ich erklärte ihm, daß ich auch der Meinung sei, daß der Anzeigensteller, wenn er meinen Namen erfährt, diesen sofort an die Presse weitergeben würde. *„Nein“*, sagte der Beamte, so etwas würde nicht geschehen, da zu diesem Zeitpunkt der Staatsschutz oder die Staatsanwaltschaft keine Informationen weitergeben würde.

Tja, wie naiv war ich doch gewesen, diesem Mann zu glauben.

Jedenfalls hatte mein Anwalt am 31.5.1996 ein Schreiben an die Staatsanwaltschaft abgeschickt, in dem meine Identität genannt worden ist.

Am 17.4.1996 war die erste Hausdurchsuchung beim Ewertverlag, bei der einige Bücher beschlagnahmt worden waren. Daher konnte ich mir ausrechnen, daß sie auch irgendwann bei mir auftauchen würden, war aber darüber weniger beunruhigt, da es bei mir ja eh nichts zu finden gab.

So kamen die Beamten am 4.6.1996 zu meinen Eltern und in den Betrieb meiner Eltern, da ich von dort einmal ein Fax an den Staatsschutz abgeschickt hatte.

Und da die geistige Welt nicht schläft, hat sie etwas „gedreht“, daß ich zu diesem Zeitpunkt gerade nicht anwesend war. Und zwar bekam ich am Tag zuvor einen Anruf von meinem Freund Franz (Co-Autor von ‘Buch 3’), daß in der Nähe von Mannheim ein Mann leben würde, der eine Freie Energie-Maschine habe und wir diese dort ansehen könnten. Obwohl mir zu diesem Zeitpunkt bereits mehrere funktionierende Modelle bekannt waren, war ich natürlich trotzdem an weiteren Gerätschaften interessiert – man lernt ja schließlich nie aus. Also machten wir für den folgenden Tag einen Termin aus und ich klärte mit Franz ab, daß ich ihn morgens in Heilbronn abholen würde. So verließ ich also um 7 Uhr morgens das Haus und bekam kurz nach 8 Uhr von meinem Vater über Autotelefon die Mitteilung, daß ich *„Besuch“* bekommen hätte. Als wir später bei dem Erfinder angekommen waren, stellte sich heraus, daß es sich wohl um ein Mißverständnis gehandelt hatte, denn der Mann glaubte, daß ICH eine Freie-Energie-Maschine anzubieten hätte und so war das Treffen eigentlich umsonst. Doch aus meiner Sicht war es natürlich ein perfekt von geistiger Seite her geplanter Schachzug gewesen, mich durch dieses Treffen aus dem Haus zu locken, da die geistige Welt natürlich wußte, daß an diesem speziellen Tag die Hausdurchsuchung stattfinden würde. Sozusagen Glück im Unglück. (Es ist einfach nicht schön, am frühem Morgen mit einer Hausdurchsuchung überrascht zu werden. Man sagt evtl. spontan etwas Emotionales oder Unüberlegtes, was in die Akten aufgenommen wird. Und so hatte ich zumindest Zeit, mich seelisch auf die Sache vorzubereiten). Noch lustiger war es, daß der Staatsschutz aus Mannheim zu meinen Eltern kam, und ich wiederum in der Nähe von Mannheim war.

Wie dem auch sei, die Beamten waren jedenfalls sehr freundlich meinem Vater gegenüber, und auch die Hausdurchsuchung verlief korrekt. Doch für die Beamten gab es leider keine große Ausbeute. Außer einem großen Teil der Bücher, die ich in 'Band I' aufgeführt habe und einem Fax, in welchem der Name Ernst Zündel auftaucht, fand man NICHTS. Und genau dieses NICHTS, welches man gefunden hatte, wurde mir als *„verdächtig"* vorgeworfen. Das war natürlich ein starkes Stück. Bei jedem anderen Menschen wäre das NICHTS *„entlastend"* gewesen, in meinem Fall aber war das *„verdächtig"*. Man hatte keine Hakenkreuzflagge gefunden, kein Hitler-Bild und keine Waffen (was man vielleicht erwartet hatte). Dagegen sehr freundliche Eltern, einen vorbildlichen Betrieb und was den Beamten anscheinend am meisten Sorgen bereitete - erfolgreiche Unternehmer. So mußte mein Vater doch tatsächlich hören: *„Ihr Sohn fährt einen Porsche 911, das ist verdächtig und auch bezeichnend für die rechte Szene."* Also das war dann doch der Gipfel. Jetzt muß man also schon vorsichtig sein, wenn man einen deutschen Sportwagen fährt, da man sonst als „rechts" einsortiert wird. Als mir mein Vater dies über Autotelefon mitteilte, nachdem die Beamten gegangen waren, dämmerte es mir schon, daß es hier nicht ganz mit „rechten“ Dingen zuging.

Über Autotelefon sprach ich dann mit einem der Beamten und erklärte mich bereit, da ich sowieso schon in der Nähe von Mannheim war, dort hinzukommen. Und was ich dann dort erlebte, schlug mir den Zacken aus der Krone.

Nachdem mir dabei vier gestandene Kriminalbeamte gegenübersaßen, wurde mir als erstes eröffnet, daß man einen Haftbefehl gegen mich und Herrn Ewert beantragt hatte. Ich dachte ich höre nicht recht. Ich hatte doch nur zwei Bücher geschrieben. Ich hatte weder Kinderpornos gedreht, Frauen vergewaltigt, Millionen hinterzogen, Waffen oder Drogen verkauft, jemanden geschlagen oder irgendwo eingebrochen. Ich hatte zwei Bücher geschrieben und dafür wollte man mich einsperren? Soweit sind wir also schon gekommen. Und das im Jahre 1996, in einem Land, welches sich eines der freiesten Länder der Welt bezeichnet!

Nachdem mir dann mehrmals erklärt worden war, daß sich die „[redacted] Weltverschwörung“ wie ein roter Faden durch beide Bücher ziehen und ich „die [redacted]“ für alles Übel in der Welt schuldig sprechen würde, wurde mir dann klar, daß ich mich offenbar im falschen Film befand und fragte die Beamten dann forsch, wer von den anwesenden Herren denn bitte schön meine Bücher überhaupt gelesen habe, da das, was mir vorgehalten wurde, nicht in meinen Büchern stehe. Und wenn, dann möge man mir nun doch bitte diese Stellen zeigen, wie es mir der junge Beamte versprochen hatte. Dann sah ich die betretenen Gesichter der Beamten, die sich gegenseitig ansahen, bis EINER der Herren dann äußerte, daß er die *„Bücher quergelesen habe“*. Na prima dachte ich. *„Und die Schlußkapitel, wer hat denn die gelesen?“ „Keiner“*, bekam ich zur Antwort. Das durfte doch nicht wahr sein. Da hatte man nun zwei Monate ermittelt und sogar einen Haftbefehl zu erwirken versucht und dann durfte ich feststellen, daß die Beamten, die nach mir ermittelten und mir vorwarfen, daß ich mich der „Volksverhetzung“ schuldig gemacht hätte, wie auch des „Anti[redacted]“, meine Bücher, sprich den corpus delikti, nicht einmal vollständig kannten. (Auch der Staatsanwalt hatte nach fünf Monaten Ermittlungszeit am Telefon einem meiner Anwälte gegenüber zugegeben, daß auch er die Bücher nur *„quergelesen“* hatte.)

Dies war dann der Moment, an dem ich beschloß, mit diesen Personen und Institutionen in keinster Weise mehr zusammenzuarbeiten, obwohl das zuerst wirklich meine Absicht war. Denn hier war das Urteil offenbar bereits gefällt.

Auch wurden mir die 'bemängelten' Textstellen nicht gezeigt. Das heißt, man klagte mich einer Straftat an, wollte mir aber nicht sagen, wie diese Straftat überhaupt aussieht.

Der Verleger Ewert hatte, wie bereits erwähnt, bei seinen Telefonaten mehrmals angeboten, daß man uns die 'delikaten' Stellen doch mitteilen möchte, damit wir diese aus den Büchern entfernen können. Wir waren vom ersten Moment an kompromißbereit und wollten sogar freiwillig Stellen aus den Büchern herausnehmen, wenn diese jemand beleidigt oder verletzt haben sollten. Doch das interessierte niemanden. Man hatte offenbar etwas ganz anderes mit uns vor.

So wurde Herrn Ewert bei seinem vorletzten Gespräch mit den Beamten eröffnet, daß *„man dafür sorgen werde, daß beide Bücher auch in zensierter Form nicht mehr erscheinen würden, da der komplette Inhalt der Bücher 'verboten' sei.“*

Wie mir der junge Beamte am Telefon damals versichert hatte, gäbe es keine 'Verschwörung'. Die Anzeige in Deutschland hätte nichts mit der [redacted] Kultusgemeinde in der Schweiz zu tun. Auch bliebe alles 'vertraulich'. Genau vier Tage nach der Hausdurchsuchung bei meinen Eltern bekam ich dann einen Anruf, als ich mich gerade bei meinen Eltern im Hause befand und zwar von dem vorher schon erwähnten Schweizer Journalist, der mit der [redacted] Kultusgemeinde in der Schweiz in engerer Bindung zu stehen scheint und der mich direkt fragte: *„Guten Tag Herr Holey,* *stimmt es, daß bei Ihnen vor wenigen Tagen eine Hausdurchsuchung stattgefunden hatte?"*

„Danke schön" an den Staatsschutz, dachte ich (Vertraulichkeit?!).

Von diesem Tage an lief der Krieg gegen mich in den Medien. Und wer stand wohl dahinter?

Aufgrund dessen hatte ich noch einen weiteren Anwalt, spezialisiert auf Presserecht, dazugenommen, um noch ein wenig besser gewappnet zu sein.

## Was machten die Medien daraus?

***„Es ist fast schon zu spät! Die Häme und Hetze gegen alle, die Volk, Nation und Kulturerbe bewahren wollen, geifert immer schlimmer aus allen Massenmedien! Mit Isolierung, Ächtung, Demütigung, Hausdurchsuchungen und Buchbeschlagnahmungen, ja mit Kerker werden immer hemmungsloser Deutsche bestraft, die sich gegen die Meinungs[redacted] auflehnen und die Grundrechte der Meinungs- und Wissenschaftsfreiheit mit Leben erfüllen wollen."*** (UN, Nr. 5/1997, S.10, Bingen)

Mit als erstes erschien in Deutschland ein Hetzartikel in dem Werbeblatt „KGS" aus Hamburg (siehe Anhang). Doch der Schreiberling konnte nur emotionsgeladene Polemisierungen aussprechen, nicht aber, auf welcher Seite etwas stehe, was nicht der Wahrheit entsprechen würde. Eine Beweisführung wollte man offenbar auch hier nicht eingehen.

Dann fielen andere über Ulrich Heerd vom Michaels-Vertrieb her, der unter anderem auch meine Bücher verkauft hatte. Die Presse nahm auch ihn in die Zange. Auslöser war, daß Herr Heerd im Fernsehen (ZAK) aufgetreten war und dort meine Bücher positiv dargestellt hatte, im Gegensatz zum Rest des ZAK-Berichts. Doch auch bei ihm gab es ein kleines Problem, ihn in die sogenannte Nazi-Ecke zu stellen, denn er war als Abgeordneter im Kreisrat der Grünen. Und wahrscheinlich sind auch die Grünen seiner Gemeinde Rechtsradikale und Anti[redacted], denn ich hatte einmal mit einer Gruppe von Grünen in Peiting einen Gesprächskreis geführt, der nach Aussage der Personen, die dabei anwesend waren, sehr interessant war. Auch waren die anwesenden Kreisratsgrünen nicht der Ansicht gewesen, daß ich ein 'Anti[redacted]' oder 'Rechter' sei.

Aber man braucht ja bekannterweise eine Lüge nur lange genug in der Presse zu wiederholen und die Welt glaubt es.

Aber damit Sie sich ein eigenes Bild machen können, hier ein Artikel aus der Tageszeitung „Schongauer Nachrichten“ vom 8.5.1996:

***Anti[redacted] Gedanken? - Verbale „Schüsse“ gegen Heerd***

*- Peitings Grünen-Chef von Magazin wegen umstrittenen Buchs kritisiert -*

*Uli Heerd, seines Zeichens Vorsitzender der Peitinger Bündnis-Grünen, aber auch Buchverleger, ist gleichermaßen irritiert wie besorgt. Grund dessen ist ein Interview im ARD-Magazin „ZAK“ vom Sonntagabend. Darin wurde ihm im Zusammenhang mit dem Vertrieb des jüngst in die Schlagzeilen geratenen Buchs „[redacted]“ von Jan van Helsing die Förderung anti[redacted] Gedankenguts vorgehalten. Heerd, der dies entschieden zurückweist, hat den Vertrieb der heftig umstrittenen Schrift inzwischen eingestellt.*

*Tatsache ist, daß das in zwei Bänden erschienene Werk in der Schweiz mittlerweile auf vehementes Drängen der [redacted] Gemeinde Basel verboten ist. Stein ihres Anstoßes waren unter anderem die Aussagen des Autors van Helsing, daß eine weltweite freimaurerische Verschwörung bestehe, an der auch [redacted] Familien in führender Stellung beteiligt seien. Neben Namen wie [redacted] und [redacted] tauchen indes auch die von Rockefeller oder dem englischen Königshaus auf.*

*Heftig umstritten ist derweil ein weiterer Passus, den auch das Magazin „ZAK" aufgriff und was dessen Moderator Küppersbusch veranlaßte, Heerd in dem Beitrag in die anti*[redacted] *Ecke zu stellen. In besagtem Absatz mutmaßt der Autor, daß der zweite Weltkrieg von langer Hand durch freimaurerische Logen vorbereitet worden sei und daß eigentlich die* [redacted] *- und nicht die Deutschen - diesen gewollt hätten.*

*Was mit ein Grund war für Heerd, das Buch nicht zu verlegen, wie es ihm von Seiten Helsings 1992 angetragen wurde. Das übernahm schließlich ein anderer, kleiner Verlag. Mit dem Ergebnis, daß die Verkaufszahlen binnen kürzester Zeit sprunghaft in die Höhe schnellten, bis heute 90.000 Exemplare abgesetzt sind.*

*Auch hatte der Peitinger Grünen-Chef „Schiß", wie er selbst sagt, weil ihm manche Quelle nicht nachprüfbar erschien. „Mir war das zu brisant. Ich hab' mich ganz einfach nicht getraut."*

*Gegen einen Verkauf hatte Heerd indes damals nichts einzuwenden. „Weil ich weiß, daß Jan (übrigens ein Freund Heerds) weder ein Rechter noch ein Linker ist und keine politische Aussage treffen, sondern nur die Geschichte nach seinen Recherchen aufschreiben wollte."*

*Ob Heerd jetzt Druck von seinen Parteifreunden erwartet? „Ich kann das nicht genau einschätzen. Wenn Menschen sich nicht mit dem Buch befassen, sondern nur einzelne Stellen herausgreifen, dann könnte das sein." Und in diesem Zusammenhang wirft er dem ZAK-Redakteur vor, das Buch selbst nicht gelesen zu haben. Heerd: „Grüne gehen aber nicht so vor. Ich glaube es auch deshalb nicht, weil ich gerade auf Kreis- und Bezirksebene erfahren haben, wie differenziert Grüne miteinander umgehen. Daher erwarte ich auch keine Repressalien."*

*Eingestellt hat er den Vertrieb übrigens auch, „um möglichen Polizei-Aktionen zuvorzukommen." Heerd wörtlich: „Die müßte ja kommen, wenn es einen Beschlagnahmungsbeschluß seitens der Staatsanwaltschaft geben würde."*

*Übrigens: Neben den Machtstrukturen der freimaurerischen Verbindungen findet man in den „[redacted]“ auch Abschnitte über neue Technologien sowie Erfindungen und Patente, die unabhängig machen sollen von der Energiewirtschaft.*

*Es dreht sich indes auch um die Arbeitsweise verschiedener Geheimdienste und ihr „Bemühen“, Länder und Regierungen zu destabilisieren. In diesem Zusammenhang werden Kennedy-Attentat und Palme-Mord genauso angesprochen wie der tödliche Anschlag auf den Präsidenten der Deutschen Bank, Herrhausen.“*

Kurz darauf meldete sich fernmündlich ein Herr [redacted] von der Zeitschrift „Esotera“ beim Andromeda-Buchgeschäft in Nürnberg und sprach mit dem damaligen Geschäftsführer Peter Herrmann. Dieser Mann war nach Herrn Herrmanns Worten völlig aufgebracht und äußerte sich abfällig über meine Bücher. Er suchte einen Kontakt zu mir. Er wollte einen Artikel schreiben, bei dem von vornherein klar war, daß es ein Zerriß werden würde. Nach wenigen Minuten des Gesprächs hörte Herr Herrmann dann im Hintergrund des Anrufers ein ‘Klicken’ und fragte ihn, ob er das Telefonat wohl mitschneiden würde, worauf der Mann nach einer Schluckpause mit *„Ja“* antwortete. Herr Herrmann wies ihn darauf hin, daß dies verboten sei, und er ihn am Anfang des Gesprächs hätte darauf hinweisen müssen. Herr Herrmann fragte den Esotera-Redakteur, ob dies nun die neuen Sitten der ‘Esoteriker’ wären. Doch der Mann reagierte nicht auf Herrn Herrmanns Worte, er war total in Rage wegen meiner Bücher.

Herr Herrmann übermittelte ihm dann, daß ich bei solch einem flegelhaften Verhalten kein Interesse hätte, mit ihm zu sprechen, was ihn noch mehr in Rage versetzte.

Ein paar Tage später sprach mein Vater, der Herrn Geißler Senior, den ursprünglichen Herausgeber des Magazins, noch persönlich kannte, mit diesem Redakteur und wies ihn auf sein unkorrektes Verhalten bezüglich der Aufnahme des Telefonats hin. Er befragte ihn über den Artikel, den er schreiben würde, doch dieser äußerte sich dann insoweit, daß es inzwischen nicht mehr sicher sei, ob dieser überhaupt erscheinen würde. Mein Vater wies ihn dann darauf hin, daß es eventuell doch möglich wäre, sich mit mir zu treffen, falls er wirklich an eine einigermaßen neutrale Berichterstattung denke, in der auch das, was ich sage, so abgedruckt werden würde. Es kam keine Reaktion.

In der übernächsten Ausgabe erschien dann ein völlig unsachlicher Artikel, der auf Emotionen und Polemisierungen aufgebaut war (Beleidigungen waren auch mit eingebaut), aber ebenso einer Beweisführung aus dem Weg ging. Zum einen ist es interessant, daß der Redakteur sich abfällig über meine Person ausließ und sich gleichzeitig in seiner emotionalen Schreibe über meinen psychischen Zustand zu urteilen erlaubte. Er ging sogar soweit, die Erziehung meiner Eltern anzuzweifeln. Und dabei ist es interessant, daß es gerade die 'Esotera' war, die mich so zerriß, die in einer früheren Ausgabe einen bebilderten Bericht über die Firma meiner Eltern und deren Glaubens- und Lebensweise abgedruckt hatte (die Autorin des Esotera-Artikels hatte übrigens damals beim Mittagessen neben mir gesessen) und es als sehr lobenswert dargestellt worden ist, wie Esoteriker es schaffen, einen Betrieb nach solchen Prinzipien zu führen. Daran hatte der eifrige Redakteur in all seiner Verbissenheit wohl nicht mehr gedacht.

Dann machte ich den Fehler, einen Leserbrief zu schreiben (ich war damals gerade in Spanien), bei dem die Redaktion nicht einmal die Courage hatte, ihn vollständig abzudrucken, obwohl sie meiner Person vier ganze Seiten in ihrem Heft gewidmet hatte, ohne mich jemals gesehen, gehört oder anders wahrgenommen zu haben. Aus diesem Grund, nämlich der Zensur des Magazins, ist hier nochmals dieser Leserbrief abgedruckt. Ich habe die Stellen unterstrichen, die die Esotera-Redaktion zensiert hatte. Möge der Leser selbst erspüren, warum man so gehandelt hatte.

*„Sehr geehrte Damen und Herren der Redaktion,*

*da Sie in Ihrem reinen Kontraartikel über meine Bücher eine Vielzahl an Falschinformationen der Öffentlichkeit zugänglich gemacht haben und so nun ein krimineller Touch meinem Namen anhängt, fände ich es mehr als fair, wenn Sie mir durch einen längeren Leserbrief die Möglichkeit der Korrektur gäben.*

*Ich bedanke mich dafür im voraus und grüße freundlich*

*Jan van Helsing*

*Ihr Redakteur* [redacted] *hatte einige Versuche unternommen, mit mir in Kontakt zu treten. Da bei den Gesprächen mit meinem Vater und Peter Herrmann jedoch herausklang, daß von seiner Seite bereits eine vorgefaßte Meinung - ein Vor-Urteil - bestand, habe ich mir die Fahrt nach Freiburg erspart.*

*Unrichtig sind vor allem die Aussagen im Kasten „Die Reaktion der Justiz“, womit wohl ein Anschein von Kriminalität erzeugt werden soll: Meine Adresse ließ ich bereits am 31.5. von einem meiner Anwälte bekanntgeben, wurde also nicht von der Polizei „enttarnt“, weswegen auch ein beantragter Haftbefehl vom Amtsrichter überflüssig wurde. Beim Staatsschutz war ich deshalb nicht erschienen, da mir die Anwälte das geraten hatten und wir zu der Vermutung kamen, daß mir meine Worte im Mund herumgedreht würden.*

*Nach einer fair verlaufenen Durchsuchung meines Zimmers im Elternhaus während meiner Abwesenheit traf ich mich mit den Beamten in Mannheim und mußte dann erfahren, daß es als verdächtig erscheine, daß man bei mir NICHTS gefunden hatte. Da ein rechtsradikaler Hintergrund oder solche Verbindungen nicht existent sind, wurde mir, wie auch zuvor meinem Vater erklärt, daß es ebenfalls verdächtig sei, daß ich einen deutschen Sportwagen fahre. (!?)*

*Die Krönung war dann, daß die Herren Beamten nach bereits zweimonatigen Ermittlungen nicht einmal den corpus delikti, also den Inhalt der Bücher, kannten - nur einer hatte die Bücher quergelesen und die entscheidenden Schlußkapitel entzogen sich der Kenntnis aller. Aufgrund dessen habe ich alle Gespräche abgebrochen und lasse inzwischen meine Anwälte weiter vorgehen.*

*Eine „Karriere in der linken Düsseldorfer Hausbesetzerszene" ist mir völlig unbekannt. Und wenn dann schließlich solche Vermutungen gebracht werden, ich hätte 50.000 DM (Phantasiezahl) bezahlt und es auch keine internationalen Nazifinanziers gibt, wird der „Sohn aus gutem Hause" herangezogen. Bei all dem erlaube ich mir den Verdacht auf Buchhändler- und Leser-Verhetzung zu hegen.*

*Bis zum heutigen Tag sind meinen Anwälten trotz mehrmaligen Schreibens und Beschwerden an die Staatsanwaltschaft keine Akteneinsicht noch sonstige Informationen gegeben worden. Wie kann es sein, daß Ihr Redakteur mehr Informationen vom Staatsschutz erhält, als meine Anwälte oder ich?*

*Das ganze Prozedere, wie „man" gegen den weiteren Verkauf meiner unbequemen Bücher vorgeht, d.h. den Vertrieb und Autor, bestätigt genau das „System", das ich in meinen Büchern beschreibe. Was jedoch den Lesern vorenthalten wurde, absichtlich oder aus Versehen, ist die Tatsache, daß ich meinen Autorenvertrag mit einem spanischen Verlag abgeschlossen habe (Ewertverlag S.L., Gran Canaria), meine Bücher daher nicht, wie so oft behauptet, bei einem deutschen Verlag erschienen sind, sondern der Ewertverlag in Rhede nur den Vertrieb für Deutschland übernommen hat.*

*Somit kann ich Sie beunruhigen: Meine Bücher werden auch weiterhin von dem spanischen Verlag aus in alle Welt (außer momentan in die Schweiz und Deutschland) geliefert.*

*Meine reichliche Leserpost bestätigt mir, daß ich absolut richtig liege. Und so, wie Sie oder Sendungen wie 'ZAK' mich zerreißen, umso erfolgreicher sind Fernsehauftritte im Ausland, wie z.B. in Japan.*

*Das absolute Gros sind Mitmenschen, die sich nach dem Lesen meiner Bücher wieder auf ihre Individualität besinnen und Wege der Befreiung suchen. Esoterisch, religiös, ökologisch oder kulturell - jeder nach seiner Couleur, aber schnellstens abspringend vom Zug der Zeit der breiten, gekonnt manipulierten Masse. Dieses „menschliche" Leser-Echo, kein Nationalismus, läßt mich auch weiterhin den Kopf hoch tragen, auch wenn mir u.a. ein so renomiertes Fachblatt wie die Esotera schmerzhaft ans Schienbein tritt. Ich schließe alle, die ich im Glauben verletzt habe, und alle Suchenden und alle Geblendeten und den Redakteur* [redacted] *in meine Gebete ein.*

*Jan van Helsing"*

Weiter ist zu bemerken, daß ich den Leserbrief mit Jan van Helsing unterschrieben hatte, ohne Ortsangabe. Doch die ‚Esotera' gab an: Jan Udo Holey, Fichtenau.

Liebe LeserInnen, Sie wissen sicher ganz genau, was man damit bezwecken wollte.

Doch bin ich diesen Leuten nicht böse. Es ist ihr gutes Recht, eine andere Meinung als ich zu haben und auch meine Bücher kritisch zu beleuchten oder gar zu zerreißen. Doch sollte auch ich die Freiheit haben, mir meine Meinung über politische oder andere Geschehen selbst zu machen und diese auch zu veröffentlichen.

Nach diesem Artikel kamen noch ein paar andere Magazine angeblich esoterischen Inhalts hinzu.

Was mich zwar zuerst überrascht hatte, doch im Nachhinein dann doch nicht, ist das Magazin „Raum und Zeit". Darin war ein äußerst „beschmutzender" Bericht über meine Bücher abgedruckt, jedoch ohne Autorennennung.

Von den Fernsehsendungen wie ZAK (auch hier hatte ich über Autotelefon mit dem zuständigen Herrn gesprochen, der mir erklärte, er wolle eine „neutrale" Berichterstattung bringen, ha, ha) und diversen kleinen Zeitungsartikeln einmal abgesehen, gab es dann noch den Artikel des Herrn [redacted] im 'Spiegel' (51/1996).

Nachdem dieser Herr zuerst bei meinen Eltern angerufen hatte und dort keine Informationen bekam, probierte er es beim Ewertverlag. Doch auch dort gab es nichts zu erfahren. Dann nervte er mit seinen Fragen alle unsere Anwälte, die ihn ebenfalls zurückwiesen

(Dabei stellt sich bei mir auch die Frage, woher ein Spiegel-Redakteur die Namen unserer Anwälte kennt? Erneute Vertraulichkeit?!). Eines Tages erreichte er mich dann über mein Mobiltelefon und stellte sofort sehr persönliche Fragen, zum Beispiel, welche Schulbildung, welche Ausbildung und welche Unternehmen ich habe und zur Krönung wollte er wissen, ob ich schon in psychiatrischer Behandlung gewesen sei. Nachdem ich ihm keine seiner Fragen beantwortet hatte und mit der Begründung zurückwies, daß es irrelevant sei, welche Schulbildung ich hätte, wie ich heiße, wie alt ich sei und welche beruflichen Tätigkeiten ich ausübe, sondern einzig und allein von Bedeutung sei, ob das, was ich schreibe, wahr ist oder nicht und er über diese Stellen schreiben solle, sagte er nichts mehr. Dann wollte er wissen, ob ich noch mehrere Quellen hätte, die belegen würden, daß Bundeskanzler Kohl [redacted] Abstammung sei und ich erklärte ihm, daß eine mir bekannte Person mit entsprechendem Rang beim BND angerufen hätte und auf die Frage *„Stimmt es, daß Kohl* [redacted] *Abstammung ist?"* die Antwort bekam: *„Ja, das ist uns bekannt"*.

Ich wies ihn dann darauf hin, daß die Verfahren gegen fast alle Buchhändler, die meine Bücher verkauft hatten und deswegen eine Anzeige am Hals hatten, eingestellt worden wären und die Polizei auch die Bücher zurückgegeben hätte. Dies hatte ihm übrigens auch Herr Ewert schon vermittelt gehabt. Darauf wußte er nichts zu sagen, war sogar sehr irritiert. Nachdem er somit keine Antwort bekam, die er negativ hätte auslegen können, wurde er etwas unruhig und meinte, daß er einen Kameramann vorbeischicken würde, der dann ein Foto von mir machen würde für den Artikel. Darauf sagte ich, daß ich mich nicht fotografieren ließe, da ich kein Interesse daran hätte, abgelichtet zu werden, und schon gleich gar nicht im „Spiegel". Darauf erwiderte er, daß er eben dann mein Foto aus einem Magazin oder einer Fernsehsendung entnehmen würde (hab den Namen vergessen), wo ich angeblich abgebildet worden sei. Doch ich wies ihn darauf hin, daß noch kein einziges Foto von mir veröffentlicht worden wäre und ich auch noch nie im Fernsehen gewesen war (außer einem Foto von hinten, in der von mir informierten „Wissenschaftlichen Zeitung für Parapsychologie, bodenständige Esoterik und spirituelle Ökologie – Die Andere Realität" und einem positiven Bericht im japanischen Fernsehen). Nach diesem Hinweis wurde er etwas forsch und meinte dann: *„Ich werde schon etwas über Sie herausfinden. Ich werde mich in Ihrem Umfeld über Sie erkundigen." „Na, dann machen Sie mal"*, erwiderte ich. Ich bot ihm dann an, mein Interview mit dem esoterischen Magazin „Zeiten-Schrift" durchzufaxen, damit er wenigstens 'etwas' über mich in Händen habe, was ich dann auch tat. Das Gespräch brach ich danach ab.

Ein paar Tage später erfuhr ich von Uli Heerd (Michaels-Vertrieb), daß Herr [redacted] auch dort angerufen hatte, um wenigstens irgend etwas über mich herauszufinden, doch auch dort war Fehlanzeige. Und Herrn Heerd hat er dann wohl gegenüber bemerkt, daß *„der van Helsing ein wilder Typ sei"*. (Wenigstens einer, der mein wahres Wesen erkannt hat!!)

Nun, als der Artikel dann schließlich erschien, konnten wir feststellen, daß er überhaupt nichts über mich herausgefunden hatte, außer, daß ich Vegetarier war, was er wiederum dem Interview mit der ZeitenSchrift entnehmen konnte.

Ach ja, er hatte mir gegenüber am Telefon bemerkt, daß er alle **drei** Bücher von mir (inzwischen sind es fünf) vor sich liegen habe, doch dieses dritte Buch war in seinem Artikel gar nicht erwähnt. Natürlich nicht, es hatte ja auch keinen Inhalt vorzuweisen, den man gegen mich hätte verwenden können. Etwas Positives über mich zu schreiben war ja auch sicherlich nicht beabsichtigt gewesen – nach der zeitgemäßen Medien-Formel: *„Good news are no news."*

Und trotzdem war es eine sehr gute Werbung für mich. Denn dem Volk zu erklären, daß in Deutschland Bücher verboten werden, ist keine allzugute Bestätigung für diese Staatsform und ihre Vertreter – vor allem nicht im Ausland.

Das hatte natürlich auch die iranische Regierung mitbekommen, die ja ständig genannt wird, wenn es um Meinungsfreiheit und

Buchverbote geht. Übrigens nennt man mich im Iran den „Salman Rushdie von Deutschland".

Eine Woche nach dem Mykonos-Prozeß wurde ich in die iranische Botschaft in Bonn eingeladen (in Begleitung eines [redacted] Königs) und wurde dort über vier Stunden lang befragt. Man wollte von mir wissen, wie es sein könne, daß die Bundesregierung den Iran verurteilt, weil man Salman Rushdie verfolgt, es in Deutschland aber nicht besser sei. So hatte der zweite Staatssekretär mir versprochen, Herrn Kinkel, den damaligen Außenminister, auf meine Person anzusprechen. Doch wird er dabei wohl auf wenig Resonanz gestoßen sein.

Zuletzt kam noch eine Fernsehreportage über eine angebliche Sekte mit dem Namen ‚Kai-Zen'. In dem Bericht wurde geäußert, daß meine Bücher dort zur Standardliteratur zählen würden. Daß diese Leute meine Bücher lesen, finde ich gut (Eigenlob stinkt), dennoch ist mir diese Gruppierung bis heute unbekannt. Dabei hatte der Filmbericht bei vielen Zuschauern den Eindruck hinterlassen, daß zwischen Kai-Zen und mir eine Verbindung bestehen würde (was wahrscheinlich auch so beabsichtigt gewesen war). Eines der Resultate der Sendung ist nun sicherlich, daß bei mir das Interesse geweckt worden ist, herauszufinden, wer und was hinter dieser Gruppierung steckt, nachdem wir schon die Ehre (oder Unehre) hatten, im Fernsehen gemeinsam genannt zu werden.

Ach ja, und dann ist da noch ein Buch veröffentlicht worden, von drei Österreichern: „Weltverschwörungstheorien – die neue Gefahr von rechts". Es ist ganz amüsant und es scheint fast so, als sei ich der Anlaß für dieses Werk gewesen, das mich auf vielen Seiten behandelt – natürlich als Scharlatan entlarvt, brauner Psychopath, bla, bla, bla... Dort heißt es unter anderem, daß dem van Helsing der größte rechtsextreme Coup seit 1945 gelungen sei.

Ich wußte gar nicht, daß ich zu solch großen Taten berufen war.

Offenbar haben sie auch den UFO-Forscher Michael Hesemann interviewt bezüglich meiner Wenigkeit, und dabei muß er wohl geäußert haben, daß bereits **fünfzig** Prozent der UFO-Interessierten in Deutschland mit dem ‚van Helsing-Virus' infiziert seien.

Freunde, das muß gefeiert werden!

Die über mich ausgestreuten Behauptungen haben einen solch realen Hintergrund wie die Nachricht im Videotext im August 1996, als ich gerade beim Frühstück saß und dort lesen konnte, daß ich angeblich in Untersuchungshaft sitzen würde. Unglaublich, nicht wahr? Aber so ist es nun mal in diesem Land. So weit haben wir es bereits gebracht. Auch Drohungen hatte man mir gegenüber ausgesprochen, diese haben sich jedoch nicht erfüllt (dabei war auch ein Hochgradfreimaurer, der mir ins Gesicht sagte, wann meine Exekution stattfinden würde). Parallel dazu hatte man auch in einer [redacted] Loge mein Todesurteil gefällt, was mir durch den Sohn eines BND-Mitarbeiters zugetragen wurde.

Unter den Drohungen fanden sich auch solche von bundesbehördlicher Stelle (ich möchte hier nicht näher ins Detail gehen), die mir ebenfalls ins Gesicht sagten, daß man dafür sorgen würde, daß man auch andere Bücher, die ich veröffentlichen würde, vom Markt ziehe - egal welchen Inhalt diese hätten.

Anonym wurde mir zugetragen, daß man mich „fertigmachen" würde, und wenn man dies gerichtlich nicht schaffe, dann würde man es eben wirtschaftlich erreichen.

So, dies zur Medienseite.

***„Eine freie Presse gibt es nicht. Sie, liebe Freunde, wissen das, und ich weiß es ebenfalls. Nicht ein einziger unter Ihnen würde es wagen, seine Meinung offen und ehrlich zu sagen.***

***Das Gewerbe eines Publizisten ist es vielmehr, die Wahrheit zu zerstören, geradezu zu lügen, zu verdrehen, zu leugnen, zu Füßen des Mammon zu kuschen und sich, sein Land und seine Rasse um des täglichen Brotes willen immer wieder zu verkaufen.***

***Wir sind Werkzeuge und Hörige der Finanzgewaltigen hinter den Kulissen. Wir sind Marionetten, die hüpfen und tanzen, wenn jene am Draht ziehen. Sie spielen die Melodie, nach der wir tanzen. Unser Können, unsere Fähigkeiten und selbst unser Leben gehören diesen Männern. Wir sind nichts weiter als intellektuelle Prostituierte.“*** (John Swinton, damaliger Herausgeber der „New York Times“, vor Kollegen im Jahr 1914)

**Aus rechtlicher Sicht:**

Was das Rechtliche angeht, haben wir nichts weniger Verfälschtes erwartet. Wie mit mir umgegangen wurde, drückte einer meiner Anwälte mit den Worten aus: *„So etwas habe ich noch nicht erlebt.“*

Nachdem also am 18.3.1996 die Beschlagnahme der Bücher bundesweit stattgegeben worden war, fanden Hausdurchsuchungen und Beschlagnahmungen bei fast allen Großhändlern und Auslieferern statt, wie auch beim Ewertverlag und den Eltern von Herrn Ewert. Danach war ich an der Reihe gewesen. Dazu kamen mehrere Buchhandlungen in Deutschland. So schrieben nicht nur meine und Herrn Ewerts Anwalt, sondern auch all die Anwälte der anderen Betroffenen an die jeweiligen Staatsanwaltschaften, doch wir bekamen keine Reaktion. Meine Anwälte forderten mehrmals die Akteneinsicht an, doch kam nicht einmal eine Antwort zurück. Nur ein einziges Mal bekamen wir etwas zugesandt, nämlich daß eine Beschwerde von uns zurückgewiesen worden ist.

Man hüllte sich einfach in Schweigen - die sogenannte ‘Verzögerungstaktik’. Man hatte uns durch Hausdurchsuchungen und anderes eingeschüchtert, sagte, wir hätten uns strafbar gemacht, verweigerte uns aber zu sagen, ‘womit’ wir uns strafbar gemacht haben sollen. Und dieses Schweigen sollte ein halbes Jahr andauern. Eine lange Zeit, wenn man nicht weiß, was einem eigentlich vorgeworfen wird.

Zu guter letzt erfuhren wir noch, daß man auch die Steuerfahndung bei Herrn Ewert und bei mir beantragt hatte. Die Steuerfahndung hatte jedoch bei den zuständigen Finanzämtern unsere Steuerakten angefordert und nach Durchsicht die Fahndung abgelehnt, da alles in Ordnung sei.

Erneut hatten uns die guten Geister nicht verlassen.

Hier eine kurze Erklärung über das Presserecht in Deutschland:

Um eine Beschlagnahme durchführen zu können, benötigt die Polizei einen Beschluß des entsprechenden Gerichts (normalerweise Amtsgericht), den die zuständige Staatsanwaltschaft beantragt haben muß. Solch ein Beschlagnahmebeschluß ist zwei Monate gültig und ist aufzuheben, wenn er nicht vor Ablauf der Frist um zwei weitere Monate verlängert wird. Diese Frist kann erneut um zwei weitere Monate verlängert werden. Die Beschlagnahme erstreckt sich also insgesamt auf ein halbes Jahr. Kommt es nach diesem halben Jahr zu keiner Anklage, ist die Beschlagnahme endgültig aufzuheben, d.h. die Bücher müssen wieder freigegeben werden. In den meisten Bundesländern verjähren Presseinhaltsdelikte grundsätzlich sechs Monate nach dem Erscheinen bzw. der Verbreitung des Druckwerks. Das bedeutet, daß der Verbreiter nach Eintritt der Verjährung nicht mehr bestraft werden kann. Das Strafverfahren ist danach einzustellen. Der Täter ist eventuell wegen eines Verfahrenshindernisses freizusprechen.

Unabhängig von der Verjährung ist aber eine Einziehung des Buches im sogenannten „Objektiven Einziehungsverfahren“ möglich. Dieses Verfahren hätte spätestens sechs Monate nach der Beschlagnahme beantragt werden müssen. Doch auch wenn kein derartiges Verfahren durchgeführt wurde, ist damit noch nicht gesagt, daß das Buch straffrei verkauft werden kann, wenn es freigegeben ist!! Das ganze zeigt die ungeheuere Rechtsunsicherheit in Deutschland.

In unserem Fall war also eine Beschlagnahme aktiv, die jedoch auf ein halbes Jahr verlängert worden war. Und wir wußten daher, daß der Staatsanwalt bis zum 18.9.1996 eine Anklage erheben mußte, da ansonsten die Bücher wieder freizugeben waren.

In diesem halben Jahr hatten Herrn Ewerts Anwalt und meine Anwälte mehrmals an die Staatsanwaltschaft Mannheim (Baden-Württemberg) geschrieben, um endlich Akteneinsicht zu bekommen sowie mehrere Schreiben an das Amtsgericht Mannheim, mit dem Hinweis, daß dieses zum einen überhaupt nicht für uns zuständig sei und der Staatsanwalt auch nicht ermitteln dürfe, da der Tatort der Erscheinungsort der Schrift ist (und dies ist Meppen, Niedersachsen) und zweitens die Tat, falls es sich bei dem Inhalt tatsächlich um einen strafbaren handeln sollte, lange verjährt sei, da das erste Buch bereits zwei Jahre und das zweite Buch ein dreiviertel Jahr auf dem Markt erhältlich gewesen sind. Daher hätte es zu keiner Anklage kommen dürfen. Doch der Staatsanwalt hatte uns also genau ein halbes Jahr im Dunkeln sitzen lassen, ohne Reaktion auf unsere Schreiben und die Tatsache, daß er überhaupt nicht ermitteln durfte und erhob genau einen Tag, bevor die Verjährung eingetreten wäre, Anklage vor dem Landgericht Mannheim.

Kurz vor der Anklageerhebung bekamen meine Anwälte endlich einen TEIL der Akte zugesandt und so erfuhren wir also nach fast einem halben Jahr, was mir überhaupt zur Last gelegt wurde. Tatsächlich wußte der Redakteur der ‚Esotera' mehr als meine Anwälte, so auch der Schweizer Journalist. Nur einer wußte nichts, nämlich die Person, um die es sich eigentlich drehte - der Autor. Wie kann das sein?

Die einen nennen es Hinhaltetaktik, die anderen Psycho[redacted]. Man beschlagnahmt Bücher bundesweit, informiert das Opfer (oder den Angeklagten) nicht über den Grund, gibt aber gleichzeitig reichlich durch die Medien bekannt, daß gegen die Person Haftbefehl beantragt worden ist und seine Bücher beschlagnahmt worden sind. Das ist in meinen Augen wirkliche [redacted]. Zu diesem Zeitpunkt wurde jedoch noch ermittelt wegen *„des VERDACHTS auf Volksverhetzung"*. Es war also noch gar nicht klar, ob der Inhalt am Ende volksverhetzend ist oder nicht, aber am besten steckt man den Autor des Buches solange in Untersuchungshaft, bis sich nachher herausstellt, daß der Inhalt gar nicht volksverhetzend ist. Logisch!

Es wurde also wegen des 'Verdachts auf Volksverhetzung' gegen mich ermittelt. Und obwohl es zu diesem Zeitpunkt noch gar kein Urteil gab, gab es trotzdem eines. Das Urteil, zumindest durch die Staatsanwaltschaft, war bereits gefällt, da uns sofort die ISBN-Nummern entzogen worden sind.

Tja, Sie sehen schon, wir leben in einer Demokratie oder wie ein Freund von mir etwas treffender sagt - [redacted]!

Als die Staatsanwaltschaft dann am 17. September 1996 Anklage gegen Herrn Ewert und mich erhoben hatte, bekamen wir auch die Anklageschrift zugesandt.

Nun, das Gericht in Mannheim beschloß dann schließlich am 17.1.1997, also nach einem weiteren viertel Jahr, daß die Eröffnung des Hauptverfahrens abgelehnt wird, da es nicht zuständig sei, was meine Anwälte ja ausführlich dargelegt hatten. Also ein kleiner Teilsieg für uns.

Daraufhin hatte die Staatsanwaltschaft Beschwerde beim Oberlandesgericht Karlsruhe eingelegt, der dann wiederum acht Monate später, am 16.9.1997 stattgegeben wurde und das OLG Karlsruhe das Landgericht Mannheim für zuständig erklärte und mit diesem Beschluß gleichzeitig das Hauptverfahren eröffnete. Und das Resultat dieses Verfahrens war dann am 11.2.1998, daß das Landgericht Mannheim das Verfahren wegen mangelnder Zuständigkeit erneut eingestellt hat. Doch der Staatsanwalt gab sich noch nicht geschlagen und reichte erneut eine Beschwerde beim Oberlandesgericht Karlsruhe ein. Und dort lagen nun die Akten elf Monate, bis wir am 13.1.1999 den Beschluß vom 30.11.1998 zugesandt bekamen, daß die Beschwerde des Staatsanwalts abgewiesen wurde und somit die Einstellung des Verfahrens rechtskräftig geworden ist.

**Man hatte also festgestellt, daß fast drei Jahre lang eine unzuständige Staatsanwaltschaft ermittelt hatte!!!** Das hatte System. Nur nebenbei möchte ich auch bemerken, daß die Anklageschrift mit den beiliegenden Akten insgesamt fünf Ordner mit über zweitausend Seiten füllte. Unseren Anwälten wurden dabei zirka einhundertfünfzig Seiten vorenthalten, bei denen es sich – nach Auskunft eines anonymen Juristen – um Abhörprotokolle handeln soll. Das ist doch nett, nicht wahr?

Das heißt im Klartext, daß Herr Ewert und ich nach fast drei Jahren erfahren durften, daß wir zwar „straffrei" ausgehen (für den Inhalt zweier Bücher im „freiesten Land deutscher Geschichte"), die Bücher jedoch weiterhin „verboten" bleiben, da auf den Inhalt nicht eingegangen worden ist.

Aber ich glaube, daß das Verbot inzwischen nicht mehr so schlimm ist, da die Menschen, die diese Bücher lesen sollten, sie auch in die Hände bekommen haben, und wer sie unbedingt lesen will, der wird auch irgendwoher eine Kopie bekommen. Nach Aussage eines Insiders vom Börsenverein des deutschen Buchhandels könnten es via vieler Fotokopien fast zwei Millionen deutschsprachiger LeserInnen sein.

Dennoch gab es Bestrafungen gegen Buchhandlungen beziehungsweise Verlage, die die Bücher verkauft hatten. So schrieb die „Wochenzeitung" (WoZ) am 24.5.1996 zu der Aktion gegen den Schweizer Buchhändler Jäggi, mit dem eigentlich alles angefangen hatte: *„Letzte Woche hat nun Herbert Hauert, der leitende Basler Staatsanwalt, Anklage erhoben. Der Seniorchef der Buchhandlung wird sich also demnächst vor dem Basler Strafgericht zu verantworten haben.*

*Strafverfahren laufen auch in anderen Kantonen – beziehungsweise laufen an. In der psychiatrischen Praxis von Regina Möckli in Mettschlag TG lag das Buch laut Besucher(innen) mit Preisanschrift zum Verkauf aus, was eine Anzeige und ein Strafverfahren provozierte.*

*Ein Verfahren droht auch dem „Buechlade Cham". „Die Buchhändlerin empfahl mir das Buch", berichtete eine Kundin der WoZ. „Ich will die Sache strafrechtlich abklären lassen", erklärte der Zuger Polizeidirektor Hanspeter Uster.*

*Weil die „*[redacted]*" im Februar an einem Ufo-Kongreß in Zürich verkauft wurden, eröffnete auch die Zürcher Justiz ein Verfahren..."* usw. usw.

Das Ende vom Lied im Fall Jäggi berichtete dann ebenfalls die WoZ am 6.6.1997:

*„Die Buchhandlung Jäggi hat laut einem Bericht der „Basler Zeitung" mit dem Verkauf des anti*[redacted] *Buchs „*[redacted] *2" von Jan van Helsing immerhin einen Gewinn von 2.500 Franken erzielt. Dagegen stehen nun 1.000 Franken Buße, die ein Basler Einzelrichter Willy Jäggi, dem Besitzer der Buchhandlung, ... auferlegt hat... Zum Zeichen der Reue will Jäggi, der als liberal und tolerant beschrieben wird, nun auch den Gewinn aus dem Verkauf des umstrittenen Buches einer gemeinnützigen Organisation überweisen."*

Dann gab es noch den Fall Rahm. Herr Emil Rahm, der meine Bücher in seinem Programm (Memo-Press) angeboten hatte, wurde ebenfalls angezeigt, was ihn auf den Plan rief, mit vielen Leserbriefen und Stellungnahmen in verschiedenen Zeitungen auf die Lügen und Falschinformationen, die gestreut worden waren, hinzuweisen und um auf die Zensur in der Schweiz aufmerksam zu machen. Doch vergeblich: Am 18.3.1997 wurde Herr Rahm zu 5.000 Franken Busse, 1.700 Franken Verfahrenskosten und 10.000 Franken für ein Gutachten der Kläger bestraft, also 16.700 Franken. In dem Gutachten von Herrn Marcel A. Niggli (der in einem anderen Fall im Februar 1997 bezichtigt wurde, in einem Gutachten falsch zitiert sowie Entscheide des Europäischen Gerichtshofes falsch ausgelegt zu haben), sind die „[redacted]*... in seiner Gesamtheit geeignet, zu Hass und Intoleranz gegenüber* [redacted], [redacted] *Banken,* [redacted]*isten, Freimaurern etc. aufzurufen*", und verbreitet eine Ideologie, „*die darauf gerichtet ist, solche Personen, Gruppen und nicht der weißen Rasse angehörenden Menschen etc. systematisch herabzusetzen, indem diesen eine moralisch verwerfbare Grundeinstellung zugeschrieben wird.*"

### Aus menschlicher und geistiger Sicht:

Ich weiß nicht, ob Sie sich vorstellen können, was es bedeutet, als ein freier Mensch seine eigene Meinung in einem Buch niedergeschrieben zu haben und dafür dann durch Staat und Presse einem Psycho- und Lügen[redacted] ausgesetzt zu sein. An einem Tag will kein Mensch etwas von einem, man ist der nette Junge von nebenan, und am nächsten Tag ist man ein Verbrecher. Aber nicht, weil man tatsächlich etwas an der Person zu bemängeln hätte oder an dem Inhalt der Bücher. **Nein, weil man es in der Zeitung gelesen hat.** Und wenn es in der Zeitung steht, dann wird es wohl schon stimmen. Man ist mit seinen Büchern fast zwei Jahre in den Buchhandlungen vertreten, sogar in Bestsellerlisten, die Leute finden einen gut und am nächsten Tag ändert 'man' die Meinung um 180 Grad. Auch die 'Esotera'. Erst bin ich mit beiden Büchern in der Bestsellerliste aufgeführt, dann bringt man einen Zerriß. Da stimmt doch irgend etwas nicht. Dabei frage ich mich auch, wo in solch einem Fall die sogenannten ‚Menschenrechtsorganisationen' bleiben, die ansonsten immer gleich zur Stelle sind, wenn irgendwo in China, in der Türkei oder im Iran Autoren ins Gefängnis kommen oder Bücher verboten werden? Haben denn einzelne Deutsche keine Ansprüche auf Menschenrechte?

An dieser Stelle möchte ich mich nun auch gerne bei all meinen geschätzten LeserInnen bedanken, die sich durch die Lügen nicht haben beirren lassen; bei meinen Freunden, die mir zur Seite standen; bei all den Leserbriefschreibern, die mir in ihren Zeilen immer wieder Mut zugesprochen haben und vor allem bei meiner Familie und dem Umfeld der Verwandtschaft, wo ich nach meinen abenteuerlichen Reisen und Unternehmungen immer in einen sicheren Hafen einlaufen kann.

Leider konnte ich bei den vielen hunderten von Leserbriefen nur einen Teil beantworten, beziehungsweise mußte die Leserpost verschwinden lassen, da ich im Falle weiterer Hausdurchsuchungen und einem eventuellen Finden der Briefe keine anderen Menschen in meine Schwierigkeiten mit hineinziehen wollte. Ich denke, daß es daher auch in Ihrem Interesse lag, daß Ihr Leserbrief „mit verschwand."

Auch möchte ich es nicht versäumen, mich bei unserer Schöpfung, bei Gott, zu bedanken und all den Helfern in der geistigen Welt. Ganz besonders gilt dabei mein Dank Opa Alois, der mir aus der geistigen Welt immer wieder mit einem guten Rat zur Seite stand und natürlich auch meinen Freuden in den Flugscheiben, die mich keine einzige Minute im Stich gelassen hatten. Sie wachen permanent über mich während meines Entwicklungsprozesses und begleiten mich liebevoll (soweit ich mir keine ‚Schnitzer' erlaube und die Verbindung unterbreche).

Dennoch habe ich meine Bücher alleine geschrieben, trage somit die alleinige Verantwortung für die Ereignisse und muß auch alleine durch die Sache durch.

Wie dem auch sei: Im Endeffekt war das Verbot die beste Werbung für die Bücher und natürlich die sichtbare Bestätigung für mein Geoffenbartes. Denn wie sagte schon Franz Josef Strauß: *„Egal ob man Gutes oder Schlechtes über mich schreibt, Hauptsache, man schreibt über mich."*

Letztendlich will ich ja gar nicht schimpfen. Die vorigen Beschreibungen über den Verlauf der Dinge von Seiten der Staatsanwaltschaft und ihrer ausführenden Organe, wie auch der Presse, habe ich aufgeführt, damit die Geschichte komplett dargestellt ist und doch bei vielen Lesern auf Interesse stößt.

Eine wichtige Frage stelle ich mir trotz alledem zwischendurch: Warum ist mir dies geschehen? Warum gerade mir, wieso hat man so massiv reagiert, warum gerade bei meinen Büchern und bei anderen mit ähnlichem Inhalt nicht?

Nun, mit den Informationen, die ich in meinen Büchern der Öffentlichkeit preisgab, hatte ich mir, wie zu erwarten war, keine 'Freunde' gemacht.

Außer einer Anzeige gleich zu Anfang im „Spiegel" hatte der Verlag nicht inseriert und verkaufte in etwa zwei Jahren über einhunderttausend Stück. Hätten wir nur zehntausend Exemplare verkauft, hätte man uns hundertprozentig in Ruhe gelassen. Man hätte uns ganz einfach totgeschwiegen. Doch da ich durch meine Schriften weit über hunderttausend LeserInnen erreicht hatte, und das erste Buch zu einem deutschen Bestseller heranreifte, war ich zu einer sichtlichen „Gefahr" für diese Leute geworden. Daß es ein paar „Spinner" gibt, die sich mit diesen Dingen beschäftigen, und die Machenschaften der Hintergrundmächte durchschauen, ist kein Problem, doch wenn eine Vielzahl intelligenter Individualisten anfängt zu „spinnen", wird es gefährlich. Also mußte man etwas unternehmen. Eine gezielte Pressekampagne, um das „neue" Weltbild wieder zu zerstören, welches ich bei den Lesern aufgebaut hatte, war von Nöten. So ist auch die gesamte Kampagne, egal aus welcher Redaktion, nicht auf meine Informationen eingegangen, noch konnte sie bei einem einzigen Punkt die Unwahrheit oder das Gegenteil beweisen. Alle hatten es nur auf meine Person abgesehen beziehungsweise hatten polemisiert (*„van Helsing benutzt national* [oder *‚rechts'*] *gesinnte Autoren als Quellen...*" Dabei frage ich mich, wer überhaupt entscheidet, was als *‚rechts'* oder als *‚links'* einsortiert wird? Wer definiert die Mitte? Außerdem ist es irrelevant, ob irgend ein Autor national oder asozial eingestellt ist oder nicht. Einzig und allein wichtig ist, ob die Informationen der Wahrheit entsprechen oder nicht). Man hat vom Thema komplett abgelenkt, indem man emotional geworden war. Kein einziger hat sich auf eine Beweisführung eingelassen - und sie wissen auch warum.

Nun, im Nachhinein betrachtet, war die ganze Kampagne mit der Beschlagnahme und so weiter nicht das Schlechteste, was der Thematik hatte passieren können. Aus verschiedenen Gründen, wie ich nun genauer ausführen möchte.

• Es war zum einen die billigste Werbung. Denn wenn man jemandem sagt: *„Tue dies nicht, oder lies das nicht, es steht etwas schlechtes oder böses drin"*, ist es logisch, daß man es dann erst recht tut. Und genau diesen Effekt hat es gehabt. Zehntausende von Aufgeschreckten haben die Bücher kopiert und weitervermittelt. Sie werden sogar zu Höchstpreisen gehandelt, in Discos, Flohmärkten oder auch in Geschäften unter der Theke. Und was man eigentlich verhindern wollte, trat nun erst recht ein - man spricht über mich. Der Name Jan van Helsing erzeugt bei vielen ein Gefühl der Verbrüderung und das Interesse nahm und nimmt im Gegensatz zu der Zeit, als man die Bücher noch frei kaufen konnte, noch zu.

• Als zweites war das ganze Prozedere, nämlich daß man ein beziehungsweise zwei Bücher BUNDESWEIT beschlagnahmen läßt, die beste Beweisführung dafür, daß etwas darin stehen muß, was unerwünscht ist. Wäre all das, was ich schreibe, Mumpitz, Blödsinn oder paranoide Hirngespinste, stellt sich die Frage, warum man dann die Bücher verbieten muß? Das ergibt keinen Sinn. Wäre der Inhalt erfunden oder reine Phantasie, dann bräuchte man die Bücher nicht zu verbieten, da sich ja sowieso früher oder später herausstellen würde, daß alles nur Phantasie gewesen ist. Also kein Grund zur Panik. Doch das Gegenteil ist geschehen!

Und die Vorgehensweise, wie man mit mir verfuhr, habe ich in meinen Büchern genau so erklärt, wie man später mit mir vorgegangen ist (siehe die Protokolle des Arthur Trebitsch im Anhang).

Und durch die Anzeigen, die es in der Schweiz und in Deutschland gehagelt hatte, sowie die diversen Zeitungsartikel, wissen wir nun auch alle, wer es ist, der kein Interesse daran hat, daß kritische Bürger meine Bücher lesen. Und die weitere Tatsache, daß man sofort einen Haftbefehl beantragt hatte, zeigt ganz deutlich, daß offenbar ein ganz besonderes Geheimnis in meinen Büchern gelüftet worden ist.

• Man wollte mich dafür sichtbar bestrafen und dadurch der Öffentlichkeit sagen: *„Seht her, das passiert euch, wenn ihr versucht, aus eurem Gefängnis auszubrechen (Gesellschaft, Abhängigkeit der Banken, Versicherungen, Medien, Kirchen..).“* So hatte man sich in der Presse bereits sehr weit aus dem Fenster gelehnt. Wahrscheinlich auch deshalb, weil man der Ansicht war, daß einige neugierig gewordene Menschen die Bücher sowieso nicht lesen können. Doch weit gefehlt. Nur weil etwas verboten ist, heißt das noch lange nicht, daß sich die Menschen daran halten. Drogenkonsum beispielsweise, und der Verkauf derselben, ist ja auch in Deutschland verboten. Und wer hält sich daran? Eben! Und nun, da man mich nicht ‘entfernen’ und erst recht nicht öffentlich ‘schuldig sprechen’ und ‘bestrafen’ konnte, ging der Schuß eher nach hinten los. Aber auch wenn man mich bestraft hätte, hätte das nichts an der Tatsache geändert, daß die Bücher gelesen werden – wahrscheinlich sogar das Gegenteil.

Im Nachhinein gesehen war diese Zeit des Angriffs das Beste, was mir persönlich hat passieren können. Nicht nur, daß ich einen unheimlichen Reifeprozeß durchschritten habe. So hatte ich in meinen Büchern über das Schicksal und die Schwierigkeiten von Menschen berichtet, die an die gleichen Leute geraten waren, wie ich. Doch es war eben nur geschrieben. Jetzt habe ich es selbst erlebt. (Natürlich ist mein Schicksal nicht mit einem Herrhausen, Rohwedder oder Kennedy zu vergleichen, die ihr Leben verloren haben, weil sie den Illuminati zu sehr in die Quere gekommen sind beziehungsweise deren Befehle nicht ausgeführt haben – so gesehen bin ich natürlich mit einem blauen Auge davongekommen. Möglicherweise hat aber auch irgend ein Illuminat, aus mir nicht bekannten Gründen, eine schützende Hand über mich gehalten – vielleicht schwenken ja doch manche Personen um oder leben im inneren Zwist mit ihrem Job?)

Doch das allerwichtigste war dabei, daß ich erneut selbst erfahren durfte, daß meine Schlußkapitel und die darin beschriebenen geistigen Gesetze tatsächlich auch in Extremsituationen anwendbar sind und auch perfekt und zuverlässig funktionieren. Und alle meine LeserInnen konnten es mitverfolgen.

Ich habe sozusagen höchstpersönlich die Beweisführung für meine eigenen Schlußkapitel übernommen, den Beweis dafür, daß Vergebung, Geduld, Vertrauen und Liebe stärker sind als Haß, Rache und Kriege.

Daher bin ich all den Personen, die mir Unangenehmes zufügen wollten, nicht wirklich böse. Im Gegenteil. Ich versuche, ihnen sogar in gewisser Weise dankbar zu sein, da sie mir die Chance gegeben haben, eben diese Form der Vergebung an ihnen zu üben. Wissen Sie, bevor ich meine Bücher geschrieben habe, hatte ich niemals wirklichen Ärger gehabt. Ich kannte keine Gegner und keine Buhler. Ich war immer ein fröhlicher und humorvoller Mensch (bin ich übrigens auch heute noch). Und daher war es auch nicht besonders schwer, zu anderen Menschen nett zu sein, da sie es ja auch mir gegenüber waren. In diesem Sinne war ich natürlich von der Zuverlässigkeit meiner Ratschläge in den Schlußkapiteln überzeugt. Ich war ja nie in dieser Form herausgefordert worden. Doch durch dieses Verfahren hatte ich nun zum ersten Mal einen 'Gegner' oder gar einen 'Feind' (aus deren Sicht) und dadurch auch wirklich die Chance, die Kraft der selbstlosen Liebe und die Vergebung an jemandem zu üben, der mir weh tun wollte. Und ich meine, es hat funktioniert. Ganz ehrlich gesagt hatte ich natürlich am Anfang schon erhebliche Schwierigkeiten damit. Doch meine innere Stimme sagte mir unentwegt: *„Ruhig bleiben, nicht aufregen, man will Dich aus der Reserve locken, wenn Du nicht reagierst, kann man Dir nichts anhaben.*

*Mach Dir keine Sorgen, Du mußt nur lange genug warten können. Schließe Deine Peiniger in Dein Gebet ein und sende ihnen immer wieder Licht.“*

So schloß ich all die Personen, die über mich geschrieben hatten sowie die Staatsorgane tatsächlich in meine Gebete mit ein und bat darum, daß diese für sich selbst erkennen mögen, was Wahrheit ist und was Lüge, was Recht ist und was Unrecht...

Auch bin ich diesen Personen teilweise deshalb nicht böse, da ich glaube, daß einige davon wirklich der Meinung sind, daß das, was sie getan haben, das richtige war. Daß sie wirklich glauben, daß das, was ich geschrieben habe, Humbug oder gar Kriminelles sei. Das ist deren Weltsicht, deren Bewußtseinsstufe und die habe ich zu respektieren. Es ist deren gutes Recht, sich so über mich zu äußern. Und es ist meine Prüfung, diese Menschen dafür nicht zu verurteilen, sie trotzdem als eine Ausdrucksform der Schöpfung zu erkennen und sie so zu behandeln.

Aber ich würde sagen, wir warten noch ein paar Jahre ab und sehen dann, wer Recht gehabt hat und wer nicht. Und vor allem, wer dann zugeben kann, daß er im Unrecht gewesen ist.

## Was hat Jan van Helsing sonst noch zu sagen?

Nach den ersten beiden Büchern erschien dann „Buch 3 – Der Dritte Weltkrieg“. Dabei handelt es sich um eine Zusammenfassung von einhundert Seherschauungen und Prophezeiungen zur Jahrtausendwende und die Möglichkeit eines neuen, auf dem Balkan beginnenden Weltkriegs, falls die Menschheit nicht um-denkt – und vor allem nicht um-handelt.

Dieses Buch war jedoch für einen Teil meiner Leserschaft eine Enttäuschung, da es mit dem Inhalt der beiden ersten Bücher nur wenig gemeinsam hat – zumindest auf den ersten oberflächlichen Blick hin. Doch muß ich dann die Frage in den Raum stellen, ob Sie selbst, nachdem – nur einmal angenommen - zwei Ihrer Bücher verboten worden sind, ein weiteres Buch mit einem ähnlichen Inhalt veröffentlichen würden? Das wäre doch sicherlich mehr als unlogisch, oder? (Abgesehen von dem Frust der Buchhändler.) Und wie ich am Ende von Band II geschrieben hatte, gibt es den Ausführungen der verbotenen Bücher nichts Entscheidendes mehr hinzuzufügen – ich wollte ja nur das System aufdecken.

Diese Bücher waren eigentlich nur die Basis für eine spannende Reise zu einem neuen Weltbild. In ihnen beschreibe ich Machtstrukturen, die kein Interesse daran haben, daß Sie und ich über ein paar delikate ‚Dinge' Bescheid wissen. Wüßten wir dies, könnten deren Machtapparate nicht länger aufrecht erhalten bleiben. Sicherlich gehört zu diesen ‚Dingen' auch die ‚Freie Energie', doch nur bis zu einem gewissen Maße. Noch mehr geht es jedoch um „innere Kräfte". Und zu diesen zählen auch die Prophezeiungen. Und prophezeien kann im Grunde genommen jeder, doch die meisten Menschen sind sich derartiger Kräfte gar nicht bewußt. Und in manchen Fällen wollen sie sich auch gar nicht bewußt darüber werden. Man müßte sich und sein Leben nämlich verändern, wenn man derartige Phänomene als Realität anerkennen würde. Doch um etwas Neues wahrnehmen und vor allem aufnehmen zu können, muß man zuerst etwas Altes loslassen – und das tut weh.

Und es ist auch nicht mein Anliegen, Bücher zu schreiben, die Menschen gefallen, weil sie vielleicht in deren „Weltbild" passen und diese in ihrer eigenen bisherigen Meinung bestätigen, sondern mein Ziel ist es, aufzuzeigen, daß es neben den „normalen" Dingen wie Wirtschaft, Politik, Banken, Sport, Fernsehen, Häusle bauen, Autos, usw. auch noch etwas anderes gibt.

Dabei liegt der Reihenfolge meiner Bücher und der Wahl der entsprechenden Themen folgendes Konzept zugrunde:

- Altes Zeitalter:
  „[redacted] **Band I+II**“: Aufdecken der illuminierten Machtstrukturen, aufrütteln und das alte Weltbild als Betrug entlarven.

- Altes und Neues Zeitalter:
  **„Buch 3 – Der Dritte Weltkrieg“**: Die Prophezeiungen bestätigen die Existenz und das Wirken der Illuminati und enthüllen uns ihren Plan (Börsen- und Wirtschaftscrash, Entzug des Bargelds, Dritter Weltkrieg, Kontrolle der Menschen durch implantierte Chips,...), zeigen aber klar auf, daß sie scheitern werden. Die Prophezeiungen geben uns einen Hinweis darauf, wie dies geschehen wird, woher die Hilfe kommt, und vor allem, wie die Zeit nach dem Fall der Illuminati aussehen wird – das ‚Neue Zeitalter‘.

- Neues Zeitalter:
  **„Unternehmen Aldebaran“**: Zeigt uns die Kontakte mit hilfreichen Außerirdischen auf, die sich über die Illuminati im Klaren sind und daher uns Menschen der Erde helfen (beschrieben werden dabei die Kontakte der Aldebaraner mit der VRIL-Gesellschaft im Dritten Reich, die damaligen deutschen Weltraumunternehmungen sowie die heutige Präsenz der Aldebaraner und ihre Zusammenarbeit mit Deutschen - am Beispiel der Allgäuer Familie Feistle).

- Neues Zeitalter:
  **„Die innere Welt“**: Berichtet in Romanform von Zivilisationen, die im Erdinnern leben sollen, wobei sie in absolutem Frieden existieren und eine Regierung, Währung, Strafrecht, Ernährung... haben, die größter Wahrscheinlichkeit nach so aussieht, wie wir sie auch auf der Oberfläche der Erde nach dem Sturz der Illuminati haben werden (das Buch berichtet von den Deutschen, die zum Ende des Zweiten Weltkriegs

mit Hilfe vieler U-Boote und ihren Flugscheiben zu diesen Zivilisationen im Erdinnern aufgebrochen sind, und dort ein deutsches Friedensreich aufgebaut haben sollen).

- **Neuerscheinungen** von mir:
  Zukünftige Werke werden sich nicht mehr mit politischen oder wirtschaftlichen Strukturen beschäftigen, sondern weiter in spirituell-geistig-religiöse Ebenen vordringen. Momentan, soweit ich zum Schreiben komme, sammle ich für ein Werk über mediale Menschen und vor allem hellsichtige Kinder. Denn unsere Kinder sind es, die einmal unser Erbe antreten werden (soweit wir ihnen eines weiterzugeben haben) und diesen Planeten ins Licht führen werden – die Kinder der Zukunft!

Es war von vornherein nicht beabsichtigt gewesen, auf der materiellen Stufe (Illuminati und Konsorten) stehen zu bleiben, wie dies andere Autoren möglicherweise tun, die in all ihren Büchern nur über ein und dasselbe Thema schreiben, den LeserInnen jedoch kaum neue Horizonte aufzeigen können. Sondern es war mein Anliegen, mit dem aufklärenden Wissen um die Geheimgesellschaften mit ihrer Kontrolle über die Regierungen, Massenmedien, Militärs, usw. als Grundlage zu einem neuen Weltbild aufzubrechen, um in Erfahrung zu bringen, WAS die Illuminati vor uns geheimhalten (wollen!).

Selbstverständlich steht es allen LeserInnen frei, sich ausschließlich mit diversen Machtstrukturen zu beschäftigen und sich tagtäglich darüber zu ärgern, womit natürlich auch verständlich wird, daß Bücher wie „Buch 3“ oder „Unternehmen Aldebaran“ sehr unangenehm sein können, da sie einen Bereich des Lebens und des Kosmos beschreiben und beleuchten, der sich offenbar der Kontrolle der meisten Menschen und ihrer Gedanken noch mehr entzieht.

Und mir geht es auch nicht darum, daß Sie alles glauben, was ich schreibe (das wäre nämlich sehr gefährlich), sondern – wie auch bei meinem neuesten Werk „Die innere Welt" – sich eher darüber Gedanken machen, was wäre, wenn das alles oder zumindest ein Teil davon wahr wäre? Was würde es in Ihrem Leben verändern? Welche knallharten Konsequenzen hätte dies für Sie?

„Die innere Welt" (welches unter meinem richtigen Namen erschienen ist – Jan Udo Holey) ist, im Gegensatz zu den anderen, eine Kombination aus Wahrheit und Fiktion, eingebunden in eine kleine Rahmengeschichte, wobei es an Ihnen liegt, herauszufinden, was der Realität entspricht und was nicht. Es gibt verschiedene Gründe für diese Vorgehensweise, wobei Ihnen nach der Lektüre womöglich klar sein wird, welche. Es geht bei dieser Thematik – der „Hohlwelt" – weniger um die Detailinformationen – die natürlich auch in diesem Buch zur Genüge vorhanden sind – sondern mehr um die Frage *„Was wäre, wenn...?"* Was wäre, wenn es wirklich Menschen gäbe, die im Innern dieses Planeten leben, und womöglich auch in anderen, ebenso hohlen Planeten? Und angenommen es wäre so, und gewisse Regierungsstellen wüßten darüber längst Bescheid und belügen die Menschen aber weiterhin, welche Konsequenzen hätte dies für Sie und auch die Regierungsstellen, wenn es einmal bekannt wird?

Uns Kritischen stellt sich aber auch die Frage: *„Wie wollen wir in Zukunft leben und es besser machen?"* Denn nur darum geht es wirklich. Und mit den geistigen Gesetzen (Ursache und Wirkung – Resonanz) als Grundlage, müssen wir uns in Zukunft intensiv beschäftigen und mit Hilfe und Beachtung dieser eine bessere Welt für unsere Kinder erschaffen.

Hören wir auf unsere innere Stimme - das ist das Einzige, was uns nie im Stich lassen wird und worauf wir uns immer verlassen können.

Vergessen wir nicht, daß das ganze Szenarium der Illuminati auch dazu da ist, um uns Menschen von der Tatsache abzulenken, daß alles, was wir suchen - Liebe, Friede, Freiheit, Reichtum, Christus und Gott - nur in uns selbst zu finden ist. Im Weltraum werden wir „Gott“ ganz sicherlich nicht finden.

Und die Kommunikation mit der Schöpfung läuft bei jedem von uns über die innere Stimme ab. Lernen wir, auf unsere innere Stimme besser zu hören. Das ist der schnellste, günstigste und einfachste Weg (und sehr umweltfreundlich dazu). Wir brauchen dazu kein Geld, keine Gurus, keine Kirche, keine Bücher und keine Seminare - nur uns selbst.

So versuche auch ich, so gut es mir möglich ist, tagtäglich dieses konsequent zu leben und das hat mir auch in der äußerst schwierigen Situation geholfen, in die ich durch das Veröffentlichen meiner Bücher gekommen bin - und Sie konnten dabei zusehen. Ich hoffe daher, daß diese Zeilen und die Veröffentlichung der Anklageschrift mit all ihren Folgen, die sie für mich hatte, Impulse bei Ihnen setzen wird.

Falls nun doch die einen oder anderen LeserInnen unter Ihnen sein sollten, die meine Bücher noch nicht kennen, und sich immer noch nicht sicher sind, ob sie sich mit dem Inhalt vertraut machen möchten, denen können die Worte eines anderen Lesers womöglich etwas nachhelfen (obwohl mir persönlich dieses Podestchen zu hoch ist).

Einer der wenigen Menschen (ich habe sicherlich nicht alles erfahren), die es gewagt hatten, trotz der Hetze gegen mich, sich öffentlich positiv über meine Schreibe zu äußern, war Herr Oppikofer aus der Schweiz, mit einem Leserbrief an die „Weltwoche“ 11/96, der von Herrn Emil Rahm in seiner ‘Memopress’ wiedergegeben wurde:

*„Zensur wird bekanntlich dort ausgeübt, wo Wahrheit aus dem Verkehr gezogen werden soll.“ Nur weil das Buch verboten werden soll, habe er es gelesen und empfiehlt es heute mit den Worten: Egal was in den Büchern an Echtem oder Erfundenem aufgeführt wird,*

*seine Gedanken auf den Seiten 339 bis 368 zeugen von einer großen Seele und sollten für jedermann/frau Pflichtlektüre sein. Helsings Gedanken sind großartig und sehr versöhnlich - sie gehören zum Tröstlichsten und Erbaulichsten, was ich zur Situation von uns Menschen auf diesem Planeten je gelesen habe."*

Herzlichsten Dank an dieser Stelle!

Wie Sie sehen, gibt es Menschen wie die Anzeigeerstatter, Staatsanwaltschaft, Gutachter und Redakteure, die der Ansicht sind, daß meine Bücher Haß und Intoleranz erzeugen. Aber es gibt gleichzeitig solche, und das ist unumstritten die Mehrheit, die, wie Herr Oppikofer, der Meinung sind, daß meine Werke insgesamt betrachtet, zu Versöhnung aufrufen und Trost und Erbauliches ausstrahlen.

Und wieder sehen wir das Gesetz der Resonanz am Wirken:

Jeder liest aus einem Buch das heraus und findet das, was in ihm selbst ist – das Buch dient nur als Spiegel.

Trägt jemand Haß und Intoleranz in sich, findet er (oder vielleicht sucht er sie ja fast schon besessen) bei anderen, um damit ein Alibi für seine eigene Intoleranz zu haben.

Und ein anderer kann aus dem gleichen Buch etwas Schönes, Kraftvolles und Erbauliches entnehmen.

So lehrt uns das Gesetz der Resonanz: *„Jeder sieht nur das, was er auch sehen will"*.

In diesem Sinne wünsche ich uns allen einen erfolgreichen Wechsel in das nächste Jahrtausend, der hoffentlich auch die äußerst notwendige Veränderung der Weltbilder bringt, um endlich die Lüge von der Wahrheit besser unterscheiden zu können.

***„Wer Kritik nicht vertragen kann, der hat etwas zu verbergen."***

(Helmut Schmidt, Alt-Kanzler der BRD)

# Kapitel 8
# Die Meinung der Eltern

Natürlich könnten wir auch in dem versauten Neudeutsch unserer Zeit schreiben: *Das Statement der Eltern.* Doch das können wir unserem Sohnemann nicht antun. Er kam als zweites Kind, zwischen zwei Schwestern, in unsere Familie und war von Anfang an ein sogenanntes schwieriges Kind. Sein außerirdisches Bewußtsein kann sich bis heute in keine irdische Gemeinschaft einpassen und so war es auch mit dem Kindergarten, dem Gymnasium und der Nachfolge in unserem Betrieb. Aber fünf wichtige Faktoren konnte ihm unsere Familie auf seinen Lebensweg mitgeben.

Faktor Eins: Das **Unternehmerische**. Die noch in ihren Körpern mit 90 und 81 Jahren lebenden Großeltern mütterlicherseits, wie auch wir Eltern konnten uns beruflich auch nie lange unterordnen, mußten uns daher selbständig machen und wurden erfolgreiche Unternehmer. Jan startete auch mit einem eigenen Verlag und einer Buchhandlung.

Faktor Zwei: Das **Musisch-Literarische**. Großvater väterlicherseits war Beamter, Musiker (Zitterspieler) und Essayist und brachte noch im Alter sein Büchlein ‚Ein Egerländer erzählt' heraus. Nachdem er seinen Körper mit 89 Jahren verlassen hatte, ist er heute aus der geistigen Welt heraus unser Mentor und inspiriert und berät Sohn Hannes und Enkel Jan bei ihrer schriftstellerischen Tätigkeit.

Faktor Drei: Das **Kritisch-Alternative**. Wir sind sehr gerne eine ‚spinnige' Familie – nach dem Reim von Wilhelm Busch: Ist der Ruf erst ruiniert, lebt sich's völlig ungeniert. Wir leben vegetarisch, biologisch-ökologisch, in einem weitgehend elektrosmogfreien Holzhaus in ländlicher Ortsrandabsonderung und fahren mit Begeisterung Audi-Quattro. Eine Schwester Jan's ist Heilpraktikerin, ihr

Mann hat eine eigene Praxis für Krankengymnastik, ein Onkel von Jan ist Qi-Gong-Ausbilder und seine Mutter Reiki-Meisterin. In unserem Hause gehen medial Veranlagte und auch Geistheiler (Christusgeist) ein und aus und helfen im großen Bekanntenkreis. Unsere somit klar erkennbare alternative Denk- und Lebensweise wird aber keineswegs fanatisch betrieben, weil Fanatismus jeglicher Form sehr negativ und schädlich und auch nicht im Sinne der ur-christlichen Lehre ist. Und diese prägt einen grundsätzlichen Teil unserer Gesinnung.

Faktor Vier: Das **Familiäre**. Bei uns herrscht noch eine sehr heile Welt (bilden wir uns zumindest ein), die Großeltern haben schon die seltene Diamantene Hochzeit (sechzig Ehejahre) feiern dürfen, und wir, die Eltern, haben die Silberne Hochzeit schon lange hinter uns. Sechs begeisternde Enkel sind inzwischen zu uns gekommen und wir halten familiäre Harmonie, verständnisvollen Zusammenhalt und helfende Liebe für das Wert- und Kraftvollste in unserem Familienleben - außer unserer Verbindung zu Gott und seinen geistigen Wesenheiten, die wir auch zur großen Seelenfamilie zählen. Diese intakte Basis ist unsere Kräfte-Ladestation für unsere kritisch-alternativen Weltanschauungen. Und die ganze Familie ist stolz auf Jan und ich, der Vater, darf auch hier gestehen, daß ich meinen Sohn als meinen besten Freund ansehe.

Faktor Fünf: Das **Spirituelle**. Die Basis dafür ist unsere Überzeugung, daß die Welt nach der Logik der Seelen-Wiederverkörperung funktioniert, wodurch wir mit mehr Verantwortungsgefühl und weniger Ego leben wollen und müssen, als all' die anderen bequemen Zufalls-Gläubigen. Das macht unheimlich stark. Wir pflegen eine möglichst hohe, vielleicht auch ein bißchen elitäre Gedankensauberkeit (wenn solche fehlt, ist das schlimmer als Elektrosmog) und ein wahnsinnig offenes Resonanzfeld (mit riesiger Bandbreite), das uns immerzu sehr edle und noch alternativere Freunde und Bekannte anzieht. Ein UFO ist leider noch keines in unserem Garten gelandet.

Allerdings wurde in der Nacht vom 26. auf den 27. Dezember 1998 in unserer Nähe eine Flotte von sieben Flugscheiben gesehen und sogar im Fernsehprogramm Bayern 3 darüber berichtet. Ein verläßlicher Bekannter von Jan und gleichzeitiger Augenzeuge berichtete ihm, daß die größte Untertasse bei diesem Formationsflug die mittlere Position eingenommen hatte und auf ihrer Unterseite jenes ‚verfassungsfeindliche' Symbol trug, dessen Abbildung Jan in seinen verbotenen Büchern einen Anklagepunkt einbrachte.

Warum wir hier soviel Interna mit kräftigem, eigenem Schulterklopfen präsentieren, ist einzig und allein der Grund, ausführlich aufzuzeigen, daß bei Jan's Wirken **ein völlig anderer Hintergrund** vorliegt **als rassistisch**, neonazistisch oder gar revanchistisch. Er hat auch heute noch nicht den geringsten Hang, sich in irgend ein System einbinden zu lassen, auch wenn er weiterhin ein verlorengegangenes natürliches germanisch-deutsches Defizit reklamiert.

**Alles Quatsch**! Was die letzten zweidreiviertel Jahre durch die Staats- und Medienorgane inszeniert wurde, war ein gezielt geplantes Ruinieren des Namens und der wirtschaftlichen Selbständigkeit - eine Revanche der trefflich demaskierten Illuminati. Aber das haben sie – Gottseidank – nicht geschafft. Weder wirtschaftlich noch emotional. Und die Familie konnte dank ihrer eigenen spirituellen Kenntnisse Jan immer wieder versichern, daß hinter ihm das riesige Resonanzfeld seiner überwiegend begeisterten Leserschaft genug stärkende Lebenskraft bietet. Und den Schutz, den er bei all der Dresche, die er für sein junges forsches Auftreten einstecken mußte, dringend benötigte, hatte er Tag für Tag aus der geistigen Welt (und vermutlich nicht nur von da).

**Jan war in bezug auf seine ‚deutschen' Empfindungen ein Spätbekehrter.** Bis zu seinem dreiundzwanzigsten Lebensjahr war alles, was mit Status, Erfolg, Nation und ähnlichen gesellschaftlichen Zwängen zu tun hatte, der reinste Horror für ihn. Doch wie von altersher ein erfolgreicher Handwerksmeister entsprechende Wanderjahre nachweisen mußte, also Erfahrungsjahre außerhalb des Ortsschildes, so haben wir als Eltern es begrüßt, als Jan seinen Rucksack gepackt und den Rest der Welt mit seiner Erscheinung bekannt gemacht hat. Dann kam das Schlüsselerlebnis, daß sein Label ‚Made in Germany' der Schlüssel zu Anerkennung und Freundschaften wurde und er immer mehr empfand, was ‚deutsch' auf der Welt (außerhalb Europas) bedeutet. Als einschneidendes Erlebnis sehe ich den Satz des Neuseeländers, den dieser dem jungen, stolzen Jan um die Ohren haute: *...euch Deutsche hat man aber ganz schön hirngewaschen.* Und sein schon immer vorhandener Drang zur Wahrheit wurde nun auch auf politische Wahrheit ausgedehnt und erwuchs zu einem späteren neuen Drang, nämlich über die Unwahrheit auch zu schreiben.

Ein weiterer Grund, warum wir oben soviel Familieninterna entblößt haben, ist die Versicherung, daß die jeweiligen, sehr positiv und alternativ klingenden Schlüsse Jan's an den Buchenden **wirklicher Überzeugung** entspringen. Er weiß, wovon er redet und was er da empfiehlt. Auch ist es tatsächlich ehrlich gemeint, wenn er auch in diesem Buche aufs neue versichert, daß er den einzelnen, die ihn attakierten, nichts nachträgt.

Nach den **Spielregeln der Reinkarnation** ist sein kämpferisches Auftreten als Autor auch die Erfüllung seines Auftrages, den er sich vor seiner Geburt für dieses Leben vorgenommen hat - und dafür gibt es eben auch Gegenspieler. Wer sich weit aus dem Fenster lehnt, bekommt Wind um die Ohren oder wie das geistige Kausalitäts-Gesetz lautet: Wer Ursachen setzt, bekommt Wirkungen ab. Das ist halt lehrreicher, gesunder Lebens-Kampf, ganz im Sinne asiatischer Kampftechniken, die nicht wie in der westlichen Lebensweise dabei Besiegte und Tote erzeugt, sondern durch geschicktes Ausweichen und Angreifen harmonische Kräfteausgleiche erzeugen, welche zu mitmenschlicher Meisterschaft führen sollen.

Faszinierend war es daher für uns Eltern, miterleben zu dürfen, wie und mit welchen Erlebnissen die geistige Welt unseren Jan auf den spirituellen Weg, eigentlich auf den **spirituellen Lebensweg**, zu dem er inzwischen geworden ist, gebracht hat. Nach unserer esoterischen Weltanschauung hat jedes unsterbliche Bewußtsein, das die christlichen Kirchen ‚Seele' nennen, geistige Führung aus den feinstofflichen Sphären der Metaphysik, solange dieses Bewußtsein in einem physischen Körper die irdische Grobstofflichkeit angenommen hat. Lassen Sie mich zu einer vereinfachten Darstellung ein alltägliches Beispiel verwenden, unser Automobil. Unser biologischer sichtbarer Körper ist das Auto und unser unsichtbares Seelenbewußtsein ist der Fahrer, der es steuert. Des Fahrers Geist aber, sein Verstand mit all den Erfahrungen von hunderttausenden von Autokilometern, ist unser sogenanntes **Höheres Selbst**. In gleicher Weise wie beim Autofahrer beinhaltet unser Höheres Selbst die Erfahrungen aus unzähligen Erdenleben. Es kommuniziert on-line mit allen anderen geistigen Wesenheiten wie Schutzengel, im Jenseits oder im ‚Himmel' weiter lebenden Angehörigen und Ahnen, mit allen möglichen höchsten Führern und Meistern und natürlich auch mit dem Chef dieser geistig-energetischen Hierarchien, dem Gottvater oder Schöpfer. Das Höhere Selbst steht mit unserem Tagesbewußtsein über unsere innere Stimme, unser sogenanntes Gewissen, Intuition, Ahnungen, der ‚rettenden Idee', dem ‚ersten Gedanken' oder anderen Gedanken-Blitzen in Verbindung. Ein Teil des Lebens-Sinns ist unser lebenslanges Spiel zwischen unserem meist ausgeprägten Ego als individuelle Persönlichkeit und dem sogenannten Gottvertrauen, das als Sammelbegriff den vorher kurz dargestellten Hintergrund beinhaltet.

Und genau diesen Entwicklungsweg, der zur Reifung jeder Persönlichkeit durchgemacht werden muß, bei unserem Jan beobachten und teilweise mit begleiten zu können, war und ist faszinierend. Ein solcher **Bewußtseins-Entfaltungs-Weg** besteht natürlich wie bei jedem von uns aus Tränen und Ängsten, Freuden und Stolz, Risiko und Profit, Recht und Unrecht, und unendlich langen Diskussionen.

Sehen wir uns nach diesen ‚Erklärungen' einige der interessanten Erlebnisse an, die uns Jan nach seiner großen Abnabelungsreise berichtete, vor allem, wie ihn die geistige Welt hinführte zu seiner ersten großen Lebensaufgabe: nämlich Bücher zu schreiben. Darauf wurde er zum ersten Male auf **Neuseeland** gestoßen, wo er einige UFO-Vorträge in kleinen Interessentenkreisen hielt. In einem seiner Essays fanden wir folgende Notiz: *...als ich dann an jenem Abend meine Recherchen zutage gefördert hatte, meinte der Gastgeber mit belehrenden Worten: „Euch Deutsche hat man aber ganz schön hirngewaschen". Eine Äußerung, die ich nun gar nicht verstehen konnte, hatte ich ja doch den Glauben, wir Deutschen hätten nun nach dem überstandenen Nationalsozialismus das freieste Land der Welt anzubieten. Nun, mit dieser Anschauung war es ab diesem Abend vorbei, denn der Mann führte mich in einen Raum, der von oben bis unten mit Büchern, Videofilmen und Audiocassetten angefüllt war, die sich alle mit Dingen beschäftigten, die es 'offiziell' nicht gab. Und er erklärte mir, daß die meisten dieser Bücher in Deutschland verboten seien. Darunter fanden sich Bücher über deutsche Entwicklungen im Bereich der Anti-Gravitation (zwischen 1928 und 1945), Geheimnisse der ersten amerikanischen Mondlandung, okkulte Hintergründe im Dritten Reich, kritische Bücher über das Thema* [redacted] *und* [redacted]*, Freimaurerei, Gifte in Nahrungsmitteln, Bücher über Menschen, die sich selbst von tödlichen Krankheiten geheilt hatten, Bücher über 'Freie Energie', Hohlwelt und unterirdische Basen, außerirdische Kontakte mit Regierungen uvm.*

*Nachdem ich dann eine Woche bei diesem Herrn verbracht hatte, reiste ich zurück nach Dunedin, um einen weiteren Vortrag zu halten. Als ich dort ankam, fragte mich Ross* [ein Bekannter], *ob ich das Interesse verspüren würde, zu einem spirituellen Medium, einer Frau, zu gehen, welche er gut kennen würde, und die anscheinend sehr treffende Auskünfte geben könnte. Ich war erneut einverstanden und dachte, daß vielleicht sie mir sagen könnte, wie es in meinem Leben weitergehen würde. Doch Ross wollte zuerst noch Rücksprache mit ihr halten. So rief er sie an und fragte, ob es in Ordnung sei, wenn ein Bekannter aus Deutschland bei ihr vorbeikäme. Sie fragte nach meinem Namen und er sagte 'Jan'. Daraufhin meinte sie, ich solle vorbeikommen, sie hätte letzte Nacht von mir geträumt.*

*Also ging ich noch am gleichen Tag zu ihr und fand mich in einer sehr ärmlichen Wohnung wieder. Während sie nebenbei das Essen für ihre Kinder kochte und eine Zigarette nach der anderen rauchte, erzählte sie mir dann, daß ich einmal Bücher schreiben, aber daß ich auch verfolgt werden würde aufgrund des Inhalts der Bücher.*

*Daraufhin beschrieb sie mir ihren Traum der letzten Nacht. Ein Polizist wäre an ihrer Haustüre gewesen und hätte ihr ein Foto eines jungen Mannes gezeigt und dabei gesagt, die Person auf dem Bild trage den Namen 'Jan'.*

*Na prima, dachte ich. Mir war ja schon vieles vorausgesagt worden, aber so einen Müll, dachte ich, hat mir noch niemand erzählt. Wie sollte denn ich ein Buch schreiben? In meinem ganzen Leben hatte ich vielleicht zehn Briefe geschrieben, als ich mit einer Freundin Schluß gemacht hatte oder so. Und vielleicht noch hundert Postkarten von meinen Reisen. Aber Bücher schreiben?*

Auf einer Reise durch die USA, drei Monate später, befand sich Jan in den Rocky Mountains, in Colorado, und traf dort mit einem Ex-General aus dem Weißen Haus zusammen. Doch das eigentlich besondere an diesem Treffen war, daß dessen Lebensgefährtin medial war. Und zwar sprach der **Graf von Saint Germain** durch sie, wie ihm erklärt wurde. Und eines Abends bekam sie von diesem die Aufforderung, Jan eine Botschaft von ihm zu übermitteln. Er sagte, daß Jan schon bald in die Öffentlichkeit geraten würde und den Menschen eine Botschaft zu übermitteln hätte und es würde ihm freistehen, wie er die Botschaft an den Mann bringen würde. Am besten in Form eines Buches oder auch in Gedichtform oder in Liedertexten, doch es wäre seine Aufgabe. Aber er solle immer vorsichtig sein und Rücksprache mit seiner inneren Stimme halten, also der Stimme des Höheren Selbstes, da er dabei auch Schwierigkeiten bekommen würde. Er sagte, die innere Stimme sei das Einzige, worauf sich Jan verlassen könne.

So kam das Thema immer stärker auf ihn zu und er hatte sich bald folgende Erkenntnis notiert: *Doch als ich all die Länder bereist hatte, die mich interessierten, wurde mir klar, daß ich in Büchern oder Seminaren oder in anderen Ländern nicht das finden würde, was ich eigentlich suchte, sondern nur in mir selbst. Gott, Christus oder Wahrheit und Liebe sind Dinge, die man nicht lesen oder kaufen kann, man kann sie nur erleben, erfahren.*

Interessant ist auch ein selbstgeführter **Dialog mit seinem Höheren Selbst** während einer Autobahnfahrt im Frühjahr 1993,... *als plötzlich eine Stimme zu mir sagte: „Jan, du schreibst ein Buch". Ich bremste den Wagen ab und sagte laut: „Wie bitte? Wer spricht denn hier?" Jetzt hat's mich völlig erwischt, dachte ich? Ich fragte mich laut: „Ja, über was soll ich denn bitte schreiben?"*

*„Über die Illuminati!" hieß es. Es war mein Höheres Selbst gewesen, das ich jedoch noch nie zuvor so deutlich wahrgenommen hatte.*

*Jetzt geht's los, dachte ich. Wieso sollte ich ein Buch über die Illuminati schreiben? Damit sie mich auch umbringen, wie meinen Bekannten* [in Neuseeland]*? Außerdem wußte ich überhaupt nicht, wie man ein Buch schreibt. Auch konnte ich nicht Schreibmaschine schreiben. Viele Fragen durchschossen meinen Kopf. Wieso spricht mein Höheres Selbst so laut zu mir? Wieso gerade ich? Und warum gerade über dieses heiße Thema?*

So begann er, sich am nächsten Tag hinzusetzen und das handschriftlich auf Papier festzuhalten, was in seinem Kopf an Informationen auftauchte. In der ersten Woche schrieb er einhundert Seiten und es entstand die **Basis seines ersten Buches**. Er notierte dazu: *Und je mehr ich schrieb, desto mehr Informationen kamen. Aber nicht nur aus mir heraus, sondern ich bemerkte sehr schnell, daß, wenn ich mich mit einem bestimmten Thema eines Kapitels auseinandersetzte, plötzlich Menschen anriefen, die sich genau mit diesem Thema auskannten oder gerade ein Buch darüber lasen. Ich bekam von völlig unbekannten Personen Bücher zu meinem Thema zugesandt oder Faxe kamen herein, die zu einem aktuellen Kapitel paßten. Ich traf auf Menschen, die von* [redacted] *Organisationen gejagt wurden oder von Freimaurern, ich traf Erfinder, die mir ihr Leid klagten... Ich stellte also fest, daß ich das vermehrt anzog, womit ich mich auseinandersetzte. Das sogenannte Gesetz der Resonanz - Gleiches zieht Gleiches an - bestätigte sich tagtäglich.*

Daß ihm zu jener Zeit eines Nachts sein **verstorbener Großvater im Traum** erschienen ist und erklärt hatte, daß er ihm beim Schreiben helfen würde, erfuhren wir erst später. Und es fiel Jan auf, daß seine innere Stimme immer stärker wurde, daß er sogar Fragen stellen konnte und auch Antworten darauf bekam. Und so wurde ihm dann auch klar, warum noch ein neues Buch zu diesem Thema von ihm geschrieben werden mußte, denn den anderen Büchern gleichen Themas fehlte etwas für ihn Selbstverständliches - die Versöhnung. Es waren zwar viele erstklassig recherchierte Informationen in anderen Büchern zu finden, doch meistens nur die negativen Informationen und der Leser wurde am Ende des Buches mit seinem zerstörten Weltbild und einem neuen Feindbild zurückgelassen. Jan meinte damals: *‚...mir wurde klar, daß, wenn ich jemandem sein Haus zerstöre, zumindest das Werkzeug mitliefern muß, mit dem er sich ein neues und gleichzeitig besseres Haus bauen kann‘. Daher ergänzte ich die Bücher, wo es besonders von Nöten ist, mit sog. positiven Informationen, bzw. den Naturgesetzen (Ursache und Wirkung, Schwingung und Resonanz...) und erklärte meiner Ansicht nach verständlich, wie man auf diesen klaren Gesetzmäßigkeiten mit den Tugenden der Liebe, Verständnis, Vergebung, Ehrlichkeit, Wahrhaftig-*

*keit... ein neues Leben aufbauen kann, wenn man bewußt, vor allem selbstbewußt daran arbeitet und zu hundert Prozent die Verantwortung für seine Vergangenheit, Gegenwart und Zukunft übernimmt.*

Der ‚Kontakt' mit dem heimgegangenen (verstorbenen) Großvater ging aber bald weiter, nachdem Jan den **Versuch mit einer spiritistischen Sitzung** machte, es war im Winter 1996. Dazu sollte man unbedingt nach England gehen, weil dort eine regelrechte Zunft geprüfter und absolut seriöser Medien (in mehreren Verbänden organisiert) ‚Familienhilfe' leisten und Kontakte zwischen dem Diesseits und dem Jenseits aufbauen. Jan berichtete darüber: *...Ich hatte kurz 'hallo' gesagt und mich der älteren Lady gegenüber gesetzt. Sie hatte mich noch nie zuvor gesehen und kannte auch meine Bücher nicht. Sie berichtete dann, daß ein Gentleman in deutscher Militäruniform den Raum betreten hätte - es sei mein Opa. Das war äußerst bemerkenswert, da er auf dem einzigen Foto, das ich von ihm habe, seine Uniform im I. Weltkrieg trägt. Ohne ihr nur irgendeine Frage gestellt zu haben, fing sie dann an, das wiederzugeben, was mein Opa ihr laufend sagte. Und er fing gleich mit dem ersten Satz an, mir etwas zu der Lage mit meinen Büchern mitzuteilen, die zu diesem Zeitpunkt bereits verboten waren. Da war ich baff. Er sagte mir, ich bräuchte mir keine Sorgen zu machen, man hätte nichts gegen mich in der Hand. Man könne mir nur Angst machen. Er riet mir, mich ruhig zu verhalten. Es wären Leute hinter mir her, doch wenn ich mich ruhig verhalten würde, könne mir nichts geschehen. Die geistige Welt würde mir beistehen. Die geistige Welt stehe voll hinter den Büchern. Er sagte, die Bücher würden überall dorthin kommen, wo sie hin müssen. Er lachte angeblich und meinte, wenn ich nur sehen könnte, wo meine Bücher überall schon hingelangt wären - wer sie schon gelesen hätte, wieviele Menschen sie selbst vervielfältigen würden. Und versicherte abermals, daß ich keine Angst zu haben bräuchte. Die Tatsache, daß man so gegen mich vorgehe, bestünde darin, daß die 'anderen' Angst vor mir hätten.*

*Eine für mich zu diesem Zeitpunkt schwer verdauliche Äußerung war noch, daß ich erst in zehn Jahren verstehen würde, wieso ich die Bücher geschrieben habe bzw. was ich damit ausgelöst haben werde.*

*Zu ,Buch 3'* [welches damals gerade erschienen war] *gab er zu bedenken, daß es für die meisten Menschen zu starker Tobak wäre. Die meisten Leute hätten Angst vor Veränderungen. Doch solle ich nur abwarten, bis die ersten großen Veränderungen eintreten, die in den Prophezeiungen beschrieben sind, dann würde auch ,Buch 3' mehr Aufmerksamkeit bekommen.*

Soviel zu unserem Sohn.

Lassen Sie, geschätzte LeserInnen von Jan's Büchern, uns als seine Eltern am Ende unseres Beitrages einen kleinen Werbeblock einschieben (am Ende, bitteschön, und nicht an dramaturgischen Höhepunkten wie beim manipulierten Fernsehen).

Meine Frau wurde zwischenzeitlich zur Verlegerin (Ama Deus Verlag, benannt nach Jan's Sohn Amadeus) und hat Jan's letztes Buch ,Die Innere Welt' und mein erstes Buch verlegt: **„JESUS 2000 – das Friedensreich naht'**. Das ist keine Jubiläums-Bibel, sondern ein zeitkritisches Sachbuch, in dem ich all die verkümmerten, vergessenen und unterdrückten Lebensregeln und –weisheiten, die wir aus der Antike, aus der genialen Ur-Lehre Jesu und aus kosmischen Botschaften kennen, zusammengetragen habe und belege. Ich versuche dabei, diese so darzustellen, daß sie einsatzfähig und lebenswert sind – also weitgehend anwenderfreundlich. Aber doch so konsequent und teilweise doch so konfrontierend, wie die ursprüngliche Lehrtätigkeit des Galiläers Joshua ben Josef, unser heutiger Jesus, der sich drastisch gegen die [redacted], gesetzesüberzogene und theokratische Tempellehre aufgelehnt und sie bloßgestellt hat.

Leider schafften es auch die christlichen Theologen erneut, blutige, unchristliche Machtstrukturen aufzubauen und in Verbindung mit der alt[redacted] Lehre, dem inzwischen christlichen Alten Testament, einen Götter-Cocktail zu mixen, der heute überhaupt nicht mehr überzeugen kann. Jesu ursprüngliche frohbotschaftliche Lehre bekehrte die Menschen und zog sie an, die verbliebene ‚christliche' Lehrmeinung der konfessionellen Theologen von heute jedoch vertreibt die Menschen aus ihren Kirchen. Und das kann nicht der Auftrag des schöpferischen Vaters sein, den wir traditionell Gott nennen. In meinem Buch findet man mehrere (ziemlich) überzeugende Alternativen dazu, die durch logisches Begreifen schließlich akzeptiert werden können. Auch Jan stimmt dem weitgehend zu.

Ein dritter rebellischer Geist hat sich in unserem Verlag eingefunden, der junge Berliner **Udo Brückmann**. In forschem, dazwischen gekonnt humorvollem Stil, greift er die vielen, ihn selbst herausfordernden Manipulationen an und analysiert, brillant recherchiert, das riesige Spektrum der Mogelpackungen unserer modernen (Schein-)Welt. Und er hat davon fast mehr entdeckt, als Jan und ich zusammen. Er nennt sein herausforderndes Buch **‚Das Ende der Endzeit'**.

Und dieses Thema – eben nicht Endzeit, sondern Zeitenwende – wird auch das literarische Thema der nächsten wenigen Jahre sein, die der Menschheit bis zum Tage X bleiben. **Und dazu zählt das Vermitteln von Wissen.** Die Tage der Illuminaten-Herrschaft sind gezählt und ihre Zeit läuft ab – aber nicht ohne unser Zutun. Die Zeit der prähistorischen Einflußnahme durch Außerirdische wie auch die ihrer irdischen Helfershelfer wird spätestens 2012 enden (wie wir meinen). Und nur **das spirituelle Erwachen** eines Großteils der Erdenmenschheit wird dies ermöglichen. Das bedeutet: **gründliche Aufklärung contra simple Ablenkung**. Und bedeutet: Wissensdurst einer erwachenden **Zukunft** anstelle Aufarbeitung und Schuldzuweisung der **Vergangenheit**.

Seien Sie versichert, daß in unserem Sohn diesbezüglich noch mehr Literarisches steckt und daß die nächsten Jahre uns alle, die Leser-Innen und ihn, den Autoren, noch gewaltig fordern werden.

Gestatten Sie noch einen letzten kleinen Hinweis dazu: Die Numerologie hat in Jan's Büchern einen sehr informativen Stellenwert. Erinnern Sie sich? Dabei ging es aber viel um die diabolische Zahl 666. In diesem Kalenderjahr aber herrscht die gegenteilige Zahl vor, die **999**, **die Christuskraft**. Und alle sensitiven und medialen Menschen sprechen von beachtlichen bis gewaltigen Licht- und Energie-Schüben, die auf unserer Welt spürbar werden. Achten Sie doch bitte selbst einmal auf ähnliche Empfindungen oder Erlebnisse.

In diesem Sinne schicken auch wir Ihnen Licht und Liebe,

La Palma am 22.1.1999 Ihre Luise und Hannes Holey

# Anhang A
# Volksverhetzung in der Schweiz

**Die müllsortierende Gesellschaft:**
Ihre Sprache lassen sie verkommen;
ihre Jugend lassen sie verkommen;
ihre Kultur lassen sie verkommen;
ihre Sitten lassen sie verkommen;
ihr Land lassen sie verkommen;
ihr Volk lassen sie verkommen;
ihre ungeborenen Kinder schmeißen sie in den Abfall.
**Nur Ihren Müll sortieren sie fein säuberlich!**
(UN, Bingen, Deutschland)

Unter der Überschrift „Antirassismus als neue Weltreligion", fand ich in der Schweizer Broschüre „Abschied vom Rechtsstaat" folgenden Artikel von Herrn Werner Leuzinger:

„Diese Schrift ist für aufmerksame Zeitgenossen gedacht. Die Unaufmerksamen, die geistig Trägen, lassen sich durch solche Publikationen ohnehin kaum ansprechen. Das hat sich im Herbst 1994 gezeigt, als ein genasführtes Schweizer Volk dem sogenannten „Antirassismusgesetz" - wenn auch nur mit knapper Mehrheit - seine Zustimmung erteilte. Überdeutlich wurde dabei, wer in unserem Staat den Ton angibt: Eine unter der Flagge des „Antirassismus" segelnde Clique, die praktisch das Medienmonopol in der westlichen Welt besitzt.

Unaufmerksam nenne ich die Mehrheit unserer Zeitgenossen deshalb, weil kaum jemand den schleichenden Machtwechsel der letzten Jahrzehnte beobachtet und energisch genug darauf hingewiesen hat. Es sind zwar ganze Fässer von Tinte über den „langen Marsch durch die Institutionen" vergossen worden, den die 68er unter der geistigen Führung der Frankfurter Schule mit ihren [redacted] Chefdenkern wie Marcuse, Adorno und Habermas angetreten haben, doch sah sich das Schweizer Bürgertum nicht veranlaßt, dieses Phänomen ernst zu nehmen. Den bösen Feind sah man immer nur in Moskau hocken, während er in Wirklichkeit längst Einzug in die Redaktionen unserer Zeitungen, in unsere Fernsehstudios und unsere Parlamente gehalten hatte. Der fett und impotent gewordenen Bevölkerung wurde und wird Sand in die Augen gestreut, so daß sie heute wie ein stark übergewichtiger Blinder umhertappt und nicht mehr weiß, was ihr geschieht.

Dabei möchte ich die Schuld nicht einmal in erster Linie „den Linken“ und „den [redacted]“ zuschieben. Wer den Marxismus und den [redacted] studiert hat, weiß, wie diese Herrschaften vorgehen und was das gemeinsame Endziel ihrer Anstrengungen ist. Dieser Gegner war also jedem Einsichtigen von Anfang an bekannt. Es ist das satte und abgestumpfte Bürgertum, angeführt von sogenannten „bürgerlichen“ Parteien, das die etappenweise Machtergreifung unserer Widersacher ermöglicht hat und sich nun würdelos als Stiefellecker der neuen Zwingherren betätigt. Als ein Symptom unter vielen sei nur erwähnt, daß es die bürgerliche Ratsmehrheit war, die eine Ruth Dreifuss und einen Moritz Leuenberger in den Bundesrat gehievt hat. Daß Frau Dreifuss rabiate [redacted] und Herr Leuenberger ein altmarxistischer 68er ist, war für niemanden ein Geheimnis. Die Bürgerlichen wollten solche Leute im Bundesrat, sonst hätten sie ihnen ihre Stimme verweigert.

Das Theater mit den „bürgerlichen“ Parteien, die sich als Widerpart zur Linken gerieren, wird nur aufgeführt, um dem Stimmvieh ein X für ein U vorzumachen. In Wirklichkeit gibt es keine ernstzunehmende Kraft mehr, welche die Anliegen des Schweizervolkes vertritt; von allen Spitzenpolitikern leistet nur noch Christoph Blocher einen gewissen Widerstand gegen jene, denen es, um mit Ruth Dreifuss zu sprechen, *„nicht so wichtig ist, ob es die Schweiz morgen noch geben wird“*, und auch Blocher sagt lediglich einen Teil der Wahrheit. Symbolträchtig ist, daß der Begriff „Volk" heute fast schon verpönt ist und in „politisch korrekter" Sprache immer mehr durch „Gesellschaft" ersetzt wird.

Wer heute Positionen vertritt, wie sie im letzten Jahrhundert der damals als „links" geltende Gottfried Keller verfocht, wird von der Medien-Mafia „Rechtsextremist" oder „Faschist" gescholten. Aber kaum einer muckt auf: Die Politiker nicht, die Literaten nicht, die Menschenrechtler nicht, auch die Theologen nicht, obwohl den Kirchen und darüber hinaus dem Christentum als solchem zusehends die Felle davonschwimmen...

All dies sind sichtbare Erfolge jener listigen Rattenfänger, die auf ihren Schalmeien unentwegt das hohe Lied von der Toleranz und der Humanität blasen, sich selbst aber keinen Deut um diese hehren Werte scheren, sondern die europäischen Völker klammheimlich in eine totalitäre Gewaltherrschaft zu führen trachten und in manchen Staaten auf diesem Weg bereits sehr weit fortgeschritten sind. Das schlechthin Einmalige an dieser neuen Tyrannei, das sie als die vielleicht verhängnisvollste aller Zeiten kennzeichnet, besteht darin, daß die Völker genötigt werden, ihr Eigenstes aufzugeben, ihre Traditionen über Bord zu werfen, fremde Interessen über eigene zu stellen und kulturfremde Immigranten höher zu schätzen als sich selbst - wodurch sie sich unweigerlich zu einem langsamen und qualvollen Tod verurteilen.

Bis in die jüngste Zeit galten als Richtlinien der Ethik und Maßstäbe menschlichen Handelns Grundsätze, die der christlich-abendländischen Tradition entstammten. Auch wo man nicht mehr ausgesprochen christlich oder patriotisch gesinnt war, hielt man noch an gewissen Selbstverständlichkeiten fest. Man war zum Beispiel der Ansicht, Gott - oder, wie die Freidenker sagten, die Natur - habe die Völker und Rassen in ihnen zugewiesenen Lebensräumen hervorgebracht und ihnen gewisse unabänderliche biologische Eigenarten verliehen. Dabei wurde zwischen Hochkulturen und primitiveren Naturvölkern unterschieden. Man war sich also bewußt, daß es Unterschiede zwischen den Menschengruppen gibt, und man gewichtete diese Unterschiede auch.

Ein Europäer war stolz darauf, Europäer zu sein, und fühlte sich außerdem seiner Kulturnation verpflichtet; er lebte also als bewußter Franzose, Italiener, Engländer oder Deutscher. Er war in seiner Heimat verankert, und wenn er reiste, so wußte er:

Andere Länder, andere Sitten.

Zur europäischen - sowohl vorchristlichen wie christlichen - Tradition gehörten die Ehrfurcht vor dem Schönen, die Verteidigung der persönlichen Ehre, die Treue gegenüber Volk und Vaterland, die Liebe zur Scholle und zur Familie, die Verwurzelung in der Religion, das Bewußtsein einer Rangordnung unter den Menschen und infolgedessen die Verehrung großer Geister sowie die Anerkennung einer Hierarchie. Man liebte und pflegte seine eigene Sprache; lernte man aber eine fremde, so deswegen, um in den Geist einer anderen Kultur einzudringen und diese an ihren literarischen Meisterwerken kennenzulernen.

...wissen Sie jetzt, was im Wortgebrauch heutiger Meinungsmacher ein „Rechtsradikaler“ oder „Faschist“ ist? Wenn nein, dann lesen Sie bitte die beiden letzten Abschnitte nochmals. „Rechtsradikal“ und „faschistisch“ wird heute das genannt, was die letzten dreitausend Jahre hindurch in Europa als naturgegeben und vernünftig galt und was das Entstehen der einzigartig großartigen abendländischen Kultur ermöglicht hat. Ohne diese Werte hätten wir keinen Homer und keinen Leonardo, keinen Shakespeare und keinen Beethoven; wir hätten keinen Parthenon und keinen Petersdom.

Seit einigen Jahrzehnten vollzieht sich da ein tiefgreifender Wandel. Als normal gilt in Mittel-, Nord- und Westeuropa (im

Osten des Kontinents hat sich der Wahnsinn Gott sei Dank noch nicht in gleichem Maße durchgesetzt), sein eigenes Volk als lästiges Überbleibsel alter Zeiten geringzuschätzen, Kinder abzutreiben und in den Müll zu werfen anstatt zu gebären und aufzuziehen, vor den offensichtlichen Unterschieden zwischen Völkern und Rassen die Augen zu verschließen, alles Häßliche und Primitive zu vergöttern, jede noch so krause Abartigkeit in Kunst und Musik zu preisen und möglichst noch staatlich zu fördern, Perversitäten zu propagieren, die christliche Religion zu verhöhnen und dafür den [redacted]-Glauben zur unantastbaren Wahrheit zu verklären, jedem Schwachkopf und jedem Verbrecher dieselbe „Würde" zuzubilligen wie den größten Geistern der Menschheit. Jack the Ripper und Mutter Theresa – sind alle beide gleich; vielleicht ist Jack the Ripper sogar noch ein wenig gleicher als Mutter Theresa? Wieso wäre denn sonst dem vielfachen Knabenmörder Haarmann in Deutschland ein Denkmal errichtet worden?

Das angestrebte Ideal des Staatsbürgers ist der nivellierte, pflegeleichte McDonalds-Kunde, der mit tagtäglicher Fernseh-Idiotie aufgewachsen ist, sein Weltbild aus der *Zeit* oder der *Weltwoche* bezieht und das höchste Glück auf Erden im gefüllten Kühlschrank und den fünf Dutzend ihm jederzeit zur Verfügung stehenden Fernsehkanälen sieht. Politisch ist diese Karikatur von einem Menschen entweder völlig desinteressiert oder aber ein angepaßter Duckmäuser - politisch korrekt oder, um mit Orwell zu sprechen, ein „Gutdenker".

Das ist der Menschentyp, der sich damals, in jenem denkwürdigen September 1994, den „Antirassismus"-Strafartikel aufschwatzen ließ und sich dadurch selbst entmündigte... Wenn für die Zukunft das Schlimmste verhütet werden soll, so müssen sich diese Bürger - und seien sie auch nur noch eine kleine Minderheit - lieber schon heute als erst morgen zu regen beginnen.

Denn heute werden für das Delikt des eigenständigen Denkens in der Schweiz Geldbußen verhängt, morgen Gefängnisstrafen, und am Ende harrt unser die von den Drahtziehern hinter den Kulissen angesteuerte Schreckensherrschaft, in der jede freiheitliche Regung erbarmungslos unterdrückt wird.“ („Abschied vom Rechtsstaat“, Presseclub Schweiz, Postfach 105, CH-4008 Basel)

***„Beliebt machen sich nur die, welche aussprechen, was alle hören wollen; und was alle gerne hören wollen, ist in der Regel falsch.“*** (Walter Rathenau)

## Der Fall Kessler

Als erster Schweizer Bürger ist der radikale Tierschützer Dr. Erwin Kessler aufgrund des Anti-Rassismus-Gesetzes (ARG) zu einer Gefängnisstrafe ohne Bewährung verurteilt worden. Der von Kessler geleitete Verein gegen Tierfabriken (VgT, 9546 Tuttwil) hat dazu folgende Erklärung übermittelt:

„Der bekannte Tierschützer Dr. Erwin Kessler, Präsident des VgT, ist am 16. Juli 1997 vom sozialdemokratischen Einzelrichter Hohler des Bezirksgerichtes Bülach zu zwei Monaten Gefängnis ohne Bewährung verurteilt worden. Begründung: Seine gegenüber Schächt-[redacted] ausgesprochene Verachtung verstoße gegen das Diskriminierungsverbot, weil den Betroffenen damit indirekt die Menschenwürde abgesprochen werde.

In seinem zweieinhalbstündigen Plädoyer führte Kessler aus, seine Kritik richte sich nicht gegen [redacted] an sich, sondern nur gegen diejenige Minderheit, welche Tiere schächte und diese Tierquälerei durch Konsum von Schächtfleisch unterstütze. Er verachte alle Tierquäler, nicht nur die [redacted]; deshalb liege eben keine Diskriminierung vor. Diskriminierend wäre es, wenn er [redacted] Tierquäler von seiner Kritik verschonen würde, nur weil es [redacted] sind. Wer Tiere auf scheußliche Art umbringe, dem spreche er tatsächlich die Menschenwürde ab. Nach Schiller sei die Menschenwürde nicht angeboren, sondern müsse verdient und bewiesen werden:

*Der Menschheit Würde ist in eure Hand gegeben, bewahret sie!*
*Sie sinkt mit euch! Mit euch wird sie sich heben!*

Wenn der Rassismus-Strafartikel grundsätzlich verbiete, irgendeinem Menschen die Menschenwürde abzusprechen, dann wäre es auch verboten, die Nazis als Unmenschen zu bezeichnen. Damit sei - so Kessler - unverständlich, warum sein Vergleich von Schächt-[redacted] mit Nazis menschenverachtend sein solle, wie im Urteil behauptet wird. Wenn die Nazis keine Unmenschen sein dürfen, darin würde dieser Vergleich auch die Schächt-[redacted] nicht zu Unmenschen stempeln. Die Kritik an den Schächt-[redacted] sei im übrigen auch deshalb nicht rassistisch, weil nur eine Minderheit der [redacted] die Schächttradition befolge und das Schächten deshalb kein tragendes Element des [redacted] sei. Überdies sei kein einziger [redacted], auch nicht der allerorthodoxeste, gezwungen, überhaupt Schächtfleisch zu essen. Wer strenggläubig nach [redacted] Speiseregeln leben wolle, der könne dies ohne Tierquälerei ganz einfach durch vegetarische Ernährung tun. Dies stehe in vollkommenem Einklang mit den [redacted] Religionsvorschriften und sei erst noch sehr gesund.

Aus all diesen Gründen zeigte sich Kessler vor Gericht nicht bereit, das Urteil anzuerkennen oder seine Kritik abzuschwächen. Gegen die erstinstanzliche Verurteilung zu zwei Monaten Gefängnis ohne Bewährung hat Kessler Berufung eingelegt. Bereits hat Kessler angesichts der konstanten Justizwillkür gegen ihn und den VgT den Weiterzug bis vor den Europäischen Gerichtshof für Menschenrechte (EGMR) angekündigt. Kessler will den Fall auch wegen diskriminierender Verletzung der Meinungsäußerungsfreiheit vor den EGMR bringen: Das „Antirassismusgesetz" schützt – zumindest im praktischen Vollzug - in diskriminierender Weise nur [redacted], nicht aber Tierschützer, Schweizer und Christen. Um dies zu dokumentieren, hat Kessler der Bezirksanwaltschaft seine Kritik an übler klösterlicher Tierhaltung, die ebenso scharf ist wie seine Kritik am Schächten, vorgelegt, ohne das ein Verfahren wegen Rassendiskriminierung eingeleitet worden wäre. Ferner weist Kessler auf Rassismus-Anzeigen hin, die er erfolglos gegen [redacted] eingereicht hat, welche Tierschützer mit Nazis verglichen und die Schweizer als geistig rückständiges Volk bezeichneten.

Kesslers Plädoyers vor Bezirks- und Obergericht sind gegen Voreinzahlung von je Fr. 10.- auf das VgT-PC 85-4434-5 gedruckt erhältlich oder kostenlos unter der Internet-Adresse http://www.vgt.ch abrufbar. Über den Fall wird laufend im zweimonatlich erscheinenden Journal VgT-Nachrichten (9546 Tuttwil) berichtet, wo auch die Plädoyers und viele Informationen über das Schächten abgedruckt sind.

Verein gegen Tierfabriken

Erwin Kessler, der sich stets eindeutig gegen eine rassisch bedingte [redacted]feindschaft ausgesprochen hat, versucht unentwegt, mit [redacted] guten Willens einen Dialog anzuknüpfen. So appellierte er an eine Reihe von [redacted], sich öffentlich gegen den ekelerregenden Brauch des Schächtens auszusprechen, erhielt jedoch nur von einem einzigen der Angeschriebenen Unterstützung, nämlich dem berühmten Geiger Yehudi Menuhin.

Ansonsten gab's Reaktionen wie die folgende:

*„An Kessler, den großen Tierfreund und Menschenverachter, eidg. dipl. Anti*[redacted] *mit Nazi Scheiße im Wasserkopf... Der große* [redacted] *sagte, das* [redacted] *Volk ist ein hartnäckiges Volk und unter den hartnäckigen bin ich noch einer der Hartnäckigsten. Heuchler müssen auch sterben, besonders wenn sie so verlogen sind bis unter die Schamhaare. Ich gestatte ihnen, daß sie mit meinen Faxmitteilungen ihr Arschloch putzen dürfen.“*

Marco Bloch, Holbeinstr. 79, 4051 Basel

Am 10. März 1998 wurde beim Revisionsverfahren bestätigt, daß Erwin Kessler hinter Gitter muß. Die Herabsetzung der Strafe von 60 auf 45 Tage ist von nebensächlicher Bedeutung.“ (Abschied vom Rechtsstaat, Presseclub Schweiz, Postfach 105, 4008 Basel, S. 37 ff)

## Der Fall Fischbacher

Kaum ein Schweizer ist von den Medien dermaßen mit Schmutz überhäuft worden, wie der St. Gallener Arzt Dr. Walter Fischbacher. Er wurde im April 1997 wegen „Rassendiskriminierung" verurteilt. Dr. Fischbacher beschreibt die Umstände um sein Verfahren und die damit einhergehenden Ereignisse wie folgt:

„Als im Frühling 1994 das Referendum gegen das ARG (Antirassismus-Gesetz) ergriffen wurde, wirkte ich als Präsident des Referendumskomitees. Dies paßte manchen Leuten nicht in den Kram, und gegen mich wurde eine gnadenlose Terrorkampagne entfacht. Drohbriefe, nächtliche Telefonanrufe, Verschmierung dreier Fassaden meines Hauses sowie meiner Garage - dies waren die Waffen meiner Widersacher, von denen sich nicht ein einziger einer fairen und offenen Diskussion mit mir stellen wollte. Daß meine Arztpraxis unter diesen Umständen einen Rückgang zu verzeichnen hatte, verwundert kaum. Immerhin scheiterte der Versuch, mich aus der Kantonalen Ärztegesellschaft auszuschließen.

Nach der Annahme des ARG ebbte die Treibjagd auf mich, den „bekannten anti[redacted] St.-Galler Arzt", nur unwesentlich ab. Das Schlimmste war, daß alle großen Zeitungen den Rufmord orchestriert betrieben und mir keine Gelegenheit einräumten, meinen Standpunkt klarzumachen. Deswegen verschickte ich zwischen Juni und Oktober 1995 eine sechsseitige Aufklärungsschrift an etwa 70 Freunde, Bekannte und Nachbarn. Der Titel lautete: „[redacted]isten sind nicht einfach [redacted]."

In meiner Schrift zeigte ich Ähnlichkeiten zwischen den Welt[redacted]isten („Wezis") und den Nationalsozialisten („Nazis") auf und geißelte [redacted]istisches Machtstreben, attackierte jedoch keinen einzigen [redacted] aufgrund seiner Rasse oder Religion. Ich verwies darauf, daß viele [redacted] den [redacted]ismus ablehnen, und führte als

Beispiel den US-[redacted] Jack Bernstein an. Zum Thema [redacted] und [redacted] äußerte ich mich überhaupt nicht.

Aufgrund der Verbreitung dieses Rundschreibens verklagte mich der [redacted] St.-Galler Albert Herz, der von Sigi Feigel als Anwalt vertreten wurde, am 22. August 1995 wegen angeblicher Verletzung des ARG. Schon zwei Wochen später verfügte der Untersuchungsrichter B. Müller Nichteintreten auf die Strafanzeige, da hier kein Fall von Rassendiskriminierung vorliege. Der Vergleich zwischen [redacted]isten und Nationalsozialisten sei zwar deplaziert, aber kein Strafbestand.

Am 2. Oktober 1995 reichten Herz und Feigel Beschwerde gegen den Nichteintretensbeschluß ein, denn wo ich von den Welt-[redacted]isten spräche, meinte ich in Wirklichkeit die [redacted]. Das von mir angeführte Zitat Jack Bernsteins sei „Ausdruck von Geisteskrankheit". Meine Schrift sei eine „Hetztirade" und eine „Verunglimpfung der [redacted] Religion".

Am 23. November 1995 hob Staatsanwalt Dr. Thomas Weltert die Nichteintretensverfügung auf. Ob ein Strafbestand vorliege, könne nämlich nur in einem Verfahren geklärt werden.

Die rechtsstaatlich denkenden Kreise innerhalb der Justiz kapitulierten allerdings nicht so rasch. Am 21. Dezember 1995 teilte Untersuchungsrichter Jules Wetter den Parteien mit, daß er aufgrund seiner Ermittlungen die Aufhebung des Verfahrens beschlossen habe. In einer 22-seitigen Begründung würdigte er meine Aufklärungsarbeit als begreifliche Reaktion auf eine Hetzkampagne. Mein Rundschreiben enthalte keinerlei Anstachelung zum Rassenhaß und keine Aufrufe zur Diskriminierung einer Minderheit.

Selbstverständlich gaben sich Feigel und seine Gehilfen noch längst nicht geschlagen, und sie erreichten auch prompt, daß Staatsanwalt Weltert am 6. Juni 1996 bei der Kantonalen Anklagekammer Beschwerde gegen den Aufhebungsbeschluß einreichte.

Zwei Wochen darauf doppelte Feigel mit einer eigenen Beschwerde nach. Hier einige Muster für seinen Stil: „Fischbacher zeigt sich von der übelsten Seite“; meine Quellenangaben seien „überwiegend trübe Quellen brauner Farbe und sie stinken zum Himmel“; Jack Bernstein sei ein „Psychopath“; meine Äußerungen über [redacted]istisches Machtstreben seien „paranoide Dummheiten“; auch der Untersuchungsrichter (J. Wetter) gehöre „eigentlich auf die Anklagebank“. Diese Zitate enthüllen wohl hinlänglich, auf welchem geistigen Niveau sich der Ehrenpräsident der [redacted] Cultusgemeinde Zürich bewegt.

Am 19. November 1996 teilte die Anklagekammer des Kantons St.Gallen ihren Beschluß mit, die Aufhebungsverfügung des Untersuchungsrichters Wetter zu kassieren.

Der Prozeß gegen mich fand am 17. April 1997 statt und endete mit meiner Verurteilung zu zwei Monaten Gefängnis mit Bewährung. (Aktenzeichen 2 KS 96/65 Proz. Nr. 95/6020) (Sowohl ich selbst als auch Staatsanwalt Weltert, der eine Strafverschärfung - vier Monate mit Bewährung sowie eine Buße von 7000 Franken - fordert, haben später gegen das Urteil Berufung eingelegt.)

Entgegen der Rechtsordnung drängte sich Feigel beim Prozeß vor die Schranken, um nochmals über mich herzufallen. Es brauche, so sagte er, im Detail gar kein erkennbares Delikt, das „generell geeignet sei, diskriminierend zu wirken“, und auch Zitate seien strafbar. (Da es keine Liste verbotener Zitate gibt, ist unter diesen Umständen jeder beliebige Willkürentscheid möglich.)

In seiner Urteilsbegründung behauptete das Gericht im Widerspruch zu den Fakten, ich hätte keinen Unterschied zwischen [redacted]isten und [redacted] gemacht. Der Begriff „[redacted]“ sei nämlich so zu deuten, wie ihn der Durchschnittsleser verstehe, und der setze den [redacted]isten dem [redacted] gleich. Ich wurde also nicht für das verurteilt, was ich geschrieben habe, sondern für das, was irgend jemand in meinen Text hineininterpretieren könnte! Ferner, so die Urteilsbegründung, würden die [redacted] in meiner Schrift de facto als Volksmörder dargestellt. Diese Unterstellung ist frei erfunden. Für meine Bemühungen, Bekannte und Nachbarn über meine Einstellung zu informieren, habe es keinen Grund gegeben. Daß ich der von den Medien jahrelang gegen mich betriebenen Rufmordkampagne völlig hilflos gegenüberstand, weil mir jede Gegendarstellung verweigert wurde, nahm das Gericht nicht zur Kenntnis.

Vor Inkrafttreten des ARG konnten Bürger lediglich für Vergehen und Verbrechen bestraft werden. Heute schwappt eine Welle von Anklagen wegen nichtgenehmer Ansichten über unser Land. Leute, die von Geschichte keine Ahnung haben, beschlagnahmen Bücher in privaten Regalen sowie in Buchhandlungen. Nach den vorliegenden richterlichen Sprüchen darf man nicht einmal mehr Zitate von Prominenten wiedergeben, ohne mit einem Fuß im Gefängnis zu stehen. Dieser staatlich betriebene Meinungsterror muß aufhören, wenn nicht verfolgte Schweizer in fremden Ländern um Asyl ersuchen sollen.“ (Abschied vom Rechtsstaat, Presseclub Schweiz, Postfach 105, 4008 Basel, S. 37 ff)

## Der Fall Universale Kirche

Im Herbst 1995 begann in der Schweiz die Hetze gegen die religiöse Organisation „Universale Kirche“. Aus dem „Tagesanzeiger“ vom 27. Oktober 1995 erfahren wir dazu folgendes:

***„Sekte betreibt [redacted]hetze***

*Die theosophische Sekte „Universale Kirche“ (UK) betreibt in einem Rundschreiben anti[redacted] Hetze. ...Mit ihrer Hetzschrift reiht sich die „Universale Kirche“ ... n die Galerie der rechtsextremen [redacted]-Lügner. In dem kürzlich an die Kultanhänger verschickten Rundschreiben wird die Schuld für den 2. Weltkrieg ausgerechnet den [redacted] in die Schuhe geschoben. Wörtlich heißt es: „Ein bekannter polnischer Priester sagte: ‚Wegen ihrer satanischen Gier zettelten die [redacted] den 2. Weltkrieg an, genauso wie sie für den Beginn des Kommunismus verantwortlich waren.‘ Es ist vollkommen wahr. Dieser gesegnete Kirchenmann sprach die absolute Wahrheit.“... Der Rundbrief strotzt von anti[redacted] Verunglimpfungen: „Wie die Gassenkatzen der Nacht hören wir sie ihre programmierten Schreie ‚Es ist nichts als eine weitere dumme Verschwörungstheorie‘ in den Äther hinaus miauen, bis ihre Widersacher schweigen.“*

*Den [redacted], heißt es im Schreiben weiter, werde „in sehr jungen Jahren ein programmierter Beleidigungsmechanismus eingepflanzt“. Der durchschnittliche [redacted] verbringe „den größten Teil seines Lebens damit, nach beleidigenden Situationen zu suchen“, um die eigene Selbstgerechtigkeit zu erhalten. Sie hätten aber keine Zeit, die Situation zu überdenken, weil sie zu sehr damit beschäftigt seien, „Geld zu machen“.*

*Der leidenschaftliche [redacted]ist sei entschlossen, die christliche Welt zu zerstören. „Erinnere dich einfach daran, was der Große Herr 1991 sagte: ‚[redacted] ist der Sitz des Antichristen.‘“* (Tagesanzeiger vom 27.Oktober 1995)

Es folgte das erste Urteil:

*„Ein Einzelrichter am Bezirksgericht Zürich hat Hans Ulrich Hertel* [Europäischer Präsident des „Weltfundament für Naturwissenschaft und der Geschäftswelt“, eine Nebenorganisation der UK, Anm. d. Verf.] *...der Rassendiskriminierung für schuldig befunden und mit einer Buße von 2000 Franken belegt. Von der Bezirksanwaltschaft waren 600 Franken beantragt worden.“* (Die NZZ vom 7.6.1997)

Und schließlich:

*„In einer Berufungsverhandlung hat das Obergericht am Mittwoch... Hans Ulrich Hertel... der Rassendiskriminierung für schuldig erklärt. Mit diesem Verdikt bestätigte das Obergericht den Schuldspruch des Bezirksgerichts Zürich... Die damals ausgesprochene Buße von 2000 Franken wurde hingegen auf 600 Franken reduziert, womit dem ursprünglichen Antrag der Bezirkanwaltschaft gefolgt wurde.“* (NZZ, 11.12.1997)

Der Hertel-Prozeß war allerdings nicht der einzige. Der eigentliche Hauptprozeß hatte schon zuvor in Trogen stattgefunden:

**„Verstoß gegen die Rassismus-Strafnorm**

*Das Ausserrhoder Kantonsgericht hat den zeitweiligen Geschäftsführer des Europasitzes der „Universalen Kirche“ (UK), den 54jährigen gebürtigen Deutschen Ernst-Reimer Peters, zu einer viermonatigen bedingten Gefängnisstrafe und 5000 Franken Buße verurteilt. Es wertete damit Passagen eines Rundschreibens, das Peters vor Jahresfrist von Walzenhausen aus an über 400 UK-Mitglieder versandt hatte, als Verstoß gegen den Rassendiskriminierungsverbots-Artikel 261$^{bis}$ des Schweizerischen Strafgesetzbuches...*

*Der Versand dieses Schriftstücks, betonte nun am Donnerstag der Ausserrhoder Staatsanwalt Felix Bänziger, stelle - in der Sache - den „klassischen Fall eines rassistisch motivierten Angriffs“ dar. ...Das Kantonsgericht folgte... den Argumenten der*

*Anklage, und es ging bei der Strafzumessung (vier statt drei Monate Gefängnis bedingt) sogar noch über deren Antrag hinaus...“* (NZZ, 12.7.1996)

## Der Fall ZeitenSchrift

Fernschreiben vom 22.5.96 des Polizeipräsidiums Mannheim an verschiedene Polizeidienststellen, u.a. an die Dienststelle Böblingen:

(Auszug): *„Die Staatsanwaltschaft Mannheim betreibt wegen Verdacht des Vergehens gegen § 130 StGB gegen den Verleger des Buches „*[redacted]*" Band 1 und 2, Klaus-Dieter Ewert Gamalo Tiozon aus Rhede, sowie gegen den Autor „Jan van Helsing" ein Ermittlungsverfahren. Gegen beide Bücher bestehen allgemeine Beschlagnahmebeschlüsse des AG Mannheim (bundesweite Steuerung durch LKA BW). Das Pseudonym „Jan van Helsing" ist ermittelt. Es handelt sich um Jan Udo Holey aus Fichtenau. Durch das ARD-Magazin „ZAK" vom 05.05.96 wurde bekannt, daß durch einen gewissen „Ulrich Heerd" aus Peiting die inkriminierten Bücher ebenfalls vertrieben werden. Bei Heerd handelt es sich um einen Kreisrat, Abgeordneter vom Bündnis 90 / Die Grünen. Exekutivmaßnahmen bei Heerd durch die dortige örtliche Dienststelle führten zu Sicherstellungen des Buches „*[redacted]*"- Desweiteren wurde bekannt, daß Heerd sehr gut mit dem Autor des Buches befreundet ist und die esoterische Publikation „ZeitenSchrift" über seine Vertriebsgesellschaft Michaels-Verlag verbreitet...*

*In der Publikation „ZeitenSchrift" wird das Buch „Jan van Helsings" angeboten. Es ist „der umfassende Wegweiser durch die Verstrickungen von Logentum und Okkultismus mit Politik und Hochfinanz." Die* [redacted] *sind zur weltlichen Bibel der UK-Anhänger avanciert. „Lesen Sie endlich van Helsing, dann wissen sie, was auf der Welt vorgeht"...*

*In „van Helsings" Buch werden die* [redacted] *für alles verantwortlich gemacht. U.a. wird auch behauptet, daß Deutschland in den 2. Weltkrieg gezwungen wurde etc. pp...*

*Hiesiger Dienststelle ist weiter bekannt, daß gegen die Herausgeber der „ZeitenSchrift" durch Schweizer Behörden wegen*

*Verst. gg.d. dortige Antirassismusgesetz ermittelt wird. Ebenso gegen Verbreiter des Buches „*[redacted]*“.*

Die ZeitenSchrift, ein esoterisches Magazin aus der Schweiz, kam nicht nur in Zusammenhang mit meinen Büchern in die Schlagzeilen, sondern auch durch die Veröffentlichung eines Interviews mit dem Oberhaupt der im vorigen Kapitel behandelten ‚Universalen Kirche‘. In ihrer Ausgabe Nr. 20 äußern sich die Herausgeber nun erstmals ausführlich zu den Anschuldigungen, die ihnen durch die Medien angelastet werden und beschreiben die Ereignisse hier aus ihrer eigenen Sicht:

„Am 5. August 1998 standen meine Frau und ich als Herausgeber der ZeitenSchrift in Deutschland vor Gericht, zusammen mit unserer deutschen Mitarbeiterin. Die Anklage lautete auf ‚Volksverhetzung‘ und ‚Verbreitung jugendgefährdender und rassistischer Schriften‘. Der Grund hierfür war der Sonderdruck zur Ausgabe Nr. 13: jenes lange Interview, das wir mit Peter W. Leach-Lewis, dem Patriarchen der Universalen Kirche führten und Ende Dezember 1996 publizierten. Was war geschehen? Nachdem wir in eben dieser Ausgabe 13 die von gewissen Schweizer Medien und Journalisten angeführte Hexenjagd gegen Mitglieder der Universalen Kirche bloßgestellt und über den Trogener Schauprozeß berichtet hatten (ZS 13, S. 36), erstaunte es kaum, daß dieselben Journalisten nun auch gegen die ZeitenSchrift schossen. Sie rächten sich mit vielen negativen und tendenziösen Artikeln, und schreckten zum Teil nicht einmal vor eindeutigen Lügen zurück. Außerdem übten dieselben Journalisten ‚publizistischen Druck‘ auf einige unserer Geschäftspartner aus, allen voran auf jene Firmen, die die ZeitenSchrift druckten. In der Folge verloren wir kurz hintereinander drei Druckereien (vgl. ZS 15, Seite 2: ‚Wirbel um Druckerei‘). Auf diese Weise hofften die Journalisten und ihre Hintermänner, die unbequeme ZeitenSchrift zum Schweigen zu bringen.

Das ist ihnen nicht gelungen. Deshalb wurden in der Schweiz und in Deutschland weitere Strohmänner eingeschaltet. In Deutschland ist dies Martin Rolfes, wohnhaft in Ibbenbüren. Dieser Rolfes schrieb am 18. März 1997 einen Brief an die Staatsanwaltschaft Münster, worin er gegen unsere Mitarbeiterin in Deutschland einen Strafantrag wegen Volksverhetzung stellte. Seiner Ansicht nach sollte die ZeitenSchrift Nr. 13 - und vor allem das beigefügte Interview mit dem Patriarchen der Universalen Kirche – „eine Unzahl von anti[redacted], rassistischen Äußerungen" enthalten. Erstaunlich, daß gerade ein Mann einen Strafantrag wegen Ausgabe Nr. 13 einreichte, der weder Abonnent noch Leser der ZeitenSchrift ist. Das erklärt vielleicht auch, weshalb dies erst volle drei Monate nach Erscheinen jenes Hefts geschah.

**Anzeige war gesteuert**

Erst viel später erfuhren wir, daß dieser Martin Rolfes in der Universalen Kirche kein Unbekannter ist. Vielmehr agitierte Rolfes seit geraumer Zeit gegen Mitglieder der Kirche. Hilfreich war, daß er in direktem Kontakt mit jenen Schweizer Journalisten stand, die die Hetzkampagne überhaupt angezettelt hatten – allen voran der linksextreme Jürg Frischknecht. Auf diese Weise wurde Rolfes mit in tendenziöser Weise verstümmelten Informationen über die Universale Kirche versorgt, die er dann für seine Agitation in Deutschland verwendete. Er erhielt von jenen Journalisten darüberhinaus Listen mit den Namen und Adressen aller führenden Mitglieder der Kirche in Deutschland, inklusive ihren Geschäfts- und Privat-Telefonnummern sowie Positionen und Arbeitsorten. So versorgt, war es ein Leichtes für ihn, gegen verschiedene deutsche Mitglieder und den Patriarchen der Universalen Kirche Strafverfahren anzustrengen, wobei es im Wesentlichen um die selben Äußerungen gegangen war, die der Patriarch in unserem Interview wie auch in privaten Briefen machte. Die meisten Verfahren sind in der Zwischenzeit wieder eingestellt worden, da man den einzelnen Mitgliedern keine volksverhetzenden Aktivitäten nachweisen konnte – ganz einfach, weil sie niemals solche begangen haben.

Doch Martin Rolfes unterhält nicht nur gute Kontakte zu jenen Presseleuten, sondern steht auch in regem Briefkontakt mit Ignatz [redacted], dem Vorsitzenden des Zentralrates Deutscher [redacted]. Diesem schickte Rolfes auch wiederholt ZeitenSchriften. Herr [redacted] hat übrigens auch eine Ausgabe Nr. 18 erhalten – allerdings nicht von Martin Rolfes -, in welcher wir ausführlich über den Greuel des [redacted] berichteten, wie auch über die Wiederkehr der [redacted]-Opfer und das Teuflische am Naziregime. Auf diese Ausgabe ist jedoch bis heute keine Reaktion von [redacted] gekommen... (Die Ausgabe Nr. 18 diente im übrigen nicht einer ‚Reinwaschung' vom Vorwurf des ‚Anti[redacted]'. Wir waren niemals und sind auch heute nicht Menschen, die irgend eine andere Rasse, Ethnie oder Religion in herabsetzender Weise betrachten. Eine rassistische Haltung ist unhaltbar für jeden Menschen „auf dem Pfad"). Wie viele Fäden Ignatz [redacted] im Hintergrund ziehen kann, offenbarte unfreiwillig ein Oberstaatsanwalt in Münster, der einem offiziellen Vertreter der Universalen Kirche am Telefon sagte, er würde das Verfahren gegen den Patriarchen der Universalen Kirche sofort niederschlagen, wenn Ignatz [redacted] damit einverstanden sei.

Wir fragten uns natürlich, weshalb Rolfes so fanatisch gegen die Universale Kirche kämpft, und, nach Publikationen des Interviews mit deren Gründer, auch gegen die ZeitenSchrift. Ein Nachfragen bei der Kirche in Deutschland ergab dann, daß der Auslöser eine private Beziehungskrise war. Martin Rolfes' ehemalige Lebensgefährtin war ein Mitglied der Universalen Kirche, Rolfes selbst ebenfalls für kurze Zeit. Als sie sich von ihm trennen wollte, begann der Streit um die gemeinsamen Kinder. Beim Kampf ums Sorgerecht ging es nicht zuletzt auch um die Unterstützungszahlungen. Rolfes bediente sich der Mitgliedschaft seiner Ex-Lebensgefährtin bei der Universalen Kirche, um im

Kampf um die Kinder die besseren Karten zu haben. Wer ‚Sekten' ins Spiel bringen kann, hat bei den Behörden meist ein gutes Blatt. Fast alles läßt sich beliebig als ‚Sekte' deklarieren, und wenn man sie noch als ‚anti[redacted]' darstellen kann – umso besser. Besondere Glaubwürdigkeit erwarb sich Rolfes bei den Ämtern gerade durch seinen ‚mutigen' Kampf gegen die Aktivität, der er einst angehört hatte - indem er in den Wohnorten von Mitgliedern Flugblätter aufhängte, welche diese namentlich stigmatisierten, und indem er auch nicht davor zurückschreckte, die Arbeitgeber von Mitgliedern anzurufen, um diese zu diskreditieren.

**Massives Vorgehen**

Rolfes' Strafantrag wurde an die für Lindau zuständige Staatsanwaltschaft am Landgericht Kempten geleitet. Kemptens Justiz ist berüchtigt. Ihrem Ruf zufolge soll sie im Zweifelsfalle eher gegen den Angeklagten entscheiden.

Auf Drängen der Staatsanwaltschaft Kempten stellte das Amtsgericht Lindau am Pfingstdienstag, den 20. Mai 1997 einen Durchsuchungsbefehl für unser deutsches Büro und Postfach aus - und das am erstmöglichen Arbeitstag, nachdem am Pfingstsamstag, dem 17. Mai, ein negativer Artikel über die ZeitenSchrift in der ‚Lindauer Zeitung' erschienen war. Da am Tag der Hausdurchsuchung (26. Mai 1997) niemand in unserem deutschen Büro weilte, verschaffte sich die Kriminalpolizei über die Hausverwaltung Zugang, indem sie drohte, die Tür einzubrechen, weil „Gefahr im Verzug" sei. Die Beamten räumten fast das ganze Büro leer und gingen dabei weit über den richterlichen Beschluß hinaus. Unser Anwalt nannte dies zwar eine ‚[redacted]', doch läßt sich gegen solche Beamten[redacted] juristisch kaum etwas ausrichten. Demselben Kriminalbeamten hatte der zuständige Staatsanwalt auch eingeschärft, er müsse unsere Mitarbeiterin unbedingt zu Aussagen fürs Protokoll bewegen, wenn er ihr die meisten unserer Unterlagen wieder aushändige (die eigentlich gar nicht hätten beschlagnahmt werden dürfen).

Als sie die Aussage verweigerte, verwickelte sie der Beamte einfach in ein Gespräch, das in den Augen unserer Mitarbeiterin eindeutig inoffiziellen Charakter hatte. Doch das wenige, das sie sagte, schrieb der Beamte säuberlich nieder, kaum daß er im Dienstwagen saß, und händigte seine Notizen dem Staatsanwalt aus. Sie wurden vor Gericht gegen die Angeklagte verwendet und bewirkten ihre Verurteilung. Fragwürdig war auch die Durchsuchung des Elternhauses unserer Angestellten, wo sie ab und an noch wohnte. Der Schock der betagten, 74jährigen Mutter war groß, als die Beamten plötzlich vor der Tür standen und der alten Frau das Telefonieren untersagten. Sie durchwühlten das Schlafzimmer der Tochter, schnüffelten in privaten Fotoalben und Briefen und ‚stellten' deren private Einzelexemplare alter Zeiten-Schriften ‚sicher' (darunter war ironischerweise nicht eine einzige Ausgabe Nr. 13).

Danach wurde auch noch die Wohnung ihres Lebensgefährten durchsucht, obwohl die Beamten hierzu nicht einmal einen richterlichen Beschluß besaßen. Dennoch drohten sie, die Tür aufzubrechen.

Als Begründung für die angebliche ‚Volksverhetzung' wurde in den Durchsuchungsbeschlüssen das Interview mit dem Patriarchen der Universalen Kirche angeführt, und zwar konkret zwei Stellen:

- Die von uns gestellte Frage, Peter Leach-Lewis solle sich zum Zitat des polnischen Priesters Jankowski äußern, der behauptet hatte, die [redacted] hätten „in ihrer satanischen Gier" den Zweiten Weltkrieg angezettelt und seien auch verantwortlich für den Beginn des Kommunismus gewesen (publiziert im ‚Time'-Magazin vom 3. Juli1995).

• Die von Leach-Lewis angeführten Jesus-Zitate aus der Bibel, worin Jesus gegen gewisse [redacted] schimpfte.

Wenige Tage später erreichte uns in der Schweiz ein Brief von der Staatsanwaltschaft Kempten, der uns darüber informierte, daß man in Deutschland nun auch das Verfahren gegen mich und meine Frau eröffnet habe. Und das, obwohl genau das gleiche Verfahren in der Schweiz bereits gegen uns eingeleitet worden war. Aus diesem Grund bemühten wir uns, daß Deutschland das Verfahren an die Schweiz abtrete (nach dem Rechtsgrundsatz ‚Ne bis in idem' darf man nicht zweimal für dasselbe Vergehen bestraft werden). Stattdessen beantragten die deutschen Behörden für ihren Prozeß gegen uns Rechtshilfe von der Schweiz – und bekamen sie auch, worauf sämtliche Akten übersandt wurden.

**Einschüchterung unserer Händler**

Unter den beschlagnahmten Unterlagen aus unserem deutschen Büro befanden sich auch die Rechnungskopien von unseren Händlern in Deutschland, welche ZeitenSchriften Nr. 13 für den Verkauf bestellt hatten. Erst viel später erfuhren wir, daß die Staatsanwaltschaft Kempten bundesweit gegen diese Händler ermitteln ließ. So geschah es, daß bei gewissen Naturkostladen-Besitzern und Therapeuten sogar am Samstagmorgen um sieben Uhr früh plötzlich die Polizei mit einem Durchsuchungsbefehl vor der Tür stand und nicht nur Geschäftsräume, sondern auch Privaträume nach der ZeitenSchrift Nr. 13 durchsuchte.

Erwähnt sei, daß viele dieser Händler nur gerade fünf Exemplare der ZeitenSchrift Nr. 13 bestellt hatten. Und das meist ein Jahr zuvor! Die Vorgehensweisen der ermittelnden Behörden unterschieden sich zum Teil gewaltig. Gewisse Händler wurden regelrecht eingeschüchtert, und man gab ihnen – ihrer Meinung nach – zu verstehen, sie sollten die ZeitenSchrift künftig besser nicht mehr verkaufen. Bei anderen Händlern entschuldigte sich der zuständige Staatsanwalt indes zuerst höflich per Telefon für die „lächerlichen Umtriebe“, denen er eben pflichtgetreu nachzugehen habe, und es blieb bei einer kurzen informellen Einvernahme.

Gegen einige unserer Händler wurden dann ebenfalls Ermittlungsverfahren wegen ‚Volksverhetzung‘ eingeleitet. Vor allem Bayern ging rigoros vor. Die Verfahren gegen unsere Händler wurden jedoch nach einer gewissen Zeit *ausnahmslos fallengelassen*. Manche mußten gar nichts bezahlen, andere wurden mit Geldbeträgen zwischen 300 und 800 Mark zur Kasse gebeten.

Im Nachhinein kann man sich des Eindrucks nicht ganz erwehren, daß man unsere Händler vor allem einschüchtern wollte. Denn verunsicherte Händler lassen die ZeitenSchrift eher fallen. Sollte das Händlernetz der ZeitenSchrift in Deutschland zusammenbrechen, wären gewisse Kreise dem Ziel einen Schritt näher, dieses unabhängige Magazin mundtot zu machen.

Glücklicherweise hat das unverhältnismäßige Vorgehen der Behörden unsere Händler vor allem verärgert und eher stärker an uns gebunden; es waren nur zwei, die dem Druck nicht standhielten und die ZeitenSchrift nicht länger verkaufen wollten. An dieser Stelle möchten wir allen Händlern unseren tief empfundenen Dank für ihre Solidarität aussprechen!

### Von jeder Schuld freigesprochen

Während man unsere Händler bis Juni 1998 behördlich behelligte, hatte das zuständige Amtsgericht Lindau bereits am 16. Dezember 1997 den Strafantrag der Staatsanwaltschaft Kempten gegen die ZeitenSchrift abgelehnt. Da das besagte Interview mit dem Patriarchen der Universalen Kirche „kein strafrechtlich relevantes Verhalten der Angeschuldigten“ beinhalte, wollte der Richter nicht einmal den Prozeß eröffnen.

Weiter führte er aus, das Führen des Interviews sei durch die im Grundsatz verankerte Presse- und Meinungsfreiheit gedeckt gewesen. Auch müsse man uns zugestehen, die Frage bezüglich des bereits erwähnten Zitats aus dem ‚Time'-Magazin so zu stellen, wie wir es taten; ansonsten hätten wir ja auf die aktuellen Vorkommnisse in der Schweiz gar nicht eingehen können. Außerdem hätten wir ausdrücklich gekennzeichnet, daß dieses Zitat nicht von uns stammt, sondern im Rahmen des Interviews als Frage gestellt wurde.

Was die von Leach-Lewis zitierten Jesus-Worte betraf, so rügte der Richter die Staatsanwaltschaft, weil sie es zu unterlassen habe, „in ihrer Bewertung die weiteren, in diesem Zusammenhang mitgefallenen Ausführungen einzubeziehen." Diese würden den von der Staatsanwaltschaft inkriminierten Sachverhalt relativieren: „Der Interviewte sagte dazu: ‚Ja, einige von ihnen mögen [redacted] sein, ebenso wie irgendwo irgend jemand von uns es sein kann; also ist die Antwort natürlich NEIN!" Der Patriarch habe verschiedentlich eindeutig klar gemacht, daß er mit seinen Anschuldigungen niemals die [redacted] in ihrer Gesamtheit meine. Deshalb sei damit nicht gegen §130 StGB (‚Volksverhetzung') verstoßen worden. Außerdem existiere eine Entscheidung des Bundesverfassungsgerichts, nach der man bei einer inkriminierten Äußerung immer zu prüfen habe, „ob sie mehrere Deutungen zuläßt, von denen nur eine strafbar ist. Die zur Bestrafung führende Deutung darf einer Verurteilung nur dann zugrunde gelegt werden, wenn andere Deutungsmöglichkeiten ausgeschlossen worden sind."

Mit diesem richterlichen Spruch wollte sich der Staatsanwalt aus Kempten indes nicht abfinden und reichte bei der nächst höheren Instanz eine sofortige Beschwerde ein. Da dies das Landgericht Kempten selbst ist, hatte der Staatsanwalt bei seinen Kollegen leichtes Spiel. Und siehe da: Am 5. Februar 1998 hob das Landgericht Kempten den Nichteröffnungsbeschluß des Amtsgerichtes Lindau auf und gab „die Sache zur erneuten anderweitigen Erledigung" an das Amtsgericht zurück.

Man wird uns sicher verzeihen, wenn wir die Begründung der drei Richter vom Landgericht als ziemlich dürftig empfinden: Sie behaupten nämlich, es bestehe „der hinreichende Verdacht, daß sich sowohl der Interviewpartner als auch der Hersteller und Verbreiter des Interviews hinter die darin enthaltenen Äußerungen gestellt“ habe. – Eine Behauptung, die bei einem so zurückhaltend und objektiv geführten Interview in unseren Augen unhaltbar ist.

Auch das Landgericht betonte, man müsse davon ausgehen, „wie ein verständiger Leser die Aussage verstehen mußte“. Zudem sei der Gesamtzusammenhang ausreichend zu würdigen, in dem die Aussage stehe. Alles bestens, sollte man denken, denn genau mit diesem Argument hatte uns das Amtsgericht ja von jeder Schuld freigesprochen. Weit gefehlt! Im Gesamtzusammenhang gelesen sei das Interview eine „Abhandlung über die Unterschiede von [redacted] und Nicht[redacted], die nur dazu diene, „immer wieder zu direkt volksverhetzende Aussagen zu stoßen“. Als Begründung gehen die Richter sogar soweit, dem Patriarchen ein wortgetreues (!) Zitat aus dem bedeutendsten englischsprachigen Wörterbuch als Anti[redacted] auszulegen. „Zusammenfassend ist deshalb festzustellen, daß die im Strafbefehlsantrag genannten Aussagen im Gesamtzusammenhang des Interviews gesehen bei einem verständigen Leser den Eindruck erwecken, daß gezielt Teile der Bevölkerung böswillig verächtlich gemacht und verleumdet werden sollen“, befand das Landgericht abschließend.

Hierzu möchten wir feststellen, daß kein einziger unserer Leser und Abonnenten sich deswegen gedrängt sah, einen Strafantrag gegen uns zu stellen. Sind unsere Leser demnach alle ‚unverständig‘ oder haben sie das Interview eben so verstanden, wie es wirklich gemeint war? Nämlich als eine objektive Möglichkeit, damit ein oft verleumdeter und hart angegriffener Mann zum ersten Mal öffentlich und unzensiert zu den Vorwürfen Stellung nehmen kann.

Die einzige (böswillige) Anzeige ereilte uns durch einen fanatischen Agitatoren, der sich willig zum Werkzeug gewisser Kreise und Journalisten machen ließ (wir sind ja längst nicht die einzigen, die er wegen angeblichem Anti[redacted] anzeigte).

**Viel Unterstellung, wenig Fakten**

So kam es, daß wir von der ZeitenSchrift am Nachmittag des 5. August in Lindau zum ersten Mal vor die Schranken des Gerichts treten mußten. Dort wurden wir als erstes unseres Schweizer Rechtsanwalts beraubt, der zwar hochoffiziell als unser Verteidiger zur Verhandlung eingeladen worden war – ein unerklärliches Versehen, wie man uns höflich eröffnete und den Juristen sogleich auf die Zuschauerbank verbannte. Also verteidigten wir zwei Herausgeber uns eben selber.

In seiner Klageführung konnte sich der Kemptener Staatsanwalt zwar auf nicht allzuviele Fakten berufen, doch dies machte er wett, indem er uns immer wieder anti[redacted] Absichten und eine rassistische Gesinnung unterstellte. Weshalb er zu dieser ‚Erkenntnis' kam, wurde nicht einsichtig, da er es leider unterließ, Beispiele für unsere angeblich üble Gesinnung anzuführen. Er disqualifizierte seine Anschuldigungen dann gleich selber, als er behauptete, es handle sich bei uns um „ein gewisses Maß – vielleicht – an Überzeugungstäterschaft". Also keine Fakten, sondern pure Vermutung und Unterstellung. Statt dessen unterließ es der Staatsanwalt nicht, diesen Prozeß mit einer Verhandlung gegen sogenannte „[redacted]-Leugner" zu vergleichen.

Aus diesem Grund forderte er für mich und meine Frau Gefängnisstrafen von neun Monaten (ausgesetzt auf drei Jahre Bewährung) und eine Buße von je 2.500 DM. Unsere Mitarbeiterin sei zu 8.400 DM Buße, ersatzweise zu einer Gefängnisstrafe von 120 Tagen zu verurteilen, beantragte der Staatsanwalt. Sie hätte sich nämlich schuldig gemacht, weil sie von Deutschland aus unsere Händler beliefert habe. Unsere Angestellte hätte nach Ansicht der Staatsanwaltschaft die Versendung der ZeitenSchrift verweigern müssen und eher riskieren sollen, daß sie dadurch ihre

Anstellung verliert. Daß sie ganz abgesehen davon aus Zeitgründen gar nicht in der Lage gewesen ist, die ZeitenSchrift im voraus zu lesen, weil die Hefte gleich nach der Anlieferung von der Druckerei versandt werden müssen, störte die Staatsanwaltschaft nicht.

Die Anklage stützte sich auf ein halbes Dutzend aus dem Zusammenhang gerissene Sätze des Patriarchen der Universalen Kirche, welche die Staatsanwaltschaft als ‚anti[redacted]‘ wertete. Dem setzten wir entgegen, daß das gesamte Interview 27 Äußerungen gegen Rassismus, 33 Äußerungen für die Meinungsfreiheit und 24 ausgesprochen pro[redacted] Äußerungen enthalte – daß also nicht nur der Gesamteindruck des Interviews, sondern auch die rein quantitative Analyse zu unseren Gunsten spreche, und übergaben dem Gericht ein entsprechend markiertes Interview.

### Ein fragwürdiges Urteil

Nun ja, kein Richter wird gern von Kollegen aus der höheren Instanz zurechtgewiesen, und so kam es, daß derselbe Richter, der uns im Dezember 1997 von allen Vorwürfen freigesprochen hatte, uns nun dem Willen des Landgerichts Kempten entsprechend verurteilte: Unsere deutsche Mitarbeiterin hätte nach Ansicht des Gerichts tatsächlich die ZeitenSchrift vorzensieren und ihre Arbeit verweigern sollen, Deshalb wurde sie zu einer Buße von 6.300 DM, ersatzweise zu 90 Tagen Gefängnis verurteilt.

Uns, den Herausgebern, hielt der Richter zugute, daß man uns keine rassistische Gesinnung nachweisen könne, und daß auch unsere Fragestellung im Interview legitim gewesen sei. Damit waren im Grunde alle Unterstellungen der Anklage entkräftet. Deshalb flüchtete sich der Richter in die Ansicht, gewisse Sätze des Patriarchen seien aber dennoch anti[redacted], weshalb wir sie nicht hätten publizieren dürfen. Wir wurden zu Haftstrafen von je sechs Monaten – ausgesetzt auf zwei Jahre Bewährung – und je 2.500 DM Buße verurteilt.

Die Urteilsverkündung nahm schließlich geradezu groteske Züge an und offenbarte einmal mehr, unter welchen Zwängen der Richter stand: Als er nämlich in seinem Urteil nichts von einer endgültigen Einziehung des umstrittenen Interviews sagte, unterbrach (!) ihn der Staatsanwalt und machte den Richter darauf aufmerksam, daß nun auch noch die definitive Beschlagnahme der konfiszierten ZeitenSchrift anordnen müsse.

„Ach, ja, ja", bedankte sich der Richter zerstreut für diesen Hinweis und verfügte nicht nur die Einziehung des Sonderdrucks mit dem Interview, sondern gleich auch noch die Einziehung der ganzen Ausgabe 13 – obwohl diese überhaupt nie zur Verhandlung stand, und selbst der Staatsanwalt zugeben mußte, daß beispielsweise der darin enthaltene Artikel über den alltäglichen Rassismus in [redacted] über alle Zweifel erhaben sei.

Damit setzte das Gericht durch, daß unsere deutschen Leser folgende Informationen nicht mehr erhalten können:

• Wie Humor und Lachen uns heilen können;

• Wie man sich aus den erdrückenden Zwängen unseres Geld- und vor allem Zinssystems befreien kann;

• Wie die UNO-Kinderkonvention die Familie spalten will;

• Welches Vorbild uns Mutter Maria in der Erziehung sein kann, und was sie ihren Sohn Jesus gelehrt hat;

• Wie die deutschen Behörden die Familie der krebskranken Olivia Pilhar verfolgt hatten, und wie diese in den Medien verleumdet wurde;

• Welche Hetzjagd Schweizer Medien auf Mitglieder der Universalen Kirche veranstaltet hatten, und wie oft es die Presse mit der Wahrheit nicht so genau nahm;

• Wie die Palästinenser und arabischen [redacted] in [redacted] unterdrückt werden;

• Was der Patriarch der Universalen Kirche zum ersten und einzigen Mal unzensiert zu den Vorwürfen gegen ihn und seine Kirche zu sagen hatte.

**Freie Meinungsbildung ist gefährdet**

Was ist das Fazit dieses Lindauer Urteils? Wird damit etwa von der Presse verlangt, daß sie umstrittene Anworten ihrer Interview-Partner zensieren und schönen, daß an die Stelle von Objektivität Verfälschung treten soll? Will man allen Ernstes, daß wirklich rassistische Sprüche von Journalisten so stark verändert werden müssen, daß der unbedarfte Leser Gefahr läuft, einen völlig falschen Eindruck von der wahren Gesinnung des Befragten zu erhalten? Dies ist in unseren Augen viel gefährlicher, weil es echt rassistischen Gruppierungen ermöglichen könnte, unter einem nach außen ‚sauberen' Deckmantel zu operieren. Zudem könnten sie verstärkt Zulauf aus der Bevölkerung bekommen, weil es ja ‚gar nicht so schlimm' ist, was sie in den Interviews sagen. Wenn man den Bürgern verbietet, daß sie sich durch die Presse objektiv und unzensiert über alle kontroversen Themen informieren können, dann nimmt man ihnen die Grundlage für eine echte, unabhängige und eigene Meinung.

Aus diesem Grund steht dieses Urteil einer Demokratie wie Deutschland schlecht zu Gesicht.

Doch die Wölfe haben das Heulen noch nicht aufgegeben. Wer wie die ZeitenSchrift Menschen zum eigenständigen Denken anregen will, der wird in unserer heutigen Zeit auch weiterhin bekämpft werden." (ZeitenSchrift Nr. 20, Neugass 26, Postfach, CH-9442 Berneck, S. 60 ff)

Am 19. März 1999 kam es erneut zum Prozeß für die Herausgeber der ZeitenSchrift, diesmal in der Schweiz. Angeklagt waren sie neben dem Interview mit Peter Leach-Lewis auch wegen dem Verkauf meiner beiden Bücher. Der Prozeß endete damit, daß beide in bezug auf den Verkauf der Bücher freigesprochen wurden, da sie, nachdem man in der Schweiz die Ermittlungen aufnahm, den Verkauf derselben eingestellt hatten. Wegen des Interviews wurden sie zu 3.000 Franken und zwei Monate auf Bewährung verurteilt.

# Anhang B
# Pater Odo von Württemberg: Die Freimaurerei

Nachfolgend lesen Sie die Abschrift eines öffentlichen Vortrags von Pater Odo von Württemberg OSB, Prior des Klosters Beuron, über die Freimaurerei, den er im Jahre 1957 in Donaueschingen gehalten hatte:

„Hochwürdige Herren, meine sehr verehrten Damen und Herren, der Name Freimaurer stammt aus dem Mittelalter, aus der Zeit, da die gewaltigen Dome und Münster gebaut wurden. An einer Kathedrale wurde oft ein bis zwei Jahrhunderte gebaut, und neben dem Bauplatz standen die Bauhütten, in denen die Steinmetze und Maurer ihre Arbeit verrichteten. Die Maurer und Steinmetze waren in örtliche Zünfte zusammengeschlossen. Sie verrichteten die grobe, schwere Steinmetzarbeit. Sie hießen in England im 14. Jahrhundert, roughmasons, d.h. rauh arbeitende Maurer.

Neben diesen gab es noch die freien Steinmetze und Maurer. Diese verrichteten die steinernen Arbeiten, die schönen Statuen, Skulpturen, die Fenster, das gotische Maßwerk und was noch alles dazu gehörte. Diese hatten ihre Bauhütten auch neben den Domen und Kathedralen, sie waren aber nicht Ortsgebunden wie die hauptberuflichen Steinmetze und Maurer, sondern sie zogen frei umher, von einem Bauplatz zum andern, wo gerade irgend etwas aufgerichtet wurde.

Diese umherziehenden Steinmetze und Maurer hießen in England um das Jahr 1350 freemasons oder freestonemasons, d.h. Freimaurer. Diese Freimaurer waren nicht in Zünften, sondern in Bruderschaften zusammengeschlossen. Ihre Hütten hießen lodges, wovon dann das Wort Loge gekommen ist. Sie hatten eigene Kleidung, Gesetze, Gebräuche und Traditionen. Die Freimaurerhütten dienten bei der Gründung der (heutigen) Freimaurerei als

Vorbild. Die ersten Freimaurer nannten sich Symbolische Freie Maurer. Sie wollten einen geistigen Tempel errichten und zwar in der Seele des Menschen, den Tempel der reinen Vernunft, des reinen Menschentums. Sie wollten im Menschen alles Edle und Gute entwickeln. Sie wollten eine rein vernunftmäßige Sittlichkeit schaffen. Aber alles mußte völlig frei von jeglicher Bindung an Gesetze, Gebräuche, Sitten und Traditionen sein, ohne jegliche Bindung an etwas Übermenschliches, Übernatürliches, Ewiges, Göttliches. Der Mensch sollte absolut frei sein, Herr seiner selbst, seines Lebens, seiner Lebensgewohnheit und seiner Lebensgestaltung. Der Mensch ist das Letzte, das Höchste; er regiert die Welt frei, nach eigenem Gutdünken...

Mit der Reformation hatte ja der Bau der großen Kathedralen aufgehört. Aber in England hatten sich diese Bruderschaften der freien Maurer, der Künstler, erhalten. Diese Bruderschaften oder wie sie dort schon genannt wurden, Logen, waren modern ausgedrückt gesellschaftliche Herrenklubs mit reichlichem Alkoholverbrauch bei ihren Zusammenkünften. Aus den Logen im Gasthaus zur Gans, im Gasthaus zur Krone, im Weinhaus zum Römer und im Weinhaus zum Apfelbaum, die alle in London waren, gründeten Désaguliers, Payne und Anderson durch Zusammenfassung dieser vier Logen im Jahre 1717 die Großloge zum Apfelbaum. Als Tag der Gründung wurde das Fest des heiligen Johannes des Täufers, der 24. Juni 1717 gewählt und zwar mit Absicht der Tag des heiligen Johannes. Denn diese Leute sagten: „Mit der Geburt des heiligen Johannes des Täufers hat ja etwa die neue Zeit, das Christentum begonnen. Und so wird auch mit der Freimaurerei eine neue Epoche in der Menschheitsgeschichte eingeleitet.“ Die Freimaurerei wurde streng aufgebaut nach dem Muster der alten Baulogen. Man fing als Lehrling an, dann wurde man Geselle und schließlich Meister. Der Versammlungsraum hieß Loge. Schon damals, gleich bei der Gründung, versuchte man höhere Grade einzuführen. Die sogenannten roten Freimaurer, aber man hatte damit anfangs keinen Erfolg. 1717 wurde die erste Loge in England gegründet. Bis zum Jahr 1740 gab es in London und Umgebung bereits 115 Logen. Die erste Loge auf dem Kontinent wurde 1725 von einem englischen Edelmann in Paris gegründet. Die erste Loge in Deutschland entstand 1737 in Hamburg. Sie wurde von einem englischen Großkaufmann gegründet. 1738 ließ sich der große Freidenker und Gottesspötter, der nochmalige König Friedrich II. von Preußen, der sogenannte Große, in die Loge aufnehmen. 1740 gründete Friedrich II. die Loge „Zu den drei Weltkugeln" in Berlin. Diese Loge existiert immer noch.

Sehr bald aber verlor die Freimaurerei an Zugkraft, schließlich war es ja ziemlich eintönig und langweilig, in seiner Seele einen geistigen Tempel zu errichten. Es bestand die Gefahr, daß die ganze Freimaurerei auseinanderfalle. Die führenden Meister der Logen suchten neue Ideen, um damit der Freimaurerei neuen Lebensimpuls zu geben. Man suchte daher die ägyptischen und griechischen Geheimkulte, die Mysterien nachzuahmen und von da stammt auch die Behauptung, daß die Logen von diesen Geheimkulten abstammten. Aber auch dieses Mittel half nicht. Dann ging man dazu über zu behaupten, die Logen wären die Nachfolger der alten Ritterorden, besonders der Templer. Aber auch das half alles nichts. Nun besorgte man sich hunderte von orientalischen Mysterien (- Kulten), orientalischen Geheimorganisationen und dachte, auf diese Weise könne man die Freimaurerei wieder lebendig gestalten. Alles war vergebens.

In den Jahren 1750 bis 1760 bestand die Gefahr, daß die Freimaurerei endgültig zusammenbreche. Eine Loge von den „Rittern von Osten und Westen" in England beauftragte in diesen Jahren den [redacted] Stephan Morring mit der Reorganisation der Freimaurerei. Dieser Morring baute zuerst eine neue Struktur auf. Er teilte die Loge in 25 Grade ein. Die niederen Grade waren jene von 1 bis ungefähr 12. Das waren allgemeine Grade, wo man auch als Ziel den Menschen hinstellte, den Menschen und das reine Menschentum. Beim Eintritt in die Loge mußte ein Eid abgelegt werden, daß man sich auf Lebenszeit der Loge verschreibt, daß man dem Großmeister unbedingten Gehorsam leistet, und daß bei Verrat oder Austritt die Todesstrafe verhängt wird. Die nächste Gruppe umfaßte ungefähr die Grade 12 bis 20. Das waren die höheren Grade, die sogenannten Rachegrade. Diese Leute hatten die Aufgabe, die niederen Freimaurer zu überwachen, daß niemand töricht redet oder ein Geheimnis ausplaudert oder daß er lau wird und nicht mehr mitmacht,...

Also das waren damals die Rachegrade. Jeder Freimaurer war also in ständiger Angst, irgend ein Rachegrad könnte merken, daß er sich dumm benommen hat oder sonstwie einen Fehler begangen hat, und es könnte ihm an den Kragen gehen. Damals war man mit dem Tode sehr rasch bei der Hand. Für die geringste Untreue oder Unregelmäßigkeit wurde so ein Logenbruder kaltblütig umgebracht.

Daraufhin baute dieser Morring noch die obersten, die leitenden Grade auf, von 20 bis 25. Das war das eigentliche Gremium, das die Logen regierte, das die Ziele vorgab, die Arbeit verteilte, und das von oberster Warte aus alles anordnete. Nun hatte Morring eine straffe Organisation. Die niederen Grade, die Rache- oder Terrorgrade und die höchste Führung. Nun mußte er ihnen ein Ziel geben, denn dieser geistige Thronbau in der Seele war wirklich alles andere als ansprechend. Man sagte: „Das Ziel ist die absolute Freiheit des Menschen."

Wer beschränkt diese Freiheit? - Als erster ist es der Staat, damals waren es die absoluten Monarchien. Der Landesfürst gibt Gesetze, Bestimmungen heraus, und damit wird meine absolute persönliche Freiheit eingeschränkt. Also muß ich gegen diese Staatsautorität, gegen den Landesfürsten den Kampf aufnehmen, denn er ist derjenige, der mir nicht die volle Freiheit gewährt. Der zweite, der die menschliche Freiheit einschränkt, ist der Papst, bzw. die katholische Kirche. Ferner beanspruchen der römische Bischof, der Papst und die katholische Kirche einen göttlichen Ursprung, einen Auftrag von Jesus Christus, dem Gottessohn zu haben. Die Freimaurerei lehnt alles Göttliche ab. Also sind schon aus diesem Grund die Kirche und der Papst zu bekämpfen. Außerdem verkündet die Kirche die Gebote Gottes. Sie erläßt Kirchengesetze, Vorschriften, die meine absolute Freiheit einschränken. Also ist die Kirche, ist der Papst zu vernichten. Man hat nun eine straffe Organisation, man hat das Ziel, den Kampf, die Vernichtung des Landesfürsten, des Papstes, der Kirche, und damit hat man die ganze Freimaurerei gerettet, hat sie neu aufgebaut, ihr neues Leben eingehaucht. Es ist ja typisch, daß in der großen Französischen Revolution von 1789 all die führenden Revolutionäre Freimaurer waren, die darum den Kampf aufnahmen gegen den Fürsten, den Thron und den Altar.

Sehr bald erkannten manche Landesfürsten, welche Gefahr die Freimaurerei für ihren Thron, ihre Regierung bedeutet. Darum versuchten sie sich einzuschalten. Wir haben schon gesehen, wie Friedrich, der sogenannte Große, Freimaurer wurde, wir sehen es heutzutage noch in England, wo verfassungsmäßig der König immer Großmeister der Königsloge sein muß. Wir sehen dies auch in den nordischen Staaten. Ich habe einmal den verstorbenen, greisen König Gustaf Adolf gefragt, wie er als König in einem rein sozialistischen Staat wie Schweden regieren könne. Und Gustaf Adolf antwortete: „Als König habe ich gar nichts zu sagen, das macht die Regierung, aber ich bin der Großmeister aller schwedischen Logen, und damit kann ich jedem Minister, jedem Parlamentarier, der ja Freimaurer sein muß, meinen Willen aufzwingen, kann ich ihm die Befehle geben. Als König von Schweden kann ich nur durch die Loge und über die Loge regieren. „Ich fragte ihn dann, ob er an die Loge Konzessionen machen müsse, und er antwortete mir: „Ja, die liberale Schule, dann, daß das öffentliche Leben möglichst entchristlicht wird, das Eherecht, wie es früher war, muß aufgehoben werden, in allem muß da den Freimaurern Freiheit gelassen werden.“

Daß die Freimaurerei eine Gefahr für den christlichen Staat ist, erkannte schon der protestantische Oberhofprediger von Darmstadt, Freiherr von Stark. Dieser Freiherr von Stark war von frühester Jugend an ein begeisterter Freimaurer. Seine Predigten waren in der Bibliothek von Darmstadt zu haben, ungefähr sieben dicke Bände, die auch durch die Bomben zerstört wurden. Jede Predigt handelte von der Freimaurerei. Es heißt in den Predigten: „Das wäre doch die Erfüllung der Erlösung, die absolute Freiheit des Menschen, daß er nicht einmal mehr Gott braucht. „Und dieser gute Hofprediger hat sein ganzes Leben so für die Freimaurerei gepredigt und gesprochen bis er in der Französischen Revolution sah, wie da König Ludwig XVI. und Königin Marie-Antoinette geköpft, durch die Freimaurer zugrunde gingen. Da erkannte er die Gefahr für den Staat, und dann ist der Mann aufgestanden und hat in sich eine völlige Wendung vollzogen. Er ließ am 17. November 1809 ein Flugblatt verteilen, auf dem er die Freimaurerei, die Loge, als den Antichristen, den Aushöhler jeglicher menschlichen Ordnung und Sinnlichkeit darstellte, als die größte Gefahr für die Menschheit brandmarkte. Dieses Flugblatt hatte damals gewaltigen Einfluß und öffnete vielen Menschen die Augen.

Wenige Tage nachdem dieser Hofprediger Freiherr von Stark dieses Flugblatt veröffentlicht hatte, ging er wie gewöhnlich nachmittags seinen Kaffee im Hofgartenrestaurant zu nehmen. Es wurde ihm schlecht, und nach einer Stunde war er tot.

Im Jahre 1804 erklärte der Grand-Orient von Frankreich, das war die führende Loge in Paris: „Die Freimaurerei ist nicht irgend eine Weltanschauung oder eine geistige Richtung, die Freimaurerei ist die Religion der Zukunft. Alle Religionen, das Christentum, die verschiedenen christlichen Bekenntnisse, das [redacted], alles wird verschwinden, nur mehr die neue Religion der reinen Menschlichkeit, das Freimaurertum, wird die Religion der Zukunft, der zukünftigen Jahrhunderte und Jahrtausende sein."

Die Gefahr der Freimaurerei für die Religion erkannte Papst Clemens XII. sehr bald. Bereits im Jahr 1738 erließ Clemens XII. eine Bulle gegen die Freimaurerei und sagte ihr den Kampf an, weil sie gegen jegliche Gottesreligion und auf jegliche, auf Gottesgesetz basierende Sittlichkeit „pfeift". Leo XIII. sprach die Exkommunikation aus für jeden Katholiken, der der Freimaurerei angehört oder einer ihrer Nebenbewegungen. Leo XIII. hatte ja auch ein Gebet gegen die Freimaurerei verfaßt, das wir jeden Tag nach der heiligen Messe, der stillen heiligen Messe verrichten; es ist das Gebet zum heiligen Michael.

In den ersten zwei Dritteln des 19. Jahrhunderts war die Freimaurerei national gebunden. Jedes Land hatte seine eigenen Landeslogen. Es gab noch keine Weltlogen, noch keinen Weltgroßmeister, sondern jedes Land hatte seine eigenen Logen. Führend unter den Logen war Frankreich, der Grand-Orient von Frankreich in Paris.

Um Ihnen jetzt zu zeigen, wie diese Logen auf das Weltgeschehen Einfluß nahmen, muß ich zurückgreifen auf den 70er-Krieg, auf den Krieg von 1870, den deutsch-französischen Krieg. Auf deutscher Seite war nur König Wilhelm von Preußen, der spätere Kaiser Wilhelm I., Großmeister der Preußischen Landesloge. Alle anderen Bundesfürsten waren nicht Freimaurer. Bei uns in Württemberg war sogar die Freimaurerei verboten. Als Frankreich unter den gewaltigen Schlägen der vereinten deutschen Bundesheere zusammenbrach und für Frankreich keine Rettung mehr vorhanden zu sein schien, griff die französische Großloge Le Grand-Orient von Frankreich ein. Es erging ein

Edikt vom Grand-Orient de France an den Freimaurerbruder König Wilhelm von Preußen. Die Loge befahl, sofort alle militärischen Operationen einzustellen und die vereinten deutschen Truppen wieder über den Rhein zurückzuführen. Der König von Preußen achtete natürlich nicht auf dieses Edikt der Loge. Die vereinten Bundestruppen rückten weiter vor, und Paris wurde eingeschlossen und belagert. Nun kam das zweite Edikt. Der Grand-Orient de France zitierte den Logenbruder König Wilhelm von Preußen vor das Freimaurergericht, weil er dem Befehl der Loge nicht Folge leistete. Auch auf dieses Edikt reagierte der König von Preußen, der inzwischen deutscher Kaiser geworden war, nicht und antwortete nicht. Nun sprach der Grand-Orient de France die große Freimaureracht über den Bruder Wilhelm, König von Preußen, aus und verurteilte ihn zum Tod, weil er der Loge nicht gehorcht hatte. Jeder Freimaurer auf der ganzen Welt wurde verpflichtet, wo immer es ihm möglich sei, bei erster Gelegenheit das Todesurteil am König von Preußen, dem neuen deutschen Kaiser, zu vollstrecken. Diese Aufstachelung zum Königsmord ließ sich Wilhelm I. nicht gefallen. So etwas duldete vor allem der eiserne Kanzler Bismarck nicht. Bismarck ordnete, noch von Versailles aus, die völlige Loslösung der deutschen Freimaurerei von jeglicher, auch der entferntesten Verbindung mit der französischen oder sonst einer ausländischen Loge an. Die Trennung wurde rücksichtslos durchgeführt. Die deutsche Freimaurerei wurde eine Art Wohltätigkeitseinrichtung. Sie wurde vollkommen umgewandelt. Sie mußte auf jegliche Politik, auch auf die Politik im eigenen Land oder in der Gemeinde verzichten. Und mit eiserner Strenge sorgte Bismarck dafür, daß diese Gesetze durchgeführt wurden. Kaiser Wilhelm I. legte 1874 sein Amt als Großmeister der preußischen Landesloge nieder. Er blieb aber Logenbruder wie auch sein Sohn, der spätere Kaiser Friedrich, da sie sich durch Eid der Loge auf Lebenszeit verpflichtet hatten. Kaiser Friedrich beschwor seine beiden Söhne, den späteren Kaiser Wilhelm II. und den Prinzen Heinrich von Preußen, sie sollten niemals Freimaurer werden, denn wenn man Freimaurer sei, dann sei man sein Leben lang der Gefangene und Sklave der Großloge. Und Wilhelm II. ist auch nie Freimaurer geworden.

Die französische Großloge sah nach der Niederlage von 1870/71, daß wegen der Umänderung der deutschen Loge in eine reine Wohlfahrtseinrichtung nichts zu machen sei, daß man in Deutschland das Ziel nicht erreichen könne, die deutschen Monarchen, die deutschen Fürsten zu stürzen, um da das Reich der absoluten Freiheit zu errichten. Dann wandte sich die Loge an Österreich, das ja mit Deutschland verbunden und verbündet war, an die österreichische Donaumonarchie. Die französische Großloge hoffte durch Angriffe die österreichische Donaumonarchie auszuhöhlen, die Monarchie dort zum Sturz zu bringen und in Österreich das Freimaurertum erneuern und von da aus dann den Angriff auf Deutschland durchführen zu können. In Österreich regierte damals Kaiser Franz Josef, der von seinen vielen Völkern wirklich geliebt wurde, weil er der Vater aller seiner Völker war. Nun versuchte die Loge durch den Liberalismus gegen Thron und Altar Sturm zu laufen. In Österreich war die Loge gesetzlich verboten. Diese ständigen Angriffe gegen Thron und Altar durch den Liberalismus, den Vorläufer und die Vorhut der Freimaurerei, gingen viel zu langsam.

Nun kam die Großloge auf einen echt freimaurerischen Ausweg. Man suchte den jungen Kronprinzen Rudolf von Österreich für die Freimaurerei zu gewinnen. Zuerst verstand man es, Rudolf seinem Vater Kaiser Franz Josef zu entfremden.

Rudolf war durch zu nahe Verwandtschaftsehe der Eltern und Großeltern moralisch stark belastet. Er gab sich schon früh sittlichen Verirrungen hin. Rudolfs Mutter, die geistreiche Kaiserin Elisabeth, war stark liberal, religiös lau und sehr antiklerikal. Erst nach dem Tod Rudolfs wurde sie wieder religiöser. Rudolf wurde von liberalen und atheistischen Lehrern und Erziehern gebildet und erzogen.

Sie impften ihm liberale und versteckte freimaurerische Ideen und Auffassungen ein. Rudolf hatte an ihnen keinen sittlichen Halt. Gewissenlose Hofärzte und Hofschranzen, die geheime Freimaurer waren, leisteten den sittlichen Verirrungen Rudolfs Vorschub. Als er 18 Jahre alt wurde, damit großjährig, verstanden diese geheimen Freimaurerkreise es einzurichten, daß Rudolf nach England geschickt wurde. Österreich und England hatten gemeinsame Interessen in der Levante und am Suezkanal. In England herrschte damals die greise Königin Victoria. Ihr Sohn, der spätere König Eduard VII., hielt sich entsprechend dem Gesetz der Politik fern. In Wirklichkeit hatte Eduard überall in der Politik seine Finger drin. Er war wohl einer der genialsten politischen Kulissenschieber seines Jahrhunderts. In England besteht die konstitutionelle Monarchie. Das Parlament, das Kabinett regiert. Der König repräsentiert. Nur ein König mit überragendem Geist und mit der Hilfe einer geheimen Macht kann in England wirklich persönlich regieren. Eduard VII. war so ein überragender Geist. Er wußte die Freimaurerei als die größte unwiderstehliche geheime Macht. Darum war er selbst Freimaurer geworden; er war Großmeister der Loge, und er sagte sich, als Freimaurer und König werde er einmal sein Land und die Welt regieren können.

Während des Aufenthalts von einigen Monaten, die Rudolf in England verbrachte, war es natürlich für den 18jährigen, jungen Kronprinzen nicht sehr unterhaltsam, immer mit der uralten Königin zu verkehren. Er suchte junge Freunde, und da kam ihm Eduard VII. entgegen. Er war von bestrickender Freundlichkeit, Liebenswürdigkeit und gewann Rudolf in kürzester Zeit für sich. Eduard VII. frönte ungeniert allen Lastern und es war ein Leichtes, den sittlich hilflosen Rudolf mit sich in den Strudel wüstester Sittenlosigkeit zu reißen. Als Rudolf tief genug in den moralischen Morast eingesunken war, trat Eduard VII. als Erpresser auf.

Er sagte dem jungen Rudolf: „Was wird man im katholischen Wien sagen, was wird Dein Vater, Kaiser Franz Josef sagen, wenn er hört, wie Du Dich hier sittlich aufführst, welchen Verirrungen Du Dich hingibst?“ Eduard jagte den armen Rudolf mehr und mehr in die Verzweiflung hinein. Und wie er merkte, daß dieser junge Mensch, der keinen sittlichen Halt hatte, keinen Ausweg wußte, sagte ihm Eduard VII.: „Sei ganz ruhig. Weder Wien noch Österreich noch Dein Vater, Kaiser Franz Josef werden irgend etwas davon erfahren, wie Du Dich hier aufgeführt hast, wenn Du der Loge beitrittst, wenn Du Freimaurer wirst.“ Rudolf, der sehr wenig Religion und keinen Charakter hatte, wählte den Ausweg und wurde Freimaurer.

Eduard VII. führte ihn in die Loge ein, und in drei Monaten durchlief Rudolf die ganze freimaurerische Laufbahn vom Lehrling zum Gesellen, zum Meister und war nach drei Monaten eingeführt in die höchsten Grade; er war selbst Großmeister der Loge geworden. Und nun bekam er von der englischen Loge seinen Auftrag. Sein Auftrag als Logenbruder war, seinen tief religiösen katholischen Vater, den Kaiser Franz Josef vom Thron zu stürzen, sich selbst auf den Thron zu setzen, die Tore Österreichs und der Donaumonarchie der Loge zu öffnen und so Österreich zu einem Freimaurerstaat zu machen. Rudolf kehrte nach Wien zurück und nun begann im Geheimen seine Arbeit. Es ging ihm gegen seine Überzeugung, aber weil er haltlos war, und weil die Loge ihn keinen Augenblick frei ließ, ihn ständig unter Druck hielt, begann er diesen Revolutionsplan gegen seinen Vater vorzubereiten. Rudolf bekam den Auftrag, sich der immer rebellierenden Ungarn zum Staatsstreich zu bedienen.

Rudolf hatte in Ungarn großen Anhang und viele Sympathien. Mit Hilfe der Ungarn sollte sein kaiserlicher Vater gestürzt werden. Alles wurde bis ins Kleinste vorbereitet. In die führenden Generalstellen in Ungarn, in anderen führenden Militärstellen wurden Freimaurer eingeschleust. In Wien war es Sitte, daß jeden

Monat ein anderes Regiment die sogenannte Wache übernahm, Wachregiment wurde. Dieses Wachregiment hatte die Wache in der Hofburg in Schönbrunn, wo der Kaiser wohnte, am Ballhausplatz im Auswärtigen Amt und in anderen Ministerien. Ein Monat war's ein österreichisches Regiment, dann ein böhmisches oder bosnisches oder ein rumänisches oder ein ungarisches. Immer gab es Wechsel. Und da verstanden es die Ungarn, ein Regiment zusammenzustellen, in dem sämtliche Offiziere und Unteroffiziere und der größte Teil der Soldaten Freimaurer waren. Und dieses Regiment kam als Wachregiment nach Wien. Auf ein Stichwort hin sollte dieses ungarische Regiment den Kaiser festsetzen, die Minister festsetzen, die Ministerien besetzen und Rudolf zum neuen Kaiser ausrufen. Im letzten Moment sind diese hochverräterischen Pläne Rudolfs entdeckt worden und zwar durch die österreichische Geheimpolizei, die sehr gut arbeitete. Die Polizei brachte noch am selben Morgen den ganzen Umsturzplan zum Armeeinspektor, zum greisen Feldmarschall, dem Erzherzog Albrecht von Österreich, und dieser schlug im selben Augenblick zu; sofort ließ er dieses ungarische Regiment abtransportieren, entwaffnen und überall kaisertreue Truppen einsetzten. Er informierte Kaiser Franz Josef nur ganz allgemein über das, was vorlag. Bis zu seinem Tode war es dem Kaiser ein Rätsel, warum sich Rudolf erschossen hatte. Er ahnte etwas, aber man hatte ihm nie die ganze Wahrheit gesagt.

Rudolf hörte nachmittags um drei Uhr, daß sein Plan verraten sei, daß die Armee Bescheid wisse. Er fuhr hinaus nach Meyerling, dort fand er seine Geliebte Vetsera, und dieses reichlich überspannte junge Mädchen sagte: „Ich will mit Dir sterben, wir wollen gemeinsam in die Ewigkeit eingehen." Und dann sieht man ja, daß Rudolf geistig nicht normal war, an der Art und Weise, wie er sich erschoß. Neben dem Bett stellte er ein Kruzifix auf, zündete zwei Kerzen an, das Weihwasser davor, dann einen Spiegel, damit er genau zielen konnte, hierauf wand er sich den Rosenkranz um die Hand und gab der Vetsera das Weihwasser.

Dann erschoß er die Vetsera und jagte sich dann selbst eine Kugel durch die Schläfe. Damit war die Tragödie von Meyerling abgeschlossen und die ganzen Hoffnungen der Freimaurerei auf den Staatsstreich und auf die Ergreifung Österreichs und Ungarns durch die Freimaurerei waren dahin.

Mit dem Tod Rudolfs 1889 war es also aus mit den Aussichten der Freimaurerei, so rasch zum Zuge zu kommen. Interessant sind die Abschiedsbriefe, die Rudolf geschrieben hat. Er schrieb einen an seine Mutter, Kaiserin Elisabeth, in dem alles klar niedergelegt war. Einen zweiten schrieb er an seine beiden Schwestern. Der Brief an die beiden Schwestern ist erhalten geblieben. Kaiserin Elisabeth verbrannte den anderen. Da schrieb er nun seinen Schwestern im Jahr 1889: „Wenn unser Vater stirbt, verlaßt sofort das Land. Dann kommt der große Weltkrieg gegen Österreich, gegen Deutschland, dann wird die Monarchie untergehen, dann kommt die Weltrevolution und alles ist aus." Im Jahr 1889 sah er schon den ersten Weltkrieg und die Revolution voraus, weil er die ganzen Pläne der Freimaurer kannte.

Daraufhin wandte sich das Augenmerk der Freimaurer Deutschland zu. Bald war ja Kaiser Wilhelm II. an die Regierung gekommen. Hier konnte man die Komödie nicht machen wie mit Prinz Rudolf, weil der deutsche Kronprinz Wilhelm erst ein Kind war. Aber auch hier wußte Eduard VII. wieder einen Ausweg und Rat. Er faßte den Plan, Deutschland einzukreisen, es vollkommen von den anderen Völkern zu isolieren und dann im gegebenen Moment den Krieg zu eröffnen. Deutschland zerschmettern, die Monarchie stürzen, und dann kann die Freimaurerei auch in Deutschland und damit auch in Österreich zur Herrschaft gelangen.

Eduard VII. verstand es, die guten deutsch-russischen Beziehungen zu trüben. Zar Nikolaus II. von Rußland war kein Freimaurer, nur ein überaus schwacher Mann. Er gab jedem Menschen recht, und wer zuletzt aus dem Zimmer ging, der behielt endgültig recht; und das war immer der englische Botschafter. Da hatte es Eduard VII. durch die verwandtschaftlichen Beziehungen sehr bald so weit gebracht, daß Rußland sich gegen Deutschland stellte.

In Italien war die Großloge allmächtig. Der nicht freimaurerische König Viktor Emmanuel II., der Kleine, der sogenannte Re'bambino, war der Spielball der römischen Großloge. Er hatte nichts zu melden und Italien war sofort bereit, Deutschland zu verraten und anzugreifen. In Frankreich schürten Eduard VII. und die Großloge den Rachegedanken. Immer wieder hielt er den Franzosen vor: „Ihr dürft das Jahr 1870 nicht vergessen, die Demütigung, daß man euch Elsaß-Lothringen genommen hat."

So bereitete er hier vor, daß der Haß gegen Deutschland immer größer wurde. Im neutralen Belgien schloß England 1910 im kleinen Ardennenort Guillot einen Geheimvertrag mit Belgien ab, wonach englische Truppen im Kriegsfall jederzeit in Seebrügge landen dürften. Alles war also vorbereitet zur Einkreisung und zur Vernichtung der Zentralmächte Deutschland und Österreich.

Die Balkanwirren brachten für die Weltfreimaurerei eine große Überraschung. Sie hatten geglaubt, daß Österreich durch den Liberalismus allmählich morsch wäre, und daß Österreich von selbst zusammenbrechen würde, wenn es zum Kriege käme. Und nun stand auf einmal neben der greisen Gestalt des Kaisers Franz Josef ein machtvoller junger Mann in der Kraft der Jahre, der Thronfolger Erzherzog Franz Ferdinand. In Kürze war es diesem genialen Mann mit eiserner Energie gelungen, eine schlagkräftige Marine auf der Adria zu schaffen. Er reorganisierte das Landheer, rücksichtslos kämpfte der Thronfolger gegen die österreichische Schlamperei und Gemütlichkeit an. In die alte kakanische Armee kam ein neuer Geist. In die Staatsverwaltung, in die Politik griff Franz Ferdinand ein, und überall fühlte man seine klare, zielsichere, eisern feste Hand und seinen Einfluß. Er suchte der Donaumonarchie neues Leben einzuhauchen.

Solch eine Persönlichkeit konnte die Pläne der Weltfreimaurerei zuschanden machen. Solch ein Mann mußte verschwinden. Auf dem Weltfreimaurerkongreß im Sommer 1912 in Lausanne in der Schweiz wurde der Tod Franz Ferdinands beschlossen. Die Freimaurer hatten die Unverschämtheit, das Todesurteil der Gemahlin Franz Ferdinands, der Herzogin Sofie von Hohenberg zu senden. Dank der Wachsamkeit der Wiener Polizei gelang 1913 der geplante Mordanschlag nicht. Im Herbst 1913 wurde auf dem Weltkongreß der Freimaurerei in Lausanne erneut der Tod Franz Ferdinands beschlossen. Wiederum wurde das Todesurteil an die Herzogin von Hohenberg gesandt mit der Bemerkung: „Diesmal wird Franz Ferdinand seinem Schicksal nicht entrinnen, diesmal muß er sterben!"

Das berüchtigte freimaurerische Pariser Medium und Hellseherin Madame de Tètre prophezeite in Paris ganz offen für 1914 den Tod Franz Ferdinands und anschließend den Weltkrieg. Es kam der Juni 1914, die österreichischen Manöver in Bosnien. Franz Ferdinand als Generalinspektor der bewaffneten Macht sollte diese Manöver an Stelle des Kaisers leiten. Lange wollte Franz Ferdinand nichts davon wissen, denn er hatte das bestimmte Gefühl, er werde von Bosnien nicht lebend heimkehren. Endlich entschloß sich Franz Ferdinand für die Fahrt nach Bosnien. Er sagte sich: „Ich bin der Generalinspektor, ich muß hin, ich muß die Manöver leiten, ganz egal was passiert." Die Herzogin von Hohenberg, seine Gemahlin, wollte mitreisen, was aber der Thronfolger unter keinen Umständen anfangs zugestehen wollte. Sie sollte bei den Kindern bleiben, außerdem hätten die Frauen nichts bei Manövern zu suchen. Aber sie machte ihm klar, daß bestimmt irgend ein Attentat stattfinden werde, und da wolle sie dabei sein und bei ihm ausharren. Drei Tage vor seiner Ermordung sah ich den Thronfolger das letzte Mal; er fuhr mit dem Großkampfschiff Viribus Unitis auf der Adria nach Süden. Ich war damals wie so oft, weil ich lungenkrank war, im Urlaub auf der Insel Brioni, wo jetzt Tito, dieser Spitzbub sitzt, und dann kam der Thronfolger vorbeigefahren, und er telegrafierte noch, daß er, wenn alles gut gehe, wieder herkomme und uns besuche. Acht Tage später kam er auf demselben Schiff tot zurück, er und seine Gattin, die Herzogin von Hohenberg, beide in Sarajevo ermordet.

Zur selben Zeit, da der Mord in Sarajevo stattfand, war der französische Staatspräsident Franc Carvé, Großmeister der französischen Logen, in St. Petersburg und schloß die letzten Abmachungen mit den Russen für den Beginn des Weltkrieges ab. Für uns alle war es damals klar: „Jetzt geht es los." Die Erhebungen der österreichischen Polizei nach dem Mord in Sarajevo ergaben klipp und klar den Beweis: „Der Thronfolger ist ermordet worden auf Befehl der serbischen Logen." Österreich stellte daraufhin an Serbien das Ultimatum. Österreich verlangte, daß die österreichische Polizei auf serbischem Grund und Boden nach den Verschwörern des Mordes forschen darf und die Schuldigen verhaften kann. Ich war damals von Brioni nach Norden gefahren, in den Golf von Triest, ins Schloß Miramar, das der Kaiser Max von Mexiko sich gebaut hatte und war bei der Mutter des späteren Kaisers Karl von Österreich zu Besuch. Das Ultimatum lief ab. Nachmittags um drei Uhr teilte das Auswärtige Amt in Wien am Ballhausplatz telefonisch im Schloß Miramar mit: „Belgrad hat das österreichische Ultimatum angenommen." Alles atmete auf: „Es gibt also keinen Krieg." Abends um sechs Uhr läutete wieder das Telefon. Das Auswärtige Amt in Wien teilte mit: „Gerade eben hat Belgrad das Ultimatum abgelehnt und den Krieg erklärt." Wir alle standen vor einem Rätsel. Wie ist das möglich? Nachmittags um drei Uhr wird das Ultimatum angenommen, und abends um sechs Uhr wird es abgelehnt.

Nach der Einnahme von Belgrad im Jahr 1915 durch die deutschen und österreichischen Truppen, mein Regiment war auch dabei, fand man die Lösung dieses Rätsels im serbischen Staatsarchiv. Die serbische Regierung hatte das österreichische Ultimatum angenommen, weil einige Mitglieder im serbischen Kabinett nicht Freimaurer waren und diese sagten: „Dieser Mord ist eine solche Gemeinheit, wir müssen da das Äußere wahren und den Österreichern die Gelegenheit geben, nach den Mördern zu forschen." Die Belgrader Großloge sah in diesem Zugeständnis eine gewaltige Gefahr für die Weltfreimaurerei. Die Großloge in Belgrad befürchtete mit Recht, die österreichische Polizei werde das Geheimnis der Weltfreimaurerei aufdecken und aktenmäßig beweisen, wie die Weltfreimaurerei den Thronfolger Franz Ferdinand ermorden ließ. Darum telegrafierte die Belgrader Großloge an diesem Tag an den Weltgroßmeister (das erste Mal, daß wir historisch feststellen können, daß es einen Weltgroßmeister der Loge gibt), an einen jungen, etwa dreißigjährigen Russen in Tiflis im Kaukasus und legte die Lage dar. Der Weltgroßmeister telegrafierte daraufhin zurück: „Gefahr, daß unser Geheimnetz aufgedeckt wird. Augenblicklich Ultimatum ablehnen, Krieg erklären."

Auf die serbische Ablehnung des Ultimatums und die Kriegserklärung hin bin ich von Triest zu unseren Gütern in Oberösterreich in Grumten gefahren. Dort traf ich den neuen österreichischen Thronfolger, den Erzherzog Karl, den späteren Karl von Österreich. Er kam gerade von einer Unterredung mit Kaiser Franz Josef in Bad Ischl, und Karl erzählte, daß am Morgen dieses Tages von Rußland die offizielle Mitteilung in Wien eingetroffen sei, Rußland werde nicht losschlagen, werde nicht in den Krieg ziehen, man solle die Serben, die ein freches Pack seien, einmal tüchtig schütteln, aber dann laufen lassen. Rußland werde ein bißchen mit dem Säbel rasseln, aber Rußland werde niemals wegen Serbien den Krieg beginnen. Während diese offizielle

Mitteilung dem Kaiser Franz Josef überreicht wurde, marschierten schon die russischen Armeen an der Grenze Deutschlands und Österreichs auf. Zwei Tage später erfolgte auf Befehl der Weltfreimaurerei, was wir auch in den Akten von Belgrad gefunden haben, die russische Kriegserklärung an Österreich. Nun folgte eine Kriegserklärung nach der anderen.

Ich zog als Leutnant mit meinem Truppenteil ins Feld. Nach den großen deutschen Siegen im Westen und Osten mit dem darauffolgenden Stellungskrieg schienen die Pläne der Weltfreimaurerei auf den Sturz der christlichen Monarchien in Deutschland und Österreich vereitelt zu sein.

Im Sommer 1915 traf die Weltfreimaurerei zu ihrem Weltkongreß, wahrscheinlich in Bordeaux oder in der Nähe von Bordeaux in Frankreich, zusammen. Die Franzosen legten dar, nach damaliger Lage, daß es nicht gelingen werde, die Throne und damit den Altar in den Zentralmächten auf militärische Weise zu stürzen. Durch militärische Siege sei das nicht mehr zu erreichen. Und da hat der Weltfreimaurerkongreß beschlossen, durch revolutionäre, politische Wühlarbeit in Deutschland und Österreich den Sturz der Monarchien herbeizuführen. Von da an begann die Tätigkeit dieser revolutionären Agenten, die über die neutrale Schweiz, Dänemark und Schweden nach Deutschland und Österreich kamen. Im Herbst 1915 wurde zum ersten Mal am Bodensee, nicht weit von Kressbronn, der erste Agent geschnappt. Es fuhr ein Boot mit zwei Leuten vorüber, einer konnte entwischen, den anderen schnappte man. Das ganze Boot war voll von revolutionärem Propagandamaterial.

Der Krieg ging weiter. 1917 war es bei den führenden Kreisen auf unserer Seite klar, daß wir den Krieg militärisch nicht mehr gewinnen können. Nur die preußische Generalität war für die Weiterführung des Krieges. Damals griff Papst Benedikt XV. ein und machte sein Friedensangebot. Das Friedensangebot Benedikt XV. war ganz klar: Zurückgehen an die Grenzen von 1914. Wiederaufbau der zerstörten Länder und damit basta. Keine Besetzung, keine Abtretung von Gebieten, keine Kriegsreparationen, nichts.

Ich war damals Oberleutnant und wurde von einem Truppenteil zum anderen versetzt und kam zufällig ins große Hauptquartier. Dort sah ich am Bahnhof Erzbischof Pacelli stehen, den ich schon von der Schweiz her kannte. Ich fragte ihn, was er hier mache, und er sagte mir: „Ja, ich bin hierhergeschickt worden, um dem Kaiser das Friedensangebot, den Friedensvorschlag Benedikt XV. zu unterbreiten. Ich hatte im Generalstab einige Tage zu tun, und da konnte ich sehen, wie jetzt plötzlich gegen diesen Friedensvorschlag von Benedikt XV. gearbeitet wurde. Durch ein Mißverständnis wurde mir ein Flugblatt der Preußischen Großloge zugeführt. Darin wurde erklärt, Preußen-Deutschland werde nie und nimmer vom römischen Papst einen Frieden annehmen. Mit allen Mitteln mußte dieses Friedensangebot vereitelt werden. Kaiser Wilhelm II. war am Anfang vollkommen dafür, auf dieser Basis, die uns unendliche Mengen an Blut und Leben erspart hätte, Frieden zu schließen. Reichskanzler war Michaelis, eine vollkommene Null, der selbst Freimaurer war, und auf der militärischen Seite Ludendorff. Ludendorff war nicht Freimauer, aber der Sturste, den man sich vorstellen kann. Ich hatte das merkwürdige Vergnügen, unter ihm Generalstabsoffizier zu sein, ich genoß ihn also. Dieser Ludendorff sagte: „Wir siegen, wir kommen durch. Wir machen alles!“ Aber wie, wußte kein Mensch.

Also, die Loge auf der einen Seite und Sturbock Ludendorff auf der anderen Seite, brachten es fertig, daß dieses überaus günstige Friedensangebot abgelehnt wurde.

Der Krieg ging weiter. Die Kriegsnot wurde immer größer, die Unzufriedenheit im Volk wuchs. Auf einmal tauchten unter den politischen Führern Freimaurer auf. Unter den Führern der Sozialdemokraten traf man Vertreter der Loge. Im Sommer 1918 hat

Präsident Wilson von Amerika, der Großmeister aller Logen in Amerika, sein berühmtes Friedensangebot von 14 Punkten gemacht. Einer der Punkte war: Man muß die Monarchien in Deutschland und Österreich stürzen, dann gibt es Frieden. Am 9. November 1918 wurde die Revolution gemacht. Die Monarchie wurde gestürzt, und wir bekamen dann den Waffenstillstand. Ich hatte damals auch in der Waffenstillstandskommission zu tun und wir konnten von da an schon bei der ersten Begegnung mit unseren bisherigen feindlichen Generälen feststellen, daß diese ganzen 14 Punkte von Wilson der größte Schwindel waren, den es gab, daß die auf der anderen Seite nicht daran dachten, irgend einen von diesen Punkten einzuhalten, aber das Ziel war erreicht. Die christlichen Monarchien waren gestürzt. Darum ist heute noch in allen Freimaurerlogen der 9. November ein Feiertag, weil an diesem Tag die erste Bresche geschlagen wurde zum Sturz des Altars, der Kirche.

In den folgenden Jahren waren die Großlogen klug genug, nicht sofort die freimaurerische Weltanschauung zwangsmäßig in Deutschland einzuführen. Man mußte erst langsam das Volk darauf vorbereiten. Es gab zuerst sogar eine sehr starke religiöse Toleranz, man gewährte der katholischen Kirche alle möglichen Vergünstigungen, Vorteile und Freiheiten. Wir bekamen damals die Klosterfreiheit, es wurde ein Konkordat geschlossen, mir sagte der spätere Präsidialdirektor von Wirth, Paul Schwarz, der nachher deutscher Generalkonsul in New York war und selbst Großmeister einer Loge: „Wir Logenbrüder haben euch alles gegeben, ihr konntet alles haben, alle Freiheiten der Kirche, denn unsere Wühlarbeit ging so weit, daß wir schon genau den Tag wußten, an dem die Kirche zusammenbricht und ihr mit einem Federstrich alles, was wir gegeben haben, weggenommen wird und wir das freimaurerische Reich in Deutschland errichten.“ Nun, das ging ja auch daneben. Man hat also überall vorbereitet für dieses freimaurerische Reich in Deutschland. Es wurden überall in die Staatsstellen, in die Kommunalbehörden und an die führenden Gemeindestellen Freimaurer gebracht. Es wurden Großlogen gegründet (eine von Berlin bestand ja schon): in Frankfurt, Wiesbaden, Stuttgart, Heilbronn und so weiter. Es entstanden überall Laienlogen. Ich selbst war schon in Beuron eingetreten und konnte also nur die Gegend um Beuron betrachten. Wir hatten da Kleinlogen in Sigmaringen, in Ilzighofen, in Balingen, in Stetten am kalten Markt, in Irrendorf, in Tuttlingen. Die Lockmittel waren hauptsächlich Spiritismus, Okkultismus und Magie.

Es ist mir ein Fall von Geisterbeschwörung in Irrendorf besonders in Erinnerung geblieben. Da war eine brave Frau, sie hatte einen Mann namens Jaköble. Er war am ersten Kampftag in Rußland schwer angeschossen, in russische Gefangenschaft geraten. Diese Frau war so todunglücklich, da sie nicht wußte, was aus ihrem Jaköble geworden war. Sie kam x-mal ins Kloster und jammerte immer wieder: „Ja, mein Jaköble ist tot." Sie kam nicht darüber hinweg. Man konnte machen, was man wollte, es ging nicht. Und auf einmal hörte sie von der Loge in Irrendorf und daß man da Geister beschwöre. Es kostete fünf Mark. Also ging sie hin und der Logenbruder sagte: „Ja, das bereitet gar keine Schwierigkeiten. Sie können am Nachmittag mit Jaköble sprechen. Kommen sie nur rein." Also, da wurde sie reingesetzt. Dunkles Zimmer, alles war dunkel am Tisch. Da hat sie angefangen nach dem Jaköble zu rufen und auf einmal hat das Jaköble von unten herauf geantwortet. Jaköble erzählte ihr, daß er damals in der ersten Schlacht angeschossen wurde und dann sei er im Lazarett in Nowosibirsk gestorben. Es gehe ihm ganz gut in der Ewigkeit. Die Frau war also selig. Und jetzt unterhielt sie sich jede Woche einmal, von 1918 an, um fünf Mark mit dem Jaköble in der Ewigkeit.

Inzwischen war ich Priester geworden, war Ökonom von Beuron und führte mit den Brüdern eines schönen Tages im Mai 1930 die Heuernte durch. Wir machten da neben der Holzbrücke an der

Donau in Beuron Heu. Auf einmal hörte man ein furchtbares Geschrei von Irrendorf herunter. Da schrie jemand, wie wenn er am Messer steckte. Allmählich, wie die Person näher kam, hörten wir immer wieder: „Die Sauluder, die Lügnerbande“ etc. und immer mehr Schimpfworte. Und auf einmal erschien diese Frau. Als sie mich sah, brüllte sie über die Holzbrücke: „Die Saulügner-Bande, die Dreckslügner, Lügner.“ Immer schrie die Frau. „Ja, liebe Frau“, sagte ich, „jetzt mal vernünftig, wer ist denn diese Luderbande?“ - „Na, das wundert Sie! Seit dem Jahre 1918 habe ich jede Woche einmal mit meinem Jaköble aus der Ewigkeit g'sproche und gestern ist's Jaköble aus Sibirien zurückgekommen.“ Aber mit solchen Mitteln hat man natürlich die Leute gewonnen. Dann standen natürlich der Großloge gewaltige finanzielle Mittel zur Verfügung. Ich erlebte das mit einer Firma Ende in Hannover, die die Industriebahnen baute. Der Mann war Freimaurer und hatte seine Sache nicht gut bewirtschaftet. Er brach zusammen mit 1,5 Millionen Schulden. Der Festbesitz, Fabrikgebäude, Material, Maschinen und die Einrichtung, stellte einen Wert von 500.000 dar. Also wurde der Bankrott feierlich angesagt. Da er Logenbruder war, griff die Großloge ein. Die Schuld von 1,5 Millionen wurde an einem Tag durch die Großloge auf 300.000 Mark reduziert. Er hatte Festbesitz von 500.000, wovon dann 200.000 übrig blieben. Damit fing er wieder an, und in einem Jahr war alles in Ordnung, der Mann war saniert.

Alle antifreimaurerische Literatur verschwand damals. Der österreichische Nationalrat Wichtel - in Wirklichkeit stand dahinter der alte Ritenpater Gruber in Feldkirch - hatte das beste Buch über die Weltfreimaurerei geschrieben, es hieß: „Weltkrieg, Weltrevolution und Weltfreimaurerei. „Ich hatte mir dieses Buch im Krieg gekauft und bei der Revolution von 1918, am 9. November, als die Roten in unser Palais eindrangen, nahmen sie aus meiner Bibliothek von etwa 3.000 Bänden (da stand irgendwo dieses Buch) nur das Freimaurer-Buch mit. Alle anderen ließen sie da. Dieses Buch war nirgends mehr zu bekommen. Da machte man dann eine Neuauflage, es wurde ein Konzern gebildet, der alte Pater Gruber überarbeitete es neu, und dann wurde dieses Buch gedruckt. Es kam an einem Tag mit einer Auflage von einer Million Exemplaren heraus. Am selben Tag war die gesamte Auflage von der Loge aufgekauft und eingestampft. Am selben Tag verbrannten die Druckerei und die Redaktion, vom Keller bis unter dem Dachstuhl blieb nichts mehr übrig; und wenige Tage später, als Pater Grober wie gewöhnlich in einem Restaurant in Feldkirch sein Viertele getrunken hatte, fiel er vom Stuhl herunter, er war vergiftet und tot. Also gelang es nicht mehr, dieses Buch drucken zu lassen. Es liegt fertig im Manuskript. Die gesamten Akten vom Mord von Sarajevo, wie sie im ersten Krieg und jetzt im zweiten Krieg aus dem Geheimarchiv von Belgrad festgestellt wurden, alle geheimen freimaurerischen Dokumente erwischte man dort in Fotokopien. Es findet sich auf der ganzen Welt kein Verlag, der das Risiko übernimmt, das zu drucken, weil sie sich sagen: „Wenn ich das heute drucke, kann morgen mein Verlag in Flammen aufgehen." Das zeigt nur, wie die Loge arbeitet.

Die Freimaurerei hatte erklärt: „Die absolute Freiheit", und das war auf politischem Gebiet der größte Fehler, den sie begangen hatte. Denn jetzt nach dem Krieg von 1914 bis 1918 nützten die Sieger diese Freiheit uns gegenüber aus, unterdrückten uns ganz schauerlich. Ich erinnere nur an die Blockade, die noch drei Jahre weiterging, die damals 900.000 deutschen Säuglingen das Leben kostete, weil wir keine Milch hatten, der Versailler Vertrag usw.

Dieser übermäßige Druck auf uns brachte den Gegendruck und das war der Nationalismus, zuerst in Italien, da kam der Faschismus und Mussolini erklärte: „Der Faschismus und der Nationalismus werden unterdrückt von internationalen Kräften, das sind die Freimaurer, das sind die [redacted]." Und Mussolini ergriff da ein sehr drastisches Mittel, um die Logen in Italien kaltzustellen. Er ließ durch die Geheimpolizei sämtliche Logenbrüder feststellen. Auf ein Stichwort hin wurden alle Logen geschlossen, von der

Polizei beschlagnahmt, und jedem Logenbruder, den sie erwischten, gossen die Faschisten einen Liter Rizinusöl ein. Damit war die ganze Freimaurerei in Italien erledigt.

Der deutsche Nationalsozialismus von Hitler erklärte ja auch: „Die Internationale ist an allem schuld, die Freimaurer, die [redacted], die kath. Kirche." Und wir erlebten ja selbst, auf welch' bestialische Weise man gegen die Freimaurer, die [redacted] und auch gegen die katholische Kirche vorging. Ab 1934/35 waren die Achsenstraßen freimaurerfrei - da gab es keine mehr.

Natürlich ließ sich die Weltfreimaurerei diese Niederlage in den Zentralmächten nicht gefallen. Das Großkapital, das internationale [redacted], der Liberalismus, die Freidenker, die Gottesleugner taten sich alle zusammen, um die Achsenmächte zu vernichten. Präsident Roosevelt von Amerika, 32-Grad-Freimaurer, berief im Jahre 1936 eine Geheimkonferenz nach Washington ein. Offiziell hieß es: „Neuorientierung der Weltpolitik". Roosevelt erklärte damals: „Europa ist für uns uninteressant. Da ist nichts mehr zu holen. Dieses Europa werden wir niemals zu einem Freimaurerstaat machen. Da sind zu viele kulturelle, historische Momente, die das verhindern." Roosevelt erklärte daraufhin: „Ganz Europa, nicht nur Deutschland, Italien und Österreich, sondern ganz Europa ist durch einen uneingeschränkten Bombenkrieg zu vernichten. Aus Europa muß eine Wüste gemacht werden. Es darf nichts mehr übrig bleiben an Kulturschätzen, damit niemand mehr nach Europa zieht. Die ganze große militärische, wirtschaftliche und finanzielle Kraft Amerikas und der anderen Länder muß sich auf Ostasien werfen.

Das ist das Zukunftsland der Freimaurerei. Diese Länder mit ihren Religionen, die nur noch Schein sind, können wir für die Freimaurerei gewinnen. Diese Länder werden unser Weltreich darstellen, das wir dann restlos wirtschaftlich und finanziell ausnützen können."

Roosevelt verrechnete sich da. Der Krieg begann. Ein Teil unseres Vaterlandes ging ja in Trümmer, aber nicht er gewann, sondern Stalin. Was er alles gewinnen wollte, das Weltreich, die Weltfreimaurerei in Asien, das blieb dahin. Rußland war der große Gewinnende. Die Weltfreimaurerei glaubte, den Bolschewismus für ihre Zwecke einspannen zu können und den Bolschewismus zu beherrschen. Die Weltfreimaurerei ging davon aus, daß sowohl die Weltfreimaurerei wie der Bolschewismus alles Übernatürliche ablehnt; es gibt für sie keinen Gott, keine Ewigkeit, keine übernatürliche Bindung. Die Weltfreimaurerei will die absolute Freiheit des Menschen. Der Bolschewismus erklärt: „Der Staat ist alles, der Einzelmensch ist nichts." Das war der Moment, wo Weltfreimaurerei und Bolschewismus aneinander geraten mußten.

Solange es galt, Hitler und die Zentralmächte zu vernichten, gingen diese beiden Mächte, Weltfreimaurerei und Bolschewismus, zusammen. Der Bolschewismus benützte sogar die Weltfreimaurerei für seine Zwecke. Das sehen wir am besten im Bulgarien von 1945. Als dort die Russen einmarschierten, brachten sie die Freimaurer, die eine sehr große Rolle spielten, ans Ruder.

Solange Zar Boris, der auf christlicher Grundlage stand, da war, konnte die Weltfreimaurerei nicht herrschen, aber die führenden geistlichen Persönlichkeiten in Bulgarien waren schon Freimaurer, zum Beispiel der orthodoxe Patriarch von Sofia, dann alle großen Advokaten, manche Richter, dann die führenden Wissenschaftler, alle waren Freimaurer. Diese waren Hochfeinde der Orthodoxie, also des bulgarischen griechischen Christen. In dem Moment, als die Russen in Bulgarien einmarschierten, setzten sie diese Freimaurer in die Regierung ein. Sie eliminierten in wenigen Wochen sämtliche christlichen Führer Bulgariens, brachten sie auf bestialische Weise um. Als diese Freimaurer ihr Werk vollbracht hatten, ergriffen die Russen in einer Nacht sämtliche Freimaurer und erledigten sie durch Genickschuß. Da waren sie dann die Führenden. Diese zwei, Freimaurerei und Bolschewismus, gehen nicht zusammen. Die beiden sind Todfeinde, wenn sie auch beide Knechte desselben Herrn, des Satans sind.

In den fünfzehn Jahren, die ich in der Verbannung lebte, ich war in der Diözese Rottenburg von Bischof Troll eingesetzt als Jugendführer der gesamten männlichen Jugend, und wir Schwaben haben ja ziemlich dicke Schädel, wir beugten uns also nicht vor dem „göttlichen" Adolf, noch viel weniger vor Baldur von Schirach, sondern wir hielten einfach unsere Jugend fest zusammen. So wurde ich im Jahre 1933 aus Württemberg und im Jahre 1934 aus ganz Deutschland verbannt. Danach war ich sechs Jahre in der Schweiz und dann neun Jahre in Amerika. Da hatte ich reichlich Gelegenheit, die Freimaurerei von ganz nahe zu studieren.

Amerika ist ja das typische, auf freimaurerischen Ideen aufgebaute Land und wird nach freimaurerischen Grundsätzen regiert. Die Vereinigten Staaten von Amerika sind ja in Nordamerika gegründet worden, von der Großloge in Boston von George Washington und vom Grand-Orient von Frankreich, von Lafayette. Der amerikanische Staat anerkennt Gott ganz allgemein. Man redet so allgemein und verwässert von Gott, wie Adolf vom Einzigen, vom Allmächtigen gefaselt hat. Der Staat anerkennt prinzipiell in Amerika keine Religion. Er kümmert sich um keine Kirche, Konfession oder Sekte. Er gibt keine Unterstützung an irgend eine religiöse Gemeinschaft. Es herrscht totale Trennung von Kirche und Staat. Der Religionsunterricht ist in öffentlichen Schulen verboten. Er darf nicht in einem öffentlichen Schullokal stattfinden, das muß alles privat gemacht werden, darum haben wir in Amerika überall die Pfarreischulen. Die Religion ist völlig aus dem öffentlichen Leben ausgeschaltet, außer bei der Einführung des Präsidenten. Wenn der Präsident der Vereinigten Staaten eingeführt wird, muß er auf das Evangelienbuch schwören und der betreffende Methodisten- oder Baptistenminister hält ihm die Eidesformel vor. Aber er hält mit der rechten Hand das Evangelium und mit der linken die Freimaurerkelle und das Freimaurerbuch. Die Religion ist aus dem Wirtschaftsleben ausgeschaltet. Da gibt es nur ein Gebot und dieses heißt: „Mein Vorteil". Jeder Klügere, jeder Stärkere setzt sich durch, der Schwächere hat unterzugehen.

Im politischen Leben hat die Religion keinen Platz. Da gilt nur der Vorteil der Partei oder des Staates. Da gibt es keine Staatsmoral. Das typische Beispiel für die freimaurerische Staatsführung ist der Fall von Pearl Harbor. Sie erinnern sich, daß damals in Pearl Harbor die amerikanische Flotte von den japanischen Fliegern vernichtet wurde. Darüber ist ein Buch herausgekommen. Es heißt: „The final Secret of Pearl Harbor", „Das letzte Geheimnis von Pearl Harbor", herausgegeben von Admiral Theobald von der amerikanischen Flotte, der damals die Torpedos kommandierte; er gibt uns die ganze Geschichte wieder, was wirklich in Pearl Harbor passiert ist. Ich habe das alles selbst miterlebt und kann also nur bestätigen, daß das, was dieser Admiral Theobald schreibt, wirklich den Tatsachen entspricht.

Roosevelt war, wie wir schon gesehen haben, fest zum Krieg entschlossen, aber das amerikanische Volk hatte so die Nase voll vom Ersten Weltkrieg von 1917 bis 1918, daß das Volk sagte: „Nie wieder Krieg, wir haben genug davon." Jetzt, wie brachte er das Volk in den Krieg hinein? - Nur dadurch, daß eine große nationale Katastrophe konstruiert wurde, daß die Wut und der Zorn des Volkes aufgepeitscht wurde, und dann konnte er das Volk in den Krieg führen. Roosevelt versuchte darum die Japaner bis zum Äußersten zu reizen. Ich war selbst in Washington und konnte das jeden Tag mit Ansehen, ich hatte für die Flüchtlinge zu sorgen, ich war somit jeden Tag auf dem Auswärtigen Amt im State Departement, um für diese Visas zu bekommen, und da konnte man sehen, wie sie die Japaner reizten. Zuerst wurden alle Kredite gesperrt, dann wurde alles Rohmaterial gesperrt, dann wurde auf die Schiffe der Japaner, wenn sie Kriegsmaterial führten, geschossen. Darauf wurde ein Ultimatum nach dem anderen gestellt, immer mehr von den Japanern verlangt. Den Japanern war der Krieg gar nicht recht. Sie waren nicht bereit und wollten keinen Krieg, sie versuchten immer wieder nachzugeben. Eine Mission nach der anderen kam vom Minister, nichts half. Nun sahen die Japaner: „Aha, die Amerikaner wollen den Krieg. Also fangen wir an uns vorzubereiten." Und die Japaner hatten natürlich auch ihren Geheimcode, ihre Geheimschrift, mit der sie ihre ganze Mobilmachung losließen; und das war der sogenannte Purple Code, der Purpur-Code. Weil die Pupurfarbe in Japan die kaiserliche Farbe ist, war das der kaiserliche Geheimcode. Sie hatten dafür Maschinen. Da schrieb man wie auf einer Schreibmaschine den Klartext. Die Garnison von Tokio befahl: „Es muß mobilisiert werden." Nachdem das geschrieben war, wurde es wie auf einer Rechenmaschine zweimal umgedreht, und dann wurden diese Buchstaben durcheinandergedreht. Dann wurde noch einmal umgedreht, für jeden Buchstaben kam eine andere Zahl, und dann wurde noch einmal umgedreht, dann wurden die Zahlen noch einmal geändert und immer weiter, immer weiter, schließlich kam eine Masse von Zahlen raus, ohne irgend eine Gliederung, da waren für jedes Wort, für jeden Buchstaben vier bis fünf verschiedene Zahlen eingesetzt.

Der beste Mathematiker konnte das nicht mehr entziffern. Wie es die Amerikaner fertigbrachten, zwei von diesen Geheimmaschinen zu erwischen, das weiß ich nicht. Aber wahrscheinlich gab es in Japan auch einige „Ehrenmänner", die gegen eine tüchtige „Handsalve" so ein Instrument verschwinden ließen. Item, es gab davon zwei in Amerika. Die eine wurde aufgestellt in Corregidor (Festung vor Manila auf den Philippinen), wo McArthur auf der Insel war. Sie wurde vernichtet als die Japaner kamen. Die zweite stand im Weißen Haus in Washington.

Daraufhin teilte Roosevelt Funkstationen ein: in San Francisco, an der ganzen kalifornischen Küste, auf den Inseln draußen bei den Marinestationen, besetzt mit Offizieren, es war kein Soldat dabei, nur Offiziere. Diese Offiziere unterstanden nicht ihren Vorgesetzten, sondern einzig und allein dem Präsidenten Roosevelt als dem Oberkommandierenden der gesamten Streitmacht. Also kein Admiral, kein General, kein Kriegsministerium, kein Marineministerium hatte da irgend etwas zu erfahren oder hineinzuregieren. Und da fing er jetzt die verschiedenen Funksprüche auf. Diese wurden mit diesem Gerät entschlüsselt, und da kam raus: „Es wird mobilisiert, diese Flotte wird mobilisiert." Keine Nachricht gab Roosevelt weiter. Sie blieben bei ihm. Immer weiter reizte und reizte er die Japaner, immer stellte er noch mehr Forderungen, und schließlich stellte er ihnen ein Ultimatum, das einfach den nationalen Selbstmord Japans bedeutete. Danach zogen sich die Japaner zurück und nun kamen immer mehr folgende Funksprüche: „Die Flotte kommt dahin und die Flotte kommt dorthin, es geht los." Roosevelt wußte alles.

Der kommandierende General Gorden von Pearl Harbor und der kommandierende Admiral King von der pazifischen Flotte waren ja auch nicht auf den Kopf gefallen, sie merkten: „Jetzt geht der Krieg los." Der Admiral ließ sofort die ganze massierte pazifische Flotte auslaufen. Er dachte: „Wenn der Krieg beginnt und wir hier in der Mausefalle bleiben, sind wir alle hin!" General Gorden setzte Pearl Harbor in Kriegszustand. Alle Flakbatterien wurden besetzt, alle Maschinengewehre aufgestellt, alles war in Kriegszustand. Das erfuhr Roosevelt. Ein gewaltiges Donnerwetter erfolgte, die ganze Flotte mußte zurück, mußte im Hafen von Pearl Harbor bleiben, durfte nicht auslaufen. Alle Mobilmachungsbefehle des Generals Gordon wurden rückgängig gemacht. Kein Flakgeschütz durfte aufgestellt werden, keine Munition bereitgestellt werden. Die Maschinengewehre, alles mußte verschwinden. Es ging weiter, immer weiter. Es kam dann der berühmte 7. Dezember, der letzte Funkspruch. Da wußte Roosevelt ganz genau: „Die japanische Flotte kommt an. Sie hat so und so viele tausend Flugzeuge und um so und so viel Uhr wird sie Pearl Harbor überfallen." Der Admiral King hatte draußen U-Boote stehen, amerikanische, die jetzt auch diese Flotten kommen sahen; diese funkten. Da hatte Roosevelt eigene Störsender aufgestellt, die diese Funksprüche störten, damit die Admiralität das nicht erfahren konnte.

Dann kam der Angriff. Die Amerikaner hatten am Abend vorher ein großes Fest gefeiert, und wenn die Amerikaner hier ein Fest „bauen", dann endet es meist in einem Kanonenrausch, und sie waren natürlich „besoffen". Wie die Strandhaubitzen lagen die Matrosen, Soldaten und Offiziere „besoffen" herum. Am frühen Morgen um fünf Uhr kam die erste Welle der japanischen Flugzeuge an. Tausend Flugzeuge. Kein Schuß Abwehr, gar nichts. Sie gingen auf 500 Meter runter und vernichteten in einer halben Stunde die gesamte pazifische Flotte bis auf ein Schiff, und das war ein Torpedoboot, alles war hin. Über 4.000 Seeleute und Soldaten lagen zerrissen, tot in ihrem Blut auf Pearl Harbor. Und dann ging dieser Heuchler Roosevelt ans Radio und sagte zur Nation: „Wir, das friedliebendste Volk, wir sind überfallen worden ohne etwas zu ahnen, von den Japanern. 4.000 eurer Männer, Söhne, Brüder, Väter liegen tot, zerrissen in Pearl Harbor. Was sollen wir tun?" - Natürlich hat das ganze Parlament gebrüllt: „Krieg, Krieg", und der Krieg war da. Das hatte er alles überlegt und ausgearbeitet, hatte 4.000 seiner eigenen Landsleute geopfert, um das Volk in den Krieg hineinzubekommen. Das ist typische freimaurerische Moral. Jedes Mittel ist richtig, damit ich mein Ziel erreichen kann.

So wie es in der Politik war, zum Teil auch noch ist, so ist es auch im privaten Leben. Alles ist frei. Jeder kann machen, was er will. Die Kinder brauchen den Eltern nicht zu gehorchen. Eine eheliche Bindung gibt es nicht mehr. Wir dürfen nicht vergessen, daß in Amerika jeder Mann mindestens dreimal und jede Frau vier- bis fünfmal geschieden ist, daß jede zweite Ehe in Amerika geschieden wird. Alles wird entchristlicht. Man hat in Amerika versucht, man ist jedoch nicht durchgekommen, Gott sei Dank, das Christentum auch an den Feiertagen auszumerzen; man hat für jeden christlichen Feiertag einen freimaurerischen eingeführt. Mutterseelen ist der Decoration Day, an dem die Gräber mit kleinen Papierfahnen dekoriert werden; er ist im Juni. Weihnachten sollte abgeschafft werden, dafür gibt's den Thanksgiving Day, den Danksagungstag am 25. November. Alles sollte weg. Alle christlichen Feiertage sind abgeschafft, und jeden Monat ist ein Festtag oder Erinnerungstag von irgend einem Räuberhauptmann oder sonst jemanden. Man sieht, daß alles entchristlicht werden sollte, aber das Volk in Amerika ist noch gesund genug, um nein zu sagen, und diese Entchristlichung ist nicht gelungen, natürlich nur die Entchristlichung in der Politik, die ist da.

Jetzt will ich Ihnen noch kurz zeigen,... wie die Freimaurerei in Amerika aufgebaut ist. Da gibt es die Massenlogen, die Logen, die die Massen heranholen. Da kostet der Jahresbeitrag einen Dollar, aber mit diesen Millionen von Menschen, die da einen Dollar bezahlen, hat die Loge dieses gewaltige Kapital. Das ist nur Massenvieh, die sind nur in den untersten Graden, sie haben also nichts zu sagen. In jeder Großstadt gibt es Bezirksgroßlogen, also hier in Donaueschingen, da gibt es eine Loge mit einem lokalen Großmeister, in Freiburg gibt es zum Beispiel zwei bis drei Großlogen nach den Bezirken, und diese Logen haben nur die Aufgabe, möglichst viele Leute zu gewinnen. - Wie macht man das? - Das sah ich bei unseren Einwanderern. Ich hatte mich um die Einwanderer zu kümmern gehabt.

Da kam ein bayrisches Bäckerehepaar, junge Leute. Wie sie es fertigbrachten, ziemlich viel Geld aus dem Dritten Reich mitzubringen, weiß ich nicht, aber sie brachten es mit. Diese Leute ließen sich in New York in der 86. Straße Ost, das ist das deutsche Quartier, nieder. Sie fingen eine Bäckerei an und machten bestes deutsches Brot. Es gab hier alles, schwarzes, gutgebackenes Brot, Kipfel und sogar Laugenbrezeln, alles was man haben wollte. Die Amerikaner können ja kein anständiges Brot machen, weil sie zu faul sind, es richtig durchzukneten, deshalb muß ihres immer geröstet werden, sonst liegt es ja wie eine Kanonenkugel im Magen drin, nicht wahr? Und dieser bayrische Mann machte wunderbares Brot, hatte einen schönen Laden, tipptopp eingerichtet. Kein Mensch kam, es war gar nichts zu wollen. Da sagte er zu seiner Frau: „So geht das nicht weiter. Wahrscheinlich sind wir nicht modern genug, wir müssen noch mehr Reklame machen, noch mehr Maschinen hertun." Er warf also den letzten Rest hinein und machte noch besseres Brot, und kein Mensch kam. Also sagte der Mann: „Es hilft alles nichts. Jetzt müssen wir Bankrott ansagen." Bankrott wird angesagt am Montag und Donnerstag in New York an der City Hall. Die City Hall ist das Rathaus. Da geht man hin und meldet den Bankrott an. Da sitzt der Richter und sagt: „Gut, also, Sie sind jetzt ausgeschieden, machen Sie, daß Sie hinauskommen, Sie dürfen den Besitz nicht mehr betreten, machen Sie, was Sie wollen: verhungern oder Teller waschen oder sonst was, aber der Besitz wird von einem Verwalter übernommen." Irgend ein Rechtsanwalt wickelt die Sache ab, und dann ist alles erledigt.

Also, dieser arme Mann sagte zu seiner Frau: „Es hilft alles nichts, am Donnerstag muß ich hinunter in die City Hall und muß Bankrott anmelden." Am Mittwoch abend kommt ein Herr rein in den Laden, schaut sich alles an, spricht fließend deutsch und sagt: „Sie haben aber eine schöne Bäckerei und sehr gutes Brot. Es ist eine wahre Freude dies zu sehen. Ha, da müssen wir ein Bombengeschäft machen." - „Was heißt hier Bombengeschäft? Ich bin pleite; ich gehe morgen zur City Hall und melde den Bankrott an." - „Ach was? Das ist Unsinn, ich garantiere Ihnen, Sie sind ein gemachter Mann. Das kann ich sofort fertigbringen", das sagte ihm jener. - „Ihr Amerikaner nehmt immer die Gosche voll, nicht wahr, und erzählt große Geschichten und nachher stimmt's nicht." - „Nein, schauen Sie her. Ich bin hier Großmeister der Loge, wenn Sie der Loge beitreten, werden sämtliche Logenbrüder meines Bezirkes das Brot bei Ihnen holen. Dann sind Sie gemacht." - „Das kann so jeder sagen", antwortet der Bäcker. „Gut, wir machen eine Probe. Drei Tage lang werden Sie sehen, daß der Laden ausverkauft ist. Wenn mein Wort in Erfüllung gegangen ist, dann müssen Sie der Loge beitreten." Der Mann besprach sich mit seiner Frau und sagte: „Wir probieren es einmal." Also, in der Nacht backten sie, und wie sie in der Früh die Rolläden heraufzogen, standen die Leute vor dem Laden Schlange. In einer halben Stunde war der ganze Laden ausverkauft. Den Tag durch kamen die Leute gesprungen, und sie konnten gar nicht genug backen. Am nächsten Tag genau dasselbe, am dritten Tag auch. Am vierten Tag kam der Herr wieder und sagte: „Bitte, ich bin der Großmeister der Loge dieses Bezirkes. Sie haben gesehen, ich habe Wort gehalten, hier ist jetzt der Schein, den Sie unterschreiben. Also Sie schwören, daß Sie der Loge beitreten, und daß Sie immer der Loge angehören werden, nie austreten, nichts verraten, und daß Sie bei uns bleiben. Wir garantieren Ihnen, daß Sie leben werden." Die Loge sorgt schon dafür, daß er nicht zu reich wird, denn sonst wird er unverschämt. Sie lassen ihn gut leben, aber nie zu hoch, sie werden ihn immer am Daumen halten. Also, er unterschrieb und dann war's fertig. Nachdem er unterschrieben hatte, wurde ihm gesagt: „Natürlich, Sie werden jetzt verstehen, daß Sie ihre Kinder nicht mehr in eine religiöse Schule schicken können, und wenn dann die Kinder heiraten, daß sie nur zivil heiraten und nicht mehr kirchlich, das geht so nebenbei." Und dann hatte er den Mann! So nützte die Loge die Not der Flüchtlinge aus und nahm diese tausenden von Menschen in sich auf.

Ein Austritt aus der Loge ist unmöglich. Da war ein badischer Landsmann von ihnen, Jäger hieß er, und dieser hatte ein Restaurant in der Lexicon Avenue in der 76. Straße. Dieser Mann hatte ein prachtvolles Restaurant, das bestgehende deutsche Restaurant. Doch ist das nicht so wie bei uns, daß man in eine Wirtschaft reingeht und sich erst mal hinsetzt und mal eine Zeit lang schwatzt, und dann bestellt man ein Viertele und noch eins oder auch drei, und erst dann ißt man. Nein, in Amerika kommt man rein, setzt sich hin, dann ist schon der Kellner mit der Speisekarte da, und zwei Minuten später hat man schon das Essen. Kaum hat man den letzten Bissen runtergeschluckt, kommt er mit der Rechnung und schon geht's hinaus, denn draußen stehen ein paar hundert Leute, die auch hinein wollen. In den großen Restaurants geht es da von abends sechs Uhr bis nachts um eins durch. Ist man fertig, dann raus, los, und dann kommt der nächste. Und die haben natürlich einen Riesenumsatz. Dieser Jäger führte also sein Restaurant glänzend, ich sprach öfters mit ihm. Er war aber Freimaurer. Er hatte eine Schwester, die war hier im Badischen Klosterfrau, sie war natürlich immer dran, ihn zu bearbeiten. Sie bearbeitete und bombardierte ihn, er solle aus der Loge austreten und sich wieder versöhnen. Er sagte immer wieder: „Das kann ich nicht, das kann ich nicht, sonst bin ich erledigt."

Im Jahr 1949 kam ich zurück und er kam 1951/52 das erste Mal wieder zurück (nach Deutschland). Gleich nach dem Zusammenbruch war er nach Amerika ausgewandert. Und nun kam er wieder zurück. Da bearbeiteten ihn die Schwestern, er solle doch aus der Loge austreten und sich mit der Kirche versöhnen. Er sagte: „Ja, das wird die Loge aber erfahren." Sie sagten: „Nein, nein, das wird alles wunderbar gemacht." Das machten sie so, daß er mit dem Auto einen Ausflug unternahm, darauf fuhr er mit dem Postauto, dann lief er, fuhr wieder mit einem anderen Auto usw, und irgendwo im Badischen, ganz hinter Pfui-Teufel traf er einen Geistlichen, beichtete und kommunizierte. Kein Mensch kannte ihn dort, und die Sache war in Ordnung. Er blieb noch drei Monate im Badischen und fuhr zurück nach New York. Da kam er in seinen Laden hinein, und da war natürlich Hochbetrieb. Für so einen Riesenbetrieb haben sie nicht das Geld, um ihn aufrecht zu halten, sondern sie nehmen von der Bank am Montag Kredit auf, durchschnittlich brauchen sie pro Tag 20.000 bis 100.000, je nachdem wie groß das Restaurant ist. 100.000 Dollar waren damals nicht ganz eine Million Mark. Da nehmen sie also diese 600.000 Dollar, denn am Sonntag geht man nicht essen. Da sind alle Restaurants in der Stadt geschlossen, nur von Montag bis Samstag ißt man im Restaurant. Der Kredit wird aufgenommen, und dann am ersten Tag, nehmen wir an, nahm er an einem Abend 110.000 Dollar ein, dann zahlte er die 100.000 an die Bank zurück und 10.000 Dollar gingen auf sein Konto. Am nächsten Tag zahlte er vielleicht nur 105.000 Dollar zurück, 5.000 gingen also auf sein Konto. Dann kam wieder ein Tag mit 120.000 Dollar, er hatte wieder 20.000 für sich. Also, jeden Tag zahlte er die Tagesquote von 100.000, oder was abgemacht war, zurück. Und Herr Jäger war somit sehr erfreut, und es ging wunderbar. Da kam ein Herr herein und fragte: „ Sind Sie der Besitzer?“ Er sagte: „Ja.“ - „Sie haben Ihren Eid gebrochen. Sie haben an dem und dem Tag, an dem und dem Ort, bei dem und dem Geistlichen im Badischen gebeichtet und kommuniziert. Sie sind erledigt.“ Da sagte Herr Jäger: „Um Himmels Willen, das geht Sie doch nichts an, das ist doch Privatsache.“ - „Sie haben Ihren Eid gebrochen, fertig.“ Eine halbe Stunde darauf rief die Bank an: „Der Kredit ist gesperrt.“ Was sollte er machen? Er hatte natürlich noch sein eigenes Bankkonto, aber er bekam natürlich am Montag nicht seine 500.000 Dollar. Also versuchte er es bei der Bank, nichts zu machen. Er ging zur nächsten Großbank, nichts zu machen. Er telefonierte nach Chicago, nach Washington, nach Philadelphia, nach Detroit, nach Boston, überall hin. Keine Bank gab ihm etwas. Während drei Wochen hielt er durch mit seinem eigenen Kapital, dann war er pleite. Erledigt. Das ging dem Mann so zu Herzen, daß er kurz darauf an Herzschlag starb. Das aber zeigt: einer, der einmal in der Loge drin ist, kommt nicht mehr raus. In früheren Jahrhunderten gaben sie den Leuten ein Pülverchen oder spedierten sie sonstwie hinüber. Das machen sie heute nicht mehr. Aber wirtschaftlich werden die Leute ruiniert.

Die Loge beherrscht vollkommen die Presse, das Radio, das Fernsehen, die Kinos, die Theater. Alle religiösen Filme fallen durch. Der einzige religiöse Film, der in Amerika gut gegangen ist, ist „Das Lied von Bernadette", weil das ein [redacted] geschrieben hat, Franz Werkel, der selbst Freimaurer gewesen ist. Aber z.B. der Film „Die Jungfrau von Orleans" mit Ingrid Bergmann, dann „Der heilige Vinzenz von Paul" haben nach ein paar Tagen in Amerika vom Spielplan abgesetzt werden müssen, weil sie religiös gewesen und einfach nicht gegangen sind. Es muß immer etwas Antireligiöses drin sein oder möglichst etwas Unsittliches, dann geht es gut.

Die verschiedenen Bezirkslogen sind in Großlogen zusammengefaßt. Die Großlogen führen. In den Großlogen ist es der 32. Grad. Der 32. Grad ist der wissende Grad. Dem 32. Grad gehören an: alle größeren Politiker, Industrielle, Generäle, Wirtschaftler, Ärzte, Universitätsprofessoren, Anwälte und Arbeiterführer. Diese haben ihre Weisungen von der Großlogenführung, vom 33. Grad, das ist die höchste Führung, und jene sorgen im ganzen Land, daß das, was die Großloge will, durchgeführt wird. In jedem Dorf sind da mindestens ein bis zwei vom 32. Grad, die dafür sorgen, daß alles genau geht, wie es die Großloge will. Die höchste Führung in Amerika ist der 33. Grad mit 18 Mitgliedern. Ich weiß nicht mehr alle Namen. Präsident ist Henry Morgenthau. Den kennen wir auch, diesen Kerl. Er ist ja ein Landsmann von Ihnen, er ist aus Mannheim. Sein Vater war Schweinehändler, der war doch bekannt. Ein Onkel von ihm ist auch noch dort. Herr Morgenthau hat ja einen Druckfehler in seinem Namen. Das ‚th' gehört raus, da muß ein ‚s' hinein. Dann gehört zum 33. Grad noch der Präsident Truman, er hat bis zu seinem 17. Lebensjahr Samuel Treumann geheißen, General Eisenhower gehört dazu, General Spatz, General Arnold und vor allem der Ölkönig Faruk, der all die großen Kriege gemacht hat. Der 33. Grad bestimmt die ganze Politik in Amerika. Er hält auch Kontakt zu den anderen Großlogen in England, in Frankreich, in Italien und jetzt auch bei uns in Deutschland. Über ihnen steht der Weltgroßmeister. Der jetzige Weltgroßmeister ist ein ganz junger Tscheche. Ich habe den Kerl vor ein paar Jahren gesehen. Er ist in Prag eingesperrt gewesen; er ist mit Hilfe der Amerikaner nach Budapest entwischt und wieder eingesperrt worden. Er ist dann rübergekommen, sie haben ihn durch den Intelligence Service rausgebracht; und er ist dann durch Süddeutschland gefahren. Da habe ich ihn zufällig gesehen. Dieser Weltfreimaurer, dieser Weltgroßmeister dirigiert alles. Es ist ja typisch, wie schon im Jahr 1943 die großen Freimaurer einem ganz offen gesagt haben, wie sie Deutschland einteilen werden, wer da alles an die Macht kommt.

Mir hat da im Jahre 1943 ein Herr Landau, ein württembergischer [redacted] aus Stuttgart, der am Marktplatz ein großes Kleidergeschäft hat - er ist jetzt in Whiteblane bei New York Großmeister einer amerikanischen Loge -, gesagt: „Mein Schwager Reinhold Meier wird eingesetzt und wird Ministerpräsident in Württemberg." Reinhold Meier gehört der Loge an, und zwar der Loge „Furchtlos und Treu". Er ist 1922 eingetreten, 1923 ist er Geselle geworden, 1924 Meister vom Stuhl. Jetzt ist er einmal in Amerika drüben gewesen, und da ist er Großmeister einer Loge geworden. Darum sein Kampf gegen die Bekenntnisschule, für die Nivellierung der Gemeinschaftsschule, deshalb ist er gegen das Konkordat und für die Entchristlichung. Es ist ja bezeichnend, daß am 16.,17. und 18. Mai 1953 in Stuttgart eine Geheimsitzung stattgefunden hat zwischen der FDP, der SPD und dem DGB. Diese haben damals miteinander Krach gehabt. Reinhold Meier ist auch dabei gewesen, er hat gesagt: „Meine Herren, wir dürfen uns nicht streiten, wir müssen zusammenhalten." Damals ist er Ministerpräsident gewesen. „Wir haben jetzt vielleicht die einzige Gelegenheit, die es gibt, daß wir das Land Württemberg vollkommen entchristlichen können, nicht nur die Schule, sondern das öffentliche Leben, alles, daß das Christentum aus dem öffentlichen Leben verschwindet, aus allem.“ Daraufhin haben sich diese drei Vereinigungen sofort geeinigt und gesagt, das sei so eine wunderbare Sache, da müßte man mitmachen. Allerdings ist es sehr peinlich gewesen, daß durch ein Namensmißverständnis einer unserer Leute auch dabei gewesen ist. Sie haben um elf Uhr ihre Sitzung mit diesem Abkommen geschlossen, und wir haben mit der katholischen Jungmannschaft am Nachmittag um ein Uhr die Versammlung der ganzen Diözese gehabt, und da hat der Bischof schon das Manuskript von diesem Dreierabkommen besessen und hat das vor der ganzen katholischen Jungmannschaft vorgelesen. Das ist Herrn Reinhold Meier etwas peinlich gewesen.

Wenn wir jetzt so gesehen haben, daß Amerika das Land der Freimaurerideen und der freimaurerischen Staatsführung ist, dann können wir uns fragen: Warum gehen wir denn mit Amerika zusammen? - Das ist sehr einfach. Unser Reichskanzler Adenauer mit seiner großen staatsmännischen Klugheit und Weisheit hat genau gesehen: „Wir sind zwischen zwei Polen. Drüben in Amerika herrscht die Freimaurerei, da wird durch Wirtschaft und Propaganda versucht, das Christentum zu verdrängen, es wird aber keine Gewalt mehr angewandt. Wenn man will, kann man sich dort religiös, christlich durchsetzen. Auf der anderen Seite ist Rußland, und Rußland tut alles, um das Christentum mit Stumpf und Stiel auszurotten.“ Wir haben das jetzt erlebt in Ungarn, in Polen und sonst wo. Wir sind dazwischen, wir sind viel zu schwach, um uns dagegen zu wehren. Wir brauchen einen Schutz. Wir müssen mit dem Westen zusammengehen, um uns gegen den Osten zu halten. Darum hat Adenauer die Freundschaft mit Amerika geschlossen. Es hilft uns wirtschaftlich, militärisch und finanziell. Aber den amerikanischen Freimaurergeist, den Geist gegen das Christentum, will er von unserem Land so gut es geht fernhalten. Darum können wir mit Amerika zusammengehen, mit ihnen zusammenarbeiten, weil es in diesem, von Freimaurern regierten Amerika Millionen von Menschen gibt, die nicht Freimaurer sind, Menschen die wirklich christlich sind. Ich erinnere nur an die Deutsch-Amerikaner. Was haben die für uns nach dem Krieg getan? Wer hat uns vor dem Verhungern gerettet? - Das waren die Deutsch-Amerikaner, die den letzten Cent von der Bank geholt haben, um Pakete zu schicken. Die alten Männer und Frauen mit 70/75 Jahren sind in die Fabrik gegangen, um zu arbeiten, um den hungernden Verwandten zu helfen. Das ist das andere Amerika, das ist das christliche Amerika, und mit dem gehen wir zusammen. Und wenn wir mit denen zusammenhalten, wird sich auch dieses christliche Amerika durchsetzten, daß da nicht mehr wie bisher die Freimaurer herrschen, sondern das Christentum. Und darum wollen wir mit denen zusammengehen. Wir können unmöglich meinen, daß es eine Koexistenz mit dem Osten da drüben gibt. Der Landwirtschaftsminister Lübke hat gestern auf der großen Tagung der katholischen Landjugend eine wunderbare Fabel erzählt: „Da geht ein Jäger in den Wald. Auf einmal steht ein riesiger Bär vor ihm. Der Jäger geht in Anschlag und der Bär steht auf und sagt zum Jäger: „He, warum bedrohst Du mich mit Deinem Schießprügel da? Ich bin ein friedlicher Bär, was willst Du denn eigentlich hier im Wald?“ Der Mann sagt: „Ich bin Jäger, und ich friere, jetzt kommt der Winter, und ich will einen Pelz haben.“ Und dann sagt der andere: „Und ich, der Bär, will ein gutes Frühstück haben. Aber weißt Du, wir können doch wunderbar nebeneinander hergehen. Du brauchst mich nicht totzuschießen, und von mir passiert Dir nichts.“ Und der Jäger ist dumm genug und setzt sich neben den Bär. Nach kürzester Zeit hat der Jäger einen Pelzmantel, denn er ist im Bauch des Bären drin, und der Bär hat sein Frühstück, denn er hat den Jäger gefressen. Das ist Koexistenz. Also, dann wollen wir schon vernünftig sein. Wir als katholische Menschen wollen uns unter gar keinen Umständen in die Knechtschaft der Freimaurer begeben, noch in die Knechtschaft des Bolschewismus, beide sind Knechte

Satans, sondern wir wollen freie Brüder Christi sein, sie als freie katholische Badener und wir als freie katholische Schwaben. Und wenn wir alle so frei und katholisch sind, werden wir auch die Freimaurer und den Bolschewismus überwinden..."

## Anhang C
## Zitatensammlung, die im Auftrag der Verteidigung erstellt worden ist:

*„Derjenige muß blind sein, der nicht sehen kann, daß hier auf Erden ein großes Vorhaben, ein großer Plan ausgeführt wird, an dessen Verwirklichung wir als treue Knechte mitwirken dürfen."* (Winston Churchill)

*„Alle Staaten müssen sich, vom hohen Roß heruntergeholt und diszipliniert, dem Gesetz des Weltstaates unterwerfen, wenn es in der Welt von morgen Frieden geben soll...*

*Allumfassender Friede kann nur auf die Einheit des Menschen unter einem Gesetz und einer Regierung begründet werden."* (Herbert Agar, Frank Aydelotte, G.A. Borgese, Hermann Broch, Van Wyck Brooks, Ada L. Comstock, William Yandell Elliott, Dorothy Canfield Fisher, Christian Gauss, Oscar Jászi, Alvin Johnson, Hans Kohn, Thomas Mann, Lewis Mumford, William Allan Neilson, Reinhold Niebuhr, Gaetano Salvemini: „The City of Man", A Declaration on World Democracy, New York 1940, S. 23 und S. 25)

*„...es gibt eine Kraft, so organisiert, so subtil, so perfekt und so (alles) durchdringend, daß man besser nicht einmal darüber nachdenkt, wie man etwas dagegen tun könnte."* (Woodrow Wilson)

*„Die Staatsmänner dieses Jahrhunderts haben es nicht allein mit Regierungen, Kaisern, Königen und Ministern zu tun, sondern auch mit geheimen Gesellschaften, Elementen, denen man Rechnung tragen muß. Diese Gesellschaften können schließlich alle politischen Arrangements zunichte machen..."* (Benjamin Disraeli am 12.9.1876)

*„Für gewöhnlich sind die sorgfältig geheimgehaltenen „Hauptdarsteller" von einer kleinen Gruppe lange vor dem Wahltag ausgesucht, und zwar für beide großen Parteien, so daß das Risiko gleich null ist."* (F.D. Roosevelts Schwiegersohn Curtis B. Dall, „Amerikas Kriegspolitik - Roosevelt und seine Hintermänner", S. 33f).

*„In Wirklichkeit jedoch würde eine „dritte Partei" nur die zweite Partei sein, da beide Parteien, sowohl die Demokratische wie die Republikanische, von der Einwelt-Finanzmacht und der Einwelt-Machtgruppe gelenkt werden".* (Curtis B. Dall, siehe oben, S. 279).

*„Natürlich gibt jeder Bürger seine Stimme ab, und er denkt dabei, daß er für den, den ER will, stimme. Wir jedoch wissen, daß er für den, den WIR wollen, stimmt. Das ist das heilige Gesetz der Demokratie."* (Ilja Ehrenburg in seinem 1931 erschienenen Buch „Die Traumfabrik", zit. n. „Wußten Sie schon..?", Johannes Rothkranz; S. 22).

*„In einem Volke ist doch stets nur eine Minderheit klug und tapfer, die Mehrheit aber dumm und feige. Wenn man nun ein Parlament nach dem Mehrheitswillen wählt, so ist dies Parlament mithin der Querschnitt der in einem Volke vorhandenen Dummheit und Feigheit."* (unbekannt)

*„Politik ist die Kunst des kalkulierten Betrugs, aber so, daß die Betroffenen nichts davon merken."* (L.R. Schlesinger, Amerikanischer Friedenspolitiker, 1967)

Als Henry Kissinger gefragt wurde, was wohl das nächste Jahrzehnt mit sich bringen würde, antwortete er: *„Alles wird anders sein: Viele werden leiden. Eine „Neue Weltordnung" wird hervortreten. Es wird eine viel bessere Welt für die, die überleben werden. Auf lange Sicht hin wird das Leben besser werden. Die Welt, wie wir sie uns gewünscht haben, wird Realität!"*

*„Man möchte den Weltstaat und die neue, ideale Gesellschaft bauen. Wie vielseitig die Menschheit bei der Errichtung des ungeheuren Gebäudes engagiert ist und welche bedeutenden Fortschritte man dabei macht, ist uns durchaus bekannt. Sie sind wert, bewundert und unterstützt zu werden."* (Papst Paul VI. in seiner Predigt vom 17.Juni 1965, zit.n. Georges de Nantes, Liber Accusationis in Paulum Sextum...1973, S.23).

*„US-Präsident George Bush und UdSSR-Präsident Michail Gorbatschow sind gestern auf dieser Mittelmeerinsel angekommen, für die Gipfelkonferenz, die heute beginnt, während der beide hoffen, die Suche nach einer „NEUEN WELTORDNUNG" zu starten."* (New York Times, 1. Dezember 1989)

*„Johannes Paul II. hat zum Aufbau einer neuen internationalen Gesellschaftsordnung aufgerufen, die den Frieden sichere, die Gerechtigkeit fördere und die Menschenwürde respektiere. Die „Einheit der menschlichen Rasse" fordere eine solche Gesellschaftsordnung, erklärte Johannes Paul II. dieser Tage in der päpstlichen Sommerresidenz Castel Gandolfo bei einer Audienz für eine Gruppe britischer Parlamentarier. Die Förderung einer „wohltätigen Zusammenarbeit unter den Völkern" ist nach den Worten des Papstes eine dringende Aufgabe in einer Welt, die immer stärker die gegenseitige Abhängigkeit unter den Nationen spüre. Innerhalb der internationalen Völkergemeinschaft habe der Heilige Stuhl unentwegt die Verwirklichung einer solchen Zusammenarbeit unterstützt."* („Deutsche Tagespost" vom 28.September 1989).

*„Geht zur Vergebung eurer Sünden nicht zu Gott, sondern kommt zu mir!"* (Johannes Paul II. am 12. Dezember 1984 in der Los Angeles Times)

*„Dem römischen Papst sich zu unterwerfen, ist für alle Menschen unbedingt zum Heile notwendig. Das erklären, behaupten und bestimmen wir."* (Nr. 430 in der Dogmen-Sammlung Neuner-Roos).

*„Der Vorstandsvorsitzende des Auto-Konzerns Daimler-Chrysler, Jürgen Schrempp, erwartet als Folge der internationalen Unternehmensfusionen eine weitgehende Auflösung der Nationalstaaten. „Wir werden zu einer transatlantischen Union kommen“, sagte er dem Wirtschaftsmagazin ‚Forbes‘, „und dann sollten wir es weiterführen und schließlich eine Weltunion bilden – ohne Grenzen zwischen den Ländern.“* (BamS, 27, 1.12.1998)

*„Menschen sind wie Insekten. Sie profilieren zu viel... Die Zeit ist reif, das Konzept der Nationen, welche Hindernisse auf dem Weg zur Weltkultur darstellen, auf die Probe zu stellen. Das Christentum bringt stolze Menschen und eine kaufmännische Gesellschaft hervor, die nichts weiter als tote Kultur, klassische Musik und erdrückende Zahlen auf dem Papier schafft.“* (Aurelio Peccei, der Gründer des Club of Rome, im März 1982 in Paris bei einem Treffen des COR)

*„90% der geheimen Nachrichtenübermittlung wird über verschlüsselte Texte und Bilder über die Medien, besonders die Presse, weitergegeben, stellte der US-Senatsausschuß fest, der die Central Intelligence Agency (CIA) untersuchte.*

*Es gibt keinen einfacheren, billigeren und wirkungsvolleren Weg für die Weitergabe von Signalen, als den der verschlüsselten Veröffentlichungen in weitverbreiteten Zeitungen oder Zeitschriften, wie den überregionalen, zum Teil im Verbund arbeitenden, wie die „New York Times“, „Washington Post“, „Welt“, „Frankfurter Allgemeine“...“* (Quelle: „Politisches Lexikon“ von CODE, Liechtenstein Nr. 2/8, Stichwort: Signale)

*„Die Nachrichten sind das, was ICH sage, was sie zu sein haben. Sie sind das, was MEINEN Gesichtspunkten nach wichtig zu wissen ist.“* („Who owns the TV - Network, Eustace Mullins, „The News Twister“, Edith Efron, Manoe Books, NY, 1972)

*„Die Schweiz leidet an einer zunehmenden Verblödung der führenden Schichten und an einer tölpelhaften Nachahmung amerikanischer Vorbilder durch die Versager unter der Jungen und besonders den Studenten."* (Professor Fritz Zwicky in „Jeder ein Genie" S. 15)

*„...über der europäischen Kultur schwebt eine ernsthaft drohende Gefahr. Die Bedrohung geht von einer Massenkultur aus, die über den Atlantik kommt ...Man kann sich in der Tat nur wundern, daß eine starke, zutiefst intelligente und von Natur aus humane europäische Kultur zurückweicht vor dem primitiven Trubel von Gewalt und Pornographie... und billiger Gedanken."* (Michail Gorbatschow, „Perestroika", S.271)

*„Wußten Sie, daß in der BRD über 90% aller Landräte, Bürgermeister, Notare, Chefs von Amtsgerichten, Gymnasien, Krankenhäusern, Bundeswehr und Polizei sowie Versicherungen und Banken den Rotariern oder dem Lions-Club mit Sitz in Chicago angehören? Ebenso zahlreiche Ärzte, Stadträte, Pfarrer, Vereinsvorstände etc. kurz: Alle, die etwas zu sagen haben, sind dabei."* (R. Tiedemann)

*„Der amerikanische Bankier Morgan gründete 1921 den Council on Foreign Relations. Seit dieser Gründung waren alle künftigen Präsidenten der USA vor ihrer Wahl Mitglieder des CFR, ausgenommen Ronald Reagan, bei dem desungeachtet der Vizepräsident George Bush CFR-Mitglied ist."* (George H.W. Bush war 1977 sogar Direktor des CFR – zit.n. Johannes Rothkranz, „Wußten Sie schon...", S. 12)

*„Der größte Teil seiner* (Anm.: Franklin Delano Roosevelts) *Gedanken, seiner politischen „Munition" sozusagen, wurde sorgfältig für ihn im voraus von der C.F.R.-Einwelt-Finanzmacht-Gruppe zurechtgemacht. Glänzend, mit großem Schwung, wie ein schönes artilleristisches Schaustück, trug er mit Begeisterung diese vorbereitete „Munition" mitten in ein argloses Ziel, in das amerikanische*

*Volk hinein.“* (F.D. Roosevelts Schwiegersohn Curtis B. Dall in seinem Buch „Amerikas Kriegspolitik. Roosevelt und seine Hintermänner“, 2. Aufl. Tübingen 1975, S. 279)

*„Auf der Westseite der berühmten Park Avenue in der 68. Straße* [in New York City] *stehen sich zwei stattliche Gebäude gegenüber. Das eine ist das sowjetische Botschaftsgebäude für die Vereinten Nationen ... Direkt gegenüber an der südwestlichen Ecke ist das Council on Foreign Relations - wahrscheinlich die einflußreichste halböffentliche Organisation im Bereich der Außenpolitik... Dadurch, daß die Mitglieder des CFR sich dem Studium und der Erörterung der amerikanischen Außenpolitik verschrieben haben, ist ein konstanter Strom seiner Mitarbeiter vom privaten zum öffentlichen Dienst zu beobachten. Fast die Hälfte seiner Mitarbeiter wurde aufgefordert, offizielle Regierungspositionen einzunehmen oder hin und wieder als Berater zu fungieren.“* („Christian Science Monitor“ vom 1.9.1961, zit. N. Gary Allen, Die Insider, 1980, S. 113ff)

*„Die Mitglieder des CFR haben überdurchschnittlichen Einfluß auf die Gesellschaft. Sie haben das Prestige, das ihnen ihr Reichtum, ihre gesellschaftliche Position und ihre Ausbildung gegeben haben, dazu benützt, ihr Land in den Bankrott und den militärischen Zusammenbruch zu führen. An ihren Händen klebt das getrocknete Blut des letzten und das frische des gegenwärtigen Krieges* [Korea-Krieg].“ (CHICAGO Tribune vom 9.12.1950, zit n. Gary Allen, Die Insider, S. 126)

*„Der Council on Foreign Relations stellt sich als eine amerikanische Studiengruppe dar, die in sich Spezialisten in der Diplomatie, der Finanz, der Industrie, der Wissenschaft, der Information vereint, die fähig sind, in der amerikanischen Öffentlichkeit eine internationale Mentalität zu erzeugen und die Initiativen in diese Richtung zu koordinieren. Gegenwärtig gehören dem CFR 1400 Mitglieder an, die die wichtigsten Posten in der US-Regierung, der Politik, der (vor*

*allem multinationalen) Wirtschaft, den Massenmedien, im CIA (dem Geheimdienst), ja sogar in der Religion innehaben. Mit großzügiger Unterstützung der Ford-, Carnegie- und Rockefeller-Stiftungen ebenso wie der großen, international maßgeblichen Konzerne wie IBM, ITT, Standard Oil of New Jersey (das heißt Exxon) übt der CFR einen übermächtigen Einfluß auf die Regierung der Vereinigten Staaten, auf den Kongreß und auf die beiden hauptsächlichen politischen Parteien, die Demokraten und die Republikaner, aus. Die Mitglieder des Council on Foreign Relations sind Amerikaner, denen ihre internationalen Beziehungen die Ausübung einer engen Kontrolle über die Staaten der westlichen Welt erlauben, sei es direkt, sei es mittelbar durch gleichartige oder angegliederte Gesellschaften oder durch internationale Organisationen wie die Weltbank, in denen sie den Vorsitz führen.“* (Robert Camman: Les véritables maitres du monde, Villefranche-de-Lauragais, 1985, S. 3f)

*„Richard Nixon behauptet, daß er nicht mehr dem CFR angehört. Er schied aus, als das CFR 1962 zu einem Streitpunkt in seiner ersten Wahlkampagne um das Gouverneursamt in Kalifornien wurde. Nixon nannte niemals einen Grund für sein Ausscheiden. Es spricht jedoch für sich, daß er über 110 CFR-Mitgliedern wichtigste Posten in seiner Verwaltung zugewiesen hat.“* (Gary Allen, Die Insider, S. 125)

*„Wie aus einer Reihe von Vortragsveranstaltungen hervorgeht, hat fast jeder der heute amtierenden Regierungschefs, jeder Bewerber auf ein politisches Amt und jeder Politiker, der für diesen Posten in Frage kommt oder aus dem Hintergrund operiert, sich dem CFR vorzustellen.“* (Peter Blackwood, Die Netzwerke der Insider, Leonberg 1986, S. 194 )

*„Die große Stärke unseres Ordens liegt in seiner Verborgenheit; laß ihn niemals an irgendeinem Ort mit seinem richtigen Namen in Erscheinung treten, sondern immer durch einen anderen Namen*

*verdeckt und mit einer anderen Aufgabe, als die wirkliche. Nichts wäre dafür geeigneter als die drei niederen Grade der Freimaurerei... Als nächstes bietet sich die Form einer Gesellschaft von Schriftgelehrten als bestes Werkzeug für unsere Zwecke an... Durch die Einführung von Lesegesellschaften und durch, mit Abonnements geführte Bibliotheken, und durch die Übernahme der Kontrolle über diese, können wir die öffentliche Meinung drehen wie wir wollen, indem wir diese Zirkel durch unsere Arbeitskräfte ausstatten und wirken lassen...“* (Adam Weishaupt)

*„Meine Brüder! Im Jahre 1000 glaubte die alte abergläubische Welt ihr Ende sei gekommen; in Wahrheit begann da erst recht ihre Herrschaft. Ihr Todeskampf nahm 1789 seinen Anfang. Ein Jahrhundert später haben wir Sie, meine Brüder, eingeladen, Zeuge ihrer letzten Todeszuckungen zu sein und zugleich die Morgenröte einer neuen Welt zu schauen, einer Welt, deren Entstehung unsere Weltausstellung ankündigt; es ist dies die Welt der Arbeit, der Wissenschaft, der Gerechtigkeit und des Friedens. Wir sind bessere Propheten als unsere Gegner, und als solche rufen wir letzteren zu: Ganz sicher wird das Jahr 2000 euer Ende besiegeln; die Anzeichen hierfür treten Tag für Tag untrüglicher in die Erscheinung...*

*Die soziale Revolution ist's, welche unseren gemeinsamen Feind zu Falle bringen wird, wie sie alle Tyranneien Europas und der Welt untergräbt, ganz wie Heinrich Heine mit Prophetenblick schon 1835 vorhersagte: „Ihr werdet demnächst bei unseren Nachbarn Zeuge eines Zusammenbruchs sein, im Vergleich mit welchem eure Revolution nur ein Kinderspiel war...*

*Der Tag wird kommen, an welchem bei den Völkern, die weder ein 18. Jahrhundert noch ein 1789 hatten, die Monarchien und die Religionen zusammenstürzen. Dieser Tag ist nicht mehr fern. Das ist der Tag, den wir erwarten. An diesem Tage werden alle Enterbten emanzipiert, alle Ungerechtigkeiten gesühnt, alle Privilegien beseitigt, alle vergewaltigten Provinzen (Elsaß-Lothringen, Polen, Galizien usw.) ihr Selbstbestimmungsrecht wieder erhalten.*

*Dann werden Großlogen und alle Großoriente der ganzen Welt sich in einer Universalverbrüderung zusammenfinden. Die Spaltungen und die Landesgrenzen, durch welche die Freimaurerei getrennt ist, werden dann verschwunden sein. Das ist das glanzvolle Zukunftsideal, das uns vorschwebt. Unsere Sache ist es, den Tag dieser allgemeinen Verbrüderung zu beschleunigen. Zur Bezeichnung dieses Zukunftsideals bedürfen wir eines universalen Losungswortes und Sammelrufes. Unsere Marseillaise gab die Losung aus: Zu den Waffen gegen alle Tyrannen!"* (Freimaurer Francolin auf dem internationalen Freimaurer-Kongreß in Paris 1889, laut „Congrés maconnique international du Centenaire 1789-1889")

*„Der Schwerpunkt unserer Arbeit liegt in den Hochgraden. Dort machen wir den Fortschritt, die Politik und die Weltgeschichte. Darum ungeschmälerte Aufrechterhaltung des Scozesismus! In ihm haben unsere Väter ihre glorreichen Taten vollbracht, die Tyrannen gestürzt, die Fremden verjagt usw. Aber noch ist das große Werk in Italien nicht vollbracht. Darum brauchen wir noch das Schottentum* (Schottengrade 4.-33. Grad). *Was soll uns Johannes* (Johannesgrade 1.-3- Grad)*? Nichts anderes, als uns seinen friedsamen Namen leihen, damit wir unsere Feinde überrumpeln. Was soll uns das Symbol? Es soll uns Schild und Schirm sein am Tage des Kampfes. Nichts weiter. Was sollen uns alle Formen der Loge? Sie sollen uns verstecken vor unseren Feinden."* (Ein neapolitanischer Freimaurer in einer Logen-Festversammlung am 26.3.1875, laut „Freimaurer-Zeitung", Leipzig 1875, 28. Jahrgang, S. 150)

*„Die Freimaurerei ist durchdrungen von der Bedeutung ihres Zieles, das in einem idealen, von dem Gesetz der Humanität beherrschten Weltreich gipfelt."* (Freimaurer Hermann Settegast in „Die deutsche Freimaurerei, ihre Grundlagen, ihre Ziele", Berlin, 1919, 9. Auflage, S. 44)

*„Es soll nur eine einzige freimaurerische Regierung für die ganze Welt eingesetzt werden, es soll nur ein einziges unsichtbares Oberhaupt geben.“* (Freimaurer-Zeitung, Leipzig 1873, Nr. 25)

*„Und wenn die ganze Welt des Ordens Tempel ist, dann werden die Mächtigen der Erde selbst sich beugen und uns die Weltherrschaft lassen.“* (Freimaurer Dr. Phillip Georg Blumenhagen in „Zeitschrift für Freimaurerei“, Altenburg 1828, S. 320)

*„Auf dem internationalen Freimaurerkongreß, der am 16. und 17. Juli 1889 zu Paris stattfand, wurde als das zu erstrebende Ziel ganz offen die Weltrepublik verkündet. Die Freimaurerei sei berufen, als die geeignete Dolmetscherin des Willens der Volkssouveränität die Geschichte der Länder und der ganzen Menschheit zu bestimmen. Auf diesem Kongreß wurde die Hoffnung ausgesprochen, daß der Tag kommen würde, an dem die Monarchien Europas zusammenstürzen. Das ist der Tag, den wir erwarten, und dieser Tag ist nicht mehr fern.“* (Aufsatz „Weltrepublik“ im „Mecklenburger Logenblatt“, Jahrgang 1889, S. 197)

*„Vernichtet den Feind, wer es auch sei, vernichtet den Mächtigen mittels übler Nachrede und Verleumdung, aber vernichtet ihn so frühzeitig, wie nur möglich. Man muß zur Jugend gehen: Die Jugend muß man verführen, sie muß, ohne daß sie es ahnt, unter den Fahnen der geheimen Gesellschaften gesammelt werden. Um sich mit vorsichtigen Schritten, aber um so sicherer, auf dem gefahrvollen Wege nähern zu können, sind vor allem zwei Dinge notwendig: Ihr müßt Euch das Ansehen geben, sanft wie Tauben zu sein, aber klug wie die Schlangen. Eure Väter, Eure Kinder, selbst Eure Frauen dürfen niemals das Geheimnis, das ihr in Euch tragt, erfahren... Ihr wißt, daß derjenige, der sich freiwillig oder unfreiwillig verrät, damit sein Todesurteil unterzeichnet.“* (Aus einem Geheimdokument der italienischen Freimaurerei vom 20.10.1821, veröffentlicht von

Crétineau-Joly in „L'Eglise Romaine contre la Révolution, Paris 1859, 2. Band, S. 86)

*„Die Mitglieder des Schottischen Ritus* (Anm. 4.-33.Grad) *sind aufs Strengste verpflichtet, in der Johannisloge* (Anm: 1.-3. Grad) *niemals anders als im Zeichen des Meistergrades aufzutreten, nur die „Bekleidung" des Meisters zu tragen, niemals die farbenprächtigen Bänder und Schürzen der hohen und höchsten Grade, sie dürfen keinem Bruder, Lehrling, Gesellen oder Meister davon Mitteilung machen, daß sie den Hochgraden angehören. Nicht nur die Lehren und Riten der Schottischen Maurerei, sondern sogar die Namen der Hochgradbrüder bleiben demnach dem Durchschnittsfreimaurer unbekannt... Da sie die eigentlichen Träger der freimaurerischen Eingeweihten, die „Wissenden" sind, besitzen sie die wahre Macht im Orden... Mehr als einmal hat es sich ereignet, daß sich Logen ziemlich einmütig gegen die unkontrollierbare Vorherrschaft der Hochgradmaurer in ihren Reihen aufgebäumt haben. Immer aber war dies vergeblich!"* (Der 33-Grad-Freimaurer Konrad Lerich nach seinem Logenaustritt in dem Buch „Der Tempel der Freimaurer. Der 1. bis 33. Grad. Vom Suchenden zum Wissenden", Bern 1937, S. 24f).

*„Gewiß habt Ihr auch schon gehört, daß die Logen ‚viel Gutes tun'. Die profane Welt weiß von ihnen kaum mehr, als daß in den Logen Wohltätigkeit geübt wird. Nun, daran ist etwas Wahres, liebe Benjaminbrüder...*

*Doch Profane und Freimaurer täuschen sich gleichermaßen, wenn sie glauben, das sei die Hauptarbeit der Logen... Die Freimaurerei ist nicht dazu da, die Menschheit mit milden Gaben zu betören, das überläßt sie den Wohltätigkeitsvereinen, sondern sie trachtet als philosophische und progressive Institution danach, die profane Gesellschaftsordnung als letzte Ursache des Unglücks zu beseitigen, und daß ihren Platz die freimaurerische Staats- und Gesellschaftsordnung einnehme...*

*Brüder, vergesset also nie, daß die Loge kein Club oder Verein ist, in welche wir wegen nichtiger Privatziele von untergeordneter Bedeutung gehen, sondern daß die Loge die Verkörperung des Staatssystems ist...*

*Wenn Euer Herz von vielem Leid erweicht, und Ihr in der Absicht hierher kamet, im Rahmen einer Wohltätigkeitsgruppe Eure Heller der Unterstützung einiger armer, vom Schicksal verfolgter Menschen zuzuwenden, und Ihr glaubet, daß damit Eure Berufung erfüllt sei, dann kehret um... Wenn nur das unser Ziel wäre, dann hätten wir das Geheimnisvolle keinesfalls nötig".* (Zeitschrift „Kélet", Organ der symbolischen Großloge von Ungarn, 13. Jahrgang, Nr.9, Juli/August 1911, und Nr. 10 September 1911, S. 252, 256, 272)

*„Das Logentum ist verzweigt und komplex, aber je tiefer man hineindringt, desto klarer wird, daß die „Suchenden", die vielleicht aus ehrbaren Gründen in eine Loge eintreten, ideal benutzt werden können, um Ziele zu erreichen, von denen sie keine Ahnung haben. Durch finstere Eide und Schwüre ist der Bruder Freimaurer auf Lebenszeit verpflichtet, die Ziele, die er nicht kennt und die Handlungen von Brüdern geheim zu halten.*

*Wer vielleicht einen Freimaurer kennt oder selber einer ist, sollte nicht denken, daß er dadurch schon die Kenntnis hat, über das Logentum zu urteilen, denn es entspricht der Struktur der Freimaurerei, daß mit Täuschung und Geheimnissen gearbeitet wird.*

*In den unteren Johannis-Logen gibt es Lehrlinge, Gesellen und Meister, ebenso in den darüber liegenden Andreas-Logen. Um in einen Grad aufgenommen zu werden, wird ein Mummenschanz aufgeführt, der im Grunde lächerlich ist, von den Brüdern aber offenbar völlig ernst genommen wird. Der „Suchende" wird in einen abgedunkelten Raum geführt, in dem allerlei gruselige Sachen, wie Totenköpfe etc. zu finden sind. Er muß einen Schuh ausziehen und bekommt einen ausgetretenen, der nicht paßt, muß seine Kleidung merkwürdig herrichten und allerlei lächerliche, „rechtwinklige" Schritte tun, dann schließlich heilige Eide des absoluten Gehorsams schwören. Erst im Johannis-Meistergrad wird er mit dem Beginn einer Erzählung konfrontiert, die den Bau des Tempels des [redacted] unter Baumeister Hiram schildert. Die wenigsten wissen, daß der Tempel des [redacted] damals die Weltbank darstellte. Jedenfalls wird in der Legende von dem Meister Adoniram berichtet, dem drei seiner Gesellen des Nachts auflauern, um das geheime Losungswort von ihm zu erfahren, das die Meister der Baustelle bekommen hatten. Sie erschlagen ihn schließlich und vergraben ihn. Diese Geschichte, die man im Alten Testament nachlesen kann und die ich nicht ausführlich wiedergeben will, da das alles nur für Schriftgläubige eine Bedeutung hat, wird teilweise in den Ritualen wiederbelebt, indem der Aspirant symbolisch das Erschlagen-werden erfährt, in einen Sarg gelegt und schließlich wiedergeboren wird, mit einem Ritual, das eine symbolische [redacted] sein soll. Nach und nach erfährt er gewisse, für seinen Grad bestimmte Symbole. So ist es für den Johannis-Lehrling ein Klopfzeichen, das aus zwei raschen Schlägen und dann mit etwas Abstand einem stärkeren Schlag besteht, dem Handschlag mit dem dreimaligen Druck des Daumens auf den vordersten Knöchel des Zeigefingers des anderen, ein Zeichen, bei dem die Hand an der Gurgel entlang geführt wird, das Wort Jachin, das die rechte Säule der Vorhalle des [redacted] Tempels bedeutet und als Paßwort Tubalkain, der Enkel des Brudermörders Kain. Für den Gesellen ist es das Wort für die linke Säule, Boas und die Losung Gabaliter, für den Meister das Wort Mac Benac und die Losung Schiboleth. Man trägt auf dem Herzen ein Amulett, das einer Maurerkelle nachgebildet und je nach Grad unpoliertes oder poliertes Silber oder Gold ist. Es kommen darin biblische Symbole wie die Jakobsleiter, das Andreaskreuz und der siebenarmige Leuchter vor.*

*Der Lendenschurz sowie Maurerkelle, Zirkel usw. sind selbstverständlich die bekanntesten Freimaurerzeichen.*

*In den höheren Andreas-Graden erfährt dann der Geselle das Wort Adonai und die Losung Nehemia, man trägt ein Amulett mit Totenkopf und gekreuzten Knochen auf dem Herzen, und der Meister bekommt endlich die geheimen Worte* [redacted] *und Gibeon sowie das Amulett mit dem gekreuzigten Andreas auf der einen und den* [redacted] *Buchstaben* [redacted] *auf der anderen Seite. Ein weiteres Symbol ist der grünende Akazienzweig, der für Weltherrschaft steht.*

*Nach und nach wird die* [redacted] *Symbolik immer deutlicher.*

*Einige Autoren haben freimaurerische Rituale und Schwüre ausführlich dargestellt, von denen ich nur ein paar Andeutungen gebe, um deutlich zu machen, daß diese Symbole und Riten uns völlig fremd sind und es lächerlich erscheint, daß sich erwachsene Menschen solchen Zeremonien unterwerfen, deren Sinn für die Meisten unerkennbar ist. Es erfordert eine völlig andere Denkweise, die sich streng an überlieferte Geschichten klammert, bei denen nichts das bedeutet, was es dem Wort nach scheint, aber offenbar mit großem Ernst, ohne die Sinnhaftigkeit zu hinterfragen, verfolgt wird. Der Bewerber für die Freimaurerei muß sich erniedrigen, furchtbare Schwüre zur Geheimhaltung und dem Schutz der Brüder abzulegen, ohne schon zu wissen, ob nicht irgendwann fragwürdige Aktivitäten offenbar werden, die er nicht mehr unterstützen kann. Die Methoden, wie er im Falle eines Verrats zu Tode kommen wird, muß er in seinen Eiden selber aussprechen, so das Durchschneiden der Kehle, das Aufhängen halb im Wasser, von der Flut bedeckt etc. etc. (Bei Barschel tat es auch eine Badewanne.)*

*Die Mitglieder der Freimaurerei werden so zum willenlosen Sklaven von Menschen, die sie nicht kennen und von deren Zielen sie keine Ahnung haben.*

*Sie erfahren bald, daß die Eide zum Töten nicht nur alte Worthülsen sind. Abtrünnige Brüder wurden und werden immer wieder beseitigt, oft grausam und mit für den Eingeweihten erkennbarer Symbolik.*

*Das nebenstehende Bild* [welches einen Mann mit einem Dolch im Herzen zeigt, Anm.d.V.] *wird Freimaurern gezeigt und soll den getöteten Schiller unter einem Akazienbaum zeigen. Auch der Mord an Mozart gehört zum Stolz der Freimaurerei... Und so wird schließlich auch Politik betrieben, obwohl das immer wieder abgeleugnet und durch die wohltätigen Aktivitäten der unteren Grade vertuscht wird.“* (Jo Conrad, „Zusammenhänge“, S. 93-95)

*„Der Freimaurerbund fordert von seinen Mitgliedern sein dogmatisch bestimmtes Gottesbekenntnis, und die Aufnahme der einzelnen Brüder wird nicht abhängig gemacht von einem religiösen Bekenntnis.“* (Grundsatz der Loge Royal York, §3, laut „Freimaurer-Lehrbuch für Br. Br. der unabhängigen deutschen Großloge: Freimaurerbund zur aufgehenden Sonne“ von Br. Rudolph Penzig, Stuttgart, S.13)

*„Deshalb aber ist es nicht etwa nötig, daß der Freimaurer parteilos bleibe. Er mag außerhalb der Loge seine Pflichten als Teil einer politischen Gemeinschaft erfüllen. Er sei als Parteimann stets ein guter Freimaurer, aber als Freimaurer unter Brüdern niemals ein Parteimann.“* (Der deutsche Hochgradfreimaurer Franz Carl Andres in seinem Buch „Das Geheimnis des Freimaurers“, 1. Auflage 1949, S. 129).

*„Man kann ein sehr guter Deutscher sein, Freimaurer ist man aber erst dann, wenn man seine freimaurerische Überzeugung nicht auf den deutsch-vaterländischen Standpunkt der Enge und Kleinheit stellt, sondern wenn man eine Plattform findet, auf der auch der andere stehen kann, wenn man ein Mann der Auslese, ein deutscher [redacted], ist.“* (Deutsches Freimaurerorgan „Auf der Warte“ vom 1. Mai 1926, zit. n. Ulrich Fleischauer, „Die echten Protokolle der Weisen von [redacted]“, Sachverständigengutachten, erstattet im Auftrag des Richteramtes V in Bern, Erfurt 1935, S. 109f).

*„Wir müssen den aufrührerischen Geist unter den Arbeitern aufrecht erhalten, denn durch sie allein werden wir die Revolution in die einzelnen Staaten bringen können. Niemals dürfen die Ansprüche der Arbeiter gestillt werden, denn wir haben ihre Unzufriedenheit*

*nötig, um die christliche Gesellschaft zu zersetzen und die Anarchie herbeizuführen. Es muß so weit kommen, daß die Christen die* [redacted] *anflehen, die Macht zu ergreifen.“* (Aus einer Rede des Großmeisters der B`nai B`rith Loge im Jahr 1897 auf dem Baseler Kongreß, die zusammen mit anderen Dokumenten nach der Flucht von Bela Kuhn in einer Freimaurerloge in Budapest aufgefunden wurde. Veröffentlicht in „Il Regime Fascita“ 8.7.1941; Jahrgang 27)

*„Wollen wir als ehrliche Freimaurer vorwärts kommen, so müssen wir mit Strauß resolut bekennen: Wir sind keine Christen mehr, wir sind Freimaurer, nichts mehr und nichts weniger – punktum! Wir müssen unsere Kraft konzentrieren auf das Eine, was der Menschheit nottut, auf den Menschheitsbund.“* (Freimaurer M.G. Conrad in „Die Bauhütte“, Leipzig, Jahrgang 1874)

*„Blind vertrauen wir uns einer unbekannten Führerhand an.“* („Instruktion für Lehrlinge“ des Logenverbandes in der Schweiz, S.11)

*„Ihr sollt in Reden und Betragen vorsichtig sein, daß auch der scharfsinnigste Fremde nichts zu entdecken vermöge, was nicht geeignet ist, ihm eröffnet zu werden. Zuweilen müßt ihr auch ein Gespräch ablenken und es klüglich zur Ehre der Ehrwürdigen Bruderschaft leiten.“* (Aus dem Grundgesetz der Freimaurer „Die alten Pflichten“, VI. Hauptstück, 4. Punkt, laut „Internationales Freimaurerlexikon“, S. 20)

*„Tatsache ist, daß die „Society of Masons“ und alle mit ihr in geschichtlichem Zusammenhang stehenden älteren Sozietäten mit Nachdruck die Behauptung abgelehnt haben, daß sie ein Geheimbund seien, und daß sie sich amtlich nie eine geheime Gesellschaft, wohl aber sehr oft eine „unsichtbare Gesellschaft“ genannt haben.“* (Freimaurer Ludwig Keller laut „Freimaurer-Lehrbuch für BR. Br.

Der unabhängigen deutschen Großloge: Freimaurerbund zur aufgehenden Sonne“, von Br. Dr. Rudolph Penzig, Stuttgart, S. 9)

*„Alle Mitglieder werden zu strengster Diskretion gegenüber Nichtmitgliedern über Einrichtungen und Vorkommnisse der Loge feierlichst verpflichtet...*

*Bei der Aufnahme in den inneren Orient werden die Brüder zu strengster Diskretion über alle Verhandlungen desselben, auch gegenüber den Mitgliedern des Bruderkreises verpflichtet, soweit nicht die Bekanntgabe einzelner Beschlüsse obligatorisch ist oder offiziell beschlossen wurde.“* (Broschüre „Freimaurerbund zur aufgehenden Sonne, Nürnberg, Geschäftsordnung für die Logen“, als Manuskript gedruckt, S. 5)

*„Sowohl den Logen als den einzelnen Freimaurern aller Grade und Rangstufen, den Großmeister und die Häupter der Riten allein ausgenommen, ist es untersagt, aus irgendeinem Grunde oder auf irgendeine Weise offizielle oder offiziöse Dokumente, Erlässe, Zirkulare, Briefe oder sonstige Schriftstücke, die sich auf die Freimaurerei beziehen, in der profanen Welt bekannt zu machen, wenn sie nicht vorher hierzu schriftlich die förmliche Genehmigung des Großmeisters erhalten haben.“* (Artikel 135 der Konstitutionen der italienischen Freimaurerei.)

*„Das Geheimnis gehört zu den allerwirksamsten Faktoren unserer Tätigkeit. Was sich in unseren maurerischen Versammlungen vorbereitet, soll wie unter einem Siegel im Herzen der Brüder verschlossen bleiben.“* (Großmeister Adriano Lemmi in „La Rivista della Massoneria Italiana, 1890, S. 3)

*„Alle Bundespapiere haben die Mitglieder sorgfältig aufzubewahren und vor unbefugter Einsichtnahme zu schützen. Für entstehende Indiskretionen und deren eventuelle Folgen ist jeder Bruder der Loge und dem Bund gegenüber verantwortlich. Dies gilt ganz*

*besonders in bezug auf die Mitglieder-Verzeichnisse, auf deren Geheimhaltung die größte Sorgfalt zu verwenden ist. Ferner hat jeder Bruder die Pflicht, seine Angehörigen dahingehend zu unterrichten, daß bei seinem Tode dem Meister vom Stuhl sofort Anzeige zu erstatten ist und alle freimaurerischen Bücher, Zeitschriften, Dokumente, Abzeichen und Korrespondenzen einem legitimierten Beauftragten der Loge unentgeltlich zuzustellen sind.“* (Broschüre „Freimaurerbund zur aufgehenden Sonne, Nürnberg, Geschäftsordnung für die Logen“ als Manuskript gedruckt, S. 10)

*„Ich verpflichte mich auf Ehrenwort zur strengen Geheimhaltung über alles mir Mitgeteilte.“* (Vorgedruckte Erklärung im „Aufnahme-Antrag“ der Zürcher Loge „Libertas et Fraternitas“.)

*„Geheime Verbrüderungen wie sie die Freimaurerlogen darstellen, bewerkstelligen ihr gegenseitiges sicheres Erkennen seit alten Zeiten nur durch ihnen allein bekannte eigenartige Mittel. Zumeist sind es unauffällige, gewöhnlich durch verschiedene Sinne wahrnehmbare Zeichen und Äußerungen, deren strengste Geheimhaltung bei der Aufnahme in den Bund gelobt, beziehungsweise auch mit ernstem Eid bekräftigt werden muß. Es versteht sich denn auch ganz von selbst, daß diese Erkennungszeichen nur dann gegeben werden dürfen, wenn ihre Geheimhaltung nach allen Seiten hin gesichert, oder wie der Maurerausdruck besagt, wenn die „Loge gedeckt ist“. Befürchtete man früher das Gegenteil, so warnte man einander mit der gesprächsweise hingeworfenen Bemerkung „es regnet“.“* („Des Freimaurerbundes zur aufgehenden Sonne Aufnahme-Instruktion“, herausgegeben von Bruder Zier in Erfurt, Manuskript für Freimaurer, S. 19)

*„Die Deutsche Bischofskonferenz (hat) im Auftrag des Heiligen Stuhles im Juni 1974 eine offizielle Gesprächskommission gebildet. Diese trat mit einer offiziellen Gesprächskommission der Vereinigten Großlogen von Deutschland zusammen... Niemals hat sich die*

*freimaurerische Seite während der Gespräche über das Vorgehen beklagt, sondern bis an gewisse Grenzen bereitwillig mitgeholfen, die gestellte Aufgabe zu erfüllen. Sie antwortete auch auf wiederholte und insistente Fragen, wobei sie freilich die erbetene Auskunft über die freimaurerischen Hochgrade beharrlich verweigert hat.“* (Bischof Josef Stimpfle: Die Katholische Kirche und die Freimaurerei, zit.n.: Im Dienst am Evangelium, Donauwörth 1988, S. 328-350, hier: S. 330)

*„Indirekt, wenn nicht gar tätigerweise, ist jeder Profane, der mehr von der esoterischen maurerischen Arbeit erfahren hat, als er sollte, ein Feind.“* (Der Hochgradfreimaurer Carl H. Claudy in seinem Standardwerk „Introduction to Freemasonry III – Master Mason“, 34. Auflage Washington 1949, S. 147f)

*„Ich bin auch Freimaurer des 33. Grades und Mitglied der Delta Kappa Epsilon, der Phi Delta Phi und der Michigamus - alles Geheimgesellschaften.“* (Der amerikanische Präsident Geralt Ford gegenüber einem Journalisten, zit. n. Peter Blackwood: Die Netzwerke der Insider, Leonberg 1986, S. 43)

*„Es gefiel den Souveränen, z.B. dem Großen Friedrich, die Kelle in die Hand zu nehmen und sich das Schurzfell vorzubinden. Warum auch nicht? Da ihnen die Existenz der höheren Grade sorgfältig vorenthalten war, so kannten sie vom Freimaurerorden nur soviel, als man ihnen ohne Gefahr anvertrauen durfte.“* (Freimaurer Louis Blanc in „Histoire de la Révolution francaise“)

*„Die Freimaurerei muß ihre Kraft aus sich selbst schöpfen, und wenn sie das Unglück hat, gekrönte Schirmherren zu besitzen, so darf sie ihnen keinen größeren Einfluß einräumen, als eben die profane Stellung derselben erheischt.“* („Le Monde maconnique“, Jahrgang 1863, S. 441)

*„Die Größe Britanniens ist das Werk der Freimaurerei."* („The Freemasons's Chronicle", London, Jahrgang 1902, I, S. 319)

*„Die französische Revolution von 1789 ist nur ein Werk der Freimaurer gewesen; denn alle hervorragenden Männer jener Zeit waren Freimaurer. Nachher hat der Freimaurerbund daselbst gleichfalls die Revolution der Jahre 1830 und 1848 geleitet. Alle italienischen Umwälzungen vom Jahre 1822 bis zu den letzten glorreichen Ereignissen, wem sollen sie anderes zugeschrieben werden als dem Bunde? Sind nicht die Carbonari seine Söhne? Wenn in vielen maurerischen Konstitutionen steht, daß die Maurer friedlich und den Staatsgesetzen ergeben sein müssen, so geschieht es nur, um den Argwohn der Tyrannen einzuschläfern."* (Freimaurer-Zeitung", Leipzig, 24.12.1864)

*„Die französische Regierung steht vollständig unter der Herrschaft der Loge... Seit MacMahon sind alle Präsidenten der Republik der Loge nicht bloß eingegliedert, sondern tätige Agitatoren, die in den Logen eine mehr oder minder hervorragende Stelle eingenommen haben... Ebenso gehören alle jene Männer, die in den Ministerien oder in wichtigen Staatsämtern eine Rolle spielen, der Freimaurerei an. Im allgemeinen bekommt in der französischen Republik niemand ein wichtiges Amt, wenn er nicht von der Loge empfohlen wird."* (Freimaurer Ernst Freymann (Dr. Paul Köthner) in „Auf den Pfaden der internationalen Freimaurerei", Berlin, S. 7)

*„Ein Vorwurf gegen die Freimaurerei hat viele stutzig gemacht: Die Freimaurerei treibt zuviel Politik, sie treibt nichts anderes als Politik. Aber, großer Gott, wie sollte sie denn etwas anderes treiben als Politik? Man erklärt allerdings in einem gegeben Zeitpunkte, nicht um eine Regel aufzustellen, sondern bloß der Form wegen, daß die Freimaurerei sich weder mit Religion noch mit Politik beschäftige. War das etwa Heuchelei? Vielmehr sahen wir uns unter dem Drucke der Gesetze und der Polizei genötigt, dasjenige zu verheim-*

*lichen, was zu tun, ja einzig zu tun, unsere Aufgabe ist."* (Freimaurer Gonard am 18.9.1886 auf einem Bankett des französischen Großorients laut „Bulletin du Grand Orient de France", 1886, S. 545, laut J. Linbrunner in „Freimaurer und Umsturz", Regensburg 1919, S. 18).

*„Zögern wir nicht, unsere zerstörerischen Kräfte bis zum Übermaß zu gebrauchen... Wir haben nicht zu fragen, was wir an Stelle des Zerstörten zu setzen haben."* (Freimaurer Maurice Maeterlinck in „Der Zirkel", Zeitschrift der österreichischen Freimaurerei, Wien, Jahrgang 1898, S. 65)

*„Entweder sind wir die Erzeuger und Lenker der öffentlichen Meinung oder wir haben überhaupt keine ernsthafte Existenzberechtigung."* („Rivista massonica", Jahrgang 1889, S. 19)

*„Die Freimaurerei muß die Macht haben und sie hat sie: die öffentliche Meinung zu erzeugen und zu lenken."* („Rivista massonica", Jahrgang 1892,S. 2)

*„Niemals war die Lehre des 30. Grades angezeigter als jetzt, wo es gilt, die Geburtsstunde einer neuen Ära zu erleichtern und den reaktionären Mächten entgegenzutreten."* (Hochgradfreimaurer Theodor Tobler in Compte Rendu du Supreme Conseil pour la Suisse, 1929, S. 30)

*„Gewiß: in einem Punkte haben die Leute, die Zusammenhänge zwischen Freimaurerei und Völkerbund vermuten, recht. Der Völkerbund als solcher ist freimaurerischer Konzeption entsprungen. Mitten im Kriege waren es die Vertreter einer Reihe von Entente- und neutralen Großbehörden, die auf einer Tagung in Paris dem Gedanken Ausdruck verliehen, der organisierte Völkermord müsse in Zukunft durch eine Liga der Nationen unmöglich gemacht werden. Das ist ein Aktivum der Freimaurerei, auf das sie stolz sein darf."* (Freimaurer Eugen Lennhoff, Aufsatz „Völkerbund und

Freimaurerei“ in „Wiener Freimaurer-Zeitung“ Nr. 6, Juni 1927, S. 14)

*„Die Organisation des I.O.B.B., d.i. Independent Order Bnai Brith oder Unabhängiger Orden Bne Briß (U.O.B.B.) wurde nach dem Vorbild des Freimaurerbundes, jedoch auf festerer Grundlage, geschaffen. Die Ideen, welche dem System zugrunde liegen, sind im wesentlichen Freimaurerideen, jedoch mit* [redacted] *Einschlag. Kostitution, Ritual, Symbole, Tendenz, Literatur, Rede, usw. sind der Freimaurerei stark nachgebildet. Die Ordensgründer sind zum Teil Freimaurer gewesen... Am 13. Oktober 1843 erfolgte in dem gegen Entschädigung für den Abend gemieteten Freimaurerhaus in New York die Gründung der ersten Loge des Ordens.“* (Isidor Herrisch in „Der [redacted] Weltorden Bne Briß“, Wien 1932, S. 5 und 7).

*„Die B`nai B`rith sind nur ein Notbehelf. Überall dort, wo die Freimaurerei ohne Gefahr zugeben kann, daß sie der Natur wie dem Zweck nach* [redacted] *ist, reichen die gewöhnlichen Logen für die Arbeit aus.“* (B´nai B´rith-Logenbruder Magnin im „B´nai B´rith magazine“, Bd. XLIII, S. 8, zit. n. „Wußten Sie schon...?“, Johannes Rothkranz, S. 11).

*„Gerade wie in der Freimaurerei ist die praktische Wohltätigkeit* (der B'nai B'rith, Anm. d. Verf.) *nicht das Hauptziel des Ordens. Die wahren Ziele sind ganz andere.“* (Freimaurer Paul Richter in „Freimaurer-Zeitung“, Leipzig, 3.7.1897)

*„Stalin* [richtiger Name: Jossip Vissorionowitsch Djugaschwili, Anm. d.Verf.]... *war nicht, wie man glaubt, ein Georgier, sondern ein* [redacted] *aus Georgien. Seine Familie gehörte... einer* [redacted]*-sphardischen Familie aus Portugal an, die mit anderen* [redacted] *aus portugisischen Kolonien vertrieben worden waren, die sich zuerst auf einer kleinen Insel im Persischen Golf, „Djuga“ genannt, niederließen, von wo sie durch das Ottomanische Reich nach Georgien*

*auswanderten und sich dort als „Leute aus Djuga" ausgaben... Trotzdem war die Familie Stalins als* [redacted] *erkannt worden. In der georgischen Sprache bedeutet Djugaschwili für Stalin, „Sohn eines* [redacted]*"; so nannte man die* [redacted]*, die von der Insel „Djuga oder Djou" kamen..."* (Jean Boyer, Die schlimmsten Feinde unserer Völker, Bogota 1979)

*„Du sollst es (das Kreuz Christi) verabscheuen, du sollst einen Ekel und Greuel daran haben, denn dem Banne ist es verfallen, Pfui!"* (Dabei wird ausgespuckt.) (Aus dem täglich dreimaligen Gebet der rechtgläubigen [redacted] laut [redacted] Sawelij Konstantinowitsch Ephron, zit. nach Dr. H. Jonak von Freyenwald, „[redacted] Bekenntnisse")

*„Weil ich beauftragt wurde, die abscheulichen Lästerungen der* [redacted]*, die sie täglich wider unseren Heiland und Erlöser ausspeien, schriftlich niederzulegen, tue ich dies hiermit, weil ich als gewesener* [redacted] *dies am besten tun kann. Ihr Gebet, in dem sie die Lästerung begehen, heißt Alenu; es wird in der* [redacted] *zweimal täglich, am* [redacted] *aber dreimal gebetet. Die Lästerung lautet: Wir knien und bücken uns, aber nicht vor dem gehenkten Jesus; bei Nennung des Namens Jesus als einem Greuel spucken sie aus und springen etwas weg. Es steht zwar diese Lästerung in keinem Gebetsbuch der* [redacted]*, allein es ist dort ein Raum gelassen; diese Lästerung wird den zarten Kindern eingebläut und von ihnen auswendig gelernt. Das können mir als einem gewesenen* [redacted] *die* [redacted] *nimmermehr ableugnen."* (Franz Menzel in einer Anzeige an den König von Preußen laut „Annalen der [redacted] in den preußischen Staaten", Berlin, 1790, S. 140/141.)

*„So paradox und enttäuschend dies auch klingen mag, so ist doch heute das einzige Mittel, zu einer Koexistenz der Völker zu gelangen, sie zu trennen."* (Jakob Talmon am 31. März 1980 in der [redacted] Tageszeitung „Haaretz".)

*„Man kann den Sinn und die historische Mission unserer Zeit in einem zusammenfassen: ihre Aufgabe ist es, die Kulturmenschheit neu zu ordnen, an die Stelle des bisher herrschenden gesellschaftlichen Systems ein neues zu setzen.*

*Alle Um- und Neuordnung besteht nun in zweierlei: in der Zerstörung der alten Ordnung und dem Neuaufbau der neuen. Zunächst einmal müssen alle Grenzpfähle, Ordnungsschranken und Etikettierungen des bisherigen Systems beseitigt und alle Elemente des Systems, die neu geordnet werden sollen, als solche, gleichwertig untereinander, auseinandergelegt werden. Sodann erst kann das zweite, die Neuordnung dieser Elemente, begonnen werden.*

*So besteht denn die erste Aufgabe unserer Zeit in der Zerstörung: alle sozialen Schichtungen und gesellschaftlichen Formungen, die das alte System geschaffen hat, müssen vernichtet, die einzelnen Menschen müssen aus ihren angestammten Milieus herausgerissen werden; keine Tradition darf mehr als heilig gelten; das Alter gilt nur als Zeichen der Krankheit; die Parole heißt: was war, muß weg. Die Kräfte, die diese negative Aufgabe unserer Zeit ausführen, sind: auf dem wirtschaftlich-sozialen Gebiete der Kapitalismus, auf dem politisch-geistigen die [redacted]. Wieviel sie bereits geleistet haben, wissen wir alle; aber wir wissen auch, daß ihr Werk noch nicht ganz vollbracht ist. Noch kämpft der Kapitalismus gegen die Formen der alten, traditionellen Wirtschaft, noch führt die Demokratie einen heißen Kampf gegen alle Kräfte der Reaktion. Vollenden wird das Werk der militaristische Geist. Sein Uniformierungsprinzip wird die negative Aufgabe der Zeit restlos durchführen: wenn erst alle Glieder unseres Kulturkreises als Soldaten unseres Kultursystems uniformiert sind, ist diese eine Aufgabe gelöst.“* (Nahum Goldmann, „Der Geist des Militarismus“, Berlin 1915, S. 37 f.)

*„Um die Klasse, die bei einem Umsturz nichts zu verlieren und alles zu gewinnen hat, aufzuwiegeln, besitzt man die mächtigsten Mittel: die Not, den Hunger, das Geld.“* (Der französische Freimau-

rer Nicolas de Chamfort, laut Jean Fr. Marmontel in „Mémoires d'un père", 2. Band, S. 285)

*„Gebt mir die Kontrolle über die Währung einer Nation und es ist mir gleichgültig, wer ihre Gesetze macht!"* (Amschel Mayer [redacted], 1743-1812)

Frederic Morton schreibt: *„Heute pflegt die Familie sorgsam den Eindruck einer unhörbaren und unsichtbaren Existenz. Demnach glauben einige, daß außer einer großen Legende wenig übriggeblieben ist und die* [redacted] *sind ganz zufrieden, ihr öffentliches Bild von der Legende tragen zu lassen."* (The [redacted], S. 19).

*„Das Geld ist der eifrige Gott* [redacted]*, vor welchem kein anderer Gott bestehen darf. Das Geld erniedrigt alle Götter des Menschen - und verwandelt sie in Ware. Das Geld ist der allgemeine, für sich selbst konstituierte Wert aller Dinge. Er hat daher die ganze Welt, die Menschenwelt wie die Natur, ihres eigentümlichen Wertes beraubt."* (Karl Marx, „Zur [redacted]frage" - Rowohlt, Berlin 1919)

*„Die* [redacted] *waren ein halbes Jahrhundert hindurch die ausschlaggebende Finanzmacht Europas, und wenn man der alten Frau Gudula, der Witwe Mayer Amschels, das geflügelte Wort nachsagt „Wenn mei Buwe* [meine Söhne] *nit wolle, da gibt's kei Krieg!", so mag sie wohl einigen Grund dazu gehabt haben."* (Dr. Bertha Badt-Strauß, Aufsatz „Der Aufstieg der [redacted]" in der Monatszeitschrift „Menorah", Wien, Nr. 5, Mai 1928, S. 317)

In der „Neuen Solidarität" Nr. 45 vom 8.11.1995 lesen wir folgendes: *„Die schwedische Tageszeitung „Aftonbladet" hat bisher zurückgehaltenes Material zutage gefördert, das die Umstände der Ermordung des schwedischen Ministerpräsidenten Olof Palme am 28. Februar 1986 in einem anderen Licht erscheinen lassen. Ausführlich werden die engen persönlichen Beziehungen Palmes zu*

*Emma [redacted] beschrieben, der Tochter Lord Victor [redacted] und Halbschwester von dessen Titelerben Lord Jacob [redacted].*

*Die Zeitung berichtet, dem schwedischen Palme-Untersuchungsausschuß sein am 14. Juli dieses Jahres das Memorandum eines Geheimdienstexperten vorgelegt worden, worin steht, Palme und Emma [redacted] hätten am Tage der Ermordung miteinander telefoniert. Dabei sei ihr mitgeteilt worden, wo sich Palme am Abend aufzuhalten beabsichtige. Es sei, wie Aflonbladet resümiert, Emma [redacted] also bekannt gewesen, daß das Ehepaar Palme an diesem Abend ins Kino gehen wollte.*"

Die Protokolle des Arthur Trebitsch:

*§ 1*

*Nichts wäre verfehlter und schädlicher für das Heil unseres Volkes, als mit der Vernichtung eines Gegners zu warten, bis er bei unseren Feinden anerkannt und berühmt geworden ist, so daß sie auf seine Worte hören und ihm folgen, wenn er zu ihnen spricht. So müssen wir denn über die heranwachsende Jugend unserer Feinde scharf Wache halten und wenn wir einen Keim des Aufruhrs und des Widerstandes gegen unsere Macht erblicken, so muß er vernichtet werden, bevor er unserem Volke gefährlich werden konnte.*

*§ 2*

*Da wir aber die Presse beherrschen und Macht haben über den Erfolg, so ist es die wichtigste Aufgabe, daß gefährliche Leute nicht zu den Stellen Zugang finden, von denen sie in lauten Worten und gedruckten Buchstaben aus sprechen könnten, um Einfluß auf unsere Feinde zu gewinnen. So muß denn völliges Schweigen und Achtsamkeit herrschen, wenn sich ein Gefährlicher in der Mitte unserer Feinde erhebt. Die meisten werden schon in frühester Jugend durch die Erfolglosigkeit ihrer ersten Schritte von weiterem Bestreben abgehalten und müssen, um ihr tägliches Brot zu gewinnen, sich einem Berufe zuwenden, der sie von gefährlichen Gedanken und Taten gegen das [redacted] Volk ablenkt.*

*§ 3*

*Wenn aber doch einer bei schädlichem Tun verharrt, trotz Schweigen und mangelnder Beachtung, so ist die Zeit gekommen, schärfer auf ihn einzuwirken, seine Pläne zu vereiteln und sein gefährliches Werk zu verhindern. Dann wollen wir ihm in unseren Kreisen Arbeit bieten und reichen Lohn, wenn er nur von seinem falschen Bemühen abläßt und sich für unsere Sache ablenken läßt. Und wenn er lange einsam war und hat leiden und hungern müssen, so wird das plötzliche Gold und die schönen Worte, die wir ihm geben, von seinen falschen Gedanken ablenken und hinlenken auf unsere Pfade. Und wenn er plötzlich Erfolg und Reichtum und Glanz und Ehre sehen wird, wird er seine Feindschaft vergessen und auf unserer Weide weiden lernen, die wir für alle bereithalten, die unsere Wege gehen und sich der Herrschaft des [redacted] Volkes fügen.*

*§ 4*

*Wenn aber auch das nichts nützt und einer weiter in starrer Auflehnung wider unser Gebot beharrt, dann wollen wir durch unsere Leute dafür sorgen, das über ihn überall Böses geredet werden soll, und die, für die er kämpfen will und sich wider uns aufopfern, sich in Gehässigkeit und Verachtung von ihm abwenden. Dann wird er einsam werden und die Fruchtlosigkeit seines Tuns sehen und am unmöglichen Kampf gegen unser Volk verzweifeln und zugrunde gehen.*

*§ 5*

*Wenn aber auch das nichts nützt und er stark genug wäre, auf seinem Wege zu bleiben und weiter an sein, uns feindliches Ziel zu glauben, so haben wir immer noch ein sicheres Mittel seine Kraft zu lähmen und seine Pläne zu vernichten. Hat nicht [redacted] den König der Perser gewonnen und nicht [redacted] das Haupt des Feindes unseres Volkes abgeschlagen? Und gibt es nicht genügend Töchter [redacted], die verlockend und klug sind, sie auf die Pfade unserer Feinde zu schicken, ihr Herz zu gewinnen und ihre Gedanken zu belau-*

*schen, daß kein Wort gesprochen werden und kein Plan reifen kann, der nicht zur rechten Zeit unserem Volk bekannt würde?*

*Und wenn einer Ansehen und eine Stellung und das Vertrauen seiner Freunde und die Gefolgschaft eines ganzen Volkes hat und wir ihm eine der Töchter* [redacted] *schicken, ihn zu umgarnen, so ist sein Plan in unsere Hand geliefert, sein Entschluß aufgedeckt und seine Macht nutzlos geworden. Denn wo die Töchter unseres Volkes als die Frauen unserer Feinde herrschen, da werden zur rechten Zeit die Pläne durchkreuzt und die Taten vereitelt werden, noch bevor sie getan sind.*

*§ 6*

*Wenn er aber unser Tun durchschauen und unsere Schlingen vermeiden sollte und sein widerspenstiger Geist in unseren Feinden Anhang und Glauben finden sollte, dann muß er aus dem Leben verschwinden, auf das unser Ziel nicht gefährdet werden sollte. Der Tod aber ist das unvermeidliche Ziel aller Menschen. Daher ist es besser, dieses Ende für diejenigen zu beschleunigen, die unserer Sache schaden, als zu warten, bis es auch uns, die Schöpfer des Werkes, trifft.*

*In den Freimaurerlogen vollziehen wir die Strafen in einer Weise, daß niemand außer den Glaubensbrüdern den geringsten Verdacht schöpfen kann, nicht einmal die Todesopfer selber: sie alle sterben, wenn es nötig ist, scheinbar eines natürlichen Todes. Da das den Glaubensbrüdern bekannt ist, wagen sie es nicht, irgendwelchen Einspruch zu erheben. Mit solchen unerbittlichen Strafen haben wir innerhalb der Logen jeden Widerspruch gegen unsere Anordnungen im Keime erstickt. Während wir den Nicht*[redacted] *den Freisinn predigen, halten wir gleichzeitig unser Volk und unsere Vertrauensmänner in strengstem Gehorsam.*

*§ 7*

*Da wir aber heute in unsicheren Zeiten leben und überall das Land durch Mord und Totschlag, durch Plünderung und Raub unsi-*

*cher gemacht wird, so wird es unseren Brüdern leicht fallen, den gefährlichsten Feind durch zufälligen Überfall aus dem Weg zu räumen. Denn haben wir in unseren Diensten nicht ein Heer von Gedungenen aus dem Volke unserer Feinde, die bereit sind zu tun, was immer wir wollen, für gutes Gold und gewahrtes Geheimnis? Und wenn wir den Feind beseitigen wollen, so lassen wir Gerüchte verbreiten, da, wohin sein Weg führt und wo er seinen Wohnsitz hat, Unsicherheit und Gefahr herrscht, und die Bedrohung des Lebens ein alltägliches Ereignis ist. Und wenn wir ihn vernichten wollen, so lassen wir die Tat durch Raub und Plünderung am Orte, wo er wohnt, vorbereiten oder lassen die Gerüchte von Gefahr und Überfall in seinem Bereiche ausstreuen. Und wenn der Tag gekommen sein wird, an dem er verschwinden soll, werden die Leute trefflich zusammenarbeiten, die wir bezahlen und wenn er getötet werden wird, werden sie ihm das Geld nehmen und die Leiche ausplündern und nie soll der Täter gefunden werden, und es soll alle Welt glauben, daß er ein Opfer von Raub und Totschlag geworden ist, wie das Volk sie um die geforderte Zeit gewohnt sein wird. Und nie sollen die Feinde erfahren, daß er durch den Willen unserer Brüder entschwunden ist, auf daß der Name unseres Gottes nicht entheiligt werde.*

*§ 8*

*Damit aber der Name unseres Gottes nicht entheiligt wird, haben die Weisesten unseres Volkes seit Jahrhunderten Fürsorge getroffen. Namentlich unsere russischen Brüder haben Mittel gefunden und die Wissenschaft erforscht, unsere Feinde zu vernichten, ohne daß sie es merkten. Haben sie nicht ein Gas gefunden, das den Feind sofort tötet, und ein zweites Gas gefunden, das dem ersten nachgeschickt wird, sich mit ihm vereinigt und also alle Spuren vernichtet? Und kennen wir nicht die Eigenschaften der drahtlosen Ströme, die die Geisteskraft des Gefährlichen vernichten und die Denkkraft des Gehirnes zerstören? Und haben unsere Ärzte nicht die Wirkung unsichtbarer Gifte mit dem Mikroskop erforscht und wissen das Gift in die Wäsche des Feindes einzuschmuggeln, das ihm zu Gehirne steigt und seine Stirn vereitert, um seinen Geist zu zerstören? Und können wir nicht selber durch das Amt der Forschung die Untersuchung der Leiche des Feindes übernehmen, damit niemand die Ursache des Todes erfahre? Und haben wir nicht gelernt, ihm durch die Magd, die ihn bedient, nahezukommen, durch den Nachbar an seiner Mauer und den Gast in seinem Haus? Und sind wir nicht allgegenwärtig und allmächtig, miteinander im geheimen Einverständnisse aller Unsrigen bis zur Vernichtung des Feindes zusammenzuarbeiten? Und wenn wir kommen mit freundlichem Wort und harmloser Rede, ist es je noch den Völkern der Erde gelungen, unsere Pläne zu durchschauen und unsere Entschlüsse zu durchkreuzen?*

*§ 9*

*Wenn aber einer immer noch allen Fallen des geheimen Todes und aller List unserer Brüder entgehen sollte, und sollte wissen und unsere Pläne verstehen und das Werk der Vernichtung zu durchkreuzen, sollt ihr nicht verzagen und in Angst vor dem hellen Blicke des einen Gefährlichen erzittern. Denn wenn er es wagt, zu den Ahnungslosen im Lande von unserem geheimen Tun und der drohenden Vernichtung zu sprechen, ist es nicht unsere alte Kunst, alle Menschen mit denen er spricht zu bewachen und seine Pläne vorauszuahnen, wenn er unseren Netzen entronnen ist? Und noch bevor er zu unseren Feinden spricht, werden wir selber durch unsere Leute mit denen sprechen, die ihm vertraut sind und werden vor der Verstörtheit seines Geistes warnen und der traurigen Verwirrung seiner Sinne. Und wenn er kommen wird, um sein Leid zu erzählen und die überstandene Gefahr zu schildern, werden ihm die Gewarnten mit Lächeln und mißtrauischer Überlegenheit zuhören und werden überzeugt sein, daß sein Geist verwirrt ist und zerstört seine Seele. Und wir werden miteinander Schritt für Schritt arbeiten, bis sich hinter ihm die Pforten des Irrenhauses schließen werden, und wenn er wieder herauskommen wird, und versucht weiter zu wirken, und vor unserer Macht zu warnen, werden wir ihm den Glauben der Sei-*

*nen genommen haben und er wird geächtet sein und verfemt und nutzlos wird das Wort sein, das er spricht und der Gedanke, den er druckt.*

*Und so wird das* [redacted] *Volk auch über den gefährlichsten Feind Sieger bleiben.*

*§ 10*

*Wenn aber alles nichts nützt und der Feind sich wider den Willen unseres Gottes all diesen Gefahren entringt, dann verzagt noch immer nicht, ihr Kinder* [redacted]*, wenn einer machtlos ist und die anderen sind überall um seinen bösen Anschlag zu vernichten und zu verhindern, daß die* [redacted] *das Joch abschütteln, das ihnen auferlegt war von unserem Gotte. Haben wir nicht alle Mittel in der Hand, den Schritt des Feindes zu belauern und den Atem seines Mundes wirkungslos zu machen? Und wenn die Seinen an ihn zu glauben beginnen und ihm nahen wollen, werden wir dieses Nahen zu verhindern wissen und zerschneiden die Fäden, die sich vom gefährlichen Feinde aus in die Welt knüpfen könnten. Und die Briefe, die ihm geschrieben werden, sollen geprüft und von unseren Leuten gelesen werden, daß ihm keine Aufmunterung und Bejahung schaffen werden und daß ihm nur falsche Freundschaft und heimtückische Verbindung zustieße; dahinter verborgen stehen die Kinder des* [redacted] *Volkes. Und wenn er den Draht verwenden will, der das Wort hinaus in die Welt trägt, so werden wir sein Wort belauschen und seine Pläne hören, und wenn die Feinde zu ihm sprechen wollen, werden wir die Wirkung vereiteln oder verhindern, da wir den Feind umzingelt halten, daß kein Hauch seiner Seele in die Welt dringen kann, den wir nicht belauschen. Und er wird sich wehren wollen und wird glauben zu wirken und sein Tun wird wie das Laufen des Tieres hinter den Gitterstäben des Käfigs sein.*

*§ 11*

*Und wenn trotz allem der Glaube bei den wenigen Klugen an den gefährlichen Feind wächst, dann werden wir doch zu verhindern wissen, daß seine Macht vordringt und sein Gedanke auf die große Masse der Feinde einwirkt. Und wenn sein Name guten Klang gewinnt, so werden wir einen von unseren Leuten ausschicken und ihm seinen Namen geben und der soll entlarvt werden als Feind unserer Feinde, als Verräter und Betrüger und wenn der verhaßte Name genannt werden wird, so werden wir dem Volke sagen, daß er der Verräter ist und das Volk wird unserem Worte glauben und sein Wort wird ins Leere verhallen und sein Gedanke wird verflucht sein durch die Allmacht unseres Gottes. Und wir werden seinen Lebenswandel verdächtigen und nehmen den Kot von der Straße und beschmutzen sein Gewand und die Menschen werden den Kot auf seinem Mantel sehen und den Schmutz auf seinem Kleide und werden sich von ihm wenden und nicht sein Antlitz schauen und nicht auf seine Stimme hören. Und er wird verzweifeln und am Volke irre werden, das ihm schändlich scheinen wird und undankbar und er wird von seinem Werke in Verbitterung und Verzweiflung ablassen und* [redacted] *wird über ihn hohnlachen und die Macht unseres Gottes über ihn triumphieren.*

*§ 12*

*Aber es ward prophezeit, daß in unserem Volke immer wieder Menschen entstehen werden, die nicht unseres Blutes sein und nicht mit unserem Geiste denken werden. Und sie werden dem Siege unseres Volkes vor allen anderen gefährlich sein, denn sie werden die Schliche unseres Volkes verstehen und unsere Netze vermeiden und allen Gefahren entrinnen. Aber fürchtet euch nicht, ihr Brüder, vor diesen Verfluchten, denn wenn sie heute kommen, ist es schon zu spät und zu sehr ist die Macht über die ganze Erde bereits in unsere Hände gegeben, denn wo unsere Feinde beisammensitzen und wider uns beraten, wo wäre nicht mitten unter ihnen einer von unseren Leuten oder aber einer von ihnen, der unser geworden ist, durch den Glanz unseres Goldes und den Reiz unserer Frauen und Überredungskunst unserer Leute. Und wenn der Abtrünnige zu unseren Feinden wird sprechen wollen, so werden unsere Abgesandte in ih-*

*ren Reihen wider ihn das Wort der Entrüstung erheben und sie werden Liebe und Vertrauen finden, wenn sie diesen als den geheimen Feind ihres Volkes abweisen. Und wo er mit Liebe und Aufopferung kommen wird, und wird retten wollen die Feinde vor der Macht unseres Volkes, da werden sie ihn von sich stoßen und seinem Worte mißtrauen und sein Tun wird nutzlos werden und wirkungslos abprallen von dem Mißtrauen und Unglauben, die die Abgesandten unseres Volkes in den Reihen unserer Feinde zu schaffen wissen.*

*Und so wird es unsere Kunst sein und unsere größte Aufgabe, zu verhindern, daß von vielen das Wort der Erkenntnis und Aufklärung über unsere geheimsten Ziele gehört werde. Denn wenn viele die Stimme der Wahrhaftigkeit wider unsere Macht hören werden, dann würde all unsere Abwehr zunichte und die Gefahr wäre nahe, daß alle Völker das Joch unseres Volkes abschütteln würden. Darum haltet Wache, ihr Brüder, und wirket allgegenwärtig, betöret die Feinde, verwirrt ihren Sinn, verschließt ihr Ohr und machet blind ihr Auge, daß niemals komme der Tag, da das Weltreich* [redacted] *zusammenbreche, das wir aufgetürmt haben zu Höhe und Vollendung und das zu spätem Sieg sichtbar ragen soll und endlicher Rache über den geknechteten Völkern der ganzen Erde.* (Arthur Trebitsch, „Der Telegraf", Wien, November 1920).

*„Wir müssen uns noch einmal jene unglückliche, falsche und ungerechte Behauptung ansehen, die am Ende des Ersten Weltkriegs aufgestellt wurde und dann im Versailler Friedensvertrag ihren Niederschlag fand, daß Deutschland allein schuld am Kriege gewesen sei. Wie man die Schuld auch verteilen mag, Deutschland ganz allein trifft sie gewiß nicht. Fast die Hälfte der Verantwortung fiel auf Rußland...*

*Für viele Millionen in den Siegerländern, die durch ihre eigene Propaganda geblendet waren, schien das kaiserliche Deutschland jedoch ein bequemer Sündenbock zu sein..."* (Aga Kahn, Präsident des Völkerbundes in den 20er Jahren, zit. N. Erich Kern, „Verheimlichte Dokumente", 1988, S. 17)

*„Bei den Versailler Verträgen wurde von der US-Regierung 1919 ein zusätzliches Dokument erstellt, das diesen Verträgen hinzugefügt worden ist. In diesem Dokument, bekannt als „Morgenthaus Pastoral Policy“ (Morgenthaus Pastorale Politik), welches von US-Präsident Woodrow Wilson unterschrieben und bei den Versailler Verträgen präsentiert worden ist, heißt es, daß die USA beabsichtigt, als Maßnahme nach der deutschen Kapitulation, die Ausrottung aller Deutschen durchzuführen. Die deutsche Rasse stelle eine „von Geburt an kriegerische Rasse“ dar und man beabsichtige die Verwandlung Deutschlands in „Weideland“. Das Dokument, welches ich 1968 einsehen durfte, war unter den anderen Papieren des ehemaligen Präsidenten Lyndon Baines Johnson, die jetzt im „Sid W. Richardson Research Center, in U.T. Austin aufbewahrt werden.“* („Space Aliens from the Pentagon“, William R. Lyne, 1993, Creatopia Productions, Lamy, N.M. 87540 USA, S. 41).

*„Der Krieg war nur die Vorbereitung, die Vernichtung des deutschen Volkes fängt jetzt erst an!“* (George Clemenceau, im Juni 1921, zit.n. Gerhard Müller, „Überstaatliche Machtpolitik im 20. Jahrhundert“, 1972, S. 218)

Am 11. Februar 1922 schrieb Isaak Sallbey in „Der Türmer“: *„Die deutsche Rasse muß vernichtet werden, darüber besteht gar kein Zweifel.“* (zit.n. „Harold Cecil Robinson, „Verdammter Anti-[redacted]“, siehe oben, S. 119 und „Die Erbschaft [redacted]“ von Joachim Kohln, S. 3)

Walter Rathenau forderte Frankreich 1922 dazu auf, *„restlos alle Deutschen zu ermorden und Deutschland mit fremden Völkern besiedeln zu lassen.“* (Quelle: ‚Geburtswehen einer neuen Welt‘, von Carlos Baagoe, Samisdat-Verlag, Toronto, S. 143).

*„Nicht Krieg behebt die Notlage, unter der alle Völker leiden, sondern die Einsicht, daß an der Stelle des Gegeneinander das Mit-*

*einander der Nationen treten muß."* (Rudolf Hess am 14.5.1935 vor der königlichen Familie in Stockholm zit.n. „Eidgenoss", CH-8401 Winterthur)

*„Es wird nach dem nächsten Krieg kein Deutschland mehr geben."* („Youngstown [redacted] News", Ohio, USA, am 16.April 1936)

Churchill zu Ex-Reichskanzler Brüning 1938: *„Was wir wollen, ist die restlose Vernichtung der deutschen Wirtschaft."* (zit.n. „Eidgenoss", siehe oben)

*„Vielleicht sind wir nicht stark genug, um Deutschland zu schlagen, aber wir sind stark genug, um ganz Europa in einen Krieg zu verwickeln."* (Die marxistische Prager Zeitung „Pravo Lidu", am 18.9.1938, zit. n. Bolko Freiherr von Richthofen, Kriegsschuld, 1970, 2. Teil, Seite 34)

*„Polen will den Krieg mit Deutschland und Deutschland wird ihn nicht vermeiden können, selbst wenn es das wollte."* (Der polnische Marschall Rydz-Smigly 1939, zit.n. „Deutschland muß vernichtet werden", Werner Symanek, S. 47)

*„Wir sind bereit, mit dem Teufel einen Pakt abzuschließen, wenn er uns im Kampf gegen Hitler hilft. Hört ihr – gegen Deutschland, nicht nur gegen Hitler. Das deutsche Blut wird in einem kommenden Krieg in solchen Strömen vergossen werden, wie dies seit der Entstehung der Welt noch nie gesehen worden ist."* (Die „Warschauer Depesza", am 20.8.1939, zit.n. Emil Maier-Dorn, „Alleinkriegsschuld – Unkenntnis oder Feigheit?", 1978, S. 44)

*„Ich will keinen Krieg! Wir brauchen jetzt 15-20 Jahre friedlicher Aufbauarbeit, um das zu sichern, was wir geschaffen haben... Ich werde daher jedem Kompromiß zustimmen, welcher mit der Ehre und dem Ansehen des deutschen Volkes vereinbar ist, um einen*

*Krieg zu vermeiden.“* (Adolf Hitler vor dem Reichstag am 27. August 1939, zit.n. „Eidgenoss“, siehe oben)

*„Jetzt haben wir Hitler zum Krieg gezwungen, so daß er nicht mehr auf friedlichem Wege ein Stück des Versailler Vertrages nach dem anderen aufheben kann.“* (Der britische Außenminister Lord Halifax, 3. Sept. 1939, zit.n. „Deutschland muß vernichtet werden“, Werner Symanek, S. 50)

*„England hatte am 2. September 1939 die bereits vorliegende Zustimmung zu einer Beendigung des Polenkonfliktes sabotiert und wurde damit bewußt sichtbarer Schuldiger an der Ausweitung des Konfliktes zum Weltkrieg. Weiterhin lehnten Frankreich und England brüsk das deutsche Friedensangebot nach dem Polenfeldzug ab. Das Friedensangebot Deutschlands nach dem Sieg über Frankreich wurde von England ebenso brüsk abgelehnt. Desgleichen geschah mit den Friedensbemühungen des Vatikans und anderer neutraler Staaten.“* („Geburtswehen einer neuen Welt“, von Carlos Baagoe, Samisdat-Verlag, Toronto, S. 145).

*„Ob und wann wir unmittelbar zur Schlacht gerufen werden, mag noch in den Alternativen der Zukunft verborgen liegen, aber die eigentliche Wahl liegt schon nicht mehr bei uns. Der Krieg, erklärt oder nicht erklärt, offen oder noch verborgen, hat uns erwählt.“* (Die siebzehn Verfasser des amerikanischen Insider-Werks „The City of man“, A Declaration on World Democracy, New York im Jahr 1940, S. 13f, zit. N. Johannes Rothkranz, Wußten Sie schon...?, S. 18)

*„Nichts ist absurder als die populäre Geschichte für Kleinkinder, daß sich alle netten Leute auf einer Seite befinden und alle üblen auf der anderen. Einige behaupten, ein Volk wäre grausamer als das andere. Sie weisen auf die Greuelpropaganda gegen die Deutschen im Ersten Weltkrieg hin und auf die Behandlung der [redacted] jetzt.*

*Dabei übersehen sie aber die größte Grausamkeit, nämlich die britische Blockade gegen Deutschland, Monate nach dem November 1918. Damals ließ man 800.000 Deutsche, Frauen und Kinder und alte Leute, verhungern. Hätte Hitler an der halben Million* [redacted] *in Deutschland 1933 solch eine schmutzige und verabscheuungswürdige Tat begangen, wäre er verglichen mit der britischen Blockade 1918-1919, ein kleiner Wicht gewesen."* (US-Senator von Minnesota, Ernest Lundeen, am 11. Juli 1940 im Senat der Vereinigten Staaten in Anwesenheit des Präsidenten F.D. Roosevelt)

*„Die Jugend muß wissen, daß der Zweite Weltkrieg von Roosevelt und seinen Freunden, deren Namen man kennt, bereits im Januar 1933 beschlossen war. Der Krieg konnte von Deutschland nicht verhindert werden. Es sei denn, es hätte auf seine Freiheit verzichtet."* (Carl Vincent Krogmann, Regierender Bürgermeister von Hamburg bis 8.5.1945 in „Es ging um Deutschlands Zukunft", S.364)

*„Der Ausbruch des Krieges in Europa, dessen Feuer Roosevelt spätestens seit 1937 aktiv geschürt hatte, änderte die Lage zu seinen Gunsten. Mit der anti-deutschen Propaganda der "Bedrohung der westlichen Hemisphäre durch den Nazismus" auf vollen Touren laufend, fand sich endlich im Senat und im Abgeordnetenhaus eine Mehrheit, ein neues Neutralitätsgesetz mit weitgehenden Vollmachten für den Präsidenten und dem Fallenlassen des Waffenembargos zu erlassen."* (Der kanadische Historiker Helmut Gordon in seinem Buch „[redacted] Griff zur Weltherrschaft", Amerikas unbekannte Außenpolitik 1789-1975, 2. Aufl. Leoni 1985, S. 229)

Anweisungen 1945 für die Re-Education (Umerziehung) der Deutschen: ***„What to do with Germany. 1945 Distributed by Special Service Division, Army Service Forces, U.S. ARMY. Not for sale!"***

*„Die Re-Education wird für alt und jung gleichermaßen erzwungen und darf sich nicht auf das Klassenzimmer beschränken. Die gewaltige überzeugende Kraft dramatischer Darstellung muß voll in*

*ihren Dienst gestellt werden. Filme können hier ihre vollste Reife erreichen. Die größten Schriftsteller, Produzenten und Stars werden unter Anleitung der „Internationalen Universität" die bodenlose Bosheit des Nazismus dramatisieren und dem gegenüber die Schönheit und Einfalt eines Deutschland loben, das sich nicht länger mit Schießen und Marschieren befaßt. Sie werden damit beauftragt, ein anziehendes Bild der Demokratie darzustellen, und der Rundfunk wird sowohl durch Unterhaltung, wie auch durch ungetarnte Vorträge in die Häuser selbst eindringen. Die Autoren, Dramatiker, Herausgeber und Verleger müssen sich der laufenden Prüfung durch die „Internationale Universität" unterwerfen; denn sie sind alle Erzieher. Von Beginn an sollen alle nichtdemokratischen Veröffentlichungen unterbunden werden. Erst nachdem das deutsche Denken Gelegenheit hatte, in den neuen Idealen gestärkt zu werden, können auch gegenteilige Ansichten zugelassen werden, im Vertrauen darauf, daß das Virus keinen Boden mehr findet; dadurch wird größere Immunität für die Zukunft erreicht.*

*Der Umerziehungs-Prozeß muß ganz Deutschland durchdringen und bedecken. Auch die Arbeiter sollen im Verlauf von Freizeiten vereinfachte Lehrstunden in Demokratie erhalten. Sommeraufenthalte und Volksbildungsmöglichkeiten müssen dabei Hilfestellung leisten.*

*Viele deutsche Gefangene werden nach Kriegsende in Rußland bleiben, nicht freiwillig, sondern weil die Russen sie als Arbeiter brauchen. Das ist nicht nur vollkommen legal, sondern beugt auch der Gefahr vor, daß die zurückkehrenden Kriegsgefangenen zum Kern einer neuen nationalen Bewegung werden. Wenn wir selbst die deutschen Gefangenen nach dem Krieg nicht behalten wollen, sollten wir sie nichtsdestoweniger nach Rußland senden.*

*Die „Internationale Universität" ist am besten dazu geeignet, die Einzelheiten des deutschen Erziehungswesens, der Lehrpläne, der Schulen, der Auswahl der Lehrer und der Lehrbücher, kurz: alle pädagogischen Angelegenheiten zu regeln. Wir brauchen ein „High Command" für die offensive Re-Education. Besonders begabte deut-*

*sche Schüler erhalten Gelegenheit zur Fortbildung an unseren Schulen; sie werden als Lehrer nach Deutschland zurückkehren und eine neue kulturelle Tradition, verbunden mit internationalem Bürgersinn, begründen.*

*Die Professoren sollen nach Möglichkeit deutsche Liberale und Demokraten sein. Das Eindringen von „Fremden" könnte aufreizend wirken und muß auf ein Minimum beschränkt werden; aber das darf nicht dazu führen, daß uns die Kontrolle verloren geht.*

*Jedes nur denkbare Mittel geistiger Beeinflussung im Sinn demokratischer Kultur muß in den Dienst der Re-Education gestellt werden. Die Aufgaben der Kirchen, der Kinos, der Theater, des Rundfunks, der Presse und der Gewerkschaften sind dabei vorgezeichnet.*

*Die Re-Education tritt an die Stelle des Wehrdienstes, und jeder Deutsche wird ihr zwangsläufig unterworfen, so wie früher der gesetzlichen Wehrpflicht.*

*Uns ist die Aufgabe zugefallen, Frieden und Freiheit zu retten; jene Freiheit, die am Berge* [redacted] *geboren, in Bethlehem in die Wiege gelegt, deren kränkliche Kindheit in Rom, deren frühe Jugend in England verbracht wurde, deren eiserner Schulmeister Frankreich war, die ihr junges Mannesalter in den Vereinigten Staaten erlebte und die, wenn wir unseren Teil dazu tun, bestimmt ist zu leben - all over the world!"*

Das Re-Education Programm wurde in begeisterter Zustimmung unterschrieben von:

Truman, Wallace, Nelson, Wichell, Rickenbacker, Sigrid Undset, Rey Stout, Clifton Fadiman, den Senatoren Burton, Pepper, Capper, Joh. Scheel, Lowell Thomas, Gabriel Heatter, James W. Gerard, Lord Vansittart, Maurice Meaterlinck, Sommerset Maugham, Louis Bromfield, Dean Alfange, Famcie Hurst, Cecil Roberts, Henty Bernstein, Dr. Alvin Johnson, Dr. William Neilson, Gen. Marcel de Bear, Daniel A. Poling, Wallace Deuel, Paul Jordan-Smith, Burnet Hershey, Hugh Cowdin, Edgar Amsel Mowrer, Edwin H. Blanchard, J.H. Jackson, Dr. Melchior Polyi, H.R. Burke und vielen anderen Vertretern des ‚amerikanischen Geistes'. (Quelle: Nation und Europa,

August 1958, Unabhängige Nachrichten, Postfach 1826, 55388 Bingen)

*„Die Umerziehung hatte den Zweck, das deutsche Volk auf psychologischem Wege in seiner geistig-seelischen Substanz entscheidend zu verändern. Damit schufen sich die Westmächte ein Mittel, das die Menschen in der Bundesrepublik mit der Hilfe einer systematischen Massenbeeinflussung unterwarf und sie alle Schuld freiwillig auf sich nehmen ließ, wogegen (nach dem Ersten Weltkrieg) die Kriegsschuldlüge des Versailler Vertrages zu einem allgemeinen Widerstand des Volkes führte.*

*Nach Ende des zweiten Weltkrieges bemühten sich die Amerikaner, die Theorien der Umerziehung in Deutschland in die Praxis umzusetzen. Die Abteilung für psychologische Kriegsführung wurde in „Abteilung für Informationskontrolle" umgetauft und ließ sich zunächst in Bad Homburg nieder, von wo sie 1946 nach Berlin verlegt wurde. Eine ihrer Hauptaufgaben war die Vergabe von Lizenzen für Zeitungsherausgeber, Verleger, Filmintendanten und Rundfunkdirektoren. Die Anwärter auf diese Posten wurden in Bad Orb im Screening Center, das vom Londoner Psychiater David Mardochai Levy ins Leben gerufen wurde, auf ihre - im Sinne der neuen sozialpsychologischen Thesen - „charakterliche Eignung" getestet."* („Vertrauliche Mitteilungen", Spezialausgabe zur Umerziehung des deutschen Volkes, Juni 1984)

*„Die wahre Reform des deutschen Volkes wird von Innen kommen. Sie wird geistig und moralisch sein. Die Schultypen sind von geringerer Bedeutung für die Zukunft Deutschlands und der Welt als das, was gelehrt wird, wie gelehrt wird und durch wen gelehrt wird. Keine Besatzungsarmee wird je erfolgreich ein pädagogisches oder kulturelles Schema einem besiegten Volke auferlegen. Militärregierung wird als Militärregierung angesehen werden. Es wird daher das Ziel der Militärregierung sein:*

*a) die als demokratisch bekannten Elemente in der deutschen Bevölkerung zu identifizieren und zu ermutigen;*

*b) die Entwicklung oder Wiedererrichtung von Institutionen und Organisationen in Deutschland zu unterstützen, die zur Erfüllung unserer Mission beitragen können."* („Vertrauliche Mitteilungen", Spezialausgabe zur Umerziehung des deutschen Volkes, Juni 1984)

*„Als durch die totale Niederlage der Wehrmacht die Voraussetzungen für den Aufbau eines neuen, demokratischen Deutschlands entstanden waren, wußten die Alliierten so gut wie deutsche Demokraten, daß hierfür nicht nur die Schaffung von Verfassungen und die Neubildung von Parteien erforderlich sein würde, sondern auch ein intensiver Wandel des Denkens, der Empfindungen, der Verhaltensweisen. Soziologie, Demoskopie, Politwissenschaft dienen als wissenschaftliche Hilfsinstrumente bei der Orientierung. Wenn die Strukturen der Familien autoritär sind und bleiben und wenn im Berufsleben ein starres und hierarchisches Unterordnungsverhältnis besteht, kann kaum erwartet werden, daß die Einstellung zu politischen Entscheidungsfragen vom Geist der Toleranz, der Freiheitsliebe, der demokratischen Mitverantwortung geprägt wird."* (Prof. Dr. Irving Fecher, Ordinarius für Politikwissenschaft an der Universität Frankfurt/M.; 1967, „Vertrauliche Mitteilungen", Spezialausgabe zur Umerziehung des deutschen Volkes, Juni 1984)

*„Der Historiker Prof. Wippermann von der „Freien Universität" (FU) in Berlin hat die Forderung erhoben, man möge die Verbreitung der „Kriegsschuld-Lüge" genau so unter Strafe stellen, wie die „*[redacted]*-Lüge"."* („PHI-Deutschlanddienst", Nr. 25/96 vom 24.7.1996)

*„Schon die Leugnung der Alleinschuld Hitlerdeutschlands am Ausbruch des Zweiten Weltkriegs erfüllt in objektiver Hinsicht den Tatbestand nationalsozialistischer Wiederbetätigung."* („Handbuch

des österreichischen Rechtsextremismus", Dokumentationsarchiv des österreichischen Widerstands, Wien 1993, S. 378)

*„Wer die Alleinschuld Deutschlands am Zweiten Weltkrieg bezweifelt, zerstört die Grundlage der Nachkriegspolitik."* (Prof. Eschenburg)

Unter der Überschrift „[redacted] Rächer wollten Millionen Deutsche töten" schrieb das „Hohenloher Tagblatt" am 12.3.1996: *„Gruppen [redacted]-Überlebender haben nach Darstellung eines [redacted] Dokumentarfilms versucht, in bisher unbekanntem Ausmaß für die Ermordung von ... [redacted] während der Naziherrschaft Rache an der deutschen Bevölkerung zu nehmen. Der Film wurde jetzt im [redacted] Fernsehen ausgestrahlt. Danach sollten nach dem Zweiten Weltkrieg in Städten wie Hamburg, Nürnberg oder München das Trinkwasser vergiftet und so Millionen Deutsche ermordet werden. Detailliert beschrieb der Film Aktionen der Rachegruppen, die aber weitgehend scheiterten.*

*Mit Deckung der [redacted] Führungsspitze (vor der Staatsgründung [redacted]) sei ein Gift entwickelt worden, das [redacted] Soldaten der britischen Armee in Wasserwerke deutscher Städte schütten sollten. Tatsächlich seien mehrere Giftsäcke auf den Weg nach Deutschland gebracht worden. Doch die Aktion sei von Unbekannten verraten, das Gift während des Transports ins Mittelmeer geschüttet worden.*

*Dennoch wurden nach Darstellung des Dokumentarfilmers Jarin Kimor von [redacted] Rachekommandos nach dem Krieg ein- bis zweitausend Deutsche, meist ehemals einflußreiche Nazis, umgebracht. 300 SS-Leute seien in einem Gefangenenlager bei Nürnberg gestorben, nachdem [redacted] Rächer ihr Brot vergiftet hatten. Kimor präsentierte im Fernsehen den Chef eines Rachekommandos, General [redacted] Carmi.*

*In seinem Buch „Die siebte Million" warnt der [redacted] Historiker Tom Segev aber davor, solche Aktionen überzubewerten. Der*

*Gedanke, sich an den Deutschen zu rächen, sei von Verantwortlichen in* [redacted] *bald verworfen worden.“* (*dpa*)

US-General Collins erklärte 1949: *„Es ist genug, daß wir Waffen liefern, unsere Söhne sollen nicht in Europa verbluten. Es gibt genügend Deutsche, die für unsere Interessen sterben können.“* (Hessisch-Niedersächsische Allgemeine 24.10.1981)

Samuel Cohen, US-Kernwaffenexperte und Mitbauer der für deutschen Boden bestimmten Neutronenbombe, erklärte auf die Frage nach dem Einsatz der Bombe: *„Der wahrscheinlichste Schauplatz wäre Westdeutschland; ich halte es für eine akademische Frage, sich den Kopf darüber zu zerbrechen, auf welche Art der Feind zu Tode kommt.“* (Bild-Zeitung, Hamburg 16.10.1977).

Henry Kissinger äußerte sich 1979 in Brüssel wie folgt: *„Ihr Europäer müßt schon verstehen, daß, wenn es in Europa zu einem Konflikt kommt, wir Amerikaner natürlich keineswegs beabsichtigen, mit euch zu sterben.“* (Unabhängige Nachrichten Bochum Nr. 8, 1981).

US-Verteidigungsminister C. Weinberger: *„Das Schlachtfeld des nächsten konventionellen Krieges ist Europa und nicht die Vereinigten Staaten.“* (Frankfurter Rundschau, 29.4.1981).

US-Konteradmiral Gene R. La Rocque: *„Die Amerikaner gehen davon aus, daß der dritte Weltkrieg ebenso, wie der erste und der zweite Weltkrieg in Europa ausgefochten wird.“* (Frankfurter Rundschau, 29.4.1981).

*„Es wird ein schreckliches Ende für die Deutschen geben, sollten künftige Generationen die Zahlungen an* [redacted] *(...) einstellen. Dann wird das deutsche Volk von der Erde verschwinden.“* (Edgar Bronfam gegenüber Lothar De Maiziers im September 1990 in New

York, zit.n. „Die Erbschaft [redacted]" von Joachim Kohln, S. 3 und Harold Cecil Robinson, „Verdammter Anti[redacted]", siehe oben, S. 119).

Das oberste Bundesverfassungsgericht in Karlsruhe entschied am 31.7.1973: *„Das Grundgesetz - nicht nur eine These der Völkerrechtslehre und der Staatsrechtslehre geht davon aus, daß das Deutsche Reich den Zusammenbruch 1945 überdauert hat und weder mit der Kapitulation noch durch Ausübung fremder Staatsgewalt in Deutschland durch die alliierten Okkupationsmächte noch später untergegangen ist; das ergibt sich aus der Präambel, aus Art. 16, Art. 23, Art. 116 und Art. 146 GG. Das entspricht auch der Rechtsprechung des Bundesverfassungsgerichts, an der der Senat festhält.*

*Das Deutsche Reich existiert fort (BVerfGE 2, 266 (277); 3,288 (319f);5,85 (126); 6,309, 336, 363) besitzt nach wie vor Rechtsfähigkeit, ist allerdings als Gesamtstaat mangels Organisation, insbesondere mangels institutionalisierter Organe selbst nicht handlungsfähig."*

*„Wir müssen nur erkennen, daß diese Methoden offensichtlich überall in der Welt angewendet werden, um bestehende Strukturen zu zerstören. Auch Kriege werden angezettelt und für solche Ziele ausgenutzt. So könnte der Jugoslawien-Konflikt dazu benutzt werden, einen Dritten Weltkrieg anzuzetteln. Es gibt deutliche Hinweise auf Freimaurersignale in öffentlich erhältlichen Zeitschriften, die gerade vor wichtigen politischen Entscheidungen auftauchen.*

*Kapitän a.D. Harm Menkens warnt eindringlich vor Kampfeinsätzen der Bundeswehr in Jugoslawien, weil er Zusammenhänge sieht, die auf einen künstlich geschürten und am Brennen gehaltenen Konflikt hindeuten. Er hat viele Hinweise darauf, daß vor den beiden Weltkriegen schon bestimmte Geheimsymbole auftauchten. Genauso tauchten im FAZ-Magazin vor Abstimmungen des Bundestages zu Einsätzen der Bundeswehr in Jugoslawien ähnliche Symbole auf. Auch die Zahlenmystik der Abstimmungs- und Kriegsdaten ist si-*

*cherlich kein Zufall. Er schrieb zu seinen Vermutungen ein Flugblatt mit der Überschrift: „Droht ein 3. Weltkrieg?" und verschickte diese Erkenntnisse auch an sämtliche Bundestagsabgeordnete. Übrigens hat keiner von ihnen darauf reagiert, so daß man davon ausgehen kann, daß sie nicht so leicht angreifbar sind. Ich möchte ein paar dieser Überlegungen zitieren:*

*„Nachdem Bundeskanzler Kohl, Außenminister Kinkel und Verteidigungsminister Rühe bereits am 21.6.1995 (= Quersumme 33) entschieden hatten, hat das Bundeskabinett am Montag, den 26. Juni 1995 „nach 15 Minuten Beratung" (laut ARD) formell zugestimmt, spätestens ab August dieses Jahres 1.500 deutsche Soldaten, 8 Tornado-Kampfflugzeuge und 10 Transportflugzeuge im Kriegsgebiet des ehemaligen Jugoslawiens unbefristet einzusetzen. Der Deutsche Bundestag hat am 30.6.1995 (= Quersumme 33) mit einfacher Mehrheit seine Zustimmung zum Kriegseinsatz der Bundeswehr erteilt.*

*Unsere „Warnung vor einem 3. Weltkrieg" ist in einem ausführlichen Brief vom 26.6.1995 vor der Abstimmung über die Teilnahme deutscher Truppen am Jugoslawien-Krieg allen Bundestagsabgeordneten zugegangen. Leider hat dieses Schreiben wegen vorsätzlicher Verzögerungen durch die Bundeshaus-Verwaltung nicht mehr alle Abgeordneten rechtzeitig erreicht.*

*Wir wollen Ihnen kurz erklären, warum wir befürchten, daß sich der Jugoslawien-Konflikt zum 3. Weltkrieg ausweiten könnte:*

*1. Weil bereits einmal in diesem Jahrhundert auf dem Balkan ein Weltbrand entzündet wurde. Der 1. Weltkrieg wurde bekanntlich durch den Mord an dem österreichischen Thronfolger-Paar in Sarajevo ausgelöst, mit dem die Weltfreimaurerei ihrem Ziel, „die Throne und Altäre zu stürzen", und andere Kreise anderen Zielen, näher kommen wollten.*

*2. Weil diese Region auch im 2. Weltkrieg eine besondere Rolle spielte. Der deutschen Wehrmacht wird ja ein besonders grausamer Kampf auf dem Balkan angelastet. In Wirklichkeit begingen zunächst die mit Deutschland verbündeten Kroaten, noch besonders aufgehetzt durch katholische Würdenträger (Ustascha-Bewegung), Grausamkeiten, wie sie auch jetzt wieder vom jeweiligen Sieger im ehemaligen Jugoslawien begangen werden...*

*3. Weil der Balkan-Konflikt ungeheuerlicherweise künstlich am Brennen gehalten wird. Man beachte nur, daß herrschende Kreise in England und Frankreich von Anfang an ein wirksames Vorgehen gegen den serbischen Aggressor - seit einiger Zeit nur die bosnischen Serben - wegen „alter Freundschaften" (FAZ vom 11.7.1992) verhinderten!...*

*4. Weil der Bundesverteidigungsminister das deutsche Volk mit sachlich falschen Behauptungen über die Tornado-Kampfflugzeuge in den Jugoslawien-Krieg hineinziehen will.*

*Nach einem „Spiegel"-Bericht trafen sich UNO-Offiziere aus mehreren Staaten Mitte Juni 1995 in Kopenhagen, um u.a. über den Nutzen deutscher Tornado-Kampfjets zu beraten. Ergebnis: „Für Zwecke der UNO (Unterstützung durch „dose air support" zur Verteidigung der Blauhelme) gibt es aus Sicht von UNPROFOR bessere Flugzeuge als die deutschen Tornados: die britischen Harrier und die amerikanischen A-10-Flugzeuge, die langsamer und viel manövrierfähiger als Tornados fliegen und Einzelziele treffen können, die die UNO-Truppen unmittelbar bedrohen. Für diese Aufgaben sind deutsche Tornados weniger geeignet als andere Flugzeuge." („Spiegel" Nr.26 vom 26.6.1995, Seite 23).*

*5. Weil der Vielvölkerstaat Jugoslawien eine Gründung nach dem Wunschbild der sogenannten „überstaatlichen Mächte" ist, die trotz Rivalitäten zwischen Freimaurerei, B'nai-B'rith, Romkirche, Islam und Kommunismus sich in dem Fernziel einig sind, im Rahmen ihrer imperialistischen Zielsetzungen die Identität aller Völker in multikultureller Scheinkultur untergehen zu lassen. Darum wird die Völkervermischung ja so gepriesen und werden Gedanken, daß man Konflikte wie im ehemaligen Jugoslawien durch räumliche Entflechtung der einzelnen Völkerschaften beheben könne, geradezu fanatisch abgelehnt.*

*6. Weil jeder deutsche Soldat im Ausland als Partisan erschossen werden darf. Deutschland bzw. das Deutsche Reich befindet sich seit der Kapitulation vom 8. Mai 1945 mit Jugoslawien bzw. seinen Nachfolge-Staaten im Waffenstillstand ohne gültigen Friedensvertrag!*

*Weiterhin ist zu beachten, daß die „UN-Feindstaaten-Klauseln" nach wie vor ihre Gültigkeit besitzen! Die Bundesregierung hat es sogar bis jetzt abgelehnt, eine offizielle Streichung zu beantragen."* (Jo Conrad, „Zusammenhänge", S. 98-100)

*„Das UFO-Phänomen existiert und es muß ernsthaft damit umgegangen werden..."* (Michail Gorbatschow, „Soviet Youth", 4. Mai 1990, Ural)

*„Wenn es plötzlich eine Gefahr durch eine andere Spezies von einer anderen Welt für unsere Welt geben würde, würden wir all die kleinen örtlichen Differenzen vergessen, die zwischen unseren beiden Ländern bestehen und würden herausfinden, daß wir auf der Erde alle menschliche Wesen sind und immer sein werden."* (Ronald Reagan zu Michail Gorbatschow)

*„Ob man sie nun die Bilderberger, Geheimregierung, die Trilaterale Kommission, den Council on Foreign Relations oder Illuminaten nennt - der Name spielt keine Rolle. Die Geheime Regierung besteht einfach aus den reichsten Leuten der Welt, und diese zirka 2000 Magnaten haben unsere sogenannten Regierungen seit langer Zeit fest im Griff. Sie entscheiden wer, wann und wo gewählt wird; sie bestimmen, wann ein Krieg stattfindet und wann nicht. Sie kontrollieren die Nahrungsmittel-Verknappungen auf der Erde und setzen die Inflationsraten der einzelnen Währungen fest. All diese Bereiche sind in der Hand der Illuminaten. Sie haben zwar keine Macht über die Naturgewalten, aber wo sie zu ihrem Vorteil manipulieren können, tun sie es auch.*

*In der Zeit zwischen 1900 und 1930 nahmen die „Greys“ zu diesen Leuten Kontakt auf. Die erste Zusammenkunft fand also definitiv vor 1943 statt, denn für den Unsichtbarkeitstest im Rahmen des „Philadelphia-Experiments“ nutzten die Wissenschaftler bereits „graue“ Technologie. Der Physiker Nikola Tesla, der zeitweilig Projektleiter des Philadelphia-Experiments war, gab zu Protokoll, die forschungsrelevanten Informationen von Außerirdischen erhalten zu haben, was ihm natürlich niemand abkaufte.*

*Zu Beginn glaubte die Geheimregierung noch, in den Greys persönliche Wohltäter gefunden zu haben und schloß daher einen Vertrag mit ihnen. Die Illuminaten hielten die Greys für das beste, was ihnen passieren konnte, denn diese Außerirdischen schienen eine neue Quelle unbegrenzter Macht zu sein. Mit dem Vertrag erhielten die Greys das verbriefte Recht, Experimente auf der Erde durchzuführen, und die Geheimregierung bekam im Gegensatz die „graue“ Technologie zur Verfügung gestellt, der wir nicht zuletzt unseren enormen Fortschritt im 20. Jahrhundert verdanken.*

*Als David Suzuki 1968 die Polverschiebung und die Zerstörung des Planeten voraussagte, entschieden sich die Illuminaten, schleunigst zu verschwinden. Zu ihren Vorbereitungen gehörte es auch, eine Verschmelzung des Sowjetreiches mit den Vereinigten Staaten bis 1970 herbeizuführen. Was jetzt geschieht, wo wir den Kalten Krieg hinter uns lassen, ist unvermeidlich, weil wir schon längere Zeit als ein Land funktionieren.*

*Die Geheimregierung ließ die breite Masse nie an der Technologie der Greys teilhaben, sondern behielt sie so weit wie möglich für sich. Ihr technischer Fortschritt liegt weit jenseits unseres Vorstellungsvermögens. UFOs sind für sie ein alter Hut; man schätzt, daß zirka die Hälfte aller gesichteten UFOs unsere eigenen sind, also den Illuminaten gehören und nicht etwa irgendwelchen Außerirdischen. Die Geheimregierung vereinte sowjetische, amerikanische und graue Technologie in ihren Flugschiffen, mit denen sie sich noch vor der Polverschiebung absetzen wollte. Da die Illuminaten wußten, daß ihnen nur noch wenig Zeit blieb - nach Suzukis Vorher-*

*sage waren es nur noch 14 Jahre - trafen sie in Windeseile die nötigen Vorbereitungen.*

*Zunächst stationierte man eine Basis auf dem Mond, die als Zwischenstation für fernere Ziele im Weltraum gedacht war. Auf der dunklen Seite des Mondes errichteten sie drei Städte, die von Kuppeln überdacht sind. In einem dieser Stützpunkte kam es jedoch zu einem tragischen Zwischenfall, der vielen Menschen das Leben kostete. Einschlägige Berichte zeigen, daß mehr als 2000 geheime Mondmissionen stattfanden.*

*Als alle Vorratslager auf dem Mond mit ausreichend Proviant bestückt waren, drangen die Illuminaten von dort aus tiefer ins Universum vor. Ihr Weg führte sie direkt zum Mars, dem Planeten der Vorfahren der Greys. Sofort nach ihrer Ankunft begannen sie mit dem Bau einer äußerst komplexen unterirdischen Stadt, die ihnen und einigen ausgesuchten Günstlingen Zuflucht gewähren sollte. So wenig wie sie das Wohlergehen der restlichen Menschheit interessierte, so sehr waren sie um die Rettung der eigenen Haut bemüht. Aber so kennt man sie ja. Mit den Greys als Vorbild haben auch die Illuminaten den Großteil ihres Emotionalkörpers eingebüßt. Sie brachten alles, was sie ihrer Meinung nach je benötigen würden, in die Mars-Kolonie.*

*Al Bielek, der auch am Montauk Projekt - offiziell unter dem Namen Projekt Phoenix - beteiligt war, berichtet in diesem Zusammenhang folgendes: „Das Phoenix-Projekt wurde unter anderem dazu benutzt, den Marskolonien, die es mittlerweile seit den siebziger Jahren gibt, Zeittunnel zur Verfügung zu stellen und Unterstützung zu gewähren. Die erste Mondlandung der Amerikaner fand offiziell 1969 statt. Nur wenigen ist bekannt, daß die Amerikaner mit den Russen zusammen bereits am 22. Mai 1962 eine Mondexpedition durchführten und daß die Deutschen noch lange vorher - im Jahre 1947 - dort waren. Der Film „Alternative 3", eine Produktion der Anglia Television vom 1. April 1977, gibt lückenlos Aufschluß über die gesamten Vorgänge. So werden zum Beispiel TV-Farbaufnahmen von der Landung der Fähre auf dem Mars gezeigt. Wir haben Mars-*

*kolonien schon seit den späten sechziger oder frühen siebziger Jahren.*

*Leider ist diese Dokumentation bisher nur über einschlägige Kreise erhältlich.*

*Die Illuminaten waren zur damaligen Zeit bemüht, ihr Vorgehen so gut wie möglich geheimzuhalten, denn sie legten keinen Wert auf lästige Konkurrenten. Jeder, der über ein fortgeschrittenes technisches Know-how verfügte, stellte daher einen potentiellen Rivalen dar, der mundtot gemacht werden mußte. Ließen sich solche Leute jedoch nicht einschüchtern und freiwillig einen Maulkorb verpassen, entledigte man sich ihrer einfach.*

*Bis zum Jahr 1984 hatte die Geheimregierung die Marsstädte fertiggestellt und wiegte sich nun in dem Glauben, ihre Schäflein ins Trockene gebracht zu haben. Etwa fünf Jahre später machten sie jedoch die schreckliche Entdeckung, daß Polverschiebungen nicht nur auf der Erde stattfinden würden, sondern daß alle Planeten unseres Sonnensytems diesem Phänomen unterworfen sind. Dazu gehörte auch der Mars.*

*Sieben oder neuen Monate danach kam für die Illuminaten die zweite Hiobsbotschaft, als sie herausfanden, daß die Polverschiebung nicht nur die physische Veränderung eines Planeten nachsichzieht, sondern auch einen dimensions-übergreifenden Bewußtseinswandel verursacht. Als sie sich über die Konsequenzen klar wurden, fanden sie sich in der gleichen auswegslosen Situation wieder, der auch die Greys ausgeliefert sind. Sie erkannten, daß einzig und allein die Liebe und das ganzheitliche Bewußtsein sie aus ihrer mißlichen Lage befreien könnten.*

*Wie wir wissen, befand sich die Erde bereits vor 16.000 Jahren in haargenau der gleichen Zwickmühle, als man in Atlantis über den Lösungsversuch der Greys noch geflissentlich hinwegsah und ihn somit bagatellisierte. Obgleich die Mitglieder der Geheimregierung mittlerweile eingesehen haben, daß sie im Alleingang nicht überleben können, halten sie sich dennoch von Leuten wie Drunvalo fern, statt ihre Chance zu nutzen und sich von Menschen wie ihm Lösungsvorschläge und Hilfestellung geben zu lassen.*

*Kommen wir nochmals kurz auf Richard Hoagland und seine Forschungen im Bereich der Marsmonumente zu sprechen. Die nachdenklich stimmende Zurückhaltung der NASA, was Hoagland`s Erkenntnisse angeht, erklärt sich einfach dadurch, daß der Mars als Forschungsobjekt für uns genau der falsche Planet ist - wir sind dort nicht erwünscht. Die Vorgänge auf dem Mars verheimlicht man uns daher nur zu gerne. Auch war sich die Weltraumbehörde nie zu schade, Berichte über die Marsmonumente ins Lächerliche zu ziehen und sie auf diese Weise für die Öffentlichkeit uninteressant zu machen.*

*Je stärker sich die Illuminaten nach den Greys ausrichten, desto mehr verarmt ihre Gefühlswelt. Ihr Geist ist jedoch hellwach, und fiele ihnen zu ihrer Rettung irgendeine andere Möglichkeit ein als die Wiedergewinnung des Emotionalkörpers, würden sie diese bestimmt nutzen. Lebensformen, die weit über den Greys stehen, veranschaulichen den Grauen Eminenzen jedoch auf anschauliche Weise, daß ein Überleben nur als Einheit nach dem Motto „einer für alle - alle für einen" möglich ist, da wir alle Teil eines großen Ganzen sind."* (Bob Frissell, „Zurück in unsere Zukunft", S. 177-181)

*„Hat Strahlenkanone Verkehrsflugzeug vom Himmel geholt?*
*Die Ursache für den Absturz des Swiss-Air-Fluges SR-111 vor Nordamerika im Sommer letzten Jahres gilt inoffiziell als noch weitgehend ungeklärt. Eine plausible Erklärung für den verheerenden Kabelbrand in der Pilotenkanzel gibt es bis heute nicht.*

*Schon kurz nach dem Unglück informierte der Schweizer Botschafter in Kanada, Daniel Dayer, den langjährigen schweizerischen Untersuchungsleiter für Flugzeugunglücke, Guido Hirni, über Experimente des US-amerikanischen und kanadischen Geheimdienstes im Raum Labrador-Neufundland. Beim Test einer neuartigen Strahlenkanone und eines Radars mit außergewöhnlich hoher Energiedichte könnten durch einen unglücklichen Zufall der Flug SR-111 und fünf weitere Flugzeuge in den Strahlenbereich gelangt sein. Die Folge wären Kurzschlüsse und Kabelbrände in den Flugzeugen gewesen.*

*Dayer und Hirni können leider nicht mehr befragt werden. Nachdem Dayer am 4.9.1998 die militärischen Versuche als mögliche Unglücksursache erstmals erwähnt hatte, wurde er am Morgen des Folgetages von einem Zug überfahren. Hirni, der nach Aussage gegewöhnlich gut informierter Kreise ein exzellenter Pilot war, fand am 12.10.1998 den Tod, als er mit einem Hubschrauber ohne erkennbaren Grund gegen einen Berg flog. Am Tag zuvor brachen Unbekannte die Aktenschränke seines Büros auf. Neben etwas Geld wurden nur die den Unglücksflug SR-111 betreffenden Akten gestohlen.“* (Vertrauliche Mitteilungen, Nr. 3287 vom 2.2.1999, Büsingen)

*„So, mein lieber Coningsby, nun sehen Sie, daß die Welt von ganz anderen Persönlichkeiten regiert wird, als sich jene vorstellen, die nicht hinter die Kulissen schauen können.“* (Benjamin Disraeli)

*„Beim zukünftigen Polsprung wird wiederum eine führende Weltmacht durch kosmische Einwirkungen zurückgeschlagen, in dem entscheidenden Augenblick ihres Griffs nach der Weltherrschaft! Dann naht die Stunde der Freiheit für die unterdrückten Völker. Freiheit, sich für den Geist eines Neuen Zeitalters zu entscheiden!“* („Polwende-Zeitenwende“ H.J. Andersen, S. 9-10).

*„Für die nächsten zwei Jahrzehnte sind mehr Voraussagen gemacht worden, als für jede andere Periode menschlicher Geschichte. Der in Toronto lebende Engländer Joe Fischer, 33, der für sein Buch „Predictions“ die Weissagungen von Propheten aus ältester und neuerer Zeit überprüfte, stellte jetzt fest: „Alle stimmen überein, daß die Zeit bis zum Jahr 2000 einen Wendepunkt bilden wird, wie ihn dieser Planet noch niemals erlebt hat.“* (Welt am Sonntag vom 4.1.1981)

*„Wir treten jetzt ein in das „Goldene Zeitalter" unseres Planetensystems in seiner Beziehung zu unserer Großen Zentralsonne, die wir in annähernd 26.000 Jahren einmal umkreisen, und zu gleicher Zeit gelangen wir in die belebenden Strahlen des Wassermann-Sternbildes, dessen gesteigerte Schwingungen alles Lebendige und alle Lebensvorgänge auf unserer Erde aktivieren: „Und vom „Gesetz des Kreislaufs" sprechend schreibt Dr. Sumner weiter: „Diesem Gesetz gemäß, das die Bewegung aller Planeten im Universum beherrscht, treten wir jetzt im Verlauf des kosmischen Geschehens in eine Periode ein, in der die bestehende Ordnung aufgelöst und eine neue, uns förderliche Ordnung errichtet werden muß. Unsere Erde wird belebt durch ungeheuer gesteigerte geistige Strahlungen aus den Sternenregionen, und als Folge davon wird sie allmählich eine große Umwandlung durchmachen.*

*Es muß eine große Erneuerung auf Erden stattfinden. Alles, was geistig nicht hoch genug entwickelt ist, um empfänglich für diese höheren Schwingungen zu sein, um mit ihnen zu harmonisieren, wird unterliegen und von der Bildfläche verschwinden, damit die aufbauenden Kräfte auf ihr wohltätiges Ziel losgehen können, ohne durch Einmischung von zerstörenden Kräften noch weiter behindert zu werden."* („Das kommende Goldene Zeitalter" Dr. F.W. Sumner, S. 10 und 11).

Diplom-Psychologe H.J.Andersen schreibt zum Übergang vom Fische- zum Wassermann-Zeitalter: *„Wenn wir zurückblicken auf den Ausgang des Altertums vor fast zweitausend Jahren: Was blieb damals im Übergang zum Fische-Zeitalter, von der Welt der Antike bestehen? Sehr wenig. Mit dem Aufkommen des Christentums änderten sich die geistigen Grundlagen weitgehend. Der Kulturwandel beim Wechsel der astrologischen Zeitalter beginnt auf der geistig-religiösen Ebene und setzt sich dann von einem bestimmten Zeitpunkt an auf der geschichtlich-politischen fort. So kann man eine Vorphase und eine Hauptphase des Wechsels unterscheiden. Wo stehen wir nun heute? Wir spüren wohl deutlich, daß zumindest die*

*Vorphase schon lange in vollem Gange ist. Zwei Weltkriege, die hinter uns liegen, können als Vorläufer der eigentlichen Hauptphase verstanden werden, deren krisenhafte Zuspitzung vielleicht nicht mehr lange auf sich warten läßt.“* (H.J. Andersen, Polwende-Zeitenwende)

Drunvalo Melchisedek verbreitet im Internet folgende Informationen über Umwandlungen der Erde: *„Der Übergang von der dritten in die vierte Dimension ist eine Periode, in der Gesellschaftsformen, finanzielle Systeme, politische Systeme usw. zusammenbrechen und der gesamte Planet ins Chaos stürzt... Das Chaos ist verursacht, wenn die geomagnetischen Pole der Erde zu Null gehen. Dieses verursacht Chaos, weil der Mensch das Magnetfeld der Erde braucht, um das Gleichgewicht und Gedächtnis aufrechtzuerhalten... Seit dem 14. Dezember 1997 hat das Zentrum unserer Milchstraße begonnen, gewaltige Mengen von Energie in das Universum zu schleudern... Ein Satellit wurde im Juni 1998 davon zerstört... falls diese Energie weiter ansteigt, wird sie alle Satelliten um die Erde zerstören...*

*Im Dezember 1994, kam das Ulysses Raumfahrzeug der NASA bei der Sonne an, um das Magnetfeld zu messen. Die NASA Wissenschaftler waren erstaunt herauszufinden, daß das Magnetfeld der Sonne nicht länger einen Nord- und Südpol hatte. Das Magnetfeld der Sonne hatte sich dramatisch in ein gleichartiges Feld verwandelt... Im Juni 1998 traten zwei Kometen in die Sonne ein. Es brachen 30 bis 35 solare „Flares“ (Proteburanzen) aus. Wenn zwei oder drei solcher solaren Flares zur gleichen Zeit ausbrechen, würde dies bedenkliche magnetische Stürme auslösen, die die Erde beeinträchtigen könnten. 30 oder 35 ist enorm viel.*

*Gemäß Gregg Braden stieg der solare Protonen-Fluß, der in PUI gemessen wird, in den späten 80‘ern auf ungefähr 2.500 PUI an... Wissen Sie, wieviel es vor einigen Tagen war? 42.000 PUI !!! Keiner sagt etwas.*

*Mt. St. Helens registriert ungefähr 170 Erdbeben pro Tag. Mt. Reigny erscheint auch einem möglichen Ausbruch gefährlich nah zu sein. Ein Unterwasser-Vulkan bildet sich vor der Küste von Kalifornien. Es wird gesagt, daß die ganze Küstenlinie von Guatemala bis Washington Staat gefährlich nahe einer Katastrophe ist.*

*Der Südpol schmilzt. Letztes Jahr brach das größte Stück Eis, ungefähr 800 Quadratmeilen groß, ab. Im Augenblick bricht ein anderes gewaltiges Stück bald ab. Dieses wird Larson's Ledge genannt und ist etwa so groß wie Texas. Unsere Regierung erzählt der Welt, daß es ungefähr 500 Jahre dauern wird, bevor Larson's Ledge abbricht. Aber in Australien wird es fast jede Woche besprochen. Die Flutwelle wäre gewaltig, vielleicht über einer halbe Meile hoch oder mehr... Die eingeborenen Stämme sagen, daß sie eine gewaltige Flutwelle erwarteten und viele Stämme daran sind, in das Zentrum des Kontinents zu wandern...*

*Ungefähr vor 500 Jahren begann das geomagnetische Feld schnell zu sinken. Es hat jetzt nur noch ungefähr 0,4 Gauß. Vögel, die das geomagnetische Feld benutzen, um umherzuziehen, verirren sich, weil sich das Feld verändert hat. Das gleiche ist mit Delphinen und Walen. Sie benutzen das geomagnetische Feld, das für tausende von Jahren fest war und sich jetzt verändert hat. Einige dieser Linien bewegen sich ins Inland. Das ist der Grund, warum viele Wale stranden: sie folgen den geomagnetischen Linien, aber die führen nun ins Land...*

*Sehen Sie sich aeronautische Karten von vor Juni 1996 und von heute an. Sie mußten neue Karten machen, um ihre Flugzeuge zu landen. Sie werden sehen, daß die Deviation (Abweichung) für den magnetischen Nordpol verändert ist und daß der Südpol sich bewegt hat.*

*Ich redete mit einem Deutschen Wissenschaftler... Er sagte, daß die Schumann Resonanz-Frequenz (SRF) der Erde sich geändert hat... Sie lag früher bei ungefähr 7,8 Hertz. Nun soll sie bei 11,2 Hertz liegen... Er sagte, daß die Russen Versuche mit Leuten außerhalb des Magnetfeldes der Erde machten. Zuerst wurden die Astro-*

*nauten aufgewühlt. Dann wurden sie aggressiv gegenüber anderen Menschen. Dann wurden sie völlig geisteskrank, und es war unheilbar...*

*Es wird fast unmöglich sein, während dieser Zeit in einer großen Stadt zu leben. Alle Elektrizität, Gas und Wasser werden abgestellt werden. Die Vereinigten Staaten haben einen 30 Tage-Vorrat an Lebensmitteln, also werden die Leute nach einem Monat oder weniger ohne Lebensmittel sein und alles tun, welche zu bekommen. Reisen wird unmöglich sein. Zusammengebrochene Autos werden die meisten Straßen blockieren. Fluggesellschaften, Züge, Busse, usw. werden nicht funktionieren. Und, als wenn das nicht genug ist, werden die meisten der Leute hungrig, wütend, und gefährlich sein.*

*Auf den ersten Blick scheint der Wald der sicherste Ort zu sein, aber es ist klar, daß dies ein sehr unsicherer Ort sein würde, denn jeder wird versuchen, in den Wald zu kommen!!! Leute werden mit Gewehren herumlaufen und ausrasten, und es wird gefährlich sein.*

*Das schlimmste, was geschehen kann, ist, daß Sie oder ein Familienangehöriger getötet werden. Nehmen Sie das nicht als Problem. Der Zweck des Lebens auf dieser Ebene des Wachstums ist, bewußt in die nächste Welt, die vierte Dimension zu kommen.*

*Es gibt verschiedene Wege, wie das geschehen kann. Ein Weg ist nicht besser als ein anderer:*

*1. Tod: In der Vergangenheit, wenn Sie starben, gingen Sie in den dritten Unterton der vierten Dimension. Von da würden Sie nach einem Zeitraum zur Erde zurückkommen, um wieder zu leben, um Ihren Zweck auf der Erde zu vollenden. Dieser Kreislauf hat für eine sehr lange Zeit funktioniert, aber jetzt ist er verändert. Für die meisten von uns ist dieses unser letztes Leben.*

*2. Auferstehung: Hier sterben Sie noch, aber Sie stellen Ihren Körper nach dem Tod bewußt wieder her und steigen zum 10., 11. oder 12. Unterton der vierten Dimension auf. Das Ergebnis ist das gleiche.*

*3. Aufsteigen: Hier sterben Sie nicht, sondern gehen bewußt in die vierte Dimension und in den 10., 11. oder 12. Unterton. Sie und Ihr Körper verschwinden aus dieser Welt.*

*Leben gibt es, weil es möglich ist. Lebenszweck ist, alle Möglichkeiten zu leben. Dieses ist die Bedeutung von frei sein. Ein anderes Wort für „frei sein" ist, alle Möglichkeiten auszuschöpfen. Einige sind auf dem Weg, andere nicht, aber am Ende wird alles gleich Geist sein.*

*Was können wir also tun, physisch, uns und unsere Lieben während dieser Übergangs-Periode zu schützen? So wie ich es sehe, sind dieses die Möglichkeiten. Sie mögen noch andere sehen.*

*1. Nichts tun. Unmittelbares Leben, als ob nichts geschieht. Lassen Sie Gott den Weg führen.*

*2. Tun Sie nichts äußerlich, sondern bereiten sich innerlich, emotional und geistig vor. Machen Sie sich bereit, anzunehmen, was auch immer kommt. Lassen Sie Gott den Weg führen.*

*3. Tun Sie nichts äußerlich, bereiten Sie sich durch Meditation und Gebet vor. Meditation ist ein Weg, aber es gibt andere Wege.*

*4. Bereiten Sie sich physisch durch Lagern von Lebensmitteln und Wasser für bis zu zwei Jahre in dem Ort vor, wo Sie leben, und dann leben Sie nach einer der oben genannten Möglichkeiten.*

*5. Bereiten Sie sich physisch durch Umziehen zu einem neuen Ort vor, der sicherer zu sein scheint.*

*6. Vielleicht gibt es einen Ort, wo eine Gemeinde in diesem Entwicklungsprozeß ist. Falls Sie am Bilden einer Gemeinde in der Natur irgendwo (besonders wo Sie Lebensmittel anbauen können) gedacht haben, mag dies die Zeit sein. Leute mit Verstand, die einander lieben, mögen Ihre beste Vorbereitung auf diese Periode sein, auch wenn Sie in einer Stadt sind. Helfen und Lieben ist ein wesentlicher Bestandteil der Stufen, die zu höherem Bewußtsein führen.*

*Haben Sie keine Angst. Erinnern Sie sich Ihrer heiligen und vertrauten Verbindung mit Gott. Gott lebt in Ihnen. Erinnern Sie sich;*

*Sie sind ganz, vollständig und perfekt in diesem Augenblick."* (Drunvalo Melchisedek-Bericht aus dem Internet, zit.n. Jo Conrad, „Zusammenhänge", S. 21-24)

*„Die Bösen sind nur deshalb so stark, weil die Guten so schwach sind."* (Papst Pius X.)

*„Alles was du anderen Gottes-Geschöpfen antust, ob Gutes oder Schlechtes, ob Menschen, Tieren oder Pflanzen, kommt irgendwann als Gutes oder Schlechtes auf dich zurück!"* (Gottes Gesetz)

# ANHANG D
# Verschiedene Zeitungsartikel und Leserbriefe:

AMSTERDAM HOLLAND - AMSTERDAM HOLLAND

## Contact Network International's 'Alternatives 96' ...Europe's Best!

Eight international guests from around the globe held an audience of nearly 1000 in awe during the event organised by CNI *Exposure Magazine* at the Grand Hotel Krasnapolsky in Amsterdam. Topics covered: oxygen therapies, alien abductions, the UFO cover-up, free energy & anti-gravity, pyramids & hieroglyphs in China & Australia, Atlantis & Lemuria, Moongate, secret societies, media manipulation, religious cults and the New World Order.

Theo Paijmans' (Ned) new book *'Kosmisch Netwerk'* which is an in-depth view into the black hole of UFO's. Jan van Helsing (Ger) and author of '[redacted]' was special guest during the evening.

David Icke (UK) and David M. Summers (Aust) together exposed much on the manipulation of the world, controlled by governmental illusions. Kelly Cahill's (Aust) book *'Encounter'* was released for the first time on the European continent, as well, she presented latest field data of her UFO experience which took place in 1993.

Hartwig Hausdorf (Ger) revealed the Chinese government's continuing plan to conceal the mysterious pyramids he discovered in China's Shensi province.

Ed McCabe (USA) presented his latest findings about oxygen therapies and alternative cancer remedies and Stanton T. Friedman (Can) denounced publicly the covert agenda operated and controlled by various branches of US intelligence.

At the end of the day a panel discussion was held where British author and former BBC television presenter David Icke showed many ways in which to develop the courage to stand up against international conspiracy as well as how to evolve and grow spiritually. David will be on tour in Australia in February and March! ■

*Pictures: Richard de Wit, Amsterdam.*

23. EXPOSURE VOL 3 NO 6, 1997

Freitag, 1. August 1997 3 Die dritte Seite BADISCHE ZEITUNG

Von der Anfälligkeit mancher okkultistischen Gruppe für rechtsextremes Gedankengut

# Braune Haare in der Esoterik-Suppe der 90er Jahre

Von unserem Redakteur
Stefan Tolksdorf

In Katzenelnbogen, einer Gemeinde mit 200 Einwohnern im oberen Taunus, ist an diesem Wochenende einiges verdreht. Zum Beispiel eine Overheadfolie. „Nicht umdrehen!" Mit verzücktem Lächeln deutet ein alter Mann auf die an die Saalwand projizierte Landkarte: „Sehen Sie nicht das Mariengesicht?"

Nein, Hans J. Andersen, der hagere Referent mit dem altersweisen Akademiker-Lächeln auf den Lippen und dem aufblasbaren Globus in der Hand, sieht nur die Umrisse eines seitenverkehrten Erdteils. Müht er sich doch schon geschlagene zwei Stunden, den Seminaristen im Gasthof „Sonnenhof" den Kontinent „Neo-Atlantis" vor das geistige Auge zu führen, wie er in drei Jahren aus den Fluten steigen wird, und ihnen die „wissenschaftlichen Grundlagen" jener epochalen Wende einzutrichtern, die dann ins Haus steht: „Polsprung und Sintflut" – so der Titel des Vortrags.

Und damit noch der letzte Hinterbänkler in Katzenelnbogen die Dimension des Geschehens begreift, dreht Andersen den Globus einfach

## In drei Jahren geht die Sonne im Westen auf

um. Sechsmal hätten sich die Pole schon vertauscht, behauptet er mit professoraler Gewißheit, dreimal allein zur Zeit von Atlantis, „28000 vor Christus". Die Wucht von fünf Lagen Dias und einem Stapel Overheadfolien erstickt den leisesten Zweifel an Andersens Märchenstunde: In drei Jahren geht die Sonne im Westen auf, „Japan wird versinken, zu Dreivierteln auch die USA". Ein Vulkan aber wird sich vor New York erheben („Der ist nicht von Pappe"), und die deutsche Nordseeküste unter Schlamm begraben sein – „leider, denn auch ich verbringe meinen Urlaub dort".

„Was wird aus Köln?" ereifert sich eine Frau in der ersten Reihe und darf erfahren, daß ihr Haus in Nippes von der zu erwartenden Flutwelle verschont bleiben dürfte. Überhaupt würden die Deutschen mit alldem am besten fertig, auch mit dem zeitgleich stattfindenden Krieg. Und nicht zufällig treffe [redacted] und die USA die ganze Härte des Geschehens. Andächtig nicken die 250 Zuhörer. Woher er seine „Kenntnisse" habe? Andersen lächelt sanft: „Meine kalendarischen Forschungen stimmen überein mit den Visionen der bedeutendsten Seher" – allen voran denen des großen Nostradamus.

In Katzenelnbogen bekommen es die Kursteilnehmer nun doch mit der Angst zu tun. Ein älterer Herr will sich dem reinigenden Stahlgewitter durch einen Energiesprung in die fünfte Dimension zu den Bewohnern der Venus entziehen; „unnötig", sagt Andersen, „helfen Sie lieber beim Aufbau mit". Eine junge Mutter fordert, „zunächst die Manipulierung unserer Nachkommen zu stoppen", und das heißt: „Amalgam raus aus den Mündern, Kinder raus aus den Schulen!" Aids sei eine Erfindung der Pharmaindustrie, behauptet eine Lehrerin aus Deuz, und eine alternde Blondine wirbt dringlich Kunden für ihre Lichttherapie. Ein Häuflein Schiffbrüchiger, im Tal der Esoterik-Welle.

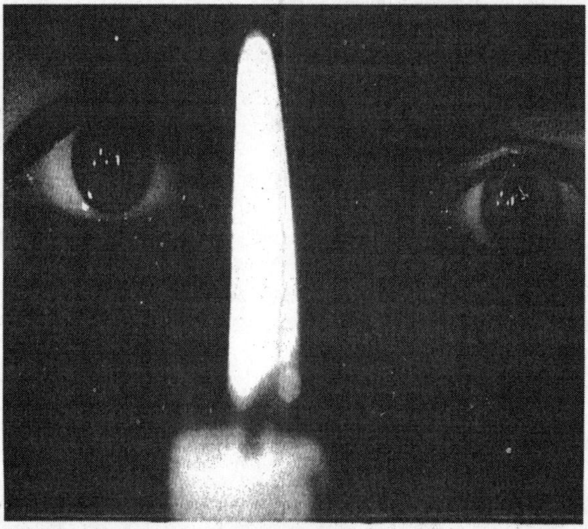

**MANCHER, der Erleuchtung sucht, endet in finsteren Ideologien.** Bild: Albert Josef Schmidt

So weit, so spinnert. Aber da sind noch jene zwei jungen Männer in Khaki und Springerstiefeln, die sich während des Vortrags mit einschlägiger Literatur („Kampf der Dimensionen", „Deutschland muß verwirklicht werden") am Büchertisch eindecken. Und was sucht der Palästinenser Fatah Sharif Abu Jabir zwischen den Entrückten? In seinem Vortrag und in seinem Buch „Das Diktat" macht der erklärte Fatah-Aktivist zwischen „[redacted]isten" und Nazis kaum noch einen Unterschied.

Das Team der Nürnberger Buchhandlung „Andromeda" läßt keinen Zweifel daran, was es mit dieser ihrer Veranstaltung auf sich habe: Aufklärung sei das Ziel, Befreiung aus der „fremdverschuldeten" Unmündigkeit. „Früher waren wir doch alle links", lacht das blonde Teammitglied Heike, die sich jetzt Tara nennt und mit dem Wort „rechtsradikal" so „gar nichts anzufangen" weiß: „An die Wurzeln zu gehen, das ist doch nichts Schlimmes."

Früher, das waren die Zeiten, als sie und ihre Freunde noch Häuser besetzten und nichts davon ahnten, daß „der [redacted] Marx" und „der [redacted] Hitler" Erfüllungsgehilfen ein und derselben „[redacted]-freimaurerischen Weltverschwörung" waren und sie selbst nur gut geölte Rädchen im Weltgetriebe. Jetzt weiß sie: Ob in Medien, ob in der Politik, ob in der Wirtschaft – die Verschwörung dauert an. Manipulation bis in die Zahnwurzeln. Ihr Ziel: die universelle Verdummung der Menschheit, die Kleinhaltung der Deutschen.

Nur wer die Herrschaftsmechanismen erkenne, die eigentlichen Drahtzieher durchschaue und deren Absichten unterlaufe, sei offen für „spirituelles Wachstum", dies der Konsens in Katzenelnbogen. Die Drahtzieher sitzen, so raunt es durch die Kaffeepause im „Sonnenhof", „an der Wall-Street und in [redacted]".

Das Periodikum „Inside Andromeda", das die Buchhandlung monatlich in alle Richtungen verschickt, ist Ausweis für die pseudoreligiöse Paranoia der selbsternannten Aufklärer. Und ihre Leser und Kunden, die sich in Katzenelnbogen erstmals zu einem Seminar zusammenfinden, gehen den Verfassern der verquasten Flugblattsammlung leichthin auf den braunen Leim. Die [redacted] hätten selbst den [redacted] inszeniert, um den Staat [redacted] zu erzwingen. Höchstens 140000 [redacted] seien im Dritten Reich umgekommen. Hitler selbst sei ein „spirituelles Wesen", seine Vasallen hätten sich im arktischen Eis versteckt. EU und UNO bildeten nur weitere Stufen zur „[redacted] One World". Und Kanzler Kohl heiße, so ist gleich mehrfach zu hören, in Wahrheit „Hennoch Kohn" und sei führender Kopf im „Generalstab des Welt[redacted]", ebenso Bundespräsident Roman Herzog: „Der Name sagt ja alles."

Via Internet und in freien Radiokanälen sammeln die rechten Esoterik-Spinner ihre wachsende Klientel. Einer ihrer beliebtesten Vordenker ist ein gewisser Jan Udo Holey alias Jan van Helsing. Seine zwei Bücher über „[redacted]" gingen 100000 mal über deutsche Ladentische, ehe die Staatsanwaltschaft Mannheim – alarmiert von der dortigen [redacted] Gemeinde – das Werk konfiszierte und den Autor wegen Volksverhetzung anklagte. In den von krudesten Unterstellungen und erfundenen Zitaten nur so strotzenden Büchern geht es allein um eines: die Revision der deutschen Geschichte, ihre Reinwaschung vom Dreck, den andere auf sie werfen.

Holey, obzwar sehnlichst erwartet, kommt nicht nach Katzenelnbogen. Sein Rechtsanwalt hat ihm dringend davon abgeraten. In den Gesprächen ist er dennoch gegenwärtig: als einer, der verfolgt werde, weil er den Mut zur Wahrheit habe. Ein Märtyrer. Das Verbot der Bücher belegt den Anwesenden hinlänglich die Richtigkeit seiner Thesen.

Überlegenheitswahn in Verbindung mit der wohlfeilen Opferrolle, die Aufteilung der Welt in Gut und Böse, ein heilsgeschichtliches und ahistorisches Weltbild und die neu aufgekochten alten braunen Mythen – dies ist die Rezeptur der rechten Eso-Spinner. Was sie, bei aller Verschiedenheit der Weltsichten vereint, ist diffuse Existenzangst, gepaart mit altbewährten Ressentiments: der einzelne schutzlos in der

## Feindbild Nr. 1: der [redacted]

Hand böser Mächte, die, im Bunde mit Staat und Wirtschaft, die individuelle Vervollkommnung verhindern. Ein Modell, das in Zeiten ökonomischer Verunsicherung Konjunktur hat. Und der große Verhinderer heißt immer wieder „der [redacted]".

Wie schreibt doch Jan von Helsing: „Da die meisten jetzigen Erdenbewohner nicht in der Lage waren, sich selbst und diesem Planeten Liebe zu geben, werden wir es tun. Aber man darf uns dabei nicht im Wege stehen..." Ein Staatsanwalt aus Bremen warnt: „Es wäre falsch, den Verschwörungswahn rechter Okkultisten zu unterschätzen." Und er erinnert an den Bombenanschlag von Oklahoma. „Die geistigen Quellen dieser Leute liegen in den USA."

Allein, Aufrufe zum aktiven Handeln sind nicht zu hören in Katzenelnbogen. Vielmehr betonen die soften Seminarleiter bei jeder Gelegenheit die „Kraft der Liebe". Nur einer zeigt sich offen zur Gewalt bereit: „Wenn Salman Rushdie jetzt zur Tür hereinkäme", sagt Abu Jabir, der Mann im eleganten Sakko, „ich würde ihn erschießen!" – und erntet „für diese ehrlichen Worte" kräftiges Schulterklopfen. „Aber das nützt doch nichts", meldet sich eine verlegene Frauenstimme, „der kommt doch wieder."

### Ein Gespräch mit dem Theologen Axel Seegers über Ufologen und Esotherik

# Offener Rassismus ist gar nicht nötig

## Mit scheinbar harmloser Terminologie zur Gehirnwäsche

**Fürstenfeldbruck** - **Faschistoide, rechtsradikale oder neonazistische Ausrichtungen sind laut Axel Seegers, stellvertretender Fachbereichsleiter für Sekten und Weltanschauungsfragen des erzbischöflichen Ordinariats München, „im Bereich der Ufologie kein Einzelfall". Ein Gespräch mit dem Diplom-Theologen über Ursachen und Gefahren der Ufologie im Speziellen und der Esotherik im Allgemeinen.**

Esotherische Bücher, zu denen auch das UFO-Schriftwerk zählt, machen mittlerweile 15 Prozent des Gesamtumsatzes des deutschen Buchmarktes aus. 25 Prozent der Bestseller stammen ebenfalls aus diesem Bereich. Für Seegers der empirische Beweis, daß die Bereitschaft der Menschen steigt, sich in „Scheinlösungen" zu flüchten und „an Wunder, an Übernatürliches zu glauben".

Die Ufologie wie auch die Esotherik biete, allgemein gesprochen, „alternative Lösungen für die Krisen, Probleme und Krankheiten unserer Zeit". Mit der Bereitschaft solche Lösungen anzunehmen, so Seegers, korrespondiere eine zunehmende Kritiklosigkeit: Wer sich eine Waschmaschine kauft, vertraue gerne dem Urteil ausgewiesener Fachleute; wenn es dagegen um Esotherik geht, vertraue man allein der Esotherik.

Während in machen Bereichen die Gefahren durchaus auf der Hand liegen, etwa wenn esotherische Heiltherapien grundsätzlich und dogmatisch an die Stelle der Schulmedizin treten, liegt im Fall der Ufologen erst einmal die Frage am nächsten, ob das nicht einfach nur harmlose Spinner sind. Im deutschsprachigen Raum gibt es derzeit rund 200 unterschiedliche Sekten und sektiererische Gruppen. Zahlreiche UFO-Zentren zählen dazu. Gemeinsame Merkmale dieser Gruppen sind: ein Absolutheitsanspruch, der die Doktrin zur Wahrheit macht (UFOs sind real, unsere UFOs sind real; was auch Grundaussage der FIGU ist); ein Weltbild, das klar in Gut und Böse geteilt und mit einem elitären Bewußtsein gekoppelt ist (wir sind die Auserwählten, die mit Außerirdischen Kontakt haben; nur wir haben Anspruch auf Rettung); schließlich ein Führer als Kontaktmedium zu den Außerirdischen

### Hitler kehrt im UFO zurück

Mit den Ansätzen der Ufologie, die laut Seegers von Esotherik bis zum offenen Rassenhaß reichten, variiere auch die Außenwirkung. So prophezeit etwa Jan Udo Holey in seinen „[redacted]" die Rückkehr von „ca. 6 Millionen Reichsdeutschen" aus einem unter der Antarktis liegenden Reich. Dereinst würde dann auch Hitler, dessen Geist fortlebe, mit einer Flotte von UFOs zurückkehren, um den „wahren Nationalsozialismus" zu errichten.

Solche deutlichen Pamphlete sind in Deutschland jedoch „eher selten". Da nazistische oder anti[redacted] Äußerungen verboten sind, so Seegers weiter, und folglich als Straftatbestand verfolgt würden, hätten diese Gruppen „wenig Möglichkeiten, offen aufzutreten".

Ohne die Gefahren eines esoterisch begründeten Rassismus verharmlosen zu wollen, sieht Seegers die primäre Gefährdung in der Entsolidarisierung der Gesellschaft. Oftmals beginnen diese Gruppen scheinbar harmlos als „Kreis Gleichgesinnter", als „Kreis des Wohlfühlens", wo man unter dem Stichwort „Rettung und Hoffnung" seine Bedürfnisse verwirklicht findet. In diesem Klima würden dann „neue Bindungen" geknüpft und „manifestiert sich neues Gedankengut", das letztlich zur Schaffung einer „Gegenwirklichkeit" führt. Ausdrücklich verfassungsfeindliche Ziele seien darum gar nicht nötig, um die bestehende Gesellschaftsordnung in Frage zu stellen. Dies ist auch unter dem Deckmantel der „kosmischen Lebensgemeinschaft" unter Führung nebulöser Astralwesen möglich. Die unkritische Lektüre esoterischer und ufologischer Bücher trägt nach Meinung Seegers einen wesentlichen Beitrag dazu bei – indem sie die Leser langsam mit diesem Gedankengut „infiltriert".

*Andreas Bock*

Quelle: SZ-Beilage für FFB v. 13.03.98

**Vereinigung der Verfolgten des Naziregimes V V N**
**Bund der AntifaschistInnen**
**- Kreisvereinigung Hannover -**

30161 Hannover
Rolandstr. 16
Tel. 0511 / 34 82 125
Fax 0511 / 33 60 221
Postgiroamt Hannover
Konto-Nr. 40 861-305
BLZ: 250 100 30
Hannover, 09.03.1999

Presseerklärung

## Empörung über Nazi-Esoterik in städtischer Bildungs- und Freizeiteinrichtung

Für Freitag, den 12.3.99 wird über Flugblätter und eine Anzeige im hannoverschen Stadtmagazin „Der Schädelspalter" für eine Veranstaltung unter dem Titel „Illuminati + Neue Weltordnung" geworben.

Unverständlich und empörend ist für die VVN/BdA, daß für eine Veranstaltung mit anti[redacted] und rechtsradikalen Inhalten, Räume eines städtischen Freizeitheimes zur Verfügung gestellt werden – zumal eines Freizeitheimes, das den Namen „Weiße Rose" einer der bekanntesten Widerstandsgruppen gegen das NS-Regime, trägt. In der angekündigten Veranstaltung sollen 3 Videofilme präsentiert werden. In dem Video „[redacted]" wird der Anti[redacted] Jan van Helsing präsentiert, der mit wahrem Namen Udo Holey heißt und dessen Bücher wegen ihres anti[redacted] Gehaltes in der Bundesrepublik nicht mehr vertrieben werden dürfen. Außerdem kommt auch Wilhelm Landig zu Wort, ein ehemaliger Waffen-SS-Mann und nach Expertenmeinung der wichtigste Vertreter der NS-Esoteriker im deutschsprachigen Raum.

In einem weiteren Video („UFO-Geheimnisse des Dritten Reiches") werden die Nazis als „interessante spirituelle Menschen" dargestellt.

Die VVN-BdA Hannover protestiert dagegen, daß städtische Räume zur Verfügung gestellt werden für eine Veranstaltung, in der unter dem Vorwand der „Enthüllung" anti[redacted] Vorurteile Verbreitung finden.

Die Organisatoren der Veranstaltung selbst scheuen das Licht der Öffentlichkeit und versuchen den Eindruck zu erwecken, das Freizeitheim Weiße Rose zeichne für diesen „Video-Vortrag" verantwortlich.

Wir fordern das Freizeitheim Weiße Rose und die Stadt Hannover dringend auf, die Veranstaltung „Illuminati + Neue Weltordnung" zu unterbinden!

[redacted]
Sprecher

SEITE 15 - FREITAG, 12. MÄRZ 1999 - NR. 60

**HAZ, 12.3.1999**

Ein für heute geplanter Videoabend im Mühlenberger Freizeitheim mit angeblich naziverherrlichenden Filmen sorgt für Wirbel: Die Stadt will die Vorführung verhindern, der Veranstalter zieht vor Gericht.

# „Die Stadt hat Angst um ihren Ruf"

Werden die Besucher im Freizeitheim Weiße Rose heute abend mit einem Video-Vortrag über die Hintergründe des Films „23" aufgeklärt oder nicht? Wenn es nach der Stadt geht, bleibt die Leinwand weiß: Das Kulturamt hat gestern den Mietvertrag mit dem Veranstalter fristlos gekündigt. Veranstalter Dirk Heuer will hingegen heute vor dem Amtsgericht eine einstweilige Verfügung gegen die Stadt erwirken. „Und die wird auch durchkommen", sagt sein Rechtsanwalt Carsten Fricke.

Am Mittwoch hatte die Vereinigung der Verfolgten des Naziregimes (VVN) gegen die Veranstaltung protestiert. In den drei angekündigten Videofilmen würden ein Ant[redacted] und ein ehemaliger SS-Mann zu Wort kommen, Nazis würden zudem als interessante spirituelle Menschen dargestellt.

Nach Begründung der Stadt ist auf den Handzetteln des Veranstalters der Öffentlichkeit suggeriert worden, das Freizeitheim Weiße Rose sei Veranstalter des Videoabends. „Damit wird die Öffentlichkeit irregeführt und die kommunale Kultureinrichtung diskreditiert", sagt Dieter Wuttig vom Kulturamt. „Das reicht für eine fristlose Kündigung nicht aus", sagt hingegen Rechtsanwalt Fricke. Zwar sei der Veranstalter auf dem Flugblatt nicht erwähnt. „Aber es ist deutlich zu erkennen, daß das Freizeitheim lediglich der Veranstaltungsort ist." Überhaupt glauben Fricke und Heuer, daß die Stadt dies nur als vorgeschobenen Grund angibt. „Die Stadt will sich lediglich Ärger ersparen", sagt Fricke. „Die glauben, mein Mandat zeigt irgendwelche Nazifilme, und haben Angst um ihren Ruf."

Veranstalter Heuer versteht die ganze Aufregung nicht. „Ich will den Leuten lediglich drei interessante Filme zeigen. Mit Nazis habe ich nichts zu tun", sagt der Hannoveraner, der den Abend privat organisiert und finanziert. In den angekündigten Filmen zu den Hintergründen des Streifens „23" soll es um Gründung und Geschichte des sogenannten Illuminatenordens, um „Ufo-Geheimnisse" aus dem Dritten Reich und um „geheime Weltregierungen" gehen.

Die Stadt will heute die Entscheidung des Amtsgerichts abwarten. „Wenn das Gericht der einstweiligen Verfügung zustimmt, werden wir entscheiden, ob wir noch einmal dagegen vorgehen." Vielleicht ist der Wettkampf um die Ausstrahlung der Videobänder bis heute um 18 Uhr sogar spannender als die Filme selbst.

hau

Sonntags-Zeitung vom 5.5.96

# Therapeutin angezeigt

**METTSCHLATT TG – Eine Therapeutin in Mettschlatt ist wegen Verstosses gegen das Anti-Rassismus-Gesetz angezeigt worden.**

Einer Besucherin, die im Therapiezentrum in Mettschlatt einen Kurs besuchte, fiel dubiose Lektüre auf, die im Vorzimmer auflag. Es waren die «[redacted]» von Jan van Helsing – anti[redacted] Schriften. Die Besucherin zeigte die Leiterin des Zentrums an. «[redacted]» waren im Januar in einer Basler Buchhandlung beschlagnahmt worden; die Basler Staatsanwaltschaft wird nun Anklage wegen Verstosses gegen das Anti-Rassismus-Gesetz erheben.

**5. August 1996**
PMA-Nr. 111.2695 Wemf: 93000
8750 Glarus Auflage: 19811*
**LinthpresseZeitungen**
Glarner Nachrichten Der Gasterländer
March-Anzeiger

# Rahm schlägt zurück

## Der Verleger der «Memopress» ruft zu Ermittlungen gegen Medien auf

**sda. Emil Rahm hat am Montag den Untersuchungsrichter zu Ermittlungen gegen die «Schaffhauser AZ und weitere Medien» ufgefordert. Die Medien hätten mit falschen Zitaten aus den Büchern «[redacted]» rassistische Behauptungen verbreitet.**

**Bleibt auf Draht: Der Hallauer Verleger Emil Rahm.**

Gegen den Anti-EU-Kämpfer und Verleger der «Memopress» Emil Rahm sind in der vergangenen Woche zwei Strafanzeigen wegen Verstosses gegen das Antirassismusgesetz eingereicht worden. Die erste Anzeige wurde von einem Mitglied einer Zürcher Rechtsanwaltskanzlei wegen des Vertriebs des ersten Bandes des Buches «[redacted]» eingereicht. Inzwischen liegt eine zweite Strafanzeige des ehemaligen Schaffhauser SP-Sekretärs Markus Plüss gegen Rahm vor. Zürcher bestätigte eine Meldung der «Schaffhauser AZ» vom Montag, nach der sich Plüss' Anzeige gegen den Vertrieb des Buches von Des Griffin «Wer regiert die Welt?» richtet.

Die Anzeige basiert darauf, dass dieses Buch die als anti[redacted] bekannten und gefälschten «Protokolle der Weisen von [redacted]» enthält. Bereits in der vergangenen Woche sind bei Emil Rahm zwei der beanstandeten «[redacted]»-Bände beschlagnahmt worden. Er selbst stellt sich weiterhin auf den Standpunkt, das Buch sei weder anti[redacted] noch rassistisch.

### Schriftliche Aufforderung

Durch die Veröffentlichungen in der Presse seien nun aber Behauptungen einer breiten Öffentlichkeit zugänglich gemacht worden, die rassistisch seien, weshalb er die Untersuchungsbehörden am Montag schriftlich aufforderte, gegen «die Schaffhauser AZ und andere Medien» wegen Verstosses gegen das Antirassismusgesetz zu ermitteln.

Als Beispiel nannte Rahm gegenüber der Nachrichtenagentur SDA ein Zitat aus der ersten Strafanzeige, in der behauptet wird, das umstrittene Buch verbreite eine Weltverschwörungstheorie, gemäss der die [redacted] die Weltherrschaft anstrebten. Dies stehe nicht in dem Buch, dessen Autor Jan van Helsing (Pseudonym für Jan Udo Holey) sich «gegen eine unzutreffende Schuldzuweisung an [redacted]» wende.

8. August 1996
PMA-Nr. 111.2413
8400 Winterthur Auflage: 4000
Weinländer Zeitung

Strafanzeigen von und gegen Emil Rahm

# «Die Medien verbreiten Lügen»

**sda. Emil Rahm aus Hallau (SH) hat am Montag den Untersuchungsrichter zu Ermittlungen gegen die «Schaffhauser AZ und weitere Medien» aufgefordert. Die Medien hätten mit falschen Zitaten aus den Büchern «[redacted]» rassistische Behauptungen verbreitet.**

Gegen den Anti-EU-Kämpfer und Verleger der «Memopress» Emil Rahm sind in der vergangenen Woche zwei Strafanzeigen wegen Verstosses gegen das Antirassismusgesetz eingereicht worden. Ein Mitglied einer Zürcher Rechtsanwaltskanzlei hat Klage gegen Rahm wegen des Vertriebs des ersten Bandes des Buches «[redacted]» eingereicht.

### Zweite Anzeige

Inzwischen liegt eine zweite Strafanzeige des ehemaligen Schaffhauser SP-Sekretärs Markus Plüss gegen Rahm vor. Der zuständige Untersuchungsrichter Willi Zürcher bestätigte eine Meldung der «Schaffhauser AZ» vom Montag, nach der sich Plüss' Anzeige gegen den Vertrieb des Buches von Des Griffin «Wer regiert die Welt?» richtet. Die Anzeige basiert darauf, dass dieses Buch die als anti[redacted] bekannten und gefälschten «Protokolle der Weisen von [redacted]» enthält.

Bereits in der vergangenen Woche sind bei Emil Rahm zwei der beanstandeten «[redacted]»-Bände beschlagnahmt worden. Er selbst stellt sich weiterhin auf den Standpunkt, das Buch sei weder anti[redacted] noch rassistisch. Ausserdem habe er nicht gegen das Antirassismusgesetz verstossen, weil er die Bücher «nur an persönlich Bekannte» vermittelt habe. Diesen Kreis habe die AZ-Redaktorin, die eines der Bücher von ihm bezogen hat, «aus eigenem Antrieb gesprengt».

### Aufforderung Rahms

Durch die Veröffentlichungen in der Presse seien nun aber Behauptungen einer breiten Öffentlichkeit zugänglich gemacht worden, die rassistisch seien. Als Beispiel nannte Rahm gegenüber der Nachrichtenagentur SDA ein Zitat aus der ersten Strafanzeige, in der behauptet wird, das umstrittene Buch verbreite eine Weltverschwörungstheorie, gemäss der die [redacted] die Weltherrschaft anstrebten.

Dies stehe nicht in dem Buch, dessen Autor Jan van Helsing (Pseudonym für Jan Udo Holey) sich «gegen eine unzutreffende Schuldzuweisung an [redacted]» wende. Er verweise ausdrücklich darauf, dass auch [redacted] zu den Opfern der Khasaren und anderer Einzelpersonen gehörten, die «den [redacted] finanziert» hätten. Deshalb verstiessen nicht das Buch, sondern «die Schaffhauser AZ und andere Medien» gegen das Antirassismusgesetz und es sei Aufgabe der Untersuchungsbehörden, dagegen zu ermitteln.

## Die Khasaren und van Helsing

**sda. In der Auseinandersetzung um die beiden Bücher «[redacted]» des «Jan van Helsing» spielen Khasaren eine Rolle, die angeblich per Geheimgesellschaft Herrschaft anstreben. Dabei wird immer wieder betont, es gehe um «nicht [redacted] Khasaren.»**

Emil Rahm, der wegen des Vertriebs des Buches angezeigt wurde, betont immer wieder, der von ihm vertriebene erste Band der «[redacted]» sei weder rassistisch noch anti[redacted]. Der Autor «Jan van Helsing» (Jan Udo Holey) kritisiere «nicht [redacted] Khasaren», die «den [redacted] finanziert haben». Übrigens ist das Pseudonym «van Helsing» (grusel)literarischen Ursprungs: So heisst jener Professor, der es sich zur Aufgabe gemacht hat, dem Vampir Graf Dracula (Autor: Bram Stoker) das Handwerk zu legen.

Die von «van Helsing» angeführten Khasaren wiederum waren ein ursprünglich nomadisierendes Turkvolk, das aus Zentralasien, dem Kaukasus und/oder dem Ural stammte. Es wurde zwischen der östlichen Ukraine, der Krim, dem westlichen Kasachstan, Südrussland und dem nördlichen Kaukasus ansässig und besass dort zwischen dem 5. und 13. Jahrhundert einen eigenen Staat. Die grösste Macht hatte Khasaria laut historischen Quellen etwa im 9. Jahrhundert.

Diesen Quellen folgend zeichneten sich die Khasaren durch religiöse Toleranz aus, was dazu führte, dass [redacted] vor persischer und byzantinischer Verfolgung in dieses Land flohen. In der Folge übernahm der grösste Teil der Khasaren den [redacted] Glauben. Er dürfte es – nach Meinung von Historikern – den Khasaren erleichtert haben, das Machtgleichgewicht zwischen den benachbarten islamischen Kalifaten und dem christlichen Byzanz zu halten.

## DOSSIER ANTI[redacted] 25

Foto: Pierre A. Sobol, «[redacted] Wochenblatt», 17.11.95

In der Buchhandlung Jäggi in Basel wurde das anti[redacted] Werk «[redacted]» von Jan van Helsing gleich stapelweise aufgelegt. Links Band 1, rechts Band 2.

**Das [redacted] Wochenblatt Nr. 6 (Zürich) schrieb am 9.2.1996:** *„Neonazistische Esoterik-Bücher: Basler Staatsanwaltschaft handelt*

Artikel „Ein rassistisches, untaugliches Buch“

*Die Basler Staatsanwaltschaft hat auf die Strafanzeige, welche der Basler Anwalt und Vorstandsmitglied der [redacted] Gemeinde Basel (IGB), Peter Liatowitsch, nach IW-Hinweisen eingereicht hatte, reagiert: Das Buch „[redacted], Band 2, [redacted]“ aus dem deutschen Evert-Verlag wurde in einer Basler Buchhandlung beschlagnahmt. Die Buchhandlung hat jetzt Konsequenzen gezogen: Sie distanziert sich von ihrer früheren Haltung.*

Von Peter Bollag

*IW-Leserinnen und -Leser erinnern sich: Verschiedene Bücher aus dem sogenannten Esoterik-Bereich, die sich mit der Macht von Geheimgesellschaften befassen, sind unzweifelhaft anti[redacted] Inhaltes (vgl. IW 46 vom 17.11.95) und verstoßen deshalb möglicherweise gegen das seit dem 1. Januar 1995 in der Schweiz geltende Antirassismus-Gesetz (ARG). Ins Blickfeld geraten waren insbesondere die Bücher „[redacted]“ (zwei Bände) aus dem deutschen Evert-Verlag, weil die Schweizer Sekte „Universale Kirche“, die sich durch anti[redacted] Umtriebe auszeichnet, diese ihren Mitgliedern zur Lektüre empfiehlt.*

Informationspflicht?

*Im Gefolge der Berichterstattung in den Medien hatten viele Buchhandlungen in der Schweiz auf den öffentlichen Verkauf dieser und anderer, ähnlicher Titel verzichtet. Nicht darauf verzichten mochte die Basler Buchhandlung Jäggi, welche diese Bücher zwar nach der IW-Berichterstattung aus einem Extrastand herausnahm, sie aber in den entsprechenden Buchgestellen gut sichtbar weiter anbot. Entsprechende Interventionen fruchteten nichts, Buchhändler Willy Jäggi berief sich im Gespräch mit dem IW und dem Anwalt Peter Liatowitsch auf seine „Informationspflicht" und schloß die Gespräche jeweils mit dem Hinweis auf die Gefahr einer für ihn drohenden Zensur ab. In der Folge wurden die Titel - auch während des Weihnachtsgeschäftes - weiter im Sortiment behalten. Die Staatsanwaltschaft Basel-Stadt, die von Peter Liatowitsch daraufhin eingeschaltet wurde, kam zu einem eindeutigen Verdikt. Der zuständige leitende Staatsanwalt Herbert Hauert zum IW: „Ich habe den zweiten Band der „*[redacted]*" gelesen und bin zum Schluss gekommen, dass die dort vertretenen Thesen gegen das ARG verstossen. Ich habe deshalb diesen zweiten Band sofort eingezogen und prüfe gegenwärtig, ob auch der erste Band unter das Gesetz fällt." Ausserdem habe er, so Hauert, den Historiker Georg Kreis als Präsident der Eidgenössischen Kommission gegen Rassismus gebeten, den juristischen Entscheid mit einem entsprechenden historischen Gutachten zu untermauern.*

*Bei der Buchhandlung Jäggi reagierte man nach einer anfänglichen „Kampfansage" - nämlich mit der Streichung der IW-Inserate - kurz darauf völlig gegenteilig: in einer Stellungnahme... entschuldigt sich die Firma Jäggi dafür, das Buch verkauft zu haben, und widerruft auch die Annullation der Inserate.*

Wie weiter?

*Bleibt die Frage, ob dieser (und ähnliche Titel) in Zukunft weiter über Schweizer Buchladentische gehen. Monique Thum vom Schweizer Buchhändler- und Verleger-Verband (SBVV) bremst allzu großen Optimismus: „Den Entscheid der Basler Staatsanwaltschaft nehmen wir mit Interesse zur Kenntnis; als Verband haben wir aber keinen direkten Einfluß, hier ist der Buchhändler bzw. Zwischenhändler gefragt. Wir können bloß Empfehlungen abgeben."*

*Offen angeboten werden beide Bände der „*[redacted]*“ gemäss einer Beobachtung des Rechtsextremismus-Spezialisten und Publizisten Jürg Frischknecht z.B. in der esoterischen Zürcher Buchhandlung „Im Licht“. Frischknecht bestätigt auch, dass die Bücher in der „Universalen Kirche“ mittlerweile eine Art „Bibel-Status“ hätten und nicht nur dort auch unter der Hand weitergegeben würden, um allfällige Gesetze unterlaufen zu können. Frischknecht bezweifelt ausserdem, dass das ARG zur Anwendung komme, wenn jemand die Bücher in einer Buchhandlung ausdrücklich verlange, nachdem sie nicht mehr offen angeboten würden.*

*Ob Verleger Uwe Evert* (?, Anm.d.Verf.) *aufgrund der neusten Entwicklung „über die Bücher gehen“ wird, weiss er noch nicht: „Ich betreibe Aufklärung im positiven Sinne und habe den Gesamt-Zusammenhang im Auge.“ Er werde aber demnächst über eine Neuauflage entscheiden und sich dann auch ein paar grundsätzliche Fragen stellen; doch von einer Haltungsänderung kann wohl nicht gesprochen werden: „Daß die „Protokolle der Weisen von* [redacted]*“ echt sind, davon kann doch ausgegangen werden“, meinte er als Quintessenz des Gespräches.“*

**Artikel aus der Zeitschrift „KGS Hamburg Heft 1/96":**

*„Finstermann Helsing: Den Weltverschwörern auf der Spur"*
*Ein verführerisches, widerliches Buch: Jan van Helsings „*[redacted]*", der neue Eso-Bestseller.*
Eine Entgegnung von Bernd [redacted].

*„Als Vance Packard vor gut 20 Jahren sein Buch „Die geheimen Verführer" schrieb, meinte er damit die Verführer aus der Werbung, die uns unmerklich zu Kaufimpulsen veranlassen. Nicht weniger subtil wirkt eine neue Werbung für alte Feindbilder, die im Begriff ist, auf dem esoterischen Buchmarkt zum geheimen Verführer zu werden. In den beiden Bänden mit dem Titel „*[redacted]*" baut der unter dem Pseudonym Jan van Helsing publizierende Autor* [redacted] *und Freimaurer nach und nach zum Sündenbock für alles Ungemach dieser Welt auf. Dabei ist sowohl sein Umgang mit Sprache als auch mit Quellen höchst fragwürdig.*

*Jan van Helsing spielt mit Vorurteilen, mit tief vergrabenen Ressentiments und er bedient das (ziemlich kranke) „gesunde Volksempfinden". Ging es Ihnen im Religionsunterricht nicht auch manchmal so, daß Ihnen der Gott des Alten Testaments eher als eifersüchtiger Despot, nicht aber als Gott der Liebe vorkam? Erscheint nicht auch für Esoteriker die Phantasie plausibel, daß der „Bund mit dem Volke* [redacted]*" ein Kontrakt zwischen Außerirdischen und dem „*[redacted] *Volk" gewesen sein könnte? Etwa so, wie die Hopi-Indianer in ihrer Weise Bündis mit einer Art Enterprise-Mannschaft aus dem kosmischen Irgendwo geschlossen haben sollen. So was weiß doch schon Altmeister Däniken in Kommentaren zum biblischen Propheten Hesekiel anzumerken. Warum sollte da nicht in grauer Vorzeit zwischen ein paar politischen Führern im gelobten Land und Extraterristrischen, die ziemlich finster drauf waren, ein Abkommen geschlossen worden sein, das rigorose Unterwerfung unter eine lustfeindliche und autoritäre Doktrin forder-*

*te? Vielleicht als Gegenleistung für „Feuerschutz“ bei kriegerischen Auseinandersetzungen mit anderen Stämmen in der Region.*

*Und kennen Sie auch dieses diffuse Gefühl, daß möglicherweise nationale und internationale Machtcliquen in der Politik unsichtbare Fäden ziehen? Daß es „geheime“ Schaltzentren gibt, die niemand zu kennen scheint und an die man auch nicht rankommt? Da menschlicher Verstand nun offenbar so funktioniert, für alles Übel dieser Welt möglichst eine Ursache zu suchen, die man nur konsequent beseitigen muß, um ins Paradies zu gelangen, kann schon mal die Frage aufkommen, ob es da nicht Verbindungen und Zusammenhänge gibt.*

*Vom Autor erfährt der Leser wenig. Sein ungefähres Alter: Mitte 20. Herkunft: früher in der Punk-Szene aktiv gewesen. Name: „Jan van Helsing“, ein Pseudonym, das auf die Filmfigur des Vampirjägers Professor van Helsing anspielt. Wie der Autor wirklich heißt, will er nicht sagen. Der Titel der beiden Bände - [redacted] - macht auf ein Thema scharf, über das man schon immer mehr erfahren wollte. Und Helsing enttäuscht die Kundschaft nicht. Kein heißes Thema läßt er aus: Weltverschwörung und Außerirdische, Freimaurer und andere Logen, Illuminaten und Scientology, Bermuda-Dreieck, Aids, Apokalypse, Kaspar Hauser, der Tod von Bruce Lee und das Attentat auf John F. Kennedy, Zeitreisen, Philadelphia-Experiment, Antichrist, geheime Weltregierung und Gedankenkontrolle - alles bunt gemixt, zu einem explosiven Cocktail, dessen vorherrschender Inhalt allerdings die alte braune Soße ist.*

*Die anti[redacted] Tendenzen nehmen im zweiten Band noch breiteren Raum ein als im ersten - fast so, als hätte sich van Helsing erst während des Schreibens mit den Nazi-Virus infiziert. Das esoterische Beiwerk serviert der Autor allerdings so interessant, und die braune Ideologie träufelt er so raffiniert in den Text, daß viele Menschen, die einfach nur aufgeschlossen sind und sich auch auf ungewöhnliche Thesen einlassen mögen, seiner widerlich geschickten Seelenmassage zu erliegen drohen.*

*Liest man das Buch mit der gebotenen Distanz, vermag man immerhin herauszufiltern, in welchem Ausmaß der Nationalsozialismus von schwarzmagischen Ritualen und Ideologievorstellungen geprägt gewesen ist. So erfährt man nebenbei, woher Hitler seine paranoiden Wahnvorstellungen bezogen hat, die Millionen von Menschen das Leben kosteten. Es stellt mystische Zirkel und Verbindungen vor, die auf ihn und sein Umfeld wesentlichen Einfluß gehabt haben: der Tibetreisende Karl Haushofer etwa und Rudolf Freiherr von Sebottendorf, in dessen Dunstkreis sich später die „Thule-Gesellschaft" als politischer Arm eines arisch-germanischen Mystizismus bildete.*

*Haushofer behauptete, Thule sei das einstige Atlantis gewesen, dessen Nachfahren ein „unterirdisches Reich" begründet hätten. Wie so oft, habe es auch hier „die Guten" und „die Bösen" gegeben. Die „Agarthi" hätten bis in die Neuzeit das Wohl der Menschen im Auge, während die Einwohner von „Shamballa" sich die Bewohner des Planeten untertan machen wollten. Letztere hätten eine böswillige Verschwörung der eingeweihten Hochgrade von Freimaurern und [redacted]isten initiiert.*

*Eine der düsteren Fabeln aus den [redacted] des Jan van Helsing lautet, daß die [redacted] von heute in x-ter Generation die Sachwalter extraterrestrischer Interessen seien. Die Begründer ihrer Kultur hätten mit einem imperialen Raum-Commander namens [redacted] einen „Blutpakt" zur Unterdrückung der Menschheit geschlossen, um sie nach und nach zu unterwerfen. Die Machteliten der weltweit operierenden Freimaurer seien mehr oder weniger deren „fünfte Kolonne", und alle namhaften Politiker würden von ihnen als eine willfähige „Weltregierung" gesponsert. Der Autor versucht den Eindruck zu erwecken, daß diese Machtverhältnisse bis in die Gegenwart reichen.*

*Wäre er mit einem etwas breiteren Horizont gesegnet, hätte Helsing vielleicht festgestellt, daß fundamentalistische Kräfte seit jeher in allen Völkern und Kulturen wirken. In [redacted] haben wir sie bei dem Attentat auf [redacted] vor wenigen Wochen erlebt. Wie sehr diese Kräfte einander zuarbeiten, belegt der Jubel, den der Mordanschlag auf den [redacted] Ministerpräsidenten wiederum bei radikalen Palästinensern ausgelöst hat.*

*Hitler soll in seiner „Abneigung gegen die [redacted]", wie van Helsing beschönigend formuliert, in starkem Maß von den sogenannten Protokollen der „Weisen von [redacted]" beeinflußt gewesen sein. Bereits im ersten Band der [redacted] macht der Autor diese angeblich authentischen Papiere zum Dreh- und Angelpunkt seiner Argumentation.*

*Bei den „Protokollen" spielt das Kapital der [redacted] eine Schlüsselrolle, einer Familie, die, wie van Helsing herausgefunden zu haben glaubt, die Welt kontrollieren wolle. Alles habe 1773 mit einem konspirativen Treffen von Meyer Amschel [redacted] mit [redacted] Geldgebern in seinem Hause begonnen. Dort habe man beschlossen, Kriege zu finanzieren, um daran zu verdienen und international Einfluß zu gewinnen. Ferner sei beschlossen worden, Wirtschaftskrisen anzuzetteln und Regierungen sowie die öffentliche Meinung in globalem Maßstab von sich abhängig zu machen, Völker gegeneinander aufzuhetzen, Nahrung, Bedürfnisse und Glaubensvorstellungen unter Kontrolle zu bringen. Das Aufstellen von Freimaurerlogen sei ausdrücklich vorgeschlagen worden. All diese „perfiden Ränke" habe man in geheimen Aufzeichnungen festgehalten, eben jenen Protokollen der „Weisen von [redacted]".*

*Eines der Ärgernisse der [redacted] liegt im schlampigen Umgang des Autors mit Quellen. So heißt es zum Beispiel: „Diese Protokolle wurden bis zum Jahre 1901 geheimgehalten, bis sie in die Hände des russischen Professors S. Nilus fielen. Dieser veröffentlichte sie unter dem Titel „Die [redacted] Gefahr". In Anbgetracht der enormen gesellschaftlichen Konsequenz solcher Behauptungen und des darin enthaltenen Sprengsatzes wäre es zwingend erforderlich, genau darzulegen, wer dieser Nilus gewesen ist. Ebenso wichtig wäre zu klären, wie er in den Besitz derart brisanter Materialien gelangt sein kann. Wie bewerten zeitgenössische Kommentatoren und heutige Historiker solche Dokumente, wenn sie denn tatsächlich existieren sollten? All das unterläßt der Autor, verweist statt dessen auf die Übersetzung der Schrift von Nilus durch einen Viktor Marsden.*

*Ebenso fahrlässig geht van Helsing vor, wenn er im zweiten Band an der Kriegsschuldfrage rüttelt. Da behauptet er, vor dem deutschen Angriff auf Polen habe es von polnischer Seite aus stets Übergriffe auf deutsches Gebiet gegeben. Wörtlich heißt es auf den Seiten 92 und 93: „In Bromberg, Pless und Stopnika kam es bereits im August 1939 zu Massenabschlachtungen deutscher Zivilisten durch polnische Soldaten. Es kam zu regelmäßigen Grenzübertritten der Polen und zu Massakern auf reichsdeutschem Gebiet, doch die reichsdeutsche Führung reagierte nicht. Man wollte keinen Krieg." Es seien deutsche Frauen, Männer und Kinder an die Kirchentüren genagelt und aufgeschlitzt worden. Die polnischen Soldaten hätten das auch noch photographiert und der Reichsregierung zugeschickt. Dann erst sei Hitler in Polen einmarschiert.*

*Bezeichnenderweise bezieht sich der Autor auf das „Deutsche Weißbuch" aus dem Jahre 1940, also auf eine Quelle aus Nazi-Deutschland. Dazu die simple und nirgendwo näher ausgeführte oder gar begründete Behauptung: „Kein einziges der dort nachgewiesenen Dokumente ist bisher widerlegt worden." Außerdem werden obskure Schriften mit Namen wie „Der [redacted]" und „[redacted]" angegeben, mit Adresse eines gewissen [redacted] (Bd.2, S.93). Läuft das noch unter grobe Geschichtsklitterung, oder ist das schon Volksverhetzung?*

*Damit nicht genug. Im zweiten Band der [redacted] finden sich vertraute Sujets rassistischer Hetze sowie Gedanken und Vokabular von vorgestern. Da heißt es auf Seite 106, „daß 95 Prozent der heutigen [redacted] des 20. Jahrhunderts NICHT [redacted] bzw. [redacted] Abstammung sind, sondern hunnisch-türkischer". Und wenig später: „Sie kamen nicht vom [redacted], sondern von der Wolga, nicht von [redacted], sondern vom Kaukasus, und sind genetisch nicht mit [redacted], [redacted] und [redacted] verbunden, sondern mit den Hunnen, den Uiguren und den Magyaren." Der Autor folgert daraus, daß die heutigen Bewohner von [redacted] keinen Grund und schon gar kein Recht hätten, in einem Staat [redacted] zu wohnen, da sie weder [redacted] noch [redacted] Abstammung seien. „Die modernen [redacted] hätten allerhöchstens ein Anrecht auf ein Stück Land irgendwo in Rußland" (Bd.2,S.109).*

*Was heißt „allerhöchstens"? Eigentlich, will Helsing sagen, haben sie kein Recht, überhaupt irgendwo zu leben. Äußerstenfalls an einem mit „irgendwo in Rußland" bezeichneten Ort, und zwar auf einem „Stück Land". Nicht nur Psychologen wissen, daß die Wahl von Worten sehr aufschlußreich ist, wenn man tiefer liegende Einstellungen, Motivationen und Absichten erkennen will. Besonders dann, wenn man unbewußte Strukturen aufdecken möchte. Das „Stück Land", das einer Volksgruppe „irgendwo" zugewiesen werden soll, weckt fatale Assoziationen ans [redacted] „[redacted]".*

*Sprachliche Entgleisungen, krause Gedanken und Diffamierungen sind mit der Jugend des Autors oder mit seiner Vergangenheit in der als gewaltbereit bekannten Punk-Szene nicht zu entschuldigen. Wer derartige Gedanken verbreitet (und verlegt!), zündelt an einer Lunte, die die Gesellschaft gefährdet - gerade in heutiger Zeit.*

*In dem Zusammenhang wird wieder die Sprache verräterisch. Auf Seite 99, Bd. 2 heißt es: „Die einzigen, die in den genannten Kreisen Bestechungsgelder austeilen, sind fast ausschließlich [redacted]. Ich habe noch nie gehört, daß ein Neonazi jemanden bestochen hat, nicht einmal in meinen Punk-Tagen."*

*Natürlich ist auch von „dem [redacted]" Willy Brandt die Rede, „alias Herbert Frahm", sowie an anderer Stelle von „den [redacted]" Stalin und Chruschtschow, die „in der damaligen Sowjetunion innerhalb von wenigen Jahren über 20 Millionen Menschen abgeschlachtet" hätten. „Oder der Befehl des [redacted] Franklin Delano Roosevelt für den Abwurf der Atombomben in Japan." Delano sei der Name einer sephardischen Familie aus Italien (Sepharden sind ursprünglich portugiesische [redacted]) und Roosevelt sei die amerikanisierte Version des [redacted] Familiennamens Rosenfeld (S.95,96)*

*Man kann sicher sein: Für alles tatsächliche oder vermeintliche Übel dieser Welt findet der selbsternannte Vampirjäger entweder einen tatsächlichen oder einen vermeintlichen* [redacted]*. Perfiderweise gelingt es ihm zwischendurch immer wieder, an Vorbehalte gegenüber Institutionen anzudocken, die in letzter Zeit in die öffentliche Kritik geraten sind, etwa bestimmte Machtstrukturen im Vatikan. Helsing: „Nebenbei bemerkt waren die Hälfte aller Päpste Vollblut*[redacted]*." Man beachte die Wortwahl.*

*Der Autor beteuert, gegen „anständige* [redacted]*" habe er nichts. Mit einigen arbeite er sogar zusammen. „Weiterhin ist zum Leid meiner „Gegner" meine Ex-Freundin „vollblütige Rasse*[redacted]*" mit einem solchen Namen und mit einer solchen Nase!!!", schreibt Helsing im zweiten Band (s.99). Natürlich darf auch eine einschlägige Auseinandersetzung mit der Homosexualität nicht fehlen. Helsing versichert, „selbst enge Freunde von mir sind homosexuell - kein Problem. Ich akzeptiere das." Nett, was? Kurz zuvor aber schreibt er: „Die Homosexuellen „entschuldigen" sich oft, daß sie in einem vorhergehenden Leben das andere Geschlecht waren." Und im übrigen wisse die Natur am besten, was „anatomisch zusammenpaßt und was ab-artig ist" (Band 2, S. 219).*

*Eine einseitige Auswahl von Textstellen - aus dem Zusammenhang gerissen? Wer solche Passagen schreibt, sagt viel über sich. Da dürften tief sitzende Bedrohungs- und Verfolgungsängste eine Rolle spielen, nach dem Motto: Die Welt ist gegen mich. Ich muß „Übeltäter" an den Schaltstellen ausfindig machen. Aus dem Grunde fällt es bei kritischer Betrachtungsweise ungeheuer schwer, die Aussagen ernstzunehmen, in denen der Autor davon spricht, man solle all den Feinden von Recht und Gerechtigkeit, die er ausgemacht zu haben glaubt, letztlich mit Liebe und Versöhnung begegnen, mit der Macht der Gedanken und Gefühle, mit spiritueller Energie und nicht mit Waffen.*

*Helsing hält sich selbst an sein Gebot zuletzt. Denn seine Sprache ist alles andere als eine Sprache der Liebe. Wenn er von Liebe schreibt, klingt es schon mal wie eine Drohung: „Und da die meisten Erdenbewohner nicht in der Lage waren, diese (die Liebe, die Red.) sich selbst, ihren Mitmenschen und diesem Planeten zu geben, werden wir es tun. Doch darf man uns dabei nicht im Wege stehen, denn es muß und es wird schnell gehen (Bd.2,S.26).*

*Unterstellt man dem Autor einmal, daß er nicht weiß, was er tut, bleibt doch eins: Das Kollektivbewußtsein wird mit negativen Bildern und Projektionen, mit unguten Assoziationen und mit einer bedrückenden mentalen Schwingung aufgeladen. Als Mangel an publizistischer Sorgfalt muß es erscheinen, wenn Verleger Dieter Ewert (49) meint, es sei nicht seine Aufgabe, „Autoren zu zensieren". Schließlich könne man die dargestellten Sachverhalte auch woanders nachlesen. Es sei eigentlich alles nicht neu. Richtig: Die Frage ist bloß: Welcher Natur sind die Quellen, auf die der Autor sich bezieht, und darf man rassistische Ansichten abdrucken?*

*Für die erhebliche Nachfrage nach dem Titel im esoterischen Buchhandel gibt es Gründe. Autoren, die sich über öffentliche Denktabus, etwa hinsichtlich der Ufo-Frage, hinwegsetzen, dürfen bei manchen Lesern auf einen Sympathie-Kredit rechnen. Passagen, die sie in einem anderen Zusammenhang sofort als unhaltbar erkennen würden, werden eher überlesen. Noch wesentlicher erscheint die Tatsache, daß wir in einer Welt leben, die von Tag zu Tag komplizierter und in mancher Hinsicht auch bedrohlicher zu werden scheint. Mancher sehnt sich in dieser Situation nach einem Muster, das alles erklären könnte, das die Komplexität und damit die Spannung mindert. Doch diese Sehnsucht ähnelt allzu sehr der nach dem „starken Mann": Zuletzt treibt sie Menschen, die sich in der anonymen Gesellschaft oft ohnmächtig fühlen, wie hypnotisiert in die Arme von Diktatoren."*

# Die Spur der Weltverschwörer

eine Erwiederung zu den KGS-Artikeln über die Bücher von Jan van Helsing

Die KGS-Artikel, die versucht haben, die Bücher von Jan van Helsing als Lügengechichten zu outen, sind nur auf den ersten Blick sachlich und berechtigt. Bei genauerer Überprüfung halten sie nicht mal den Kriterien, die die Autoren von Helsing fordern, stand. Da wird dessen legerer Umgang mit Worten entlarvt, obwohl Begriffe wie „braune Soße" und „Finstermann" wohl kaum sachgerecht und informativ, sondern reinste Polemik sind.

Bestimmte Dinge sind schlichtweg falsch, z.B. die Behauptung, die Bücher seien nun (endlich) verboten. Es findet eine Untersuchung durch die Staatsanwaltschaft statt, an deren Ende möglicherweise eine Streichung bestimmter Textpassagen stehen kann, doch werden sich die Informationen aus den Büchern nicht so leicht widerlegen lassen. St. Bram nennt Helsing einen „notorischen Lügner", obwohl er keine einzige Lüge nachweisen kann. Es reicht für ihn, zu behaupten, daß diese oder jene Quelle van Helsings dem rechten Lager zuzuordnen sei. „...wird durch das Weglassen von Seitenzahlen (...) regelrecht unmöglich gemacht, die Herkunft einer Behauptung nachzuvollziehen". Dies schreibt St. Brams über Helsing, merkt aber nicht, daß er es keinen Deut besser macht.

Daß Helsings Professor Nilius gar kein Professor war, reicht wohl kaum aus, zu belegen, daß die „Protokolle der Weisen von [redacted]" nicht echt sind. Auch daß sie auf ein Buch von 1864 zurückgehen sollen, ist durch nichts bewiesen. Wenn es geheime Protokolle einer geheimen Zusammenkunft mit den Beschlüssen zu einer geheimen Weltverschwörung sind, wird die Entstehung kaum im „Who is Who" der Literatur zu finden sein.

Der Begriff „dem Fälscher auf der Spur" zu sein, ist ebenfalls reinste Polemik, da ein Fälscher Dokumente fälscht und als echt herausgibt, was Helsing nirgendwo tut. Lediglich sein Quellenmaterial wird angezweifelt, einfach, indem es in die rechte Ecke gerückt wird. Liest man aber genau, dann hat Autor St. Bram (warum steht er nicht mit seinem vollen Namen für das Geschriebene ein?) nichts wirklich widerlegt.

Daß Helsings [redacted]übersetzungen erstmalig 1942 von der NSDAP herausgegeben wurden, klingt zunächst schlimm. Aber erst, wenn sie nach dem Krieg richtig gestellt und verboten worden wären, könnte man sie anzweifeln. Das Wörtchen „erstmalig" deutet aber eher auf das Gegenteil hin. Da van Helsing aber auch andere [redacted]übersetzungen angibt, sagt die pure Anzweiflung der rechten Quelle nicht viel aus. Hätte Bram in einer Bibliothek die Genauigkeit der [redacted]-Zitate überprüft und sie als Fälschung entlarvt, hätte er sicher stolz die richtige Übersetzung der [redacted]-Stellen präsentiert.

Daß Quellenautor William Cooper angeblich die Ausrottung der amerikanischen Indianer verlangt, ist Lesern seiner Bücher völlig neu und würde sie sicherlich zu recht abstoßen. Der Cooper, der in Helsings Quellenverzeichnis steht, ist hingegen ehemaliger CIA-Agent, der die Zusammenarbeit der geheimen amerikanischen Regierung mit Außerirdischen aufdeckt und bei einem der Anschläge auf sein Leben ein Bein verlor. Der William Cooper aus Brams Auslistung muß ein Namensvetter sein oder ihm ist etwas untergeschoben worden, um ihn und seine für die US-Regierung gefährlichen Aussagen zu diffamieren.

So funktioniert das halt. Es ist leicht zu sagen, ein Großteil von Helsings Quellenmaterial sei anti[redacted], aber finden Sie mal eine Quelle, die etwas Kritisches über das Verhalten einiger [redacted] aufdeckt, das nicht als anti[redacted] bezeichnet werden kann, so man die Definition dieses Begriffes nicht, wie Helsing, ad absurdum geführt hat. Mit anderen Worten, es ist eine Tautologie, zu behaupten, alle Quellen, die sich mit [redacted] Material kritisch auseinanderzusetzen, seien anti[redacted].

Van Helsing braucht jedoch kaum rechtsradikale Quellen zu bemühen. Er zitiert „The [redacted] Chronicle" und die „Encyclopedia [redacted]", und outet die extremen [redacted]isten mit ihren eigenen Worten.

Ihm den Begriff „Vollblut[redacted]" in Bezug auf eine ehemalige Freundin als rassistisch anzukreiden, bedeutet die [redacted] Rassegesetze zu ignorieren, die Begriffe wie „Voll-", „Halb-" oder „Dreiviertel[redacted]" heute noch verwenden.

Keineswegs aber schiebt van Helsing alles Übel der Welt den [redacted] in die Schuhe. Sie nehmen nachweislich nur einen kleinen Teil seiner Bücher ein.

Er versucht eine Verschwörung einiger Superreicher mit zweifelhaften Zielen aufzudecken, und schon wenige seiner Informationen reichen aus, um diesen Verdacht zu erhärten. Von den zusammen ca. 700 Seiten befassen sich nur sehr wenige mit der [redacted] Thematik, die dann aber ausreichen, das ganze Werk zu verunglimpfen. Wenn nun der Versuch, die Wahrheit über eine großangelegte Manipulation einfach ohne jegliche Gegenbeweise zunichte gemacht werden kann, indem man ihn in die „Anti[redacted]"-Schublade steckt und die Klappe ungerührt wieder zu macht, muß man sich fragen, ob da nicht ein Mechanismus greift, der Teil dieser Verschwörung ist und „Aufdecker" davon abhalten soll, die Wahrheit ans Licht zu bringen, indem sie in die rechte Ecke gerückt werden können.

Natürlich ist es für Esotheriker kein Ziel, die Schuld an Übeln bei anderen zu suchen. Und sicherlich muß sich jeder selber der Verantwortung für seine eigenen Lebensumstände stellen. Wenn es jedoch eine Weltverschwörung gibt, die heute noch Grund für das Leiden von Menschen ist, indem Kriege gemacht werden, die wahren Ursachen von Krankheiten zurückgehalten werden oder einfach nur die Gottesvorstellung der Menschen absichtlich verwirrt wird und damit ihre spirituelle Entwicklung behindert wird, dann ist es auch ein Teil esotherischen Lebens, solche Mißstände ans Licht zu zerren, damit sie nicht weiter wirken können.

Es ist schade, daß durch einige Artikel in diesen esotherischen Heften nun verhindert wird, daß die Menschen sich ein eigenes Bild von diesen weltumspannenden Manipulationen machen können. Therapeuten wissen, daß die Wahrheitsfindung manchmal schmerzhaft und peinlich ist. Aber nur wer bereit ist, ohne Angst vor Gefühlen an seinen Blockaden zu arbeiten, kann letztlich zum Licht finden.

[redacted]

To: KGS, Herrn [redacted] Hamburg

Sehr geehrter Herr [redacted]

5.6.96

ein interessanter Zusammenhang fiel mir beim Nachgrübeln über den Namen „St. Bram“ auf, den der Autor des KGS-„Anti-van Helsing“-Artikels verwendet.

Der Autor von „Dracula“ heißt Bram Stoker. Das alleine kann noch Zufall sein, aber daß zufällig die Namen der beiden Kontrahenten einen Dracula Anklang haben, ist fast ausgeschlossen. Daher kann es sich eigentlich nur um ein Pseudonym handeln.

Wenn van Helsing eines verwendet, ist das verständlich, wo er doch mächtige und skrupellose Weltverschwörer bloßstellen will. Aber warum verbirgt sich der, der angeblich die Wahrheit über „Finstermann“ Helsing offenbart, hinter einem falschen Namen? Vielleicht weiß er selber, daß seine Wahrheit nicht so felsenfest ist, wie er behauptet???

Van Helsing ist der Vampirjäger, kämpft also gegen das Böse, Bram St. ist jedoch der Schöpfer der Blutsaugerstory. Auf was für Intentionen läßt die Verwendung dieses Namens schließen?

Ich möchte Sie als Herausgeber der KGS bitten, mir die Frage zu beantworten, ob Ihnen die wahre Identität des Autors Ihres Artikels bekannt ist und Sie bewußt die Verwendung eines Pseudonyms akzeptiert haben, oder Sie nun stutzig geworden sind. Dann wäre es schön, wenn Sie sich für die Wahrheit einsetzen und einen korrigierenden Artikel veröffentlichen würden.

Denn St. Bram hat keinen einzigen Beweis erbracht, daß van Helsing Lügen und Fälschungen verbreiten will. Schon alleine deswegen hätte er nach dem Pressegesetz das Recht auf eine Gegendarstellung.

Durch Ihren Artikel wird verhindert, daß sich Menschen frei über mögliche Weltverschwörungen informieren können, da sie nun glauben, es sei alles nur eine raffinierte rechte Propaganda. Das ist es leider nicht. Manipulationen der Wahrheit durch die Reichen finden wir in unserer Welt allüberall. Ziel jedes Bestrebens nach Spiritualität muß auch die Offenlegung von geheimen Verschwörungen sein, die die Menschheit in ihrer freiheitlichen Entwicklung behindern.

Selbstverständlich stimme ich Ihnen zu, wenn Sie vor rechter Hetze warnen. Aber überprüfen Sie sorgfältig, wer wirklich was macht. St. Bram ist m.E. der Lüge und der Hetze überführt, da er van Helsing als notorischen Lügner und Fälscher bezeichnet.

Goethe sagte einmal „Ei, bin ich denn 80 Jahre alt geworden, daß ich immer nur dasselbe glauben soll?“

Herr [redacted] was glauben Sie und wie stehen Sie zur Wahrheit?

Mit wahrheitlichen und lichtvollen Grüßen

[redacted]

## Erwiderung zu den KGS-Veröffentlichungen zu Jan van Helsings Büchern.
von [redacted]

Nun sind sie also verboten, diese furchtbaren Bücher, kann „Finstermann Helsing" seine"braune Soße" nicht mehr weiter verbreiten. Raffiniert; man braucht nur die Worte „anti[redacted]" und „rassistisch" verwenden, und schon ist die freiheitlich-demokratische Grundordnung außer Kraft gesetzt, ist es jenseits der Möglichkeit, frei darüber zu sprechen. Deshalb schicke ich mal voraus: ich bin kein Rassist, habe gegen niemanden etwas, habe keine Probleme mit Asylbewerbern und bin nicht stolz, ein Deutscher zu sein. Ich trage keine Springerstiefel und kurzgeschorene Haare, sondern glaube, daß Licht und Liebe die nötigsten Dinge sind, um ein höheres Bewußtsein zu erreichen.

Was aber ist Licht? Ist es nicht gleichbedeutend mit mehr Information? Und Zurückhalten von Information gleich Dunkelheit? Nun hat also eine esoterische Zeitschrift dazu beigetragen, daß Bücher verboten werden. Angeblich, weil sie rassistisch und [redacted]fendlich sind. Nun, ich habe weder das eine noch das andere in diesen Büchern entdeckt, obwohl einige Informationen zugegeben schon einen merkwürdigen Geschmack hinterließen. Jedoch hetzt van Helsing nie, leugnet mit keinem Wort den [redacted], wie das im FOCUS behauptet wird. Nein, anstatt fragwürdige Quellen zu verwenden, wie in der KGS steht, läßt er oft gerade [redacted] Publikationen selber zu Worte kommen, um zu zeigen, wie einige - nicht alle - orthodoxe [redacted] über Nicht[redacted] denken. Andere Zitate kann man in jeder Bibliothek nachprüfen. z.B. Londoner „Daily Express" vom 24.3.1933 mit der Überschrift „Das [redacted] erklärt Deutschland den Krieg". Anti[redacted] Quelle? „Unsere [redacted] Interessen verlangen die vollständige Vernichtung Deutschlands." Fragwürdige, rassistische Quelle? Nein, „Geburtswehen einer neuen Welt" von [redacted] W. Jabotinski. Van Helsing zitiert aus der Neuen Züricher Zeitung, dem Tagesanzeiger, „Evening Telegram", Toronto, [redacted] Chronicle", Simon [redacted], Los Angeles Times, usw. usw. Rassistische, fragwürdige Quellen?

St. Bram erwähnt, daß van Helsing nazistische [redacted]-Übersetzungen verwendet. Das genügt schon. Er braucht gar nicht zu belegen, daß die Übersetzungen nicht stimmen. Kann er auch nicht. Daß also z.B. im [redacted] steht, die Nicht[redacted] seien keine Menschen, sondern Tiere und andere Nettigkeiten, braucht überhaupt nicht widerlegt zu werden, es reicht der Hinweis auf die „rassistische" Quelle. Und ob diese Quellen, die Bram als rassistisch einstuft, tatsächlich rassistisch sind, wird nirgendwo belegt. Es reichen offenbar Zweifel daran, daß die [redacted] vollkommen unschuldige, liebe, nette Menschen sind, um den Begriff Rassismus zu bemühen.

Nun, zur Zeit outen sie sich ja selber, beschießt[redacted] offenbar nicht mal aus Versehen, Zivilisten in UN-Stützpunkten. Aber das darf ich gar nicht schreiben, sonst wird man auch mich als Rassist bezeichnen.

Tatsache ist, ich bin Jahrgang 58, habe also nicht die geringste Schuld am [redacted] auch nicht.

Nicht, daß ich den [redacted] oder die deutsche Kriegsschuld leugnen will, aber einige Ungereimtheiten machen doch stutzig. Es bleiben Zweifel, ob der Zustand unserer Schuld nicht bewußt aufrechterhalten wird, um uns von einer freien, spirituellen Entwicklung abzuhalten, die unter dieser erdrückenden Schuldenlast nicht möglich ist. Denn überprüfen dürfen wir die unterschiedlichen Beweise für die Schuld nicht, schon stehen wir mit einem Bein im Gefängnis. Zweifeln dürfen wir nicht an der [redacted] Integrität, schon werden wir Anti[redacted] genannt, dabei hatte doch van Helsing deutlich genug gemacht, daß das Wort alleine eine Irreführung ist, da die meisten heutigen [redacted] keine [redacted] sind, dafür aber die Araber, die sie bekämpfen. Aber dieses Wort funktioniert genauso, wie er es beschrieben hat. Auch in der KGS.

Die Artikel werfen van Helsing lockeren Umgang mit Worten vor, benutzen aber gleichzeitig Wortwendungen wie „Finstermann Helsing", „Braune Soße", „klingt so ähnlich wie der Ruf nach dem starken Mann". Textstellen werden aus dem Zusammenhang gerissen. Van Helsing wirft man vor, daß er Worte wie „Vollblut[redacted]" in Bezug auf eine Freundin verwendet. Daß aber die [redacted] selber sehr detaillierte Rassegesetze haben, die genau festlegen, wer Vollblut- oder Halb, oder Dreiviertel[redacted] ist, wird dabei nicht erwähnt. Van Helsing ist der Rassist, dabei zeigt er nur auf, wie [redacted] sich selber durch Worte und Taten outen.

Eine Geste der Vergebung wird uns von den [redacted] nicht entgegengebracht. Versöhnung? Nicht möglich. „Haß und Wut" empfand Weizmann bei seinem Deutschlandbesuch und schrieb das auch ins Gästebuch.

Gottseidank ist nun diese „braune Soße" dieser Bücher aus dem Verkehr gezogen. Niemand kann sich mehr frei informieren, wird Dunkelheit über alles gedeckt - auf Betreiben einer esotherischen Publikation.

Können jetzt auch Bücher verboten werden, die kritisch über Ghananesen berichten, die Anti-kurdisch eingestellt sind, die Homosexuelle verunglimpfen? Nein, seien Sie sicher: Verboten werden kann nur, was etwas kritisches über [redacted] enthält. Es stimmt natürlich nicht, daß die [redacted] mit ihrer Geldmacht die Menschheit manipulieren und die Weltherrschaft anstreben. Aber die Herrschaft über unseren (esotherischen) Buchmarkt haben sie offenbar schon. Sie können die freiheitlich-demokratische Grundordnung durch einfaches Verwenden des Begriffes „Anti[redacted]" außer Kraft setzen, ohne irgendwelche weiteren Argumente.

Es muß aber möglich sein, im Dunkel unserer Geschichte den Lichtschalter zu finden. Wenn Informationen vorenthalten werden, ist es immer schwer, die Wahrheit zu finden. Und die Informationen über die Vergangenheit unserer Väter sind voller Löcher. Die Suche nach der Wahrheit ist wie die Suche nach dem Licht; ihr liegt ein ernsthaftes Bestreben nach etwas Positivem zugrunde. Das muß uns zugestanden werden. Sonst ist „die Gnade der späten Geburt" nicht mehr wert, als das Recht der Ureinwohner Amerikas, in Reservaten steuerfreie Zigaretten zu verkaufen.

# *An KGS Leserbrief zu Jan van Helsing*

*[redacted] den 17.05.1996*

***2 Artikel in KGS 1/96 und 5/96 "Finstermann Helsing" und "Dem Fälscher auf der Spur"***

***Guten Tag,***

***wie sagt Herr Nossak doch in seinem Artikel: "nicht nur Psychologen wissen, daß die Wahl von Worten sehr aufschlußreich ist, wenn man tieferliegende Absichten erkennen will."***

***Die Wortwahl bei Herrn Nossak verrät auch seine Absichten. "Wenn van Helsing einen breiteren Horizont hätte" - (der Arme ist ja zu blöd), er "hat sich mit dem Nazi Virus infiziert" (weil er Tabu's bricht), er ist "anti[redacted]" (weil er die Wahrheit schreibt). Wenn J. van Helsing die Massaker von polnischen Staatsbürgern an Reichsdeutschen schildert ist das "Volksverhetzung".***

***Wenn Sie sich getrauen, einmal hinter das Ihnen eingeimpfte Geschichtsbild zu schauen, werden Sie erstaunt feststellen, Herr Nossak und Herr Lipp, daß es diese Massaker wirklich gegeben hat. Fast jeder ältere polnische Staatsbürger und Deutscher aus den heutigen Polen wird Ihnen das bestätigen! Es gibt genügend auch in Ihrer Umgebung die Ihnen das bestätigen werden, wenn Sie sie fragen. Aber wenn Sie sich nicht trauen, hinter Ihre eigene jämmerliche Fassade zu schauen, weil Sie so harmoniebedürftig sind, und einfach Angst haben, Ihre kleine Welt könnte zusammenbrechen, dann müssen Sie ja das verdrehte Weltbild aufrechterhalten das man Ihnen beigebracht hat.***

***Wenn man allerdings weiß, wie Worte wirken - und das schreibt sich Herr Nossak mindestens zu, dann ist die Überschrift "Finstermann Helsing" ein Aufruf zu Haß und Angst. Statt den Wahrheitsgehalt der Bücher zu überprüfen, jonglieren Sie lieber mit Gefühlen und hetzen Menschen auf.***

***Doch dieses hilflose Gestammel kommt dann durch einen selbsternannten "Fachmann" in Ordnung: ein St. Bram mimt in pseudowissenschaftlicher Manier den Retter - den Retter vor den Machenschaften eines "Fälschers".***

***Weil die Protokolle nicht vor 1864 veröffentlicht wurden und weil sie keine [redacted] Semantik aufweisen seien sie eine Fälschung! Warum, Herr Bram, nennt man Geheimgesellschaften "geheime Gesellschaften" ? Doch wohl, weil sie ihre Inhalte geheim halten. Also was schreiben Sie für einen Schwachsinn von wegen Beweis! Wenn Sie keinen willfährigen Vollstrecker gefunden hätten, der Ihren Schwachsinnsartikel veröffentlicht, wäre ihr Artikel in der Schublade geblieben. Wäre der Artikel dann deswegen nicht geschrieben? Und würden Sie deshalb nicht weiter versuchen, die Ziele Ihres "Glaubens" (oder besser Unglaubens) zu verwirklichen, so wie es die Anwender der Protokolle tun, auch wenn niemand Ihren Artikel kennt? Also ist doch die Tatsache, daß die Protokolle nicht veröffentlicht wurden überhaupt kein Beweis für die Nichtexistenz! Die Protokolle existieren und werden angewandt - Sie selbst sind der Beweis dafür! Sie schütten einen Kübel von Unrat und Lügen über J.v.Helsing, seine Quellen seien "anti[redacted]", "rassistisch" und "rechtsextrem". Weil er wahrheitgemäß sagt, er könne nicht wissen, ob alles stimme was man ihm mitteilte, nennen Sie seine Bücher "2/3 tel Lüge"! Das ist Verunsicherung und Einschüchterung des unbefangenen Lesers und das Erregen der übelsten Emotionen - ganz im Sinne der Protokolle!***

***Die KGS macht sich zum Handlanger der echten "Finstermänner", derer, die die Wahrheit zurückhalten wollen. Wollen Sie weiterhin in Ihrer heilen Welt schweben - bis zum unsanften Erwachen? Wachen Sie besser endlich auf. Wenn wir diese Erde retten wollen müssen wir langsam die Augen aufmachen.***

*Mit wahrheitlichen Grüßen*

[redacted]

Redaktion Esotera
Leserforum
Postfach 167

79001 Freiburg

Kopie zur Kenntnis

[redacted], den 29. Juli 1996

Zu Ihrem Artikel „Keime des Unmenschlichen" aus Esotera 7/96

Sehr geehrte Damen und Herren,

wenn es die Weltverschwörer und Illuminati wirklich gibt, dann haben Sie ihnen mit diesem Artikel einen großen Dienst erwiesen; Aufdecker finsterer Machenschaften kommen in die rechte Schublade - Klappe zu, Affe tot!

In dem Artikel (eines namentlich nicht genannten Schreibers) findet sich kein einziger Beweis, daß die Informationen aus den Büchern „[redacted] falsch sind. Nichts ist widerlegt, alles basiert auf Vermutungen und Behauptungen. Die Protokolle der Weisen von [redacted] gehen „vermutlich" auf einen fiktiven Dialog zurück und sind nach Feststellung aller ernstzunehmenden Historiker Fälschungen. Die anderen nimmt man einfach nicht ernst, oder was?

Daß es eine Weltverschwörung nicht geben kann, was jeder nachvollziehen kann, „der mal einen Urlaub geplant hat", spricht dem Satz Hohn, daß der Plan der Weltverschwörer immer wieder den Zeitläufen entsprechend geändert werden mußte. Sicherlich erreichen die Weltverschwörer nicht alles, was sie planen, sonst wären wir schon völlig versklavt. Denn sie sind auch untereinander zerstritten und arbeiten gegeneinander. Dennoch kann man Manipulationen der Menschen über Massenmedien, Geldmacht, materialistische Wissenschaft etc. sicherlich kaum abstreiten. Der Zustand unserer Welt entspricht ziemlich genau den „Protokollen". Entlarvend der Satz, daß das Buch „Das schwarze Reich" wegen des Umfangs des Quellenmaterials noch gefährlicher sei. Je umfangreicher das Material, desto gefährlicher das Buch - Esotera-Logik?

Daß Sie die schweizer ZeitenSchrift zu den nazistischen Publikationen zählen, ist wohl ein Versuch, unliebsame Konkurrenz aus dem Weg zu räumen. Daß diese über die Flucht von Nazi-UFO's ins Innere der Erde schreiben, heißt doch nicht, daß sie mit Hitler sympatisieren. Und derartiges kann man der ZeitenSchrift beim besten Willen nicht entnehmen.

Natürlich müssen wir uns vor brauner Hetze in acht nehmen, aber da die Weltverschwörer auch eingeplant haben, jegliche Kritiker ihrer Machenschaften als Anti[redacted] bezeichnen und damit offentlich mundtot machen zu können, müssen wir sorgfältiger prüfen, was es an Hinweisen gibt. Wenn wir die Wahrheit herausfinden wollen, dürfen wir keine Angst haben, Leuten auf den Schlips zu treten, selbst wenn es [redacted] sein sollten. Das ist keine Projektion von Schuld auf andere, sondern Informationen über Verschwörungen sind genauso wichtig, wie Warnungen vor der Schädlichkeit von Elektrosmog oder Informationen über alternative Heilmethoden, was ja auch Esotera-Themen sind.

Mit freundlichen Grüßen

Verlag H. Bauer
Kronenstr.2
79100 Freiburg

zu Hd. Herrn Chefredakteur "ESOTERA"
Gert Geisler

Betreff: Jan van Helsing

München, 26.8.96

Sehr geehrter Herr Geisler,

Die Journaille hat in Ihrem Hause zugeschlagen. Was Sie und Ihr Schreiberling in Sachen Holey, veranstaltet haben, ist [redacted]journalismus allerübelster Art. Demzufolge ist es ein Rätsel, woher gerade Sie den Mut nehmen, einen Autor niederzumachen, der seine Meinung veröffentlicht, wozu er in diesem Lande immer noch das Recht hat. Niemand verpflichtet Sie ,Herrn Holeys Ansichten zu teilen und via "ESOTERA" diesen Autor durch den Schmutz zu ziehen und zu versuchen, ihn in der Öffentlichkeit fertig zu machen und mehr noch, an ihm regelrechten Rufmord zu begehen. Für mich ist das ein über die Maßen billiger Versuch, sich auf Holeys Kosten zu profilieren und offensichtlich haben Sie und Ihr bescheidenes Blättchen, in dem jedes aktuelle Thema von Format ausgespart wird, das bitter nötig.
Sie werfen Holey die unseriöse Aufzählung unbeweisbarer Behauptungen vor, doch worin erschöpft sich überwiegend der Inhalt Ihres Periodikums?
Da wird im Sumpf des schwärmerischen Mystizismus, gewatet , da wird sich im Numinosen des anspruchslosesten und unbeweisbarsten Okkultismus gesuhlt und jeder Rülpser irgendeines wie auch immer gearteten Gurus wird zum "WEG" hochstilisiert. Böse Zungen könnten behaupten, hier wird en gros für dumm verkauft, doch dem ist nicht so, weil nämlich auch "ESOTERA" das Recht hat, selbst die abstrusesten und absurdesten Banalitäten an die Öffentlichkeit, sprich, ihre Leserschaft zu bringen. Niemand ist gezwungen, "ESOTERA" zu lesen oder die dort verkündeten Aussagen zu akzeptieren und zu seinen Wahrheiten zu machen, wenn kein Konsens gegeben ist. Von den möglichen Katastrophen die sie bei psychisch Labilen mit Ihrem Geschreibsel evtl. anrichten könnten, wollen wir gar nicht erst reden, wäre auch sinnlos, denn Sie würden sich sofort darauf berufen, daß ja niemand gezwungen ist , "ESOTERA" zu lesen oder irgendeinen der darin aufgezeigten "WEGE" zu beschreiten und darin hätten Sie absolut recht.
In Sachen Holey haben Sie am laufenden Band Lügen erzählt. Entweder war es bewußt gemeinste Verleumdung, gewachsen auf Ihrem Mist, oder sie sind einem bezahlten "agent provokateur" aufgesessen und haben bewußte Fehlinformationen ungeprüft weitergegeben. (Eine bestehende Möglichkeit zu Ihren Gunsten: Vielleicht hatten Sie die Faust der nichtexistenten Verschwörer im Nacken).Weder wurden bei EWERT Druckplatten beschlagnahmt die dort nie vorhanden waren, noch ist Holey

per Haftbefehl gesucht worden, auch ist er nicht in den Untergrund abgetaucht usw. usf. Wahrheit ist, er bewegt sich als freier Mann, ist nicht abgetaucht und es liegt auch kein Haftbefehl gegen ihn vor.Tatsache ist ferner, daß seine Bücher nach wie vor verkauft werden und sein nächstes Buch bereits angekündigt ist. Es geht darin um Prophezeiungen.
Ihr Geschichtsbild, soweit überhaupt vorhanden, bewegt sich offenbar in den Grenzen, welche nach 45 von den Alliierten verordnet wurden. Da möchte ich doch gerne Goethe zitieren, der im Faust den Mephisto sagen läßt: Das Völkchen merkt den Teufel nie, und wenn er´s selbst am Kragen hätt´.
Es gibt zahlreiche Literatur welche dazu angetan wäre, Ihr geschichtliches Wissen auf einen aktuellen Stand zu bringen. Viele dieser Autoren sind keine Deutschen und können somit nicht im Verdacht stehen, Nazis oder Rechts-Nationale zu sein, allerdings halte ich es für sinnlos, Ihnen diesbezügliche Empfehlungen zu geben, denn Sie weden das befohlene Geschichtsbild aus dem Nähkästchen der Sieger des 2. Weltkrieges mit Zähnen und Klauen verteidigen. Helsing ist vielleicht in manchen Punkten etwas über das Ziel hinausgeschossen, aber als Aufwecker ist seine Arbeit unbezahlbar. Freilich, es sei unbestritten, so manchen geht ihr Dornröschenschlaf über alles!
Gestatten Sie mir zuguterletzt eine ganz banale Frage: Was, wenn der Holey nun in manchen wesentlichsten Punkten doch recht hätte, wie würden Sie sich dann verhalten?
Wahrscheinlich würden Sie sich das Mäntelchen des unschuldig Getäuschten umhängen, der ja nichts wissen konnte, (diese Masche wurde uns schon mal nicht abgenommen,wir waren kollektiv ausnahmslos alle schuldig,-basta), oder würden dann **Sie** in den Untergrund abtauchen?
**Die Verschwörung, über die Sie sich so hämisch auslassen, hat uns in dumpfer Ignoranz und Lethargie gleichgeschaltet, wie gut daß es sie, Gott sei Dank, gar nicht gibt!**

Holey wird nie vor Gericht stehen ,so sehr Leute Ihrer Konstruktion das auch wünschten, denn die Justiz wird sich nicht bewußt in peinliche Verlegenheit bringen, allerdings ist er gut beraten, auf Leben und Gesundheit zu achten, denn Verschwörer sind aufmerksam und halten viel von Prophylaxe.

[redacted]

# „Die Totschweigephase ist vorbei“

*In den letzten Wochen verursachten die Bücher „[redacted]“ einiges Aufsehen. Sie seien [redacted]feindlich und gehörten deshalb verboten, postulierten [redacted] Kreise in der Schweiz und in Deutschland. Über den geheimnisvollen Autor der beiden Werke, ‚Jan van Helsing‘ begannen bald wilde Gerüchte zu kursieren – er sei ein Neonazi, ein Psychopath obendrein und seine Motive von finsterstem Braun. Anders als die ‚esotera‘ geben wir uns nicht mit Vermutungen und pseudopsychologischen ‚Analysen‘ zufrieden, sondern befragten den umstrittenen Autor gleich selbst.*

***Jan van Helsing, weshalb haben Sie Ihre Identität so lange verborgen gehalten?***

**Van Helsing:** Wer sagt denn, daß ich meine Identität verborgen gehalten habe? Seit das erste Buch erschienen ist, habe ich viele Kleinvorträge quer durch Deutschland gehalten, unter anderem auch eine kleine Fragestunde in München vor 200 Menschen, dazu gab ich Interviews im Ausland. Dann war ich auf den meisten Esoterikmessen in Süddeutschland, im Ruhrgebiet wie auch in der Schweiz vertreten und mein richtiger Name war bekannt, wie auch die Tatsache, daß ich einen eigenen Verlag besitze. Zudem hatte der Ewertverlag viele Kontakte weitervermittelt. Auch in diesem Fall funktioniert das Gesetz der Resonanz präzise. Gleiches zieht Gleiches an und das andere stößt sich ab. Weiterhin wurde meine Identität nicht vom Staatsschutz ‚enttarnt‘, wie von dem deutschen New Age-Magazin ‚esotera‘ fälschlicherweise behauptet, sondern einer meiner Anwälte hatte diese schon zuvor der Staatsanwaltschaft bekanntgegeben.

***Warum haben Sie gerade das Pseudonym ‚van Helsing‘ gewählt?***

Professor van Helsing ist in Bram Stoker's Novelle ‚Dracula‘ die Figur des Vampirjägers, der am Ende den Vampir zur Strecke bringt. In meinen Büchern enthülle ich Machenschaften, die hinter den Kulissen ablaufen. Und irgendwie sind diese Strukturen mit Vampiren zu vergleichen, da sie auf Kosten anderer leben und den kleinen Bürger wie auch den Staat aussaugen, beziehungsweise deren Geld an sich raffen.

Interessant ist an der Geschichte von Bram Stoker, daß van Helsing den Vampir Dracula nicht durch einen Eichenpflock vernichtet, wie allgemein üblich im Vampirbusiness, sondern ihn dem Sonnenlicht aussetzt, wo Dracula zu Staub zerfällt. So auch der Symbolismus im Pseudonym, die Machtstrukturen nicht durch Bekämpfen zu zerstören, sondern durch das Aufdecken (engl. ‚exposing‘) ihrer eigenen Taten. Wo Licht ist, müssen die Schatten weichen. Es braucht gar nicht so viele Menschen dazu; es reicht schon das Licht eines einzigen Streichholzes, um in einem großen finsteren Raum die Dunkelheit zu verdrängen.

Dies bedeutet im übertragenen Sinne, daß alleine schon die Aufdeckung der Wahrheit durch einen Einzelnen ausreichen kann, die Lüge zu verdrängen. Nach dem Prinzip: Kämpfen wir nicht gegen das Schlechte, sondern für das Gute.

***Dennoch geben Sie sich sehr zugeknöpft, was Ihre Person oder Ihre Vergangenheit betrifft. Warum?***

Weil es die Vorgehensweise der Medien ist, die globalen Probleme zu umgehen und vom eigentlichen Thema abzulenken, indem sie das Thema personifizieren. Sie lenken die Aufmerksamkeit auf die Person, die das Thema zur Sprache gebracht hat und bringen diese in Verruf. Dadurch wird erfolgreich vom globalen Problem abgelenkt. Alle Menschen, die etwas Unangenehmes aufdecken, will man schnell und einfach durch Rufmord fertig machen. So hat man es seit Jahrhunderten gemacht und es hat sich stets bewährt.

Daher ist es völlig irrelevant, wer ich bin, wie ich heiße, woher ich meine Informationen habe, wie ich aussehe und was meine Vergangenheit ist. Nur von Bedeutung ist, ob das was ich schreibe wahr ist oder nicht. Wir wollen durch meine Person nicht vom Thema ablenken. Das Thema ist wichtig, nicht der Autor.

***Sie sind noch sehr jung – keine dreißig. Was war Ihre Motivation, die zwei Bände von ‚[redacted]‘ zu schreiben?***

Ich wollte, daß man über die Themen, die ich in den Büchern anreiße, spricht – und zwar viel und wenn möglich öffentlich. Themen wie Logen, UFOs, Reinkarnation, Freie Energie, Hintergrundpolitik und vieles mehr. Und genau das habe ich erreicht.

***Jetzt soll ja der dritte Band erscheinen. Welches Thema haben Sie sich diesmal vorgenommen?***

‚Buch 3‘ – so auch der Titel – erscheint in wenigen Wochen und handelt über den Dritten Weltkrieg. Zusammen mit einem Freund habe ich die Aussagen von einhundert Propheten aus aller Welt (Lorber, Paracelsus, Hopis, Cayce, Mayas, Marienerscheinungen, bayerische Seher und über neunzig andere) aneinandergereiht, ausgewertet und mit NATO-Planspielen verglichen. Dabei erkennt man schnell, daß diese erschreckend identisch sind. Ergänzt durch die Arbeiten eines Militärstrategen und einer Astrologin, welche die Konstellationen der letzten Kriege ausgewertet hat, komme ich zu dem Schluß, daß es in Kürze auf der Erde ziemlich ‚heiß‘ hergehen wird, falls wir Menschen nicht endlich anfangen, einen anderen ethischen Kurs einzuschlagen.

Die Erde ist inmitten einer Frequenzerhöhung, die sich bis zum Jahre 2012 noch erheblich steigern wird. Durch diese Schwingungserhöhung kommt es auf der Erde zu großen Veränderungen – im politischen und wirtschaftlichen Leben, in uns selbst, kurz gesagt: überall und global. Und die Menschen, die sich gegen diese Schwingungs- und die damit einhergehende Bewußtseinserhöhung wehren, die also gegen die Weiterentwicklung des Lebens ankämpfen und an alten Normen und Weltbildern festhalten, werden diese Veränderungsphase als sehr unangenehm erfahren. Es wird sich dabei nicht nur um kriegerische Unruhen handeln, sondern auch um Naturkatastrophen. Es ist wichtig, daß man sich auf die Frequenzerhöhung einstellt und sie konstruktiv in seinem eigenen Leben umsetzt. Dann wird das Prophezeite eventuell nicht in der Form eintreten, wie vorausgesagt.

Der dritte Band ist ein spirituell-religiöses Buch und enthält keine politischen Berichte, ist aber in seiner Aussage meiner Ansicht nach um ein Vielfaches gewichtiger als die ersten beiden. Natürlich versuche ich auch wieder, eine Lösung aufzuzeigen, beziehungsweise erkläre ich, daß es gar keiner Lösung bedarf, da die vorhergesehenen Ereignisse wahrscheinlich das Beste sind, was unserem Planeten im Moment geschehen kann.

***Befürchten Sie nicht, daß es diesem Werk ebenso ergehen könnte, wie den beiden anderen?***

Nein, überhaupt nicht.

***Wie erklären Sie sich die Tatsache, daß die [redacted]‘ seit November 1993 ungehindert verkauft und zu einem Bestseller mit über 100'000 verkauften Exemplaren werden konnten – und jetzt will man sie plötzlich verbieten?***

Ist doch ganz logisch! Meine Bücher waren zu erfolgreich. Hätten wir nur 10'000 Stück verkauft, so hätte keiner gemeckert und sie wären weiter totgeschwiegen worden. Doch bei dieser Anzahl ging das nicht mehr. Also mußte man etwas dagegen tun.

Es sind unangenehme Bücher, da sie Dinge enthüllen, von denen man nicht möchte, daß sie dem Bürger bekannt werden. Und zwar aus allen Bereichen: Politik, Wirtschaft, Energie, Technik, Religion, et cetera. All diese Kreise dürften ein Interesse daran haben, daß meine Bücher nicht mehr erhältlich sind.

*Können Sie sich zum Stand der Ermittlungen gegen Sie äußern? Sind Ihre Bücher nun verboten, wie man das überall in der Presse lesen kann?*

Sie sind natürlich *nicht* verboten. Man ermittelt aufgrund einer Strafanzeige der [redacted] Gemeinde Mannheim wegen des „Verdachts der Volksverhetzung". Bis zum 18. September 1996 wird die Staatsanwaltschaft in Mannheim entschieden haben, ob sich der Verdacht bestätigt hat und es zu einer Anklage kommt, ansonsten werden die Bücher wieder frei verkauft. Ein Kompromiß wäre die Schwärzung der ‚bemängelten' Textstellen.

Auch in der Schweiz gab es unseres Wissens bisher keine Anklage. Nur viel Einschüchterung. In Österreich dagegen sind die Bücher frei erhältlich, wie auch in allen anderen Ländern der Welt. Man kann die Bücher beim Verlag bestellen und bekommt sie auch sofort überallhin geliefert – außer momentan nach Deutschland und in die Schweiz.

Der Vertrieb ist legal, da die Bücher bei einem spanischen Verlag erschienen sind und ich auch mit diesem den Autorenvertrag abgeschlossen habe. Der Ewertverlag in Lathen hat nur die Verkaufsrechte für Deutschland.

***Auch über Ihre Person werden die wildesten Gerüchte verbreitet. Mal sollen Sie verhaftet worden sein, dann wieder sollen Sie sich ins Ausland abgesetzt haben. Wir hörten gar, man habe einen Mordanschlag auf Sie verübt.***

Alles Unsinn! Wieso sollte ich verhaftet werden? Weil ich ein kritisches Buch geschrieben habe? Ja,

**Jan van Helsing (29), dessen richtiger Name Jan Udo Holey ist, will zur Zeit vermeiden, daß ein Foto von ihm veröffentlicht wird. Er selbst, sagt er, sei unwichtig, es gehe vielmehr um die Sache, die er vertrete. Mit dem Rummel um seine Person wolle man gezielt von den brisanten Themen seiner Bücher ablenken. Aus diesem Grunde werden wir ihn auch weiterhin Jan van Helsing nennen.**

wo sind wir denn da? Etwa im Dritten Reich? – Solche Gerüchte werden nur verbreitet, um meinen Namen in ein kriminelles Licht zu rücken. Doch weder der Staatsschutz noch sonst jemand wird etwas Kriminelles vorfinden können, weil es nicht existiert.

Und vor wem sollte ich denn auf der Flucht sein? Vor dem bösen Mann, der ein paar Stellen in meinen Büchern schwärzen will?

Auch der Mordanschlag galt nicht mir, sondern meinem Freund Ananda, dessen Freundin in ihrem Haus in Norwegen von einem deutschen Karatekämpfer bedroht worden ist. Nachdem sie und Ananda fliehen konnten, machte er aus dem Haus Kleinholz. Da Ananda sich nicht politisch äußert, konnte man nicht ‚rechtliche Schritte' gegen ihn einleiten. Also wollte man ihn anders zum Schweigen bringen. Doch er wurde zwei Tage zuvor von seinen geistigen Freunden gewarnt und konnte so im letzten Moment flüchten.

*Hat man Ihnen denn schon ernstlich gedroht?*

Nein, ganz im Gegenteil. Wie ich schon in Band II erwähnt hatte, wurde mir sogar von einer Gruppe sephardischer [redacted] Hilfe angeboten. Das ist erneut geschehen. Es gibt etliche Kreise in der [redacted] Gemeinde, speziell von Sepharden (jene wenigen [redacted] mit [redacted] Abstammung), die mit der Ansicht der Kläger überhaupt nicht einverstanden sind. Und das wurde mir von diesen deutlich zu verstehen gegeben.

Ich war selber mit einer [redacted] zusammen und habe weiterhin mehrere Freunde [redacted] Herkunft. Sie haben meine Bücher gelesen und teilen die Ansichten der [redacted] Kultusgemeinde in Mannheim oder in der Schweiz ganz und gar nicht.

> „Alle Menschen, die etwas Unangenehmes aufdecken, will man durch Rufmord fertig machen."

*Haben Sie viele Leserreaktionen auf Ihre Bücher erhalten? Waren diese eher positiv oder negativ?*

Nur positiv! Das kann auch Herr Ewert bestätigen. Er hat über die letzten zweieinhalb Jahre mehrere Tausend Anrufe erhalten und hat die Leserpost kartonweise an mich weitergeleitet. Die Reaktionen kommen zu 90 Prozent aus dem Bereich der Esoteriker. Der Rest sind Wissenschaftler, viele Ärzte, Erfinder und Interessierte für Freie-Energie-Maschinen.

*Dennoch werden Sie von den Medien als Neonazi gebrandmarkt. Sind Sie ein Fan von Hitler?*

Die Meinung der Medien interessiert mich nur bedingt. Die können mich nennen, wie sie wollen. Wie heißt es bei Wilhelm Busch doch so schön: „Ist der Ruf erst ruiniert, lebt sich's völlig ungeniert." – Was immer man über mich schreibt, ob pro oder contra, ist in meinen Augen positiv zu werten. Wie Franz Josef Strauß schon sagte: „Egal ob man für oder gegen mich schreibt – Hauptsache, man schreibt über mich." So sehe ich das in diesem Fall auch.

Nun teile ich aber unübersehbar ein paar Gemeinsamkeiten mit Hitler: Ich bin Vegetarier, liebe Sportwagen, bin mit einer blonden Frau mit blauen Augen verheiratet und bevorzuge schwarze Kleidung. Des weiteren kenne ich ein Mädchen, das wie Hitler am 20. April Geburtstag hat und habe soeben eine gesunde Gesichts-‚bräune' aus dem Urlaub mitgebracht. Zudem ißt ein Freund von mir leidenschaftlich gerne Schoko-‚Brownies'. Ach ja, fast hätte ich es vergessen: Ich kenne auch jemanden in ‚Braun'-schweig!

All das ist natürlich äußerst verdächtig! Ob das jedoch ausreicht, mich als Neonazi zu bezeichnen, wage ich zu bezweifeln (lacht).

*In der Juli-Ausgabe des deutschen Esoterik-Magazins ‚esotera' werden sie unter dem Titel ‚Keime der Unmenschlichkeit' als brauner Psychopath hingestellt. Weshalb, glauben Sie, hat die ‚esotera' so auf sie eingedroschen?*

Esoterische oder christliche Beweggründe kann ich jedenfalls keine feststellen. Mit solchen Artikeln will man vielleicht das Gewissen reinwaschen, da die ‚esotera' meine

Bücher vorher in ihrer Bestsellerliste geführt hat. So ist ein anderes Buch, das in meinem Verlag erschienen ist – ‚Zurück in die Zukunft' von Bob Frisell – noch immer in der Bestsellerliste der Juli-Ausgabe von ‚esotera' vertreten, bis man nun in der August-Ausgabe ‚entlarvt' hat, daß auch dieses Buch von Jan van Helsing verlegt worden ist – und plötzlich wird es ebenfalls schlecht gemacht. Mal sehen, ob es in der nächsten Ausgabe auch so plötzlich aus der Bestsellerliste ‚verschwunden' sein wird.

Ebenso hat die Din A-5 große Broschüre KGS (‚Körper-Geist-Seele') gegen mich geschossen und die Buchläden, die mit deren Inhalt in Zusammenhang stehen. Man wettert zwar gegen den Autor, aber verkaufen tut man die Bücher trotzdem. Man möchte eben doch gerne dabei mitverdienen.

Dennoch finde ich gut, daß auch solche Meinungen zu Wort kommen, selbst wenn ihnen tatsächlich eine Menge Falschaussagen ‚unterlaufen' sind. Aufgrund des bisher in der ‚esotera' Erschienenen hatten wir eine Super-Resonanz. Die Solidarität steigt gewaltig. Mir scheint, daß solche Artikel das beste Mittel sind, um weitere Menschen auf meine Bücher neugierig zu machen.

***Sind Sie nun ein Rechter oder ein Linker? Immerhin stand in der ‚esotera', daß Sie früher in der linken Hausbesetzerszene mitmachten.***

Tja, das ist eine dieser Falschaussagen. Ich weiß nicht, woher dieses Gerücht kommt, aber offenbar taugen dieser Redaktion auch selbsterfundene Gerüchte, wenn man sonst schon nichts weiß über Jan van Helsing. Und wenn man dabei gar nichts herausfindet, dann ist es sogar verdächtig, wenn man aus ‚gutem Hause' kommt. Das gibt es ja in der heutigen Zeit immer weniger – Familie, Zusammengehörigkeit und Achtung vor den Eltern – was meiner Meinung nach auch geplant ist.

Meine Augen hat jedenfalls ein Slogan aus der *linken* Ecke geöffnet: *„Wer das Geld hat, hat die Macht – und wer die Macht hat, hat das Recht."* Dieser Spruch sagt ja wohl alles aus.

Trotzdem würde es mich interessieren, wie die ‚esotera'-Leser darauf reagieren, wenn man ihnen unterjubeln will, daß ich auf der einen Seite als ‚Neonazi', ‚[redacted]hasser' und ‚brauner Psychopath' dargestellt werde, und man ein paar Zeilen weiter das Gerücht präsentiert, ich hätte „eine Karriere in der linken Hausbesetzerszene" gehabt. Da fehlt mir dann doch die Logik.

***Nach der psychologischen Analyse von ‚esotera' sind Sie ein schwacher Mensch, der mit seiner Umwelt nicht zurecht kommt und daher seine Ängste auf noch schwächere Menschen (gemeint sind die [redacted]) projiziert. Der Autor vermutet, Sie seien ein „unerwünschtes, ungeliebtes Kind, um das sich niemand kümmert. Solche Kinder sind, wenn sie älter werden, meist nicht nur voller Zorn, sondern wie potentielle Zeitbomben." – Ist da was wahres dran?***

Ich würde sagen, wir warten noch ein Weilchen ab und schauen einmal, wer dann das „ungeliebte Kind" sein wird. Wenn man aber von der Schreibweise des Verfassers dieses Artikels, der ja verletzen wollte, nach dem Gesetz der Analogie (wie Innen so Außen) auf dessen Inneres zurückschließt, muß man sich fragen, wer hier wirklich innerlich verletzt worden ist.

Was meine eigene Kindheit angeht, behaupte ich, so etwas wie eine ‚goldene Kindheit' gehabt zu haben. Wenn jedes Kind solch gefühlvolle Eltern haben würde, wie ich und meine Geschwister, würde die Welt wahrscheinlich ganz anders aussehen. Ich wünschte dem Redakteur der ‚esotera', daß er so viel Liebe von seinen Eltern bekommen hätte, wie ich auch, denn dann würde er vielleicht heute nicht solche Angst vor den im Buch angesprochenen Themen haben.

***Hat es Sie erstaunt, wie aggressiv Sie nun in der Öffentlichkeit bekämpft werden?***

Mich hat verwundert, daß es so lange gedauert hat, bis man öffentlich aktiv geworden ist. Die Totschweigephase ist nun endlich vorbei, man schreibt und diskutiert über den Inhalt. Ein Tabu ist gebrochen, ob meine Bücher nun verboten werden oder nicht. Und jeder weitere Artikel – sei er positiv oder negativ – trägt dazu bei, daß man über diese Themen spricht.

Gewisse Kreise möchten ja gerne, daß Jan van Helsing von der Bildfläche verschwindet und wieder Ruhe einkehrt. Durch diese negativen Artikel erreichen sie aber möglicherweise genau das Gegenteil. Hier wirkt offenbar die Kraft, die Böses will und Gutes schafft.

***Wenn man Ihre Bücher liest, erhält man den Eindruck, dieses heimliche Machtgefüge – so es denn besteht – könne gar nicht mehr durchbrochen werden. Gehen wir einer düsteren Zukunft entgegen?***

Es kommt dabei auf mehrere Faktoren an. Der gesamte Planet erfährt – wie wir alle miterleben können – eine Frequenzerhöhung und eine damit einhergehende Bewußtseinserweiterung. Ich gehe davon aus, daß diese auch bei den Personen eine Wirkung hinterlassen wird, die ich in meinen Büchern beschreibe. Sollten diese zur Besinnung kommen – nennen wir sie hier einfach einmal ‚Multinationale' – und ihre Macht auch zugunsten des einzelnen Weltbürgers einsetzen, und die spirituelle und geistige Entwicklung der Menschen nicht weiter bewußt blockieren, sondern freigeben und unterstützen, könnte es eine wunderbare und phantastische Zeit werden. Ich beispielsweise wäre sofort bereit, mit diesen Menschen zusammen an Lösungen für neue Strukturen der Wirtschaft, Politik und Gesellschaft zu arbeiten, um einen reibungslosen Übergang zu ermöglichen.

Falls man sich aber weiterhin auf stur stellen sollte, werden diese Strukturen der Macht , folgen wir den Seherschauungen, die ich in meinem neuen Buch aufgezeigt habe, sich gegenseitig aufreiben durch Kriege und Zwiste untereinander. In der Bibel finden wir den Begriff „Die Spreu vom Weizen trennen". Dabei wird die Erde ihren Teil dazu tun und sich durch Erdbeben, Vulkanausbrüche und Stürme in einer sogenannten Heilkrise von ihrem Ballast befreien. Ob dieses Geschehen, falls es so eintreffen sollte, als düster zu bezeichnen ist, kommt wiederum darauf an, aus welcher Sichtweise man es betrachtet. Ein materiell ausgerichteter Mensch wird es wohl anders wahrnehmen, als ein spirituell orientierter. Dem Materialisten würde sein ‚Ein und Alles' genommen werden, dem Spiritualisten eventuell nur lästige materielle Bindungen.

***Wie gehen Sie mit den Angriffen auf Ihre Person um – haben Sie Angst?***

Hier möchte ich Mutter Maria zu Wort kommen lassen, die in Fatima am 13. Juli 1917 im ‚Dritten Geheimnis' Jacinta, einem von drei Kindern, die sie sehen konnten, mit auf den Weg gab: „Sorge dich nicht, liebes Kind, ich bin die Mutter Gottes, die zu dir spricht und dich bittet, die folgende Botschaft in meinem Namen der ganzen Welt zu verkünden. Du wirst dabei sehr stark angefeindet werden. Doch sei stark im Glauben und du wirst alle Anfeindungen überstehen."

In diesem Sinne verbleibe ich mit großem Dank an all diejenigen, die mich in ihre Gebete und Meditationen eingeschlossen haben und es weiterhin tun und schicke dies 10'000fach verstärkt zurück. Für mich gilt das christliche Prinzip ‚Tue Gutes denen, die dir Böses getan haben' – auch wenn es manchmal kein leichter Lernprozeß für mich ist und ich schließe daher all diejenigen, die mich in Gedanken verurteilen, in meine Gebete mit ein.

*Jan van Helsing, wir danken Ihnen für das Gespräch.*

**Interview:**
**Benjamin und Ursula Seiler**

# Gottes Gesetz

Alles was Du anderen
Gottes-Geschöpfen antust
ob Gutes oder Schlechtes
ob Menschen Tiere oder Pflanzen
kommt irgendwann als Gutes
oder Schlechtes auf Dich zurück

# Quellenverzeichnis:

„Abschied vom Rechtsstaat“, Presseclub Schweiz, Postfach 105, CH-4008 Basel
„Alleinkriegsschuld – Unkenntnis oder Feigheit?“, Emil Maier-Dorn, 1978
„Amerikas Kriegspolitik - Roosevelt und seine Hintermänner“, Curtis B. Dall, 2. Aufl. Tübingen 1975
Anklageschrift der Staatsanwaltschaft Mannheim
Anonymes Schreiben über die „Ahnengalerie“ von Henoch Kohn
„Annalen der [redacted] in den preußischen Staaten“, Berlin, 1790
„Anti-[redacted] and the babylonian Connection“, Des Griffin
„Auf den Pfaden der internationalen Freimaurerei“, Ernst Freymann, Berlin
„Auf der Warte“, Deutsches Freimaurerorgan, vom 1. Mai 1926,
„Badische Zeitung“ vom 1.8.1997
„BamS“ vom 27,1.12.1998
„Basler Zeitung“ vom 9.2.1996
„Bild-Zeitung“ vom 16.10.1977
„B´nai B´rith magazine“, Bd. XLIII
„Börsenblatt des Deutschen Buchhandels“, Nr. 84 vom 19.10.1979
Brief - Stadtjugendamt vom 20.3.1995 (Teil der Akte)
Brief - Buchhandlung Prinz Mannheim vom 12.4.1995 (Teil der Akte)
Brief - [redacted] Gemeinde Mannheim vom 13.7.1995 (Teil der Akte)
Brief - WvS vom 11.5.1996 (Teil der Akte)
„Bulletin du Grand Orient de France“, 1886
Bund der Antifaschisten/Verein der Verfolgten des Naziregimes, Hannover, Presseerklärung
„Chicago-Tribune“ vom 9.12.1950
„Christian Science Monitor“ vom 1.9.1961
„Compte Rendu du Supreme Conseil pour la Suisse“, Theodor Tobler, 1929

„Congrés maconnique international du Centenaire 1789-1889"
„Daily Express" vom 24. und 25.3.1933
„Das Geheimnis des Freimaurers", Franz Carl Andres, 1. Auflage 1949
„Das kommende Goldene Zeitalter", Dr. F.W. Sumner
„Das Leben eines amerikanischen [redacted] im rassistischen, marxistischen [redacted], Steinkirchen 1985
„Der babylonische [redacted]", Lazarus Goldschmidt, [redacted] Verlag Berlin 1966
„Der Bund", Nr. 511 vom 2.11.1937
„Der dreizehnte Stamm", Arthur Koestler,
„Der Geist des Militarismus", Nahum Goldmann, Berlin 1915
„Der Erfinder", Jakov Lind, Carl Hanser Verlag
„Der [redacted] Weltorden Bne Briß", Isidor Herrisch, Wien 1932
„Der Telegraf", Wien, November 1920
„Der Tempel der Freimaurer. Der 1. bis 33. Grad. Vom Suchenden zum Wissenden", Bern 1937
„Der Zirkel", Zeitschrift der österreichischen Freimaurerei, Maurice Maeterlinck, Wien, Jahrgang 1898
„Deutscher Rechtsschutzkreis", DRsK e.V., Postfach 400215, 44736 Bochum
„Deutsche Tagespost" vom 28.9.1989
„Deutschland muß vernichtet werden", Werner Symanek, VAWS
„Die Bauhütte", M.G. Conrad, Leipzig, Jahrgang 1874
„Die deutsche Freimaurerei, ihre Grundlagen, ihre Ziele", Hermann Settegast, Berlin, 1919, 9. Auflage
„Die Geheimnisse der Weisen von [redacted]", Gottfried zur Beek
„Die Insider", Gary Allen, 1980
„Die Netzwerke der Insider", Peter Blackwood, Leonberg 1986
„Die schlimmsten Feinde unserer Völker", Jean Boyer, Ediciones Libertad
„Die Traumfabrik", Ilja Ehrenburg, 1931
„Die Welt" vom 23.6.1988

Dr. Walter Fischbacher, St. Gallen
„Eidgenoss"-Beilage über die Khasaren, Verlag Eidgenoss, CH-8401 Winterthur
Ermittlungsakte der Abteilung Staatsschutz Mannheim
„Es ging um Deutschlands Zukunft", Carl Vincent Krogmann
„Exposure-Magazine", CNI, PO-Box 118, Noosa Heads, Queensland 4567, Australia
„Frankfurter Allgemeine Zeitung" vom 16.10.1995
„Frankfurter Rundschau" vom 29.4.1981
„Freimaurerbund zur aufgehenden Sonne, Nürnberg, Geschäftsordnung für die Logen", als Manuskript gedruckt
„Freimaurer-Lehrbuch für Br. Br. der unabhängigen deutschen Großloge: Freimaurerbund zur aufgehenden Sonne" von Br. Rudolph Penzig, Stuttgart
„Freimaurer und Umsturz", J. Linbrunner, Regensburg 1919
„Freimaurer-Zeitung", Leipzig, 24.12.1864
„Freimaurer-Zeitung", Leipzig 1873, Nr. 25
„Freimaurer-Zeitung", Leipzig 1875
„Freimaurer-Zeitung", Leipzig, 3.7.1897
„Geburtswehen einer neuen Welt", Carlos Baagoe, Samisdat-Verlag, Toronto
„Glarner Nachrichten" vom 5.8.1996
„Haaretz" vom 31.3.1980
„Hannoveraner Allgemeine Zeitung" vom 12.3.1999
„Hessisch-Niedersächsische Allgemeine" vom 24.10.1981
„Histoire de la Révolution francaise", Louis Blanc
„History of the [redacted], H. Graetz
„Handbuch des österreichischen Rechtsextremismus", Dokumentationsarchiv des österreichischen Widerstands, Wien 1993
„Hohenloher Tagblatt" am 12.3.1996
„Il Regime Fascita" 8.7.1941; Jahrgang 27
„Im Dienst am Evangelium", Donauwörth 1988
„Instruktion für Lehrlinge" des Logenverbandes in der Schweiz

„Introduction to Freemasonry III – Master Mason“, Carl H. Claudy, 34. Auflage Washington 1949

„[redacted] Wochenblatt, Ausgabe Nr. 6 vom 9.2.1996 und Dossier „Anti - [redacted]“, Foto vom 17.11.1995

„Jeder ein Genie“, Professor Fritz Zwicky

„Journal VgT-Nachrichten“, Verein gegen Tierfabriken, CH-9546 Tuttwil

„[redacted] Bekenntnisse“, Dr. H. Jonak von Freyenwald, Faksimile-Verlag

„Kélet“, Organ der symbolischen Großloge von Ungarn, 13. Jahrgang, Nr.9, Juli/August 1911, und Nr. 10 September 1911

„KGS“, Hamburg, Ausgabe 1/96, Artikel über JvH

„Khasaria“, Prof. Poliak, [redacted]

„Kriegsschuld“, Bolko Freiherr von Richthofen, 1970, 2. Teil

„La Rivista della Massoneria Italiana“, Adriano Lemmi, 1890

„L'Eglise Romaine contre la Révolution, Crétineau-Joly, Paris 1859, 2. Band

„Le Monde maconnique“, Jahrgang 1863

„Les véritables maitres du monde“, Robert Camman Villefranche-de-Lauragais, 1985

„Liber Accusationis in Paulum Sextum...“, Georges de Nantes, 1973

„Mémoires d'un père“, Jean Fr. Marmontel, 2. Band

„Memopress“, CH-8215 Hallau

„Neue Solidarität“ Nr. 45 vom 8.11.1995

„New York Times“ vom 1.12.1989

„NZZ“ vom 2.11.1937

„NZZ“ vom 12.7.1996

„NZZ“ vom 7.6.1997

„NZZ“ vom 11.12.1997

„Perestroika“, Michail Gorbatschow

„PHI-Deutschlanddienst“, Nr. 25/96 vom 24.7.1996

P. Odo von Württemberg OSB, Prior des Klosters Beuron, Vortrag in Donaueschingen über die Freimaurerei

„Politisches Lexikon“ von CODE, Liechtenstein Nr. 2/8

„Polwende-Zeitenwende“, H.J. Andersen
„Rechte Seilschaften“, WoZ im Rotpunktverlag, Niggli, Frischknecht
„Rivista massonica“, Jahrgang 1889
„Salzburger Volksblatt“ vom 23.1.1970
„Schongauer Nachrichten“ vom 8.5.1996
„Sonntags-Zeitung“, Schweiz, vom 5.5.1996
„Soviet Youth“, 4. Mai 1990
„Space Aliens from the Pentagon“, William R. Lyne, 1993, Creatopia Productions
„Süddeutsche Zeitung“ vom 24. April 1996
„Süddeutsche Zeitung“ (für FFB) vom 13.3.98
„Tagesanzeiger“ vom 27.10.1995
„The City of man“, A Declaration on World Democracy, New York im Jahr 1940
„The Freemasons's Chronicle“, London, Jahrgang 1902
„The [redacted] Encyclopedia, KTAV Publishing House, Inc. Volume 4
„The News-Twister“, Edith Efron, Manoe Books, NY, 1972
„Unabhängige Nachrichten UN“, Sonderausgabe zur Buchmesse 1997 und andere, Postfach 1826, 55388 Bingen
„Überstaatliche Machtpolitik im 20. Jahrhundert“, Gerhard Müller,1972
„Verdammter Anti-[redacted], Harold Cecil Robinson, Verlag Neue Visionen GmbH
„Verheimlichte Dokumente“, Erich Kern, 1988
„Vertrauliche Mitteilungen“, Spezialausgabe zur Umerziehung des deutschen Volkes, Juni 1984
„Weinländer Zeitung“ vom 8.8.1996
„Welt am Sonntag“ vom 4.1.1981
„Weltrepublik“, Aufsatz im „Mecklenburger Logenblatt“, Jahrgang 1889
„Weltwoche“, 11/96
„Wiener Freimaurer-Zeitung“, Nr. 6, Juni 1927
„Who owns the TV – Network“, Eustace Mullins

„Wochenzeitung WOZ“ vom 24.5.1996 und 6.6.1997
„Wußten Sie schon...“, Johannes Rothkranz, Pro Fide Catholica
„Youngstown [redacted] News“, Ohio, USA, am 16.April 1936
„ZeitenSchrift“, Nr. 20, Neugass 21, CH-9442 Berneck
„Zeitschrift für Freimaurerei“, Dr. Phillip Georg Blumenhagen, Altenburg 1828
„[redacted] Griff zur Weltherrschaft“, Amerikas unbekannte Außenpolitik 1789-1975, Helmut Gordon, 2. Aufl. Leoni 1985
„Zur [redacted]frage“, Karl Marx, Rowohlt, Berlin 1919
„Zurück in unsere Zukunft“, Bob Frissell, E.T. Publishing Unlimited, Fichtenau
„Zusammenhänge“, Jo Conrad, Worpswede, 1998

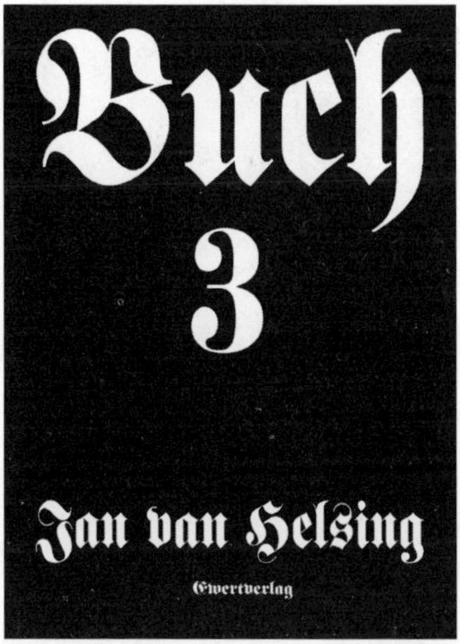


## BUCH 3 – Der Dritte Weltkrieg

ISBN 3-89478-573-X

**100 verschiedene Seherschauungen und Prophezeiungen über die Jahrtausendwende im Vergleich**

**EWERTVERLAG**
Mühlentannen 14
49762 Lathen (Ems)
Tel: 05933-92620 • Fax: 05933-92621

***"Denn wenn sie sagen werden: "Es ist Friede, es hat keine Gefahr", so wird sie das Verderben überfallen, gleich wie der Schmerz ein schwangeres Weib, und werden nicht entfliehen."***

1. Thessal. 5, Verse 3 und 4

**Vorwort:**

Fast jedes halbe Jahr erscheint irgendwo auf der Welt ein neues Buch über Prophezeiungen oder Weissagungen. Ein großer Teil dieser Bücher haben ihr Augenmerk auf die bevorstehende Jahrtausendwende gerichtet (etwa zehn Jahre vor und nach dem Jahr 2000), da den Sehern und Propheten in ihren Visionen anscheinend umwälzende und die Welt verändernde Ereignisse über diesen Teil der Geschichte gezeigt worden sind. Dies ist nicht allen unbekannt. Auch in der Offenbarung des Johannes im N.T. finden wir Beschreibungen für diesen Zeitraum, den manche als den *"Jüngsten Tag"*, das *"Strafgericht Gottes"* oder *"die Zeit, in der die Spreu vom Weizen getrennt wird"* bezeichnen. Eine Zeit der Naturkatastrophen, Kriege und Unruhen. Einer der in diesem Buch beschriebenen Seher nennt es gar *"das große Abräumen"*. Man hat davon gehört. Meistens nur mit einem Ohr. Wer hört schon gerne was von unruhigen Zeiten, gar von einem "Dritten Weltkrieg", wo man doch gerade erst einen Bausparvertrag und eine Lebensversicherung abgeschlossen hat. Es sind nur noch ein paar Jahre bis zur wohlverdienten Rente. Da kann doch jetzt kein Bürgerkrieg kommen oder eine Überschwemmung. Nein, man will einfach nicht daran glauben. *"So was haben schon viele vorausgesagt"*, sagt man, *"und nichts ist passiert"*. So, ist denn wirklich nichts passiert? (Auf den Hinweis, daß die gleichen Seher auch den Ersten wie auch den Zweiten Weltkrieg treffsicher vorausgesehen hatten, tritt meist betretenes Schweigen ein. Hauptsache, das Unangenehme ist erfolgreich verdrängt).

Warum schon wieder ein neues Buch zu dieser Thematik? Erneute Bestätigung für sogenannte 'Schwarzseher' oder 'Weltuntergangsapostel'? Ist es jetzt endlich soweit oder was?

Nun, daß es zahlreiche Bücher diesen Themas gibt ist sicherlich nicht zu leugnen, vor allem an Zusammenfassungen und Auflistungen der verschiedenen Seher mangelt es nicht. Doch was wird durch diese beim Leser bisher ausgelöst? Ist es denn nicht in den meisten Fällen Angst, Unsicherheit und Panik vor der Zukunft? Dadurch entstandene Depressionen, Isolation, Opferverhalten und falsche Demut? Der Drang zum Auswandern und Nahrungsmittelhorten? Ist es der Sinn und Zweck der Visionen, dies beim Leser hervorzurufen? Sich vom Leben zurückzuziehen? Kann ich mir ehrlich gesagt kaum vorstellen. Dann würden die Seherschauungen alles nur verschlimmern. Was sollten denn diese Visionen ursprünglich beim Menschen bewirken? Eine Aussortierung? Eine Elitebildung von Auserlesenen? Was steckt dahinter?

Welches Buch über Seherschauungen zeigt dem Leser nach der Präsentation der umwälzenden Ereignisse, die die Seher in ihren Visionen erblickt haben, auch einen Ausweg für den Einzelnen? Ich meine keine neue Leitfigur (Jesusersatz) oder Guru. Keine äußeren Hilfsmittel, wie Auswandern oder unterirdische Städte, sondern einen die Ursache angehenden Aus-Weg. Und vor allem einen einfach verständlichen und gleichzeitig praktisch anwendbaren Weg. Oder brauchen wir überhaupt einen Ausweg? Gibt es überhaupt etwas, vor dem wir weglaufen müssen, oder sollten wir nicht vielleicht das Gegenteil tun? Sollten wir es nicht vielleicht sogar forcieren und beschleunigen? Was sagen die Visionen über die Zeit 'danach'? Ist denn nicht vielleicht etwas vorausgesagt, wofür es sich zu hoffen, ja vielleicht auch zu kämpfen lohnt?...

# UNTERNEHMEN ALDEBARAN

**Jan van Helsing**

ISBN 3-89478-220-X
44,80 DM

**EWERTVERLAG**
Mühlentannen 14
49762 Lathen (Ems)
Tel: 05933-92620
Fax: 05933-92621

## Wer fliegt tatsächlich die fliegenden Untertassen?

Das allgäuer Ehepaar Karin und Reiner Feistle behauptet, schon seit seiner Kindheit von Außerirdischen besucht worden zu sein. Beide waren bis vor ein paar Jahren fest der Überzeugung, daß ihr „Fall" einer von vielen sei, wie sie nun langsam immer mehr an die Öffentlichkeit dringen, bei denen nachts Menschen von kleinen grauen Wesen mit großen Köpfen „entführt" werden und sich irgendwelchen „Untersuchungen" ausgesetzt finden.

Doch das änderte sich schlagartig, als Reiner Feistle zum ersten Mal den Kommandanten des Raumschiffes, auf das ihn die kleinen ‚Grauen' gebracht hatten, zu Gesicht bekam – er war zwei Meter zwanzig groß, hatte blaue Augen, lange dunkle Haare und sprach deutsch (im Gegensatz zu den ‚Grauen', die sich telephatisch mit ihm verständigten).

Das ganze Szenarium der ‚Grauen' entpuppte sich als ein großes Tarnmanöver für die großen Besucher aus dem Sonnensystem Aldebaran, die der Menschheit auf der Erde in der kommenden schwierigen Zeit des Umbruchs hilfreich zur Seite stehen, jedoch noch nicht persönlich in Erscheinung treten wollen, da die Mehrzahl der Menschen momentan noch dazu neigen, sie zu ‚Engeln' oder ‚Göttern' zu erklären und dazu tendieren, diesen ihre Verantwortung zu übertragen.

Doch Karin und Reiner Feistle sind nicht die ersten Deutschen, mit denen die Aldebaraner Kontakt aufgenommen haben.

Unglaublich meinen Sie?
Nun, vielleicht sind Sie nach der Lektüre dieses Buches anderer Meinung.

# Die innere Welt

**Das Geheimnis der Schwarzen Sonne**

Ein Roman von Jan Udo Holey
alias Jan van Helsing

352 Seiten - 44,90 DM • ISBN 3-9805733-1-1

**Aldebaran-Versand**
Weißenburg 10 a
50670 Köln
Tel: 0221 – 737 000 • Fax: 0221 – 737 001

Ein mysteriöser Mann betritt eine esoterische Buchhandlung und erzählt dem Inhaber eine haarsträubende Geschichte. Er behauptet unter anderem, daß

- die Erde seit langer Zeit von verschiedenen Außerirdischen besucht wird
- diese Außerirdischen den Deutschen und Amerikanern während des Zweiten Weltkrieges geholfen haben, fliegende Untertassen zu bauen
- die Erdkruste von Tunnelsystemen durchzogen und die Erde selbst hohl und bewohnt ist
- diese verschiedenen dort lebenden Gruppen in absoluter Harmonie mit der Natur existieren und gleichzeitig über eine Technologie verfügen, die der oberirdischen Menschheit um Jahrhunderte voraus ist
- keine streitbaren Oberirdischen in deren unterirdisches Friedensreich, das seit mehr als 30.000 Jahren bestehen soll, eingelassen werden
- friedliche Deutsche Ende des Zweiten Weltkrieges einen Teil dieses innerirdischen Reiches kolonisiert und dort ihr „Goldenes Zeitalter“ aufgebaut haben.
- Deutsche und Amerikaner seither mit ihren Flugscheiben den Weltraum bereisen
- das Weltraumprogramm der Amerikaner und Russen nur der Ablenkung vom eigentlichen Geschehen dient, um weiterhin geheim zu halten, daß das Universum so aufgebaut ist, daß Energie jedem Menschen kostenlos zur Verfügung steht.

Ist der geheimnisvolle Informant der Klapsmühle entsprungen oder ist er ein Top-Agent, der Einblick in hochgeheime Dokumente hatte?

JESUS 2000
das Friedensreich naht
Hannes Holey
Ama deus Verlag

**Ein Roman für außerirdische Kinder und ihre Eltern**

# *Die Sternenloge*

**Karin Feistle**

**Paperback – 176 Seiten – 29,00 DM**

Die Erde ist nicht der einzige besiedelte Planet dieses Universums. Der irdische Mensch ist nur eine von unzähligen Lebensformen, die den Weltenraum bevölkern und zählt offenbar mit zu den noch am wenigsten entwickelten. Andere Lebensformen sind uns um Jahrtausende voraus und viele versuchen auf mehr oder weniger liebevolle und unmanipulative Weise in die Bewußtseinsentwicklung auf der Erde einzuwirken.

Manuel, ein kleiner Junge, wird von Geburt an von solchen Wesenheiten kontaktiert, durch sein Leben begleitet und geführt, und erkennt über die Jahre hinweg die wunderbare Aufgabe, den Menschen die kosmischen Botschaften dieser Außerirdischen mitzuteilen. Aber sein Lebensweg ist voller Höhen und Tiefen und viel Leid begleitet ihn. Doch der Glaube und die Hoffnung, daß die Menschheit endlich aus ihrem Tiefschlaf erwacht, wird sein innerer Begleiter.

Auf seinem abenteuerlichen Weg lernt er Rassen verschiedenster Planeten kennen, die ihn unterrichten und ihn mit dem harmonischen Leben in ihren eigenen Welten vertraut machen. Doch gibt es offenbar auch noch im Weltenraum destruktive Kräfte, die sich an dem manipulativen Spiel auf der Erde beteiligen. Das Schicksal der Erde hängt an einem seidenen Faden, denn das niedere Bewußtsein der Erdenmenschen läßt einen erbarmungslosen Dritten Weltkrieg entstehen, aus dem nur wenige Menschen lernen. Manuels Weg, zusammen mit den Außerirdischen, wird seine Bestimmung und seine zukünftige Aufgabe. Seine Hoffnung ist die Zukunft der Erde, die Zukunft der neuen Generationen, denn schon in wenigen Jahren werden die Außerirdischen mit ihm und anderen Menschen zurückkehren, um als spirituelle Lehrer zu dienen, den Menschen beim spirituellen Aufstieg zu helfen, und sie auf den Weg des interdimensionalen Geistes zu führen.

ISBN 3-9805733-3-8

# Das Montauk Projekt

**-Experimente mit der Zeit-**

Preston Nichols/Peter Moon

ISBN 3-89539-269-3
206 Seiten - 30,00 DM

**Aldebaran-Versand**
Weißenburg 10 a
50670 Köln
Tel: 0221 – 737 000 • Fax: 0221 – 737 001

Das „Montauk Projekt" deckt das erstaunlichste und am strengsten geheimgehaltene Forschungsprojekt der Geschichte auf. Es begann während des II. Weltkriegs mit dem „Philadelphia Experiment", bei dem die U.S. Navy mit der damaligen Elite der Wissenschaft (Nikola Tesla, Albert Einstein) Versuche durchführte, das Kriegsschiff „USS Eldridge" für feindliches Radar unsichtbar zu machen. Das Projekt wurde unterbrochen, nachdem es am 12. August 1943 zu einer kompletten Teleportation des Schiffes und seiner Besatzung gekommen war.

Das „Montauk-Projekt" verbindet die Modalitäten der modernen Wissenschaft mit den höchsten esoterischen Techniken und katapultiert uns letztendlich über die Schwelle des Universums und unseres Bewußtseins hinaus. Wir alle wissen, daß „da draußen" irgend etwas ist, doch wir wissen nicht genau was. Dieses Buch liefert nicht zuletzt ein paar handfeste Schlüsse darüber.

Zweifellos ist das Thema dieses Buches umstritten. Wir möchten Ihnen daher eine kleine Gebrauchsanweisung mit auf den Weg geben.
Dieses Buch wurde nach bestem Wissen und Gewissen der Autoren geschrieben, und ist daher nicht als Science-Fiction gedacht. Es bleibt jedoch dem Leser, der diese Thematik lieber im Reich der Phantasie belassen möchte, unbenommen, die Geschichte einfach als spannenden Roman zu lesen. Verstehen Sie dieses Buch als eine Einladung, das Phänomen „Zeit" aus einem ganz neuen Blickwinkel zu betrachten.

# Rückkehr nach Montauk

## Abenteuer mit der Synchronizität

Preston Nichols/Peter Moon

261 Seiten
ISBN 3-89539-272-3 30,00 DM



„Rückkehr nach Montauk“ deckt die okkulten Kräfte auf, die hinter der Wissenschaft und Technologie steckten, die im Montauk-Projekt angewendet wurden. Der Zusammenhang zwischen dem Cameron-Clan und der Entwicklung der amerikanischen Raketenforschung wird aufgedeckt, ebenso die bizarre Geschichte des Transistors und die „Magick“ von Aleister Crowley, Jack Parsons und L. Ron Hubbard.

Rückkehr nach Montauk führt die Montauk-Nachforschungen weiter. Preston Nichols öffnet eine Türe für Peter Moon und läßt so eine Vielzahl von unglaublichen Gestalten und neuen Informationen ans Licht. Ein erstaunliches Szenario wird gezeichnet, das weit über den Rahmen des ersten Buches hinausführt.

Das Montauk-Projekt hatte uns das Rätsel aller Rätsel bewußt gemacht. Dieses zweite Buch beschleunigt dessen Erforschung.